2019

中国农垦统计年鉴

CHINA STATE FARMS STATISTICAL YEARBOOK

中华人民共和国农业农村部农垦局
中国农垦经济发展中心
编

中国农业出版社
北京

《2019中国农垦统计年鉴》编辑委员会

2019 ZHONGGUO NONGKEN TONGJI NIANJIAN BIANJI WEIYUANHUI

《2019中国农垦统计年鉴》编辑人员

2019 ZHONGGUO NONGKEN TONGJI NIANJIAN BIANJI RENYUAN

主　　编：王润雷

副 主 编：武新宇　陈晓彤　刘琢琬　程维歧　周　磊

编辑人员：（按垦区顺序排列）

王宏伟　李少川　王　伟　高保萍　吕　红　韩　军　曹泽红
张　斌　沈轶敏　端　静　谷兆骐　闫崔峰　黄明明　万燕燕
段恩来　李光辉　焉　潮　罗超意　湛　欣　韦汉东　梁园园
严　凌　熊召军　赵　颖　周　力　于智勇　张　程　王　雪
普秀红　孙金燕　赵海涛　闫香国　赵慧阳　刘穗华　陈　飞
王　颖　罗菁菁　张若凡

数据处理：程维歧　罗菁菁

审　　核：刘琢琬　周　磊

集团在新疆和田、河北承德实施百万只优质肉羊养殖项目

临港利达粮油生产基地

天津食品集团
TIANJIN FOOD GROUP

2019年，天津食品集团在习近平新时代中国特色社会主义思想指引下，牢记初心和使命，认真落实中共中央和天津市重大决策部署，全面加强党的建设，履行社会责任，推动企业高质量发展，当好天津“菜篮子”，坚决打好深化改革、项目建设、提质增效、市场营销和对口帮扶“五大攻坚战”，使国有经济进一步壮大，服务百姓餐桌能力进一步增强，国际交流合作平台越拓越宽，扶贫产业链条越做越牢，职工幸福感越来越强，经济效益和社会效益获得新的提升。

2020年是全面建成小康社会和“十三五”规划收官之年，也是集团深化改革、加快发展、打造一流企业的关键之年。天津食品集团将深入学习贯彻习近平总书记关于统筹推进疫情防控和经济社会发展系列重要指示精神，全面贯彻落实中央、市委各项决策部署，巩固“五大攻坚战”成果，围绕“双战双胜”，从国企党建、改革攻坚、民生产业、市场建设、农业生产、地产开发、政府任务和经营管理等八个方面强化用力，大幅提升集团服务天津市工作大局的能力和创效能力，高质量完成全年目标任务。

集团保加利亚基地丰收场景

天食小站稻示范基地收获场景

米面油、肉蛋奶、糖酒茶
果　蔬、调料等
11大类 3000余种

全产业链赋能 “粤垦号”航母破浪前行

近年来，广东农垦坚持垦区集团化、农场企业化改革主线，持续整合优化资源，培育壮大产业集团，以全产业链格局推动“粤垦号”现代农业航母劈破斩浪、行稳致远。

资源聚合更富成效 广东农垦持续推动垦区优质资源向国家战略资源和城市安全食品主业板块集聚，产业集团龙头带动能力更强。目前共培育出1家上市公司，16家国家及省级重点农业龙头企业。旗下广垦橡胶集团业务涵盖种植、加工、销售、研发等领域，掌控全球天然橡胶产能150万吨；广垦畜牧集团构建了集饲料加工、种猪繁育、肉猪饲养、生猪贸易、肉品分割、终端销售于一体的现代畜牧产业链。

产业抓手更加牢固 垦区年均统筹安排各类基础建设和产业发展项目资金20多亿元，推进现代农业产业园等一批重大项目落地实施。广东农垦湛江垦区现代农业产业园于2017年获批创建，累计投资4.65亿元，于2019年12月被农业农村部、财政部认定为第二批国家现代农业产业园。湛江垦区剑麻产业园被列入中国特色农产品优势区，获批创建国家和省级现代农业产业园。

强农带农能力更强 通过订单生产、土地租赁、股权投资、相互参股、资源作价、合资合作等多种方式，推动国有农场与产业集团形成产业和利益共同体。国有农场专注于农业生产，采用标准化种养模式和绿色生产方式，成为安全优质农产品的供应基地；产业集团发挥技术、品牌、管理和服务等优势，在市场销售、科技研发等方面挑起大梁。

广东农垦湛江垦区国家现代农业产业园

广西农垦
GUANGXI STATE FARMS

奋力谱写高质量发展新篇章

广西农垦甘蔗机械化收割现场

广西农垦现代化生猪养殖基地

广西农垦剑麻种植基地

广西农垦创建于1951年，是广西壮族自治区人民政府直属国有大型现代企业集团，是中国制造业500强、广西50强企业，拥有202万亩土地，资产总额562亿元，下辖28家二级企业，分布在广西14个市、45个县（区）。

近70年来，秉承“艰苦奋斗、勇于开拓”的农垦精神，广西农垦形成了门类比较齐全的经济体系，农工商一体化，产供销一条龙，拥有3家农业产业化国家重点龙头企业、10家广西重点龙头企业、2个广西千亿元产业研发中心，建成1所国家示范性高职院校、1个国家重点实验室、1个国家核心种猪场和19个自治区级现代特色农业核心示范区，31家企业建立了农产品质量追溯体系，17种农产品实现全程质量可追溯，培育了2个中国名牌农产品、21个广西名优名牌产品，形成了农业现代化、工业规模化、企业集团化发展的良好格局。大力实施“走出去”发展战略，重点在印度尼西亚、越南、缅甸、俄罗斯等国家实施了4个海外项目，累计投入资金3.6亿美元，涉及境外经贸合作区、木薯变性淀粉加工、剑麻种植及加工、农产品加工及仓储物流中心等行业领域，是广西企业对外合作的排头兵。

新时期，广西农垦全面深入贯彻中央和自治区关于农垦改革发展的决策部署，以建设现代农业“大基地、大企业、大产业”为方向，紧紧围绕“一年打基础、三年上台阶、八年大跨越”发展战略和“一核三新”主导产业（即以现代农业为核心，培育壮大健康文旅、商贸流通、金融服务三个新产业新业态），全力打造“特色产业发展龙头企业、乡村振兴龙头企业、一二三产业融合发展龙头企业”。按照“良品生活　源自农垦”的价值理念，全力构建从田间到餐桌的安全食品供应链，打造农垦粮油、食糖、牛奶、肉类、果蔬“食品王国”，努力形成全区乃至全国农业领域的航母。

2019年，回龙圩管理区实现地区生产总值23 408万元，同比增长0.58%；其中，第一产业增加值12 192亿元、增长0.48%；第二产业增加值5 570亿元、降低2.76%；第三产业增加值5 446亿元、增长0.067%。按常住人口计算，全区人均地区生产总值12 815元、同比增长0.54%。

湖南·洞口县茶铺茶业有限公司

公司因地制宜，投入大量人力物力，不打除草剂，一方面合理拓荒，另一方面着手改造低产茶园，引进优质合适的茶品种，既丰富了茶品，又充分提高了土地附加值。

惠众“岳球牌”大米

呼伦贝尔农垦集团莫拐农场五队油菜拾禾

内蒙古呼伦贝尔垦区秋收航拍

内蒙古呼伦贝尔农垦集团莫拐农场集清选、烘干、仓储为一体的万吨粮食全自动生产线高效运行

内蒙古农垦

内蒙古呼伦贝尔农垦集团特泥河农牧场职工晾晒收获小麦航拍

内蒙古农垦现有104个国有农牧场，分布在10个盟市、46个旗县区(市)。现有土地面积3 376.94千公顷，其中耕地241.03千公顷，牧草地2 227.13千公顷，林地220.42千公顷。垦区总人口46.6万人，2019年年末从业人员19万人。2019年实现生产总值109.12亿元，人均可支配收入16 170元。

种植业发展平稳。通过结构调整，发展设施农业，开展科技培训，推广保护性耕作和节水灌溉技术，扩大了测土配方施肥等增产新技术应用面积，农作物总播种面积达到674.1千公顷(含租赁面积)，粮食产量231.21万吨，油料产量18.56万吨，分别居全国农垦前列。农业生产条件进一步得到改善，加大了机械化作业面积，耕种收综合机械化率达96%。

畜牧业生产方式得到转变。分散饲养逐步转变为规模化、标准化养殖，形成规模养殖基地；特色养殖发展较快，通过实行“科研单位+龙头企业+养殖户”的合作模式，垦区肉羊、肉牛产业链条得以延伸，增强了农牧民的抗风险能力。牧业年度牲畜存栏为293.95万头(只)，肉类总产量9.09万吨，牛奶产量24.19万吨。肉类总产和牛奶总产量居全国农垦前列。

（内蒙古呼伦贝尔农垦集团康拜因集群收获）

甘肃亚盛好食邦食品集团有限公司

甘肃亚盛好食邦食品集团有限公司成立于2016年，是甘肃亚盛集团股份公司（股票代码：600108）的全资子公司。

亚盛好食邦食品整合利用亚盛集团14家基地分公司农业优势资源组建而成，致力于打造专业化的加工和营销平台，拥有集种植、生产、研发、加工、销售为一体的大食品全产业链经营体系，建立了农产品全程质量可追溯系统。从田间到餐桌全程把控，为消费者提供品质卓越、健康放心的美味食品。

公司现以甘肃农垦优质农产品食品产业为主，包括优质辣椒、原生态瓜子、敦煌红枣、天然香辛料、原生态蜂蜜，整合西北生态特色农业食品资源，为消费者奉献安全优质的西北农产品。公司在开拓国内市场的同时，加大了发展跨境电商的力度和步伐，积极打造数字化外贸模式。在传统销售体系的基础上，开通了亚盛集团阿里巴巴大宗商品国际网站、亚盛国贸公司阿里巴巴国际网站，采取双平台运营模式，并增加了线上和远程培训，进一步提升了网络营销能力，保障了企业在节假日和疫情爆发期间线上正常运营。通过跨境电商平台，还新开发展了泰国、土耳其、伊拉克、塞尔维亚等多国客户。甘肃农垦的食葵、洋葱、马铃薯、红枣等商品远销至巴基斯坦、韩国、西班牙等10多个国家。

在甘肃省商务厅组织的活动中，亚盛好食邦公司董事长高俊平向全球推介甘肃农垦的优质农产品

2019年11月9日，公司领导陪同省农垦集团公司和亚盛股份公司的主要领导，赴青岛军民融合创新示范区调研考察军民融合工作

公司多次组织参加省商务厅组织的西班牙国际食品饮料展、德国科隆国际食品展、香港国际水果蔬菜展，以及“兰洽会”

“五张文化牌” 尽显淮海文明之花

江苏农垦淮海农场有限公司党委根据单位实际，创建的“五张文化牌”，被江苏农垦集团公司推介为2018年全省宣传思想文化工作创新成果，其中的“军垦传统文化”获“江苏农垦特色子文化品牌”。

“军垦传统文化”提升了淮海职工居民服务办事的新境界；“社区广场文化”奏响了和谐文明生活的新乐章；“全员廉政文化”净化了社会风清气正的新环境；“生态绿色文化”彰显了绿化发展的新特色；“健康体育文化”造浓了人人参与健身的新氛围。淮海农场连续23年获得江苏省和盐城市文明单位，“五张文化牌”为农场经济社会高质量发展注入了强劲的动力。

淮海职工休闲体育运动广场人流如织

淮海生态果园成为农场新的经济增长点

淮海文化广场内嵌有“五张文化牌”内容的奥林匹克五环标志

生态明珠——江西黄岗山垦殖场

江西黄岗山垦殖场是1957年12月组建的原省属12家国有农垦企业之一，面积76.5平方公里，总人口1.1万人，毗邻官山国家自然生态保护区，是镶嵌在赣西北“中国竹子之乡”宜丰县境内的一颗璀璨“生态明珠”。境内气候宜人，风光旖旎，空气负氧离子含量超过1万个/厘米^3，被誉为天然森林氧吧，年平均气温17.1℃，山石景观奇特，极为可观。

近年来，江西黄岗山垦殖场以打造“美丽、幸福、活力黄垦”为目标，坚持“生态葆本色、旅游强底色”，按下高端特色生态旅游的“快进键”，在更大程度、更广层面上探索出独具特色和魅力的乡村振兴之路。2019年该场实现生产总值17.5亿元，财政总收入7 354万元，形成了“以健康环保工业为支撑，以优质文旅产业为核心，以生态休闲农业为导向”高质量经济板块，打造了“国家4A旅游景区九天国际旅游度假区和省级5A乡村旅游点炎岭美丽乡村”两个核心文旅品牌，相继改造建设了3 980套独具农垦旅游特色的农家房屋，圆职工群众的安居梦。精美呈现出“全国绿化模范单位、国家级生态村、中国美丽休闲乡村”等国字号生态品牌，实现了黄岗山垦殖场乡村振兴的华美蝶变。

（左上：国家4A级旅游景区——九天国际旅游度假区；
左下：江西省5A乡村旅游景点——炎岭村九趣乐园）

中国热带农业科学院晚熟芒果育种与栽培创新团队

团队自1997年成立以来，围绕川滇金沙江干热河谷晚熟芒果产业存在的主要问题，以项目为依托，以产业问题为导向，科技人员秉持“求实、创新、奉献、协作”的团队文化精神，力践“把论文写在大地上”，立足田间地头，在晚熟芒果育种和优质栽培等科学问题和技术瓶颈方面取得重大突破。主要包括：①收集保存芒果种质资源260余份，选育优质晚熟芒果新品种6个，获国家审定芒果新品种1个；创新芒果人工杂交育种技术，率先在国内构建了规模最大的杂交后代群体，并建立了高密度遗传图谱；②揭示了低温影响芒果授粉及座果的细胞学机制、果皮红色色泽形成的生理和分子机制，探明了晚熟主栽品种果肉溃败的原因，研发集成了轮换修剪等树体管理、果实套袋和养分综合管理等技术；③明确了晚熟芒果炭疽病、畸形病和桔小实蝇等主要病虫害种类及其发生为害规律，揭示了芒果畸形病等的致病机理，建立了快速分子检测技术，集成了主要病虫害绿色防控技术体系；④研发出采前诱导抗病及采后果实软化控制相结合的综合保鲜技术。

团队坚持“在科研实践中发现和使用人才，在服务三农中锻炼和培养人才”的理念，积极创造有利条件，加强人才培养和人才梯队建设。现有团队成员23人，其中研究员4人、副研究员12人，具有博士学位8人，研究生导师8人。团队带头人詹儒林研究员，博士生导师，长期从事芒果病虫害防治等相关研究，入选中国热带农业科学院“十佳”科研团队带头人、“全国农业先进个人”、广东省“扬帆计划”培养高层次人才、广东省优稀水果产业技术体系首席专家、云南省委组织部华坪晚熟芒果专家工作站——“詹儒林工作站”。

团队依托“农业部热带果树生物学重点实验室”“广东省工程技术研究中心”等国家和省部级科研平台，主持各类科研项目46项，获省部级一等奖2项、合作奖和团队奖各1项，二等奖3项、三等奖5项，国审和省审品种各1个，授权发明专利7件，发表论文168篇，其中SCI收录24篇，出版专著4部，培养硕士研究生20名。团队已成为我国晚熟芒果科学研究和技术应用的核心力量，整体实力居国内领先。

新疆农垦科学院机械装备研究所

新疆农垦科学院机械装备研究所最早成立于1962年，以服务于兵团大农业为宗旨，以研究开发先进适用的新型农用技术装备为根本，是兵团农机化发展的重要力量。现有科研人员28人，其中正高9人、副高12人，硕士以上学历20人。现有享受国务院特贴专家3人，农业部有突出贡献中青年专家1人、自治区有突出贡献优秀专家1人、体系岗位科学家1人，兵团学术（技术）带头人1人。全所分为耕整地与精准施肥、静电喷雾与林果机械化、播种移栽与棉花加工、残膜回收与秸秆处理、农机自动化与智能化等五大科研团队。依托新疆棉花全程机械化科研基地（农业农村部）、新疆兵团棉花全程机械化工程实验室、兵团农业机械重点实验室（共建）等创新平台，形成了200马力以上配套犁、高架自走式静电喷雾机、打秆搂膜联合作业机、对行分层施肥机、大田作物精量播种机等系列成果产品，荣获国家科技进步一等奖1项、二等奖2项，省部级科技进步一等奖7项，二等奖16项。

中国热带农业科学院分析测试中心

中国热带农业科学院分析测试中心成立于1984年，现已发展成为集科技创新和检验检测为一体的农业科研机构。

分析测试中心以热带农产品质量安全为研究对象，针对我国热带农产品生产、贸易、消费以及管理方面的科技需求，重点开展热带农业环境控制技术、农产品检测技术、农药安全评价、农产品质量安全风险评估与营养品质评价和热带农业标准制修订等领域研究。着重解决热带农产品质量、安全、标准和检测技术中的重大科技问题。

经过多年的发展，分析测试中心科技创新能力显著提升，检测服务和科技服务能力不断增强，为保障我国热带农产品质量安全提供了有力的支撑服务。

贵州南亚热带作物科普示范基地建设项目

立足贵州现有特色优势热作产业，推广特色山地热作产业生产管理技术，建成以芒果、澳洲坚果、油梨等特色南亚热带作物科普示范基地。以科技创新为手段，以成果转化、生产示范为导向，以增加农民收入为目的，把基地建成规模化、标准化、生态化、产业化、效益化，集科普教育、技术培训、休闲旅游度假为一体的科普示范基地。

主要研究内容：

1. 建核心示范区150亩，展示甘蔗、芒果、澳洲坚果、木薯等20种特色热作资源，拓展区1 200亩，主要展示芒果、澳洲坚果、油梨等标准化生产。
2. 各种热作作物科普教材的编写，标准化管理技术的制定。
3. 在基地中心区建设100米长的科普画廊，设置科普展示栏50个。
4. 建设一个100米^{2}的成果展示厅和科普培训教室一间。
5. 加强科学管理和技术培训，示范与推广先进实用技术，推动热作产业快速发展。

主要技术经济等指标：

1. 基地展示热作产业主要种类20个，主要作物品种配套技术各1个。
2. 开展科普培训20次，累计培训农户1 000人次，制作发放科普图书5 000册。
3. 引导主要热区县市每年在此举办科普活动10次，每年对中小学生开发30次。

中国热带农业科学院橡胶研究所

橡胶所海口创新中心

橡胶树——第一批优良母树

中国热带农业科学院橡胶研究所，是我国唯一以天然橡胶为主要研究对象的国家级研究机构。其前身是1954年在广东省广州市成立的华南特种林业研究所，1958年迁移到海南儋州时下设橡胶系，1978年橡胶系更名为橡胶栽培研究所，2002年科技部、财政部、中编办联合下文，批准更名为中国热带农业科学院橡胶研究所，简称橡胶所。

半个多世纪以来，橡胶所紧紧围绕天然橡胶产业发展中的重大科学问题，根据国家经济发展对天然橡胶科技的重大需求，瞄准国际天然橡胶科技前沿，突出重点开展基础研究，逐步发展成为一个综合科研实力较强、知名度较高的农业科研机构。取得科研成果300余项，获国家、部、省级成果奖100余项。在橡胶树北移栽培、橡胶树优良无性系的引进试种等领域取得了辉煌成就，获得国家最高科技奖励。目前在橡胶树遗传育种方法与技术、抗逆栽培、营养与施肥、采胶制度与技术、死皮防治等领域处于世界先进地位。这些成果的推广应用，有力地推动了我国天然橡胶产业的发展，取得了显著的社会经济效益，为我国天然橡胶事业做出了重大贡献。

香妃枇杷

枇杷原产于我国，其果实于春末夏初水果淡季成熟，果实甜酸适口、风味独特，是亚热带特产果树。白肉枇杷是我国特有的枇杷种质资源，是枇杷中的极品，具有‘无冕之王’之美誉。但目前枇杷生产上仍缺乏优质、大果、特别晚熟的白肉枇杷新品种。

‘香妃’枇杷是从‘金钟’×‘贵妃’的杂交后代中筛选而来，2018年5月，以宋宝安院士为组长，谢华安院士和韩振海教授为副组长组成的专家组在福建福州对‘香妃’枇杷进行评审，其评审意见为：‘香妃’枇杷具有特晚熟、丰产、大果、优质等优良性状，福州成熟期5月中至6月初，采收期长；单果重70.9g，可溶性固形物含量16.5%，可食率71.5%；剥皮易，剥皮后果肉不易褐变；肉质较细嫩、化渣、汁多、有鲜味、风味佳；多头高接3年生无性子四代，株产27.6kg，折合亩产1 297.2kg；成熟期果实较耐高温，不易落果、皱果；花期迟，可有效地避过冬季低温对幼果的为害；扩大枇杷种植范围，对我国枇杷品种结构优化和产业提质增效有重要作用。评审委员会专家一致认为该成果创新性强，综合性状优异，应用潜力大。‘香妃’枇杷新品种选育研究整体达国际领先水平。

2005—2020年在福建福州、广东深圳、重庆万州、重庆合川、四川攀枝花等地建立开展了品比试验，区域试验和生产试验。2020年4月3日在广东深圳通过了全国热带作物品种审定现场鉴评。

红玉

该种质资源具有抗炭疽病，产量高、品质优等特点，该种质丰产性、抗病性、果实品质等性状均表现较好，性状遗传稳定，表现一致，具有较高的应用推广价值，2015年该品种通过海南省农作物品种审定委员会组织的品种认定，证书编号为琼（认）2015022。

在海南一般年抽梢4～5次，开花期为2月上中旬至3月中旬，果实发育期约90～110天，果实成熟期为5月下旬，在贵州一般年抽梢3～4次，花期为3月中下旬至4月中下旬，成熟期为8月下旬至9月上旬，果实发育期为110～130天。

进入盛果期后株产20～45千克，区域性试验和生产性试验亩产折合约830～1 720千克，在海南种植区“红玉”芒果与“台农1号”芒果整体产量相当，在贵州山地种植区优于“台农1号”。

该品种对细菌性角斑病、炭疽病、蓟马、桔小实蝇等病虫害抗性较强，果实发育后期对低温阴雨适应能力较强。

目前“红玉”芒果在我国海南省、贵州省和广西壮族自治区等芒果主产区推广种植面积1万亩以上。适宜种植区域为海南省西南部的昌江黎族自治县、东方市等市（县）和贵州省西南部的南、北盘江及红水河流域低海拔河谷地区。

中国热科院在我国发现胡椒属新种

水晶胡椒

中国热科院香料饮料研究所郝朝运研究员带领的研究团队在植物分类学期刊发表胡椒属新种—水晶胡椒，这是该团队近年来发表的第3个国产胡椒属新种。2014年以来，该研究团队在野外考察过程中陆续在海南、广东和广西等地发现该物种，主要分布在亚热带和热带常绿阔叶林荫湿生境中，常攀爬于树上或岩石上。经过多年研究，发现该种在形态上与复毛胡椒和大叶复毛胡椒等非常接近，但下列特征与后两者明显不同：生殖叶光滑无毛；嫩茎密被短且不分枝的绒毛，老时脱落；叶脉5～7条；雄蕊2枚；柱头3，稀4；花穗白色；苞片光滑无毛；果肉半透明。基于核糖体16S与23S基因间隔序列测序结果显示，该种与复毛胡椒和大叶复毛胡椒亲缘关系最为接近，但自展法检验显示明显分开。该种的发现使世界胡椒属分类群增加了1个新种类，进一步丰富了胡椒属物种多样性，并为我们增加了一份珍贵的育种材料，某些基因性状可能在今后胡椒育种中发挥重要作用，具有重要的科学研究和利用价值。

河南省新乡市平原示范区农牧场

平原示范区农牧场创建于1958年8月，下辖两个基层分场（核心区1个，黄河滩区1个），土地面积2 750亩，现有职工421人。农牧场党总支辖2个党支部，党员51名，是党工委、管委会直属的实行企业化管理的事业单位。

农牧场地处郑州后花园，新乡南大门，距省会郑州10千米，新乡市区36千米，交通便利，地理位置优越。近年来，国有农牧场在全力打造千亩凤湖公园的基础上又立足黄河滩区，着眼高质量发展，建设集农业休闲观光旅游、生态农产品采摘、高效农业展示为一体的具有“一园风景，二季有果，三季有花，四季常青”功能的现代农业园区，打造了示范区黄河滩区旅游开发和乡村振兴的名片。

平原示范区金棠里精品民宿项目简介

为贯彻习近平总书记视察黄河和9•18沿黄河流域生态保护与高质量发展座谈会议精神，落实省委、市委关于黄河滩区“三生”协调发展的有关要求，进一步弘扬黄河精神，传承黄河文化，挖掘黄河故事，推进黄河北岸与南岸的呼应发展。平原示范区党工委、管委会决定对农牧场居民点民房提升改造，建设金棠里精品民宿。

金棠里精品民宿位于阿尔泰山路与马庄防洪路交叉口东北角，项目占地面积约219亩，建筑面积约1万米^2，总投资约1亿元人民币。项目规划建设精品客房70间（100张床位）、美食中心4 000米^2、会议中心2 500米^2、海岸沙滩2 000米^2、千藕园湿地26 600米^2，具有集休闲度假、农耕体验、生态采摘、亲水垂钓、住宿、餐饮、拓展训练、会议培训为一体的综合服务功能。该项目由浙江中天建筑装饰设计院有限公司参与设计，苏州巴林景观设计有限公司负责景观设计，建成后将填补黄河滩区特色餐饮，星级住宿和休闲度假体验区的空白。通过努力，该项目将建设成为感受黄河故事、体验黄河文化、品尝黄河流域美食的集聚地；成为黄河北岸网红打卡地；成为引领平原示范区乡村振兴三产融合发展的样板田，推进平原示范区黄河滩区高质量发展。

甘蔗高效转基因育种技术研发及基因资源挖掘

项目完成单位：中国热带农业科学院热带生物技术研究所

项目完成人员：张树珍、王文治、冯翠莲、赵婷婷、杨本鹏、王俊刚

主要成果与创新点：

1.研发了甘蔗高效的农杆菌介导转基因技术，其包括4个配套核心技术：甘蔗高质量胚性愈伤组织诱导技术；高侵染力农杆菌活化技术；高效农杆菌侵染技术；高效抗性愈伤组织与抗性植株筛选技术。应用该技术甘蔗转化效率为10个转化体/克胚性愈伤组织、转化体阳性检出率99%、转化体外源基因整合拷贝数1～5个、可实现多基因同时转化、且不存在基因型限制。解决了甘蔗遗传转化效率低、转基因稳定性差、可转化基因型有限等难题，为甘蔗转基因育种及功能基因的鉴定提供强有力的技术支撑。

2.利用转基因技术创制筛选出6份高产高糖抗甘蔗黑穗病和除草剂转基因新材料，10份高产高糖抗螟虫、蚜虫和抗除草剂甘蔗转基因材料，4份高产高糖抗旱和抗除草剂甘蔗转基因新材料，并完成这些材料共9个基因的转基因甘蔗安全性评价中间试验。为进一步从中筛选出高产、高糖、高抗的转基因甘蔗新品种奠定了坚实的基础。

3.首次利用转基因技术鉴定了9个甘蔗糖分积累和逆境适应关键基因的功能，证明其在甘蔗糖分积累和逆境适应中具有重要功能。为甘蔗糖分积累和逆境适应机制研究及遗传改良提供了理论依据和基因资源。

应用推广情况：

利用该技术分别与美国先正达公司、华中农业大学、云南省农科院甘蔗所、扬州大学和复旦大学合作，分别进行了高效甘蔗转化和表达系统筛选、*Cry1C* 和*Cry2A*基因、甘蔗*ScCCD8–1*基因、甘蔗病毒*SrMV–HcPro/SCSMV–P1*基因、水稻和甘蔗*EPSPS*基因功能鉴定。

非转基因植株

转基因植株

抗虫抗除草剂转基因甘蔗

汤阴县畜牧场

汤阴县畜牧场有两个分场，分别位于汤阴县城南宜沟镇索下扣村东和宜沟镇将城村东，是河南省一家农垦企业，主要以农业为主。全场总人口182人，有在职职工35人，退休职工65人，固定资产400万元，在建工程150万元，总耕地面积1360余亩，主要由家庭农场承包年生产种子量15万吨。汤阴县畜牧场自2014年成为安阳市农业局农业技术推广站的试验、示范基地，试验田20亩，公关田80亩。先后进行了50余个小麦、玉米新品种试验示范展示和小麦播量示范，还安装了一套苗情数字化远程监控终端设备。2016年调整产业结构，种植了优质品种葡萄100多亩，长势良好，深受广大农工好评。

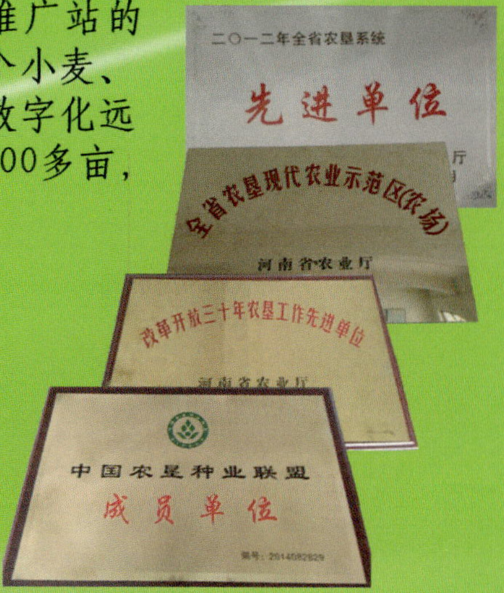

农业农村部食品质量监督检验测试中心（石河子）

2018年9月中国农业科学院培训中心培训基地在我院正式挂牌

农业农村部食品质量监督检验测试中心（石河子）（以下简称“中心”）是由农业农村部批准设立、新疆农垦科学院承担筹建的的公益性综合性食质检机构，于1993年10月首次通过机构认可和计量认证。先后取得了绿色食品定点监测中心、农业农村部地理标志产品检测中心、新疆兵团国家粮食质量监测中心、兵团农产品质量监督检验测试中心、农产品质量安全贮藏保鲜风险评估实验室（石河子）、全国农产品质量安全检验检测技术培训基地、全国农产品质量安全科普基地、全国名优特新农产品营养品质评价鉴定机构等资质职能。

本中心是兵团唯一的综合性食品和农产品检验检测机构，现有人员54人，其中博士研究生2人，硕士研究生14人，副高以上职称25人，中级职称11人。拥有仪器设备345台套，仪器设备总资产原值4 000余万元，有高分辨质谱分析仪、全二维色谱仪、液质联用仪、气质联用仪、液相色谱、气相色谱、离子色谱仪、氨基酸分析、等离子质谱仪、原子吸收光谱仪等高值大型仪器设备，能够开展食品、农产品、肥料、土壤、水、大气等产品中农兽药残留、非法添加物、工业污染物、真菌毒素、重金属等有害物质的检测和食品、农产品中营养指标的检测。

培训学员

工作人员基地现场采样

浓缩天然胶乳低氨及无氨保存技术的研发与应用

针对传统高氨+TT/ZnO浓缩天然胶乳保存体系在生产应用中存在着环境污染等突出问题，采用绿色水溶性的广谱抗（抑）菌剂作为天然胶乳主保存剂，研发出一系列保存体系，形成天然胶乳低氨及无氨保存技术。该技术绿色环保、成本适中，在氨含量为0～0.29%时，浓缩胶乳天然保存期超过6个月，各项指标均符合国家标准（GB/T 8289-2016）的要求，且对浓缩胶乳的成膜特性、干燥特性、硫化胶膜的物理机械性能及制品的安全性影响不大，有效解决或缓解了传统高氨保存体系造成的环境污染。该技术已通过农业农村部科技发展中心的成果评价（农科中心（评价）字[2018]第62号），被评价为国际先进水平，并获得海南省科技进步奖（2018-J-3-29-D01）。目前正在开展低氨及无氨浓缩胶乳在乳胶枕头、探空气球、家用手套、制鞋胶黏剂等产品的生产应用。

低氨及无氨浓缩胶乳用于探空气球的生产

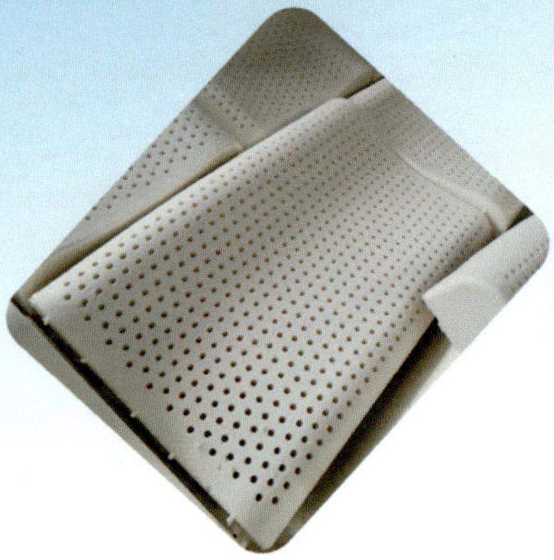

低氨浓缩胶乳应用于乳胶枕头的生产

低氨及无氨浓缩胶乳用于家用手套的生产

中国热带农业科学院橡胶研究所

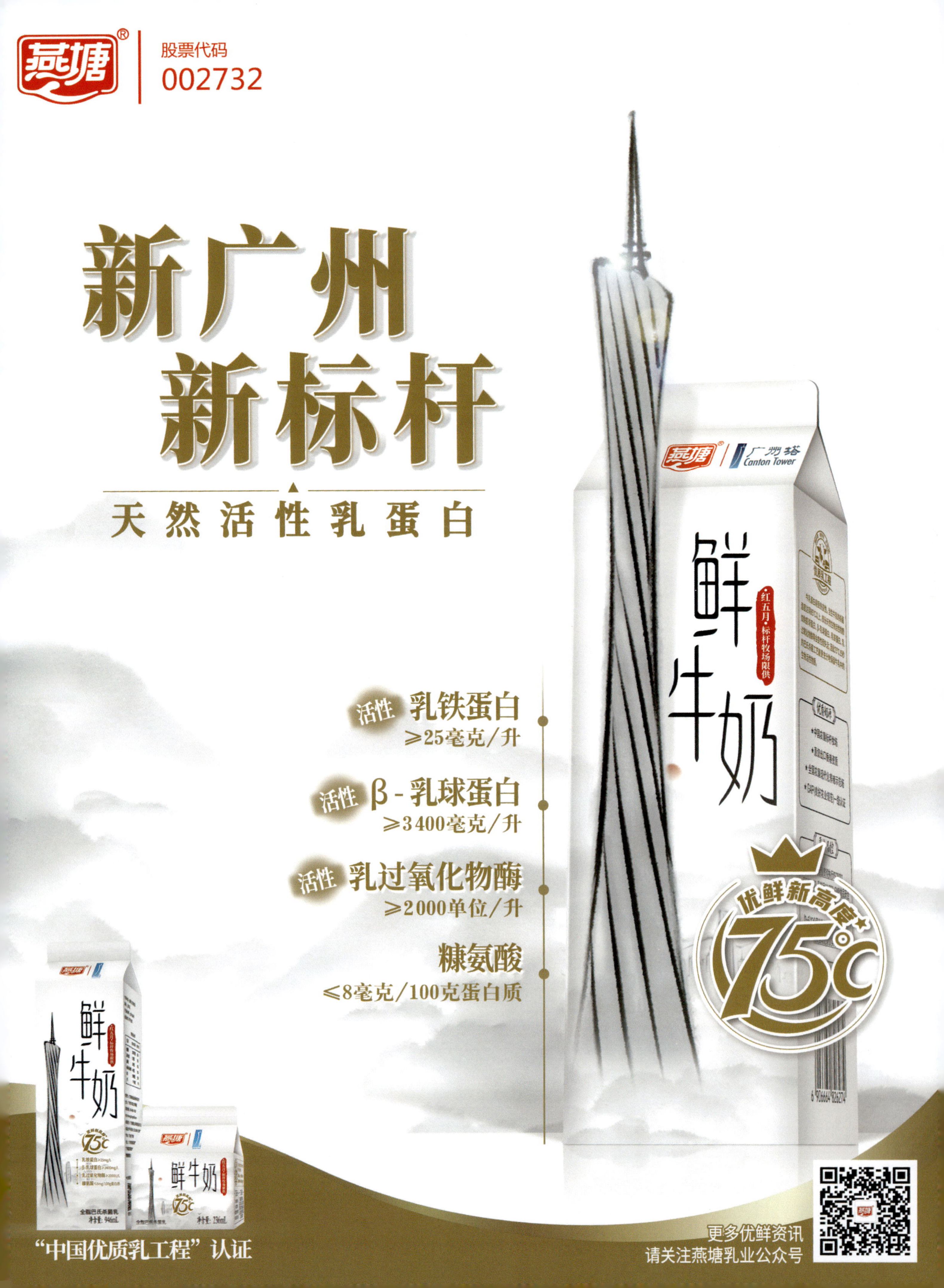
燕塘
股票代码
002732
新广州
新标杆
天然活性乳蛋白
活性 乳铁蛋白
≥25毫克/升
活性 β-乳球蛋白
≥3400毫克/升
活性 乳过氧化物酶
≥2000单位/升
糠氨酸
≤8毫克/100克蛋白质
燕塘 广州塔 Canton Tower
鲜牛奶
红五月·标杆牧场限供
优鲜新高度
75℃
"中国优质乳工程"认证
更多优鲜资讯
请关注燕塘乳业公众号

中国热带农业科学院科技信息研究所

中国热带农业科学院科技信息研究所（简称“信息所”），隶属于农业农村部，是我国唯一从事热带农业经济与信息创新研究及公益性服务的国家级科研机构。

该所内设3个管理机构、9个研究室（中心）、1个产业发展部和2个外点机构。建立了农业经济与发展、农业信息技术、农业科学数据和国际热带农业等4个学科研究体系，22个学科研究方向；设立科技文献与知识传播中心、工程咨询与农业智库中心、档案保存与管理中心、期刊出版与传媒中心、数字农业与农情监测中心等5个产业发展与成果转化平台。现有职工138人，其中高级职称44人，硕士/博士学位81人；享受政府特殊津贴专家1人，农业现代产业技术体系岗位科学家1人，全国农业科研杰出人才1人。

信息所紧紧围绕国家战略需求和热作产业发展需要，不断增强自主创新能力，建立热带农业经济学与信息学两大优势学科，主要开展热带农业产业经济与政策研究、信息化关键技术研究与集成应用、区域发展战略与规划研究，热带农产品质量安全评估，热带农业信息监测、信息分析与产业安全预警、预测等领域研究。作为中国热带作物学会的执行责任主体单位编辑出版《热带作物学报》《热带农业科学》《热带农业工程》《世界热带农业信息》等专业学术期刊，农业部确定定点查新单位，同时为热区各级政府、上级部门、企事业提供农业工程规划咨询、文献检索和图书、档案等服务，为我国热区社会发展、经济建设、科技进步做出了重要的贡献。

近五年来，信息所先后承担国家、省、部级以上项目100余项，获得中华农业科技奖二等奖1项、海南省科技进步二等奖1项、海南省科技进步三等奖3项；获软件著作权40余项；出版专著10余部；年均发表科研论文60余篇；累计发表SCI/EI收录论文20余篇。

新的发展时期，信息所秉承“开放办所、特色兴所、聚智强所、文化建所”的发展思路，全面增强自身创新跨越与持续发展能力，打造专业特色鲜明，国内领先、国际知名的热带农业经济与信息科技创新中心。

编者说明

BIANZHE SHUOMING

一、《2019 中国农垦统计年鉴》（以下简称《年鉴》）是一部全面反映国民经济和社会发展情况的综合性资料刊。全书内容分为专载和八个部分，即：综合情况、农业部分、工业部分、建运服部分、固定资产投资、科研部分、从业人员及工资总额，附录。反映了 2019 年全国农垦经济社会发展情况及部分企业的经济指标资料。

二、《年鉴》中使用的度量衡单位均采用国际统一标准计量单位。亩、斤为非法定计量单位，1 亩＝1/15 公顷，1 斤＝0.5 千克。

三、《年鉴》中符号含义的说明：

“…”表示数据不足本指标最小单位数；

“空格”表示无指标数据；

“#”表示其中的主要项；

“—”表示数据不可比。

四、垦区经济社会发展情况的排列以国家行政区划排序为准；农场按生产总值排序中取消农管局类型的农场。

五、《年鉴》资料来源于全国农垦 2019 年统计年报资料，是全国农垦广大统计工作者辛勤劳动的成果。农垦局的有关处室和各垦区统计部门及基层综合统计人员为此书的出版做了大量的工作，并提供了宝贵资料，在此表示诚挚的谢意。

六、限于编辑水平，该书在编纂中难免出现疏漏之处，敬请农垦系统的同志和统计界的各位同仁提出宝贵意见，以便今后不断改进。

编　者

2020 年 8 月

目　录

一、垦区经济与社会发展情况

二、主要经济与社会指标

附录

一

垦区经济与社会发展情况

2019年全国农垦经济社会发展统计公报

农业农村部农垦局

2020年7月24日

2019年，全国农垦系统以习近平新时代中国特色社会主义思想为指导，认真贯彻落实中央农垦改革发展决策部署和习近平总书记重要指示精神，进一步推进垦区集团化农场企业化改革，积极探索农垦新业态新模式新制度，扎实推进高质量发展，不断提升农垦内生动力、发展活力、整体实力，着力打造具有国际竞争力的现代农业企业集团，农垦经济发展态势基本稳定。

一、综合

全年农垦经济实现生产总值[1]7 886.25亿元（见图1)。其中，第一产业增加值1 828.37亿元；第二产业增加值3 290.01亿元；第三产业增加值2 767.87亿元。第一、第二、第三产业增加值占农垦生产总值的比重分别为23.2%、41.7%和35.1%。人均生产总值56 305元；人均可支配收入持续增长，达到21 213元，比上年增长12%（见图2)。

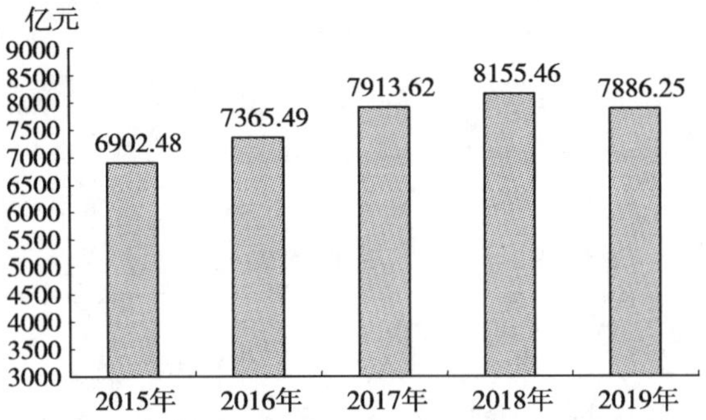

图1 2015—2019年农垦生产总值情况

二、农业

全年实现农业总产值3 862.05亿元，比上年增长1%。其中：种植业产值2 365.60亿元，林业产值98.58亿元，畜牧业产值889.51亿元，渔业产值273.83亿元，其他辅助性活动产值234.53亿元。

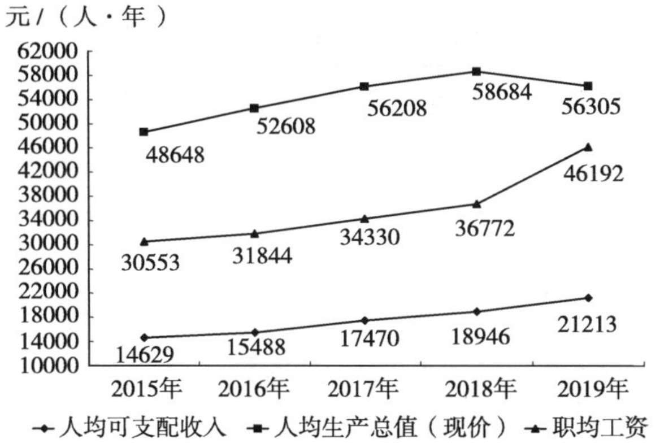

图2 2015—2019年农垦人均指标情况

全年农作物播种面积6 789.12千公顷，比上年减少62.11千公顷，下降0.9%。其中：粮食播种面积4 794.79千公顷，减少32.18千公顷，下降0.7%；棉花面积1 006.60千公顷，减少15.20千公顷，下降1.5%；油料面积309.69千公顷，增加3.47千公顷，增长1.1%；糖料面积97.26千公顷，增加3.69千公顷，增长3.9%。

粮食总产量[2]3 441.07万吨，比上年减少211.73万吨，下降5.8%（见图3)。主要农产品产量见表1。

图3 2015—2019年农垦粮食总产量

表 1　2019 年主要农产品产量

产品名称	产量（万吨）	比上年增长（%）
粮　食	3 441.07	−5.8
棉　花	244.75	−14.1
油　料	75.68	−5.1
糖　料	746.50	−1.2
水　果	784.24	5.2
茶　叶	5.31	−5.9

畜牧业占农业总产值比重的 23.0%，比上年增长 2.6 个百分点。牲畜年末存栏总数及主要畜产品产量见表 2。

表 2　2019 年牲畜年末存栏总数及主要畜产品产量

产品名称	单位	产量与年末数	比上年增长（%）
大牲畜总头数	万头	299.01	6.7
其中：奶牛	万头	98.54	−23.5
猪存栏	万头	728.35	−37.9
羊存栏	万只	1 118.50	−9.5
肉类总产量	万吨	200.57	−9.0
牛奶	万吨	418.24	7.3
禽蛋	万吨	48.06	5.8

全年水产品产量 161.44 万吨，比上年下降 0.8%。其中：淡水产品产量 135.67 万吨，增长 12.5%；海水产品产量 25.77 万吨，下降 38.9%。对虾产量 5.20 万吨，增长 22.9%。

全年植树造林面积 108.12 千公顷，比上年增加 42.73 千公顷，增长 65.4%。

年末农业机械总动力 3 119.17 万千瓦，比上年增长 1.9%；大中型农用拖拉机 22.77 万台，下降 0.5%；农用小型及手扶拖拉机 29.08 万台，下降 22.1%；联合收获机 6.49 万台，增长 2.0%。

三、工业和建筑业

全年实现工业总产值 9 300.46 亿元。产值前十名的垦区有湖北、新疆生产建设兵团、河北、江西、广西、湖南、江苏、上海、北京、辽宁，实现产值 8 318.50 亿元，占工业总产值的 89.4%；产值 100 亿元以上的农垦工业行业创产值 8 692.83 亿元，占工业总产值的 93.5%。其中产值前十位的行业是农副食品加工业 1 748.68 亿元、食品制造业 875.26 亿元、石油煤炭及其他燃料加工业 590.05 亿元、化学原料和化学制品制造业 517.83 亿元、有色金属冶炼和压延加工业 466.17 亿元、非金属矿物制品业 461.94 亿元、纺织业 424.83 亿元、医药制造业 417.40 亿元、电力热力生产和供应业 338.94 亿元、酒饮料和精制茶制造业 314.48 亿元。主要工业产品产量[3] 见表 3。

表 3　2019 年主要工业产品产量

产品名称	单位	产量	比上年增长（%）
混配合饲料	万吨	760.11	−10.2
食用植物油	万吨	276.95	−33.2
成品糖	万吨	380.93	21.5
乳制品	万吨	352.91	−12.0
其中：液体乳	万吨	329.55	−11.9
饮料酒	万千升	148.40	−18.2
水泥	万吨	1 512.64	−12.9
砖	亿块	30.04	−72.1
发电量	亿千瓦时	895.72	−7.1

年末建筑企业 3 178 个，从业人员 36.12 万人，全年实现增加值 611.73 亿元；年末固定资产原值 571.49 亿元；全年施工房屋建筑面积 4 161.53万米^2。

四、运输业、批发零售贸易业、服务业及出口商品

全年共完成货运量 7.65 亿吨，客运量 2.95 亿人，实现营业收入 170.48 亿元。

年末批发零售贸易业、住宿餐饮业、服务业营业单位[4]（不含新疆生产建设兵团）总数 16.96 万个，拥有固定资产原值 780.38 亿元，营业用房总面积 1 693.99 万米^2，从业人员 109.52 万人，全年完成商品销售额或营业收入 5 065.14 亿元。

全年出口供货商品总金额 473.41 亿元。出口供货商品金额超过 5 亿元的垦区分别是：新疆生产建设兵团 284.50 亿元、广东 66.64 亿元、湖北 42.19 亿元、河北 25.10 亿元、广西 9.78 亿元、上海 7.69 亿元、浙江 6.77 亿元、辽宁 6.57 亿元、黑龙江 5.85 亿元、江西 5.46 亿元，上述 10 个垦区出口金额合计 460.55 亿元，占全国农垦出口供货商品总金额的 97.3%。

五、科技

年末全系统拥有科研单位 306 个，职工 1.97 万人，其中科技人员 0.95 万人。全年科研经费 50.94 亿元，比上年增长 28.8%；其中，国家拨款 7.41 亿元，占科研经费的 14.6%，企业自筹 39.25 亿元，占科研经费的 77.1%。

六、固定资产投资

全年固定资产投资总额 2 578.96 亿元（不含新疆生产建设兵团），同口径比上年减少 438.89 亿元，下降 14.5%。其中：第一产业投资额 225.69 亿元，占投资总额的 8.7%；第二产业投资额 1 449.34 亿元，占投资总额的 56.2%；第三产业投资额 903.93 亿元，占投资总额的 35.1%。全年国有固定资产投资总额 691.13 亿元，占投资总额的 26.8%。当年新增固定资产 1 136.94 亿元。

七、人口、就业和劳动工资

年末农垦系统总人口 1 438.43 万人，比上年增加 5.30 万人，增长 0.4%。

年末社会从业人员 579.76 万人。其中：第一产业 300.78 万人，第二产业 135.36 万人，第三产业 143.62 万人，分别占社会劳动者总数的 51.9%、23.3%和 24.8%。

年末职工 214.73 万人，其中：在岗职工 204.26 万人。全年职工工资总额 991.89 亿元，职工年平均工资 46 192 元，增长 25.6%。

八、绿色食品、有机食品生产

年末农垦系统绿色食品、有机食品农作物种植面积 1 123.03 千公顷，比上年增长 9.4%；产量 636.80 万吨，比上年增长 22.2%，其中：绿色 A 级农作物种植面积 972.88 千公顷，增长 6.6%，产量 558.79 万吨，增长 22.9%；有机农作物种植面积 150.15 千公顷，增长 31.9%，产量 78.01 万吨，增长 17.4%。绿色、有机水果种植面积 57.89 千公顷，比上年增长 6.4%；产量 86.30 万吨，比上年增长 13.8%。其中：绿色 A 级面积 55.25 千公顷，增长 4.2%，产量 80.99 万吨，增长 11.5%；有机水果面积 2.64 千公顷，增长 85.2%，产量 5.31 万吨，增长 64.5%。

九、资源消费

主要资源消费量中：钢材 299.84 万吨，比上年下降 7.4%；木材 452.23 万米^3，下降 1.4%；水泥 1 185.52 万吨，增长 11.5%；煤炭 6 139.39 万吨，下降 6.7%；成品油 425.86 万吨，增长 21.3%；电 1 623.10 亿千瓦时，下降 13.4%。

万元生产总值消费钢材 0.038 吨，比上年下降 5.0%；万元生产总值消费木材 0.057 米^3，增长 1.8%；万元生产总值消费水泥 0.150 吨，增长 15.4%；万元生产总值消费煤炭 0.778 吨，下降 3.5%；万元生产总值消费电力 1 722 千瓦时，下降 25.0%；万元生产总值消费成品油 0.057 吨，增长 32.6%。

注：

1. 农垦生产总值、各产业增加值、工农业总产值等价值指标均按现价计算。2018 年农垦“两个 3 年”改革任务基本完成后垦区 GDP 统计范围变化，年度间 GDP 数据不具有直接可比性。公报数据如有出入，以《中国农垦统计年鉴》为准。
2. 部分垦区受自然灾害等影响农作物不同程度减产。
3. 部分垦区统计口径有调整。
4. 新疆生产建设兵团部分指标变化，数据无法取得。

北京农垦2019年经济社会发展统计公报

北京首农食品集团有限公司

2019年，以北京首农食品集团有限公司为代表的北京农垦深入学习贯彻习近平新时代中国特色社会主义思想和党的十九大精神，践行初心使命，进一步树牢“四个意识”、坚定“四个自信”、坚决做到“两个维护”，在市委市政府和市国资委的坚强领导下，服从服务于新中国成立70周年庆祝活动这个大局，紧密结合集团改革发展和党的建设实际，坚持党建统领、战略纲领、文化引领，统筹做好稳增长、促改革、拓市场、提质量、防风险、保稳定等各项工作，开拓进取，真抓实干，再次开创了北京农垦发展的新局面。

一、综合

2019年北京首农食品集团坚持聚焦主业，扶优劣汰，加快结构性调整，在优化产业上实现更大突破。这一年，首农食品集团全面推进子集团与事业部制改革，整合业务和产品资源，连接上下游、打通产业链，以供给侧结构性改革为主线，加大兼并重组、关闭撤销、挂牌转让、破产清算力度，把资金和资产向优势产业和优势企业集中，凝心聚力展现国有企业的优势和担当。本次农垦统计年报，也以集团的控股、实际控制、全资企业为主，剔除部分参股企业数据，以便更准确地展现国有企业在北京垦区的实际发展状况。

（1）2019年北京垦区生产总值合计132.50亿元，较上年增长2.55%。其中，劳动者报酬60.66亿元，固定资产折旧14.69亿元，生产税净额17.29亿元，营业盈余39.85亿元。

第一产业增加值24.03亿元，占全年生产总值的18.13%。其中，劳动者报酬11.37亿元，固定资产折旧3.90亿元，生产税净额0.22亿元，营业盈余8.54亿元；第一产业增加值较上年增长48.09%。

第二产业增加值41.23亿元，占全年生产总值的31.12%。其中，劳动者报酬23.11亿元，固定资产折旧5.47亿元，生产税净额6.75亿元，营业盈余5.90亿元；第二产业增加值较上年减少2.77%。

第三产业增加值67.24亿元，占全年生产总值的50.75%。其中，劳动者报酬26.19亿元，固定资产折旧5.31亿元，生产税净额10.33亿元，营业盈余25.41亿元。第三产业增加值较上年减少4.72%。

（2）北京垦区2019年末土地总面积7 761.49公顷，较上年减少1.65%。其中，耕地面积1 389.29公顷，占土地总面积17.90%。

（3）2019年末农垦总人口95 928人，较上年减少17.46%，其中农场人口23 596人，少数民族人口540人。农垦年内平均人口95 479人。国有企业年末从业人员49 525人，其中在岗职工44 278人，其他从业人员5 247人。从业人员工资总额48.38亿元，其中在岗职工工资总额45.35亿元，其他从业人员工资总额2.86亿元。

二、产业布局

（一）第一产业

1. 农林牧渔业总产值

2019年实现农林牧渔业总产值93.31亿元，其中种植业产值0.61亿元，林业产值0.20亿元，牧业产值73.38亿元，占农林牧渔业总产值的78.64%，渔业产值5.02亿元，农林牧渔服务业产值14.10亿元；农林牧渔业商品总产值66.47亿元。

2. 农作物生产情况

（1）2019年农作物播种面积总计1 280.84公顷，与上年持平。谷物播种面积104.53公顷，主要为小麦、玉米，较上年有所下降，主要由于南郊农场所属企业减少了种植面积；蔬菜播种面积87.2公顷，较上年略有下降。其他作物播种面积1 076.11公顷，其中啤酒花65.30公顷；青饲料1 010.81公顷，较上年增长38.27%，主要由于本年企业为降低活牛养殖的饲料成本增加了青贮种植。

（2）水果年末实有面积156.7公顷，主要为苹果、桃，产量710.23吨，与上年持平。

3. 农牧业生产情况

（1）2019年大牲畜规模化养殖场31个；年末大牲畜总头数84 310头，其中黄牛1 387头，良种及改良种乳牛82 923头；当年出售和自宰的肉用牛2 321头，牛肉产量1 064.20吨，牛奶总产量474 324.91吨。

（2）2019年猪业规模化养殖场8个，带动农户252户；年末生猪存栏358 191头；能繁殖母畜16 049头；当年出栏肉猪239 188头，猪肉产量23 710.59吨，较上年有较大幅度增加。

（3）2019年年末家禽规模化养殖场43个，家禽存栏632万只，禽蛋产量55 680.39吨，较上年均有所增加。

（4）2019年年末水产产品总产量6 649吨，其中海洋鱼类6 582吨。

（二）第二产业

（1）工业企业96家，工业总产值全年完成316.24亿元，较上年减少1.68%。其中，农副食品加工企业46家，工业总产值222.79亿元，占工业总产值的70.45%；食品制造企业35家，工业总产值89.96亿元，占工业总产值的28.45%；其他制造业总产值3.49亿元，占工业总产值的1.10%。主要工业产品中以食品原料及其产成品为主。

（2）建筑企业2家，年末从业人员46人，全年施工房屋建筑面积2万米^2，房屋建筑竣工面积0.6万米^2，建筑业总产值3 639万元。

（三）第三产业

（1）2019年年末交通运输业企业5家，年末从业人员2 180人，全年货运量14.19万吨，客运量631万人次。全年实现营业总收入5.26亿元，其中货运及装卸收入2.30亿元。

（2）2019年年末批发零售业企业109家，年末从业人员4 857人，年末营业用房面积60.62万米^2，全年实现营业收入822.90亿元。

（3）2019年年末餐饮业企业6家，年末从业人员196人，年末营业用房面积3.68万米^2，全年实现收入总额1.08亿元。

（4）2019年年末服务业企业164家，年末从业人员9 142人，年末营业用房面积100.34万米^2，全年实现收入总额56.87亿元。

（5）全年外贸出口供货商品金额3.43亿元。其中，畜产品出口2.33亿元，占比67.93%；工业品出口1.10亿元，占比32.07%。

三、固定资产投资

2019年全年完成固定资产投资总额22.86亿元，全年固定资产投资资金来源合计22.96亿元，其中自筹资金19.13亿元，占比83.28%；当年新增固定资产15.61亿元。

投资总额中用于第一产业的投资为10.31亿元，占投资总额的45.10%；用于第二产业的投资为5.97亿元，占投资总额的26.11%；用于第三产业的投资为6.58亿元，占投资总额的28.79%。

四、科研基本情况

2019年度拥有科研单位18家，较上年增加3家，其中部、省、地属科研单位8家，场直属科研单位10家。职工合计1 901人，科技人员937人，其中本科及以上585人。科研经费合计40 993.83万元，其中，企业自筹36 922.24万元，占比90.07%。实验地面积2.12公顷。

天津农垦2019年经济社会发展统计公报

天津食品集团有限公司

天津食品集团有限公司为贯彻落实习近平新时代中国特色社会主义思想，切实做到全面推进新时代改革开放，敢于担当负责，狠抓工作落实，以实现中华民族伟大复兴中国梦作为行动指南，立足振兴企业，干好事业，保障民生，聚焦天津食品产业优势资源，以民需为本，以市场为导向，重点以现代农牧业、食品加工业、商贸物流及房地产业为发展方向，承担全市及周边地区“菜篮子”、肉禽蛋奶、粮油等食品供应，从源头保障食品品质，全力打造“从田间地头到餐桌”，纵贯一二三产业的食品全产业链和农工商科一体化的发展新模式，为大众提供健康、优质、安全、放心食品，成为政府信赖、百姓放心、保障有力的民心工程企业。

集团全力打造一批核心骨干企业，现代农牧业以嘉立荷牧业集团、渤海农业集团等为基地，大力发展奶牛、蛋鸡养殖，加快生鲜绿色有机果蔬种植和观光休闲农业建设；食品加工业以海河乳业、二商迎宾、利民调料等企业为龙头，做优做强海河牛奶、迎宾放心肉、副食调料、利达粮油、山海关豆制品等主副食品，满足市场需求，扩大市场占有率；商贸物流及房地产业以商贸公司、壳牌石油、红光贸易、农垦房地产、龙呈嘉益等商贸物流企业为核心，拓展农产品贸易，发展冷链物流和连锁零售终端建设，进一步做大石油零售业务规模和效益，发挥土地资源优势，做强房地产业。

2019年集团共有147个经营单位，其中农林牧渔业34个，工业29个，建筑业1个，商业24个，社会服务业及其他行业59个，分布在天津市郊区县和市内各区。2019年农垦总人口2.5万人，其中职工1.1万人，土地7 427公顷，其中耕地2 956公顷。2019年全体干部职工认真按照集团公司的工作思路和具体部署，认真履行岗位职责，在集团广大干部职工的齐心努力下完成了预期经济指标。

一、经济总量

2019年天津食品集团资产总额382.1亿元。集团实现生产总值38.7亿元，第一产业3.8亿元，第二产业5.5亿元，第三产业29.4亿元。集团比上年生产总值的37.1亿元，增长了4.3%，其中第一产业比上年的3.7亿元增长2.7%、第二产业比上年的5.3亿元增长3.8%、第三产业比上年的28.1亿元增长了4.6%。集团营业收入255.6亿元，比上年的300亿元减少了44.4亿元，同比减少了14.8%；集团全年实现利润总额10.3亿元，比上年的9.7亿元增加了0.6亿元，同比增长了6.2%；

二、农牧业生产

进一步推进农牧业结构优化调整。农垦年末耕地面积2 956公顷，由于调整种植结构，改善农田水利设施，采用优良品种和先进科学技术，加大农业设施建设投入，使种植业生产得以稳步发展。农作物播种总面积2 136公顷，比上年的2 163公顷减少了27公顷，其中粮食播种面积2 012公顷，比上年的1 795公顷增加了217公顷，粮食总产14 901吨，比上年13 411吨增加了1 490吨，草坪种植面积20公顷，提供商品草皮20万米^2。果园面积267公顷，比上年的295公顷减少了28公顷，水果总产量2 323吨，比上年的3 174吨减少851吨。

天津食品集团奶牛业在改革发展中不断壮大，奶牛年末存栏达到3.6万头，比上年的3.5万头增加0.1万头，成母牛1.8万头，比上年的1.7万头增加了0.1万头，全年牛奶总产量20.4万吨，比上年的18.1万吨增加了2.3万吨，比上年增长12.7%。

水面养殖面积822公顷，比上年的897公顷减少了75公顷，水产品总产量7 413吨，比上年的8 193吨减少了780吨。

三、工业企业

集团实现工业总产值 25.1 亿元，比上年的 27.7 亿元，减少了 2.6 亿元。全年工业外贸出口额 16 104 万元，比上年的 15 292 万元增加了 812 万元，葡萄酒产量 0.8 万吨，中法合营王朝葡萄酿酒有限公司生产的葡萄酒仍为全国品质最高的全汁高档葡萄酒之一。为保持葡萄酒生产优势，他们将继续增加投入，为更高、更大的跨越奠定坚实基础。集团乳品加工业在保障产品质量和开发新产品上下功夫，生产的乳制品在市场上深受消费者的欢迎，扩大了市场占有率。全年生产乳制品 6.1 万吨，比上年的 5.9 万吨增加了 0.2 万吨，增加了 3.4%，包装业全年完成纸箱生产 5 019 吨、塑料包装生产 3 220 吨。

四、第三产业

集团第三产业实现生产总值 29.4 亿元，比上年的 28.1 亿元增长了 1.3 亿元，同比增长了 4.6%。壳牌华北石油集团有限公司受国内燃油价格走低，燃油消费税大幅征收，上游炼厂成本转嫁，华北区域 220 个油站双层罐升级改造影响，导致收入利润同比减少，全年营业额为 60.8 亿元，实现利润 0.1 亿元。天津市经济贸易学校与天津市第二商业学校合并为天津市经济贸易学校。天津市经济贸易学校在扩大招生的同时，不断加强学生思想和品质教育，使学员在德智体等方面得到良好的教育，为社会提供素质高技能强的中等技术人才。食品集团旗下仓储库作为国家粮、肉、糖等物资的储备库，为国家和社会的物资供给提供了保障。

五、固定资产投资

2019 年集团完成固定资产投资 167 963 万元。其中，农垦康嘉公司新建年出栏 78 000 头商品仔猪项目 7 048 万元，农垦康嘉公司北大港津港天兆猪场二期 4 400 头种猪场项目 6 208 万元，广源畜禽公司新建年存栏 100 万只蛋鸡养殖基地项目 4 670万元，海南省澄迈县新建年存栏 100 万只蛋鸡养殖基地项目 7 000 万元，黑水虻养殖车间变压器增容项目 85 万元，中蒙合作蔬菜科技示范园区项目 125 万元，嘉立荷集团新建万头牛场项目 754 万元，嘉立荷牧业集团第十奶牛场改造项目 802 万元，嘉立荷牧业集团第十一奶牛场改造项目 1 378 万元，嘉立荷（山东）公司改造项目 514 万元，奶牛发展中心生产性能测定项目 300 万元，龙呈嘉益公司 2019 年农机设备更新项目 672 万元，龙呈嘉益公司 5 526 亩水稻种植项目 277 万元，津垦牧业公司津承扶贫肉羊养殖基地项目 2 180 万元，渤海农业集团苜蓿产业化项目 8 746 万元，津垦牧业公司围场县肉羊养殖产业化扶贫基地项目 8 881 万元，津垦牧业公司新疆于田县 12 万吨饲料厂项目 3 000 万元，津垦牧业公司新疆和田地区策勒县肉羊屠宰厂项目 86 万元，津垦牧业公司昌都市阿旺绵羊胚胎移植保种基地项目 1 505 万元，黄庄洼米业公司智能化系统建设项目 101 万元，兴华公司自粘布生产线项目 880 万元，燊辉电力新建厂房项目 2 356 万元，利民公司加纳番茄酱加工厂项目 6 078 万元，利民公司大豆种植加工基地项目 2 048 万元，利民公司辣椒深加工及酱腌菜生产基地项目 1 813万元，利民进出口公司污水处理系统提升改造项目 440 万元，天津海河乳业有限公司新厂建设项目 5 478 万元，二商迎宾公司氨泄漏防护改造项目 217 万元，壹诺公司购置液相色谱质谱联用仪设备项目 248 万元，农垦房地产公司红桥酒店装修项目 985 万元，东方实业公司悦澜园商业回购项目 10 550 万元，农垦房地产公司购买立达公寓底商 2～3 层及地下车库项目 6 903 万元，美亿家广场回购项目 29 085 万元，天津军粮城国家粮食储备库变压器增容项目 281 万元，静海国储库浅圆仓功能提升改造项目 1 013 万元，静海国家粮库智能粮库项目 1 196 万元，利达粮油公司食品加工速冻项目 381 万元，利达物流服务公司库区路面硬化项目 190 万元，利达物流服务公司智能化粮库升级改造项目 138 万元，利达粮油临港分公司智能化粮库升级改造项目 265 万元，利达华鹰公司智能化粮库升级改造项目 531 万元，壳牌公司 2019 年对已运营油站维修改造、油品质量控制、油库运营期维护等项目 8 000 万元，壳牌公司 2019 年新建加油站项目 20 990 万元，监测中心购置华鼎新区房产项目 130 万元，天津滨海中储物流园建设项目 12 120 万元，天津市滨海新区港垦加油站提升改造项目 270 万元，康谊公司中央厨房提升改造项目 1 045 万元。

六、职工收入

2019 年年末集团从业人员 10 411 人，在岗职工 9 324 人，其他从业人员 1 087 人。年末从业人员比上年的 11 009 人减少了 598 人，减少了 5.4%。全年从业人员人均年收入 9.8 万元，在岗职工人员人均年收入 10.4 万元。其他从业人员人均年收入 5.3 万元。集团系统离、退休、退职人员 2.4 万人，发放离、退休、退职人员生活费总额 9 亿元。目前，在确保下岗职工基本生活费的基础上，继续做好企业富余职工的分流安置和再就业工作。

河北农垦2019年经济社会发展统计公报

河北省农垦局

2019年，河北垦区在河北省委、省政府和农业农村部的正确领导下，以习近平新时代中国特色社会主义思想为指导，深入贯彻中央一号文件精神，落实全国农业农村会议的部署，深化农垦改革，继续坚定不移地推进垦区集团化、农场企业化改革，完善市场化经营机制，强化创新驱动，不断增强农垦内生活力、市场竞争力和影响力，加快建设现代农业的大基地、大企业、大产业，努力培育全省农业领域航母，垦区经济持续稳定健康发展。

一、综合

农垦经济平稳增长，经济总量又上新台阶。全年实现农垦生产总值达到585.38亿元，比上年增长10.21%。其中，第一产业增加值75.95亿元，增长31.45%；第二产业增加值286.38亿元，增长5.35%；第三产业增加值223.05亿元，增长12.88%。2018年人均GDP净增加11 342元，达到127 233元，比上年增长9.79%。人均纯收入20 948元，比上年增长12.13%。图垦生产总值见图1。

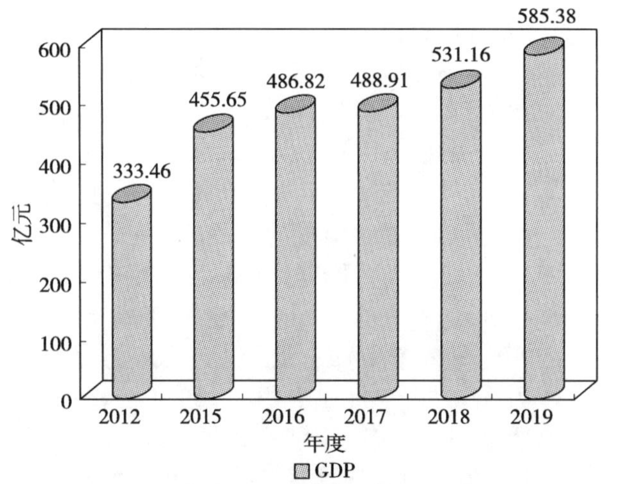

图1　农垦生产总值

2019年各农场发挥自身优势，积极调整产业结构，特色主导产业对经济发展起到了龙头拉动作用。一、二、三产业增加值在农垦生产总值中的比重分别为13%、49%、38%。

二、农业

2019年，河北垦区切实贯彻落实惠农强农政策，加快农业科技推广，加强现代农业建设，农业综合生产能力平稳增强。全年实现农林牧渔业总产值125.09亿元，比上年增长12.17%。其中：种植业产值29.80亿元，比上年增长1.19%；林业产值1.32亿元，增长41.94%；牧业产值42.87亿元，增加18.46%；渔业产值40.29亿元，增长15.84%；服务业产值10.81亿元，增长6.29%。

全年农作物总播种面积为85.82千公顷，比上年减少0.38千公顷，下降1.25%。其中：粮食作物播种面积69.98千公顷，与上年基本持平，占农作物总播种面积的81.54%；棉花面积1.66千公顷，减少1.23千公顷，下降42.56%；油料面积3.09千公顷，增加0.57千公顷，增长22.62%；蔬菜、瓜类面积5.89千公顷，增加0.35千公顷，增长6.32%。其他作物4.67千公顷，增加0.26千公顷，增长5.89%。农林渔业产值比例结构见图2。

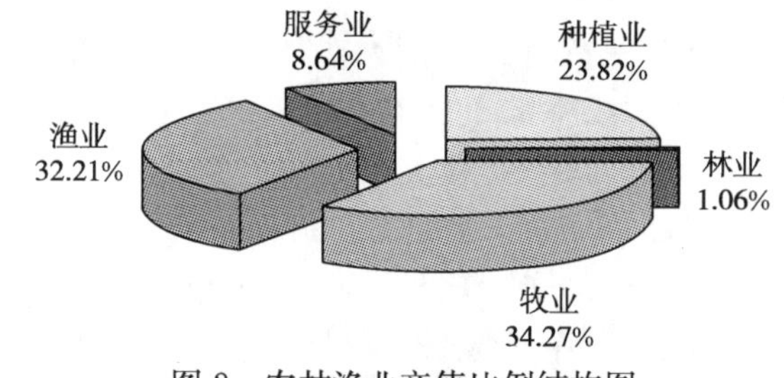

图2　农林渔业产值比例结构图

河北垦区全年农作物种子播种面积1 702.28公顷，其中，原种播种面积202.15公顷，良种播种面积1 500.13公顷。生产量合计10 924.51吨；加工厂7个，加工生产能力50 500吨；种子公司7个；年末从业人员165人，其中技术人员28人；种子质量检验室5个，种子检验人员12人。主要农产品产量见表1。

2019年粮食总产量60.28万吨，比上年增加3.23万吨，增长5.66%。粮食产量见图3。

表1 主要农产品产量

农作物名称	2019年产量（吨）	比上年增长（%）
一、粮食	600 841	5.32
其中：稻谷	216 543	21.54
小麦	54 036	−7.89
玉米	102 904	−2.89
二、油料	4 703	37.23
其中：花生	551	−53.22
油菜籽	2 973	74.16
三、棉花	3 771	20.33
四、糖料	19 923	−36.39
五、蔬菜、瓜类	318 461	16.81
六、其他作物	155 994	31.19
其中：青饲料	155 994	31.19

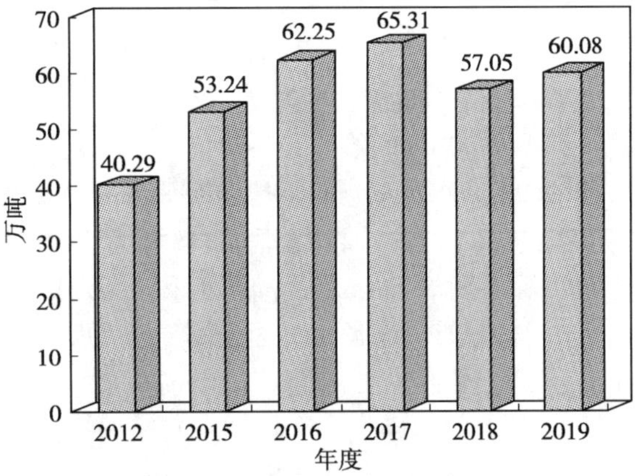

图3 粮食产量

畜牧业保持健康发展。2019年末大牲畜存栏179 308头。奶牛数量达到149 939头，比上年基本持平；牛奶总产量594 958吨，增加36 258吨，比上年增长6.49%。察北、沽源两个农场牛奶产量分别达到215 235吨和262 000吨占全垦区牛奶总产量的80.21%。牲畜年末存栏及畜产品产量见表2。农垦牛奶产品见图4。

表2 牲畜年末存栏及畜产品产量

牲畜种类	计量单位	2019年产量	比上年增长（%）
大牲畜总头数	万头	179 308头	2.81
其中：奶牛	万头	149 939头	0.09
猪存栏	万头	272 408头	−24.96
羊存栏	万只	69 329只	−13.45
其中：绵羊	万只	66 123只	−13.34
家禽	万只	2 792 170只	−32.84
肉类总产量	万吨	68 256吨	−4.94
其中：猪肉	万吨	38 863吨	−17.89
禽肉	万吨	21 191吨	24.16
牛奶	万吨	594 958吨	6.49
禽蛋	万吨	17 447吨	−8.39

图4 农垦牛奶产量

水产养殖业保持平稳发展。2019年年末水产品养殖面积16 748公顷，比上年增长3.24%。养殖面积中淡水8 130公顷，海水8 618公顷。全年水产品总产量163 468吨，比上年增加8 828吨，增长5.71%。其中：淡水产品产量87 871吨，下降1.33%；海水产品产量75 597吨，增长15.26%。对虾产量27 741吨，比上年增长15.02%。

全年植树造林面积4.41千公顷，其中用材林0.31千公顷，经济林0.95千公顷，防护林3.15千公顷。年末林地面积76.36千公顷。

农业基础设施建设得到加强，农业生产机械化水平进一步提高。年末农业机械总动力106.59万千瓦，比上年下降1.77%。农用排灌动力机械11 321台，大中型农用拖拉机3 589台，小型拖拉机17 979台，播种机2 174台，联合收获机857台，机动割晒机244台，机动脱粒机2 024台，农用运输车辆3 519辆。温室486万米^2，大棚626万米^2。当年机播面积75.60千公顷，占农作物总播种面积的比重达88.10%，机械收获面积71.09千公顷，占农作物总播种面积的82.84%。

三、工业和建筑业

2019年第二产业实现增加值286.38亿元，比上年增长5.35%，增加值占农垦生产总值的48.92%，其中工业增加值255.78亿元，比上年增长5.08%；建筑业增加值30.60亿元，比上年增长7.63%。

工业保持平稳发展。2019年工业企业总数为1 178个，其中规模以上工业企业和规模以下工业企业220个，销售产值583.55亿元，增长12.37%。乳制品产量29.84万吨，比上年下降20.5%，液体乳产量26.40万吨，比上年下降23.83%。工业增加值见图5。

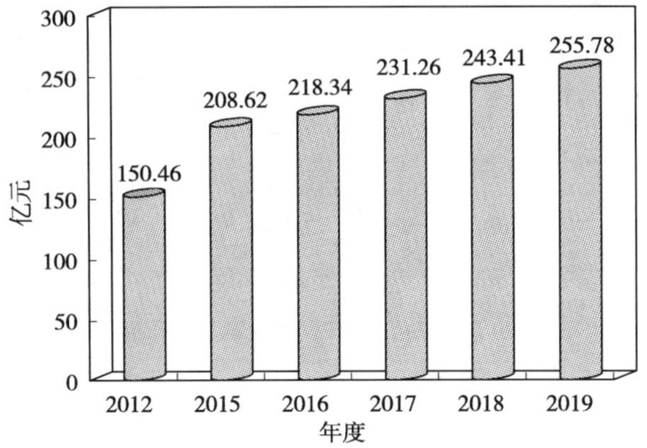

图5 工业增加值

2019年实现工业总产值831.08亿元，比上年增长16.96%。国有工业总产值224.10亿元，增长51.61%；战略性新兴工业产值151.36亿元。主要工业产品总产值为：农副食品加工业39.89亿元，增长15.49%；食品制造业33.48亿元（主要为乳制品制造业），下降31.81%；纺织业4.02亿元，增长11.67%；纺织服装、服饰业3.27亿元，增长0.31%；家具制造业46.38亿元，增长36.81%；化学原料及化学制品制造业57.47亿元，增长52.71%；金属制品业24.45亿元，下降3.92%；交通运输设备制造业43.92亿元，下降14.42%；石油、煤炭及其他燃料加工业400.64亿元，增长26.63%。2019年主要工业产品产量见表3。

表3 2019年主要工业产品产量

产品名称	计量单位	绝对数	比上年增长（%）
原盐	吨	30 223	−13.40
大米	吨	239 007	92.79
小麦粉	吨		
混、配合饲料	吨	241 181	−13.07
乳制品	吨	298 379	−20.57
#液体乳	吨	263 956	−23.85

（续）

产品名称	计量单位	绝对数	比上年增长（%）
饮料酒	千升	4 758	−20.75
#白酒	千升	4 758	−20.75

建筑业稳步发展。建筑企业669个，年末从业人员9 571人。全年实现增加值30.60亿元，比上年增长7.75%。年末固定资产原值6.14亿元，全年施工房屋建筑面积24.23米^2，房屋竣工面积8.91万米^2。

四、固定资产投资

固定资产投资增速较快。固定资产投资对垦区经济持续增长起着较强推动作用。2019年河北垦区完成固定资产投资总额429.62亿元，比上年减少39.24亿元，下降8.37%。国有固定资产投资28.52亿元，比上年增长198.01%。第一产业投资17.85亿元，比上年下降44.89%；第二产业投资305.68亿元，比上年下降7.71%；第三产业投资105.89亿元，比上年增长0.80%。一、二、三产业在固定资产投资中比重为4%、71%、25%。固定资产投资比较见图6。

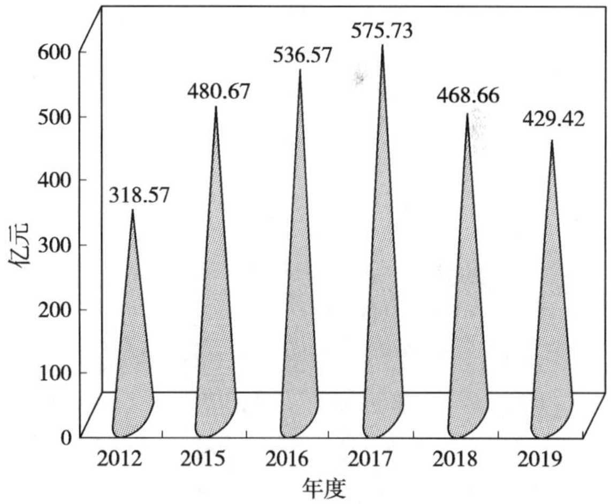

图6 固定资产投资比较图

固定资产投资中，国家预算内资金126.56亿元，自筹资金405.55亿元，其他资金13.83亿元。当年新增固定资产182.55亿元。

五、运输业、批发零售贸易业、服务业及出口商品

交通运输业全年完成货运量33 333万吨，客运486万人次；年末单位个数7 772个，从业人员

20 236 人，运输工具 12 343 台；营业总收入 24.85 亿元，比上年下降 8.84%。

批发零售业、餐饮业、服务业年末单位 14 445 个，固定资产原值 35.21 亿元，比上年增长 5.74%，营业用房面积 60.52 万米^2，增长 7.29%；营业总收入 332.02 亿元，比上年增长 10.09%，其中批发零售业 231.89 亿元，比上年增长 6.54%；餐饮业 21.79 亿元，与上年持平；服务业 78.34 亿元，比上年增长 25.10%；批发零售业、餐饮业、服务业营业网点数 16 922 个，年末从业人员 5.29 万人。

全年出口商品总金额 25.10 亿元，比上年增长 3.42%。其中：水产品 3 119 万元，增长 25.06%；工业品 247 841 万元，增长 3.21%。

六、科研

2019 年年末河北垦区拥有科研单位 4 个，其中省、地属科研单位 1 个，场属 3 个；从业人员 90 人，其中科技人员 64 人。科研经费 1 021.22 万元，其中省地局自筹 1 010.22 万元，企业自筹 11 万元。

七、人口、职工、收入与社会保障

2019 年年末河北垦区总人口 42.12 万人，年末全垦区从业人员 25.32 万人。其中第一产业 8.33 万人，比上年下降 9.75%；第二产业 7.67 万人，下降 4.84%；第三产业 9.32 万人，增长 10.82%。

职工生活水平稳步提高。2019 年河北垦区实现居民人均可支配收入 20 948 元，比上年增长 7.28%。垦区危房改造工作自 2011 年开展以来，职工居住条件得到改善，年末职工实有住房面积 1 620万米^2，人均住房面积 38.68 米^2。河北垦区危房改造工作已基本完成，没有新增项目。

八、绿色、有机食品、无公害农产品

截至 2019 年年末，河北垦区认证了 39 个绿色、有机食品、无公害农产品，带动 19 499 个农户。其中：种植业 17 个，含水稻 7 个、蔬菜 3 个、水果（梨）1 个、玉米 1 个油料 1 个和其他 4 个；已认证的绿色食品 A 级面积 1 815 公顷，产量 71 982 吨；已认证的有机食品面积 6 000 公顷，产量 70 000 吨；已认证的无公害农产品面积 1 760 公顷，产量 16 900 吨。渔业 3 个，含淡水鱼 1 个、海水鱼 1 个和蟹 1 个；已认证的无公害农产品面积 4 150 公顷，产量 4 028 吨。畜牧业 17 个，其中生猪 8 个、奶牛养殖 4 个、羊 1 个、蛋鸡 1 个、肉鸡 3 个；已认证无公害农产品数量 32.52 万头，产量 41 714 吨；已认证的加工品类 2 个，为乳制品。

九、其他

河北垦区 33 个农牧场中，生产总值超过 1 亿元的有 9 个。这 9 个农牧场共有职工 5.94 万人，耕地 86.10 千公顷。2019 年实现生产总值 540 亿元，占垦区生产总值的 92.31%。其中农业增加值 100.18 亿元，工业增加值 267.94 亿元，利润总额 44.76 亿元，销售税金 22.85 亿元。生产总值列前三位的是柏各庄农场、南大港农场、中捷农场，生产总值分别为 198 亿元、112 亿元、91 亿元。

2019 年年末河北垦区拥有大中型工业企业 18 家、全年完成总产值 321.24 亿元，销售产值 302.78 亿元。完成增加值 80.62 亿元。年末资产总额 237.01 亿元，固定资产原值 95.43 亿元，年平均从业人员 5 839 人，实现利税总额 17.89 亿元。龙头企业 15 家，全年完成总产值 73.58 亿元，销售产值 55.38 亿元。完成增加值 12.49 亿元。年末资产总额 82.51 亿元，固定资产原值 47.27 亿元，年平均从业人员 3 927 人，实现利税总额 3.40 亿元。

截至 2019 年年底，河北垦区共有“三资”企业 10 家。企业投资总额约 1.42 亿元人民币，其中外方投资总额 1.31 亿元，我方投资总额 0.11 亿元。

山西农垦2019年经济社会发展统计公报

山西省农业农村厅农垦与渔业渔政管理局

2019年，山西垦区在农业农村部农垦局、山西省委、省政府和省农业农村厅的正确领导和大力支持下，坚持以习近平新时代中国特色社会主义思想为指导，深入贯彻党的十九大和习近平总书记视察山西重要讲话精神，坚持"一个指引、两手硬"工作思路和要求，深化农垦改革，着力推动农垦发展进程，垦区经济持续平稳健康发展。

一、综合

据2019年统计，山西垦区现有国有农场25个，土地总面积22 686.64公顷，其中：土地确权的20 050公顷。全年实现生产总值6.43亿元，比上年增长1.74%。其中，第一产业增加值1.54亿元，比上年增长4.05%，占生产总值的24%；第二产业增加值2.61亿元，比上年增长0.38%，占生产总值的41%；第三产业增加值2.28亿元，比上年增长1.78%，占生产总值的35%。

2019年垦区非国有经济实现总产值48 977.55万元，比上年增长1.87%。占垦区经济总量的76%。

二、第一产业

农业供给侧结构性改革稳步推进，粮食作物种植结构稳中调优。垦区突出发展蔬菜、水果等高产、高收益优势农产品，减少玉米种植面积；同时精心打造杂粮产业。

（1）2019年实现农林牧渔业总产值33 535.34万元，比上年减少6.95%，其中，种植业产值15 577.04万元；牧业生产总值15 499.1万元，农林牧渔服务业产值1 995万元。

（2）全年农作物种植面积6 275.5公顷，比上年减少9.3公顷。其中，粮食种植面积4 841.35公顷，比上年减少393.92公顷；油料种植面积59公顷，比上年增加36公顷；蔬菜种植面积634.33公顷，比上年增加114.5公顷。在粮食种植面积中，玉米种植面积4 084.06公顷，比上年减少297.57公顷；小麦种植面积603公顷，比上年增加290.33公顷。果园面积163.5公顷，比上年减少78.27公顷。

（3）全年粮食产量37 197.41吨，比上年减少1 482.93吨，减产3.83%。其中，夏粮4 490吨，比上年增长187.82%；秋粮32 707.41吨，比上年减少11.89%；蔬菜瓜果12 265.9吨，比上年减少18.65%；其他作物青饲料30 143.62吨，比上年增长23 417.63吨。蔬菜瓜果虽然比年播种面积增加，但四月份受霜冻影响，产量减少。

（4）畜牧业生产持续稳定发展，但受非洲猪瘟影响，太原果树场一生猪屠宰企业破产，猪肉产量大幅减少。2019年大牲畜存栏11 654头，比上年增长12.5%；其中：牛11 606头；比上年增长17.17%；其中良种及改良种乳牛8 696头，比上年增长3.57%。全垦区肉类总产量3 060吨，比上年减少28.28%。其中，猪肉产量197吨，比上年减少90.07%；牛肉产量721吨，比上年增长166.71%；羊肉产量2 058吨，比上年增长5.6%。牛奶产量30 840吨，比上年增长0.2%。禽蛋产量2 073吨，比上年减少0.38%。

（5）农业生产机械化水平继续强化，机械化率提高显著。2019年年末农业机械总动力27 935千瓦，比上年增长3.2%。农业用大中型拖拉机44台，农用小型及手扶拖拉机1 175台，播种机84台。发展设施农业温室408 187米^2，大棚213 720米^2。当年实现机耕面积5 518.3公顷，占当年耕地面积的86%；当年实现机播面积5 010.65公顷，占农作物播种面积的80%。

三、第二产业

山西垦区工业生产受原材料供求矛盾和价格上涨等多重不利因素的影响，规模以上非国有工业企业减少7个。2019年全垦区工业企业81家，工业总产值42 139.16万，其中：国有工业企业1个。规模以上工业增加值31 251.16万元，比上年减少33.3%，工业销售产值22 460.21万元，比上年减少15.99%。

建筑业：山西垦区无建筑业。

四、第三产业

第三产业发展平稳，2019年年末交通运输单位43个，与上年一样，年末从业人员110人，全年从业人员报酬298万元，固定资产总值644万元，实现营业总收入684万元，全年货运量15.35万，客运量5.3万人。

批发零售业、住宿餐饮业、服务业年末单位2 221个，从业人员4 304人，从业人员劳动报酬10 408.64万元，固定资产总值5 606.67万元，销售额或收入43 823.11万元。

五、固定资产投资

2019年完成固定投资1 081.77万元，全部来源于国有经济单位。其中：第一产业固定资产投资1 022.45万元，占总投资额的95%，比上年增长63.25%。

六、人口、就业与社会保障

2019年年末，山西垦区年末总人口32 025人，其中，农场人口31 413人。社会从业人员14 900人，比上年减少341人，减少2.23%，其中：第一产业6 098人，比上年减少710人，减少10.42；第二产业3 687人，比上年减少179人，减少4.63%；第三产业5 115人，比上年增加548人，增长12%。国有单位年平均从业人员3 480人，比上年增长9.47%，国有单位从业人员工资总额8 996.74万元，比上年增长22.45%，职工收入继续提高。2019年全垦区职工全年平均22 815.26元，比上年增长7.99%；垦区居民人均可支配收入11 680元，比上年增长2.26%。人均GDP 20 567.67元，比上年增长1.56%。

内蒙古农垦2019年经济社会发展统计公报

内蒙古自治区农牧厅农垦局

2019年，内蒙古农垦认真学习贯彻习近平新时代中国特色社会主义思想，积极落实中央、内蒙古自治区党委政府和自治区农牧厅党组重大决策部署，全力推进全区农垦改革发展和贫困农牧场脱贫攻坚工作，较好完成了全年各项工作任务。

一、综合情况

2019年年末，随着农垦改革的不断深入，垦区集团化，农场企业化的步伐加快，国有农牧场办社会职能改革的积极推进，土地确权工作已经接近尾声，使得垦区部分统计数据与上年变化较大。一是内蒙古垦区土地总面积减少1 609.53千公顷，同比下降32.3%。其中呼伦贝尔农垦土地总面积变化较大，经过土地确权后，土地总面积减少1 608.91千公顷，同比下降近60%；二是呼伦贝尔垦区第二、三产业的非国有经济不在此次的统计范围里。由于呼伦贝尔垦区在土地确权工作中原有的闭合式事业区面积已经变化为点状，导致原事业区内的养殖企业、加工企业等无法纳入垦区统计范围，因此对第二、三产业非国有经济部分进行剔除。

全年内蒙古垦区实现生产总值109.13亿元，剔除指标范围变化的因素与去年基本持平。其中，第一产业增加值69.06亿元；第二产业增加值24.52亿元；第三产业增加值15.55亿元。第一、二、三产业增加值占生产总值的比重分别为63%、23%、14%。居民人均可支配收入16 170元，同比增长5.6%。

二、农业

全年实现农林牧渔总产值129.18亿元（现行价，下同），与去年基本持平。其中：农业产值71.62亿元，林业产值1.16亿元，牧业产值52.04元，渔业产值0.85亿元。

农作物播种面积674.1千公顷（含租赁面积），与上年基本持平。其中：粮食作物播种面积487.18千公顷，同比增加1.53千公顷，占农作物播种面积的72.3%；油料作物播种面积119.03千公顷，同比减少2.26千公顷，占农作物播种面积的17.7%。

农产品结构调整稳步推进，小麦播种面积120.6千公顷，与上年基本持平，播种面积占粮食播种面积的24.8%；玉米播种面积164.42千公顷，同比下降13.7%，播种面积占粮食播种面积的33.7%；豆类播种面积133.89千公顷，同比增长8.5%，播种面积占粮食播种面积的27.5%。

粮食产量231.21万吨，同比增长12.3%。主要农产品产量见表1。

表1　2019年主要农产品产量

产品名称：	产量（万吨）	同比增长（%）
粮食	231.2	12.3
其中：小麦	31.2	−32.4
玉米	139.0	21.2
大豆	24.3	25.3
油料作物	18.5	−31.1

畜牧业生产保持稳定增长。年末大小畜存栏300.54万头（只），肉类产量9.09万吨，同比增长9.8%。牛奶产量24.19万吨，同比增长10.2%。禽蛋产量3 414吨，同比持平。2019年牲畜年末存栏及主要产品产量见表2。

表2　2019年牲畜年末存栏及主要产品产量

产品名称	计量单位	产量与年末数	同比增长（%）
大牲畜	万头	38.48	13.7
牛	万头	33.09	14.4
羊	万只	235.44	−9.8
猪	万头	26.62	1.3
肉类总产量	万吨	9.09	9.8
其中：牛肉	万吨	1.95	持平
羊肉	万吨	3.11	−30.7
猪肉	万吨	3.18	98.8
牛奶	万吨	24.19	10.2

水产品产量为3 799吨，同比减少302吨，同比下降7.4%，水产品主要来自淡水鱼的养殖。

农业生产条件进一步得到改善，综合机械化率为96.6%。年末机械总动力229.03万千瓦。其中：大中型拖拉机1.36万台；小型及手扶拖拉机5.15万台。联合收割机0.24万台。

农用化肥施用总量（折纯量）15.76万吨。生物肥施用量0.35吨、有机肥施用量22.2万吨。

有效灌溉面积207.59千公顷，同比增长3.2%。其中：喷灌面积70.01千公顷；滴灌面积18.4千公顷。节水灌溉面积101.97千公顷，同比增长2.2%。

三、工业和建筑业

2019年，实现工业总产值（现行价）43.2亿元，同比增长9.4%。煤炭开采和洗选业实现产值24.66亿元，农副食品加工业4.41亿元，食品制造业3.83亿元，非金属矿物制品业4.48亿元。2019年主要工业产品产量见表3。

表3　2019年主要工业产品产量

产品名称	计量单位	实际数量	同比增长（%）
原煤	万吨	1 429.81	18.6
饲料	万吨	2.54	15.5
发电量	万千瓦时	12 925	−42.8

建筑业发展平稳，年末拥有建筑企业33个，固定资产原值2 528万元。全年施工房屋建筑面积3.56万米²。

四、交通运输业

交通运输业实现营业总收入3.75亿元，同比下降26.3%。现有主要运输工具1 472台。全年完成客货运输量分别为89.51万人和564.36万吨。

五、批发零售业、餐饮业

批发零售业有营业单位2 043个，减少176个，从业人员5 045人，减少5 875人，实现销售总额20.6亿元，同比下降36.4%。年末拥有固定资产原值5.97亿元，营业用房22.41万米²。

餐饮业有营业单位627个，减少160个，从业人员1 780人，减少3 199人，营业收入1.91亿元，同比下降60%。年末拥有固定资产原值1.1亿元，营业用房9.32万米²。

服务业有营业单位622个，减少294个，从业人员1 497人，减少1 834人，实现营业收入6.59亿元，年末拥有固定资产原值0.91亿元，营业用房5.02万米²。

六、固定资产投资

年末完成固定资产投资28.66亿元，同比增长11.4%。总投资额中，用于第一产业17.62亿元，占投资总额的61.5%；第二产业6.65亿元，占投资总额的23.2%；第三产业4.39亿元，占投资总额的15.3%。当年国有固定资产投资总额为15.87亿元，占投资总额的55.4%。

七、人口、职工、收入

年末内蒙古垦区总人口46.6万人，同比减少2.4万人，下降4.5%。

年末内蒙古垦区社会从业人员19万人，减少1.9万人，下降9%，其中：第一产业16.17万人，第二产业0.65万人，第三产业2.18万人。

八、无公害农产品、绿色食品、有机食品生产

种植业无公害农产品、绿色食品、有机农产品认证数有39个，带动种植农户数4 254户。其中绿色A级农作物种植面积45.05千公顷，产量12.5万吨。

九、资源消费

资源消费中钢材1.24万吨，同比下降18.9%；木材0.9万米²，同比下降66.3%；水泥9.92万吨，同比下降34.3%。

辽宁农垦2019年经济社会发展统计公报

辽宁省农业农村厅

2019年，辽宁农垦在辽宁省委、省政府的正确领导下，在农业农村部农垦局的关心支持下，深入贯彻党中央国务院关于进一步推进农垦改革发展文件精神和省委省政府的工作部署要求，统一思想，坚定信心，不断深化农垦改革，加快现代农业发展，深化农垦改革专项试点工作，巩固扩大国有农场办社会职能成果，垦区集团化农场企业化改革有新突破，国有贫困农场扶贫工作成效显著，列入“十三五”期间的15个农垦国有贫困农场在2019年全部实现脱贫摘帽。

一、综合

2019年，辽宁农垦有国有农场（统计单位）103个，其中朝阳市喀喇沁左翼蒙古族自治县国营南公营子果树农场已进入破产清算，不再列入统计范围，统计单位比上年减少1个。随着农垦国有农场办社会职能改革的深入推进，垦区集团化、农场企业化改革的步伐加快，部分农场分离办社会职能改革继续推进，2019年度部分农场（企业）不再统计农垦区域的社会数据，因此，数据比上年有较大变化。

辽宁垦区总人口89.32万人，其中从业人员46.31万人，其中第一产业28.03万人，第二产业6.99万人，第三产业11.29万人，各业人员所占比重分别为61∶15∶24。年末国有单位从业人员21.12万人，其中在岗职工14.56万人，其他从业人员6.56万人，从业人员年劳动报酬为22 287元/人。土地总面积49.92万公顷，其中耕地16.07万公顷，占土地总面积32%，水田8.93万公顷，占耕地的56%；牧草地0.91万公顷，占土地总面积的1.8%；林地7.50万公顷，占土地总面积的15%；水面4.64万公顷，占土地总面积的9%；果园1.13万公顷，占土地总面积的2%；可垦荒地和宜林地0.66万公顷，占土地总面积的1.3%；居民点及工矿用地4.56万公顷，占土地总面积的9%，其他14.45万公顷，占土地总面积的29%。

小城镇40个，与上年相同，小城镇人口37.28万人，占总人口数的42%，小城镇占地面积1.78万公顷，占土地总面积的4%。

全年实现生产总值304.04亿元，比上年减少4.6%，其中第一产业87.27亿元，比上年减少5.9%，第二产业98.64亿元，比上年减少9.5%，第三产业118.13亿元，比上年增长0.07%。一、二、三产业比重为29∶32∶39。人均生产总值34 038元，比上年减少570元。职工人均纯收入17 817元，比上年增加1 991元，增长12%。年末实有住房面积3 357万米^2，人均住房37.89米^2。

固定资产投资额为82.63亿元，比上年下降68%，其中国有13.47亿元，占总投资额的16%，非国有69.16亿元，占总投资额的84%。按工程用途分，第一产业23.45亿元，比上年增长21%，第二产业25.80亿元，比上年增长49%，第三产业33.39亿元，比上年下降22%。一、二、三产业投资比为28∶31∶41。按资金来源划分，国家预算内资金6.10亿元，占固定资产投资7%，比上年下降31%，国内贷款8.67亿元，占10%，比上年下降16%，自筹资金58.30亿元，占71%，比上年下降2%，其他资金9.56亿元，占12%，比上年增长42%。

全年外贸出口供货商品金额6.57亿元，比上年增长19%。出口额中，农产品1.03亿元，占16%；水产品1.80亿元，占27%；工业品3.74亿元，占57%。

实现生产总值超1亿元的农场41个，比上年增加7个，超1亿元农场实现生产总值288.96亿元，占全省农垦生产总值的95%。

二、农业

全年实现农牧渔业生产总值176.59亿元，比上年增长3%。其中：种植业产值87.22亿元，比上年增长4%；林业产值2.38亿元，比上年下降16%；牧业产值33.40亿元，比上年增长4%；渔业产值45.88亿元，比上年下降2%。农林牧渔服务业产值7.69亿元，比上年增加39%。各业在农业总产值中的比重为49∶1∶19∶26∶5。农林牧渔业商品的产值为128.37亿元，比上年下降8%，占农牧渔业生产总值的73%。

全年粮食产量129.74万吨，比上年增加8.7%。增加的主要原因，一是加强农作物田间管理，二是优化种植结构。农作物播种面积16.05万公顷，比上年减少834公顷，其中：粮食作物播种面积14.43万公顷，比上年增加1 625公顷，占播种总面积的89.89%；油料作物0.51万公顷，占3.2%；蔬菜、瓜类1.02万公顷，占6.4%。在粮食作物中，水稻播种面积9.37万公顷，占64.95%；玉米4.33万公顷，占30.02%；高粱666公顷，占0.46%；谷子0.29万公顷，占2%。粮食总产量中谷物合计量128.82万吨，其中水稻总产90.02万吨，占粮食总产量的69.39%；玉米37.19万吨，占28.66%；豆类0.75万吨，占0.58%；薯类0.16万吨，占0.12%。

年末大牲畜存栏6.13万头，比上年减少0.39万头。其中牛5.61万头，比上年减少0.85万头；生猪存栏32.84万头，比上年减少29.2万头；家禽存栏1 745万只。肉类总产量10.87万吨，比上年减少2.86万吨，下降21%，其中猪肉3.43万吨，上年减少0.3万吨，下降8%；牛肉1.18万吨，比上年增加0.24万吨，增长26%；羊肉0.25万吨，比上年增加241吨，增长11%；禽肉5.84万吨，比上年减少2.91万吨，下降33%；牛奶产量2.88万吨，比上年增加491吨，增长2%；禽蛋2.40万吨，比上年减少1.25万吨，下降34%；水产总产量35.15万吨，比上年增长22%。

年末水果种植面积1.04万公顷，其中苹果种植面积0.60万公顷，占水果种植面积的57%；梨0.16万公顷，占水果种植面积的15%；桃0.1万公顷，占水果种植面积的10%；葡萄303公顷，占水果种植面积的3%；红枣17公顷，占水果种植面积的2%；其他水果0.16万公顷，占水果种植面积的20%。水果总产量达到14.56万吨，比上年下降8%。下降的主要原因是旱灾。水果总产量中苹果9.62万吨，占水果总产量的66%；梨1.71万吨，占12%；桃1.59万吨，占11%；葡萄0.3万吨，占2%；红枣510吨，占0.4%；其他水果1.27万吨，占9%。

全年植树造林3 553公顷，比上年增加140公顷，增长4%，其中用材林744公顷，经济林828公顷，防护林1 895公顷，薪炭林86公顷。当年零星植树49万株，年末实有育苗面积947公顷，幼林抚育1 090公顷，成林抚育1 978公顷，木材采伐量2.95万米^3。

年末农业机械总动力102.01万千瓦，比上年减少2 246千瓦，下降0.2%，其中柴油机发动机动力80.25万千瓦，汽油发动机动力4.72万千瓦，电动机动力13.61万千瓦，其他机械动力3.43万千瓦。拥有大中型拖拉机5 479台，比上年减少495台，小型及手扶拖拉机8 999台，比上年减少180台。播种机0.31万台，机动水稻插秧机0.49万台，农用排灌动力机械1.36万台，农用水泵1.71万台，联合收获机1 115台，农用运输车1.23万辆。温室486.60万米^2，大棚477.23万米^2。当年实际机耕面积14.23万公顷，占年末耕地面积的89%，比上年下降2%，当年实际机播面积12.97万公顷，占农作物播种面积81%，比上年增长2%，当年机械收割面积11.46万公顷，占播种面积71%，比上年增长2%。农场用电量61 622万千瓦时。农药施用量2 476吨，比上年减少15吨。农用化肥施用折纯量79 947吨，比上年减少2 298吨。生物肥施用量4 764吨，比上年减少64吨，有机肥施用量48 998吨，比上年增加2 840吨。农业塑料薄膜使用量3 986吨，有效灌溉面积12.27万公顷，沼气池1 947个，机电井3 770眼。

三、第二产业

（一）工业

年末国有及非国有规模以上工业企业174个，比上年减少24个，实现工业总产值244.10亿元，实现销售收入262.63亿元。实现利润10.62亿元。工业总产值超10亿元的产业为农副食品加工业98.15亿元，石油、煤炭及其他燃料加工业393.43亿元，化学原料和化学制品制造业21.22亿元，有色金属冶炼和压延加工业17.85亿元，其他制造业16.81亿元，非金属矿物制品业11.87亿元。

主要工业产品中，大米42.32万吨，饲料14.34万吨，精制食用植物油19.65万吨，饮料酒

5.79 万吨，乳制品 0.99 万吨，服装 132 万件，水泥 4 万吨，砖 9 650 万块。

（二）建筑业

年末，建筑企业 190 个，比上年减少 46 个，从业人员 1.11 万人，固定资产原值 73 640 万元，年末拥有机械设备 1 670 台，全年施工房屋建筑面积 106 万米^2，竣工房屋面积 38 万米^2。

四、交通运输、批发零售业、餐饮业、服务业

年末运输单位 3 948 个，比上年增加 493 个，从业人员 8 765 人，固定资产总值 64 861 万元，主要运输工具 7 619 台，实现营业总收入 115 771 万元，全年货运量 1 038 万吨，客运量 534 万人。

年末批发零售业单位 7 511 个，比上年减少 293 个，从业人员 28 450 人，从业人员劳动报酬 84 687 万元，固定资产总值 165 984 万元，销售额 513 310 万元。

年末餐饮业 1 548 个，比上年减少 358 个，从业人员 1.72 万人，从业人员劳动报酬 33 211 万元，固定资产总值 15.36 亿元，全年营业收入 10.97 亿元。

年末服务业单位 2 835 个，比上年减少 682 个，从业人员 1.32 万人，从业人员劳动报酬 51 171 万元，固定资产原值 3.09 亿元，全年营业收入 17.39 亿元。

五、其他

年末科研单位 9 个，职工 132 人，科技经费 112 万元，比上年减少 27 万元。

吉林农垦2019年经济社会发展统计公报

吉林省农垦局

2019年吉林农垦以习近平新时代中国特色社会主义思想为指导，全面贯彻落实农业农村部和吉林省委省政府要求部署，紧扣实施乡村振兴战略、深化农业供给侧结构性改革、推进高质量发展，深入抓好中央和省农垦改革发展各项政策措施落地生根、落实落细，不断巩固扩大农垦改革“两个三年”任务成果，循序渐进解决问题，持续推进垦区转型发展和民生改善，圆满完成年度各项目标任务。

一、综合情况

吉林农垦系统现有独立核算企业92个，全垦区总人口17.72万人，其中从业人员年末人数6.61万人，第一产业6.11万人，第二产业0.14万人，第三产业0.36万人，各业人员所占比为92∶2∶5。年末国有单位从业人员4.52万人，其中在岗职工2.66万人，其他从业人员1.86万人。职工年平均工资18 561元，比上年增长11.1%。人均纯收入16 344元，比上年增长6.9%。年末实有住房面积386.94万米^2，人均住房21.84米^2。

土地总面积271.66千公顷。其中耕地面积108.39千公顷；牧草地面积70.12千公顷；林地面积47.35千公顷；水面面积3.93千公顷；果园面积1.32千公顷；居民点及工矿用地14.44千公顷；其他面积26.11千公顷。

2019年吉林农垦实现生产总值27.04亿元，比上年增长4.4%。其中第一、二、三产业增加值分别为23.43亿元、1.01亿元、2.6亿元，分别比上年增长3.5%、28%、4.8%，占生产总值的比重分别为87%、4%、9%。

二、农业

（1）推进垦区种植结构调整，提高农业生产水平。全年实现农林牧渔业总产值33.6亿元。比上年增长4.2%。其中：种植业产值28.74亿元，牧业产值3.93亿元，林业产值与渔业产值分别为2 441万元、1 950万元。

全年农作物播种总面积为107.08千公顷，比上年增加4.27千公顷。其中：粮豆播种面积103.53千公顷，比上年增加4.37千公顷，占农作物播种总面积的96.7%；油料作物播种面积2.55千公顷，其他作物播种面积1千公顷。

（2）全年粮豆产量70.93万吨，同比增加2.92万吨，增长4.3%。主要农产品产量见表1。

表1　主要农产品产量

农作物名称	产量（吨）	比上年增长（%）
粮食	709 296	4.29
其中：稻谷	246 666	9.5
玉米	429 368	3.2
高粱	10 893	−34.1
大豆	17 158	18.2
油料	9 422	16.4
药材类	10 818	1 243

（3）2019年大牲畜存栏2.89万头，其中牛2.74万头，黄牛2.17万头，良种及改良种乳牛0.48万头。牲畜年末存栏及畜产品产量见表2。

表2　牲畜年末存栏及畜产品产量

种　类	单位	产量	比上年增长（%）
大牲畜总头数	万头	2.89	8.2
其中：黄牛	万头	2.17	1.4
猪存栏	万头	5.04	−20.0
羊存栏	万只	19.11	15.1
家禽	万只	78.34	2.2
肉类总产量	吨	9 271	14.2
其中：猪肉	吨	2 955	−13.9
禽肉	吨	2 252	−1.4
牛奶	吨	8 745	−2.9
禽蛋	吨	4 936	2.6

（4）农业生产机械化水平稳步提高。2019年末农业机械总动力59.58万千瓦，同比增长1.5%。大中型农用拖拉机4 836台，小型及手扶拖拉机16 432台。当年实际机耕面积103.22千公顷，占年末耕地面积的95.2%，比上年增长1.1个百分点；实际机播面积100.81千公顷，占农作物播种面积94.1%，与上年持平；机械收获面积90.49千公顷，占农作物播种面积的84.5%，比上年增长2.4个百分点。

三、工业

2019年垦区工业实现总产值（现价）6.4亿元，比上年增长12.3%。农副产品加工业实现产值1.53亿元，非金属矿物制品业实现产值2.96亿元，皮革毛皮羽毛及其制品业实现产值1.19亿元，医药制造业实现产值6 500万元。主要产品产量：碾米5.94万吨，中成药520吨，水泥97.56万吨。

四、交通运输、批发零售业、餐饮业、服务业

垦区第三产业发展良好，各行业稳步提升。

交通运输业单位年末127个，从业人员268人，固定资产原值2 883万元，年末拥有主要运输工具136辆，全年货运量10.64万吨，客运量75万人，营业总收入2 527万元。

批发零售业年末单位819个，年末从业人员1 828人，从业人员报酬3 796万元，固定资产原值8 972万元，销售总额8 350万元。餐饮业年末单位132个，年末从业人员411人，从业人员报酬1 238万元，固定资产原值2 269万元，全年营业收入2 879万元。

服务业年末单位111个，年末从业人员267人，从业人员报酬533万元，固定资产原值1 083万元，全年营业收入1 345万元。

五、固定资产投资

全年固定资产投资额7 672万元。其中国有投入2 064万元，占总投资额的27%。第一、二、三产业投资额分别为6 544万元、111万元、18万元。在资金投入来源中，国家预算内资金742万元，自筹资金5 600万元，占比84%，当年新增固定资产1 406万元。

黑龙江农垦2019年经济社会发展统计公报

黑龙江省农垦总局

2019年，北大荒集团以习近平新时代中国特色社会主义思想为指导，深入贯彻落实习近平总书记系列重要讲话和重要指示精神，在黑龙江省委省政府、农业农村部和财政部坚强领导下，解放思想，深化改革，攻坚克难，不断开拓新局面，全面增强企业内生动力、发展活力和抗风险能力，加快建设现代农业大基地、大企业、大产业，努力形成农业领域航母和打造新型大粮商。集团经济发展整体稳定、民生事业稳步向好。

一、综合

北大荒整体实力进一步增强。2019年，集团各级积极应对经济下行压力和挑战，抓住秋粮上市时机，精准施策，靶向发力，北大荒集团运行质量企稳向好。全年实现营业总收入1 233.6亿元，比上年增长6.3%；实现利税总额25.0亿元，比上年下降2.3%，其中利润3.1亿元，增长29.2%，上缴税金21.9亿元，下降5.6%；资产负债率79.2%，比上年下降0.5%；年末资产总额1 990.6亿元，与上年基本持平；年末所有者权益414.4亿元，比上年增长2.3%；实现集团企业增加值448.3亿元，同比下降1.8%；粮食产量405.4亿斤，实现“十六连丰”；人均可支配收入达到25 985元，同比增长6.1%；全年完成固定资产投资65.6亿元，同比下降10.4%；“北大荒”品牌价值达到789.18亿元，比上年增加106.43亿元，增长15.59%，持续领跑中国农业第一品牌。

产业呈不均衡发展态势。在集团企业增加值中，第一产业增加值312.0亿元，同比下降0.1%，占比69.6%。第二产业增加值36.0亿元，同比下降15.8%，占比8.0%。第三产业增加值100.3亿元，同比下降1.5%，占比22.4%，其中交通运输业增加值4.1亿元，下降11.1%，占集团企业增加值（以下占比同此）0.9%；批发和零售业增加值14.8亿元，增长6.5%，占比3.3%；卫生和社会业增加值21.0亿元，增长14.7%，占比4.7%；农林牧渔服务业增加值24.3亿元，增长7.0%，占比5.4%。三次产业结构为69.6：8.0：22.4，其中，第一产业比重同比下降0.3个百分点，第二产业比重同比下降0.8个百分点，第三产业比重同比提高1.1个百分点。

2019年，集团经济发展既受到国内外市场形势严峻的外部因素影响，也有企业内部治理能力有待进一步加强、历史遗留旧账较多、财务费用支出大等积弊的内在因素，企业经营难度与风险加大，结构性矛盾仍很突出。深化供给侧结构性改革、培育发展新动能、落实高质量发展的任务仍然艰巨。

二、农林牧渔业

农业的支撑作用更加凸显。2019年垦区农作物播种总面积290.1万公顷，比上年增长0.3%，实现种植业增加值272.0亿元，同比增长0.5%。当年针对粮食品种供需矛盾，垦区各级积极调整种植结构，粮食种植面积达287.8万公顷，比上年增长0.3%。其中“三大主栽”作物水稻、玉米、大豆分别为152.8万公顷、55.5万公顷和75.8万公顷，其占粮食作物面积的比重达98.7%，为垦区粮食产能的稳固奠定了基础。深入实施藏粮于地、藏粮于技战略，粮食综合单产实现7 044千克/公顷，粮食总产量为202.70亿千克，当年为国家提供商品粮191.15亿千克，粮食商品率达94.3%，分别占全国和黑龙江省粮食总产量的3.1%和27.0%。

历经73年的开发建设，垦区已累计生产粮食4 573.4亿千克，累计向国家交售商品粮3 635.4亿千克。北大荒在保障“中国粮食，中国饭碗”、当好国家粮食安全“压舱石”的重要地位更加突出。

绿色农业发展步伐加快，“两品一标”和重要产品质量追溯工作扎实推进。2019 年，垦区全年绿色食品作物种植面积 141.7 万公顷，占垦区种植面积 48.9%；有机食品作物认证面积 13.3 万公顷，占垦区农作物种植面积 4.6%。绿色食品获证企业 137 家，有效使用绿色食品标志产品数 339 个；有机农产品企业 31 家，有机农产品达到 120 个。到 2019 年年末，垦区累计获得国家地理标志农产品 10 个，累计获得全国农业标准化示范场 25 个，创建全国绿色食品原料标准化基地 38 个。垦区农产品质量追溯系统覆盖规模逐年扩大，实现稻米产品质量追溯全覆盖。2019 年垦区累计有全程建立农垦农产品质量追溯企业数量达 85 家，分布在垦区 9 个管理局农牧场和总局直属企业，种植业追溯产品规模达到 2 300 万亩，畜牧业追溯规模达到 201 万头（只）。追溯产品种类涵盖谷物、蔬菜、水果、畜禽肉、奶粉、种子、豆酱、蜂蜜等 9 大类 100 余个品种农产加工品。垦区农产品检验检测体系建设全面展开，建成了 3 个部级质检中心，6 个重点县级和 3 个县级农产品质检站项目稳步推进。2019 年主要农产品产量见表 1。

表 1　2019 年主要农产品产量

产品名称	产量（万吨）	比上年增长（%）
粮食	2 027.0	−11.1
其中：水稻	1 333.8	−5.1
小麦	1.3	−57.6
玉米	504.8	−28.8
大豆	173.4	27.6
杂豆	2.5	−8.7
马铃薯（折粮）	5.9	−24.4
油料	0.2	−66.0
亚麻	0.4	615.0
蔬菜	7.9	−12.7
瓜类	5.3	−52.8
饲料作物	40.0	4.9

林业生态建设成效显著。当年完成造林绿化 10.9 万亩，其中，建设农田防护林 693 条，生态经济林 369 块，用材林 477 块。新建义务植树基地 296 块，义务植树 236 万株；绿化栽植乔木 123.8 万株、灌木 408.33 万丛、绿篱 3.96 万米、花卉 9.74 万米²，景观道路绿化 88.4 公里。全年未发生森林火灾。林业有害生物成灾率控制在 2.8‰以下，森林无公害防治率达 85%以上。全面推进中央环境保护督察“回头看”反馈意见涉林问题的整改工作，扎实做好三江平原湿地面积减少主要整改措施的落实。

畜牧业下滑趋缓，突出抓好非洲猪瘟防控工作，努力稳定垦区畜产品供给能力。全年实现增加值 34.0 亿元，比上年下降 1.5%。年末垦区“两牛一猪一禽”存栏分别达到黄牛 7.2 万头、奶牛 10.6 万头、生猪 58.3 万头和家禽 467.2 万只；全年肉蛋奶产量分别为 24.6 万吨、2.6 万吨和 36.9 万吨，分别比上年下降 10.1%、11.0%和 1.8%。

渔业平稳发展。年末淡水养殖面积 2.48 万公顷，水产品产量 2.1 万吨。

农业基础设施继续强化，现代化水平显著提高。年末垦区有效灌溉面积达 159.6 万公顷，下降 2.8%，其中节水灌溉面积 50.7 万公顷，增长 10.0%；机电井 9.3 万眼，增长 1.0%。现有粮食处理中心 444 座，种子加工厂 63 个，金属粮仓 2 607座，水泥晒场 3 830 万米²，农用飞机场 67 处。粮食仓储能力达到 2 357 万吨。农机装备能力显著提升。截至 2019 年年末，垦区主要农作物耕种收综合机械化水平 99.9%，农用机械总动力 1 136.5万千瓦，与上年基本持平；农用大中型拖拉机 9.0 万台，下降 0.8%，其中 100 马力以上拖拉机 11 823 台，增加 148 台；机动水稻插秧机 8.6 万台，增长 1.2%；联合收获机 4.2 万台，增长 1.8%。现有飞机 100 架，其中农用飞机 77 架，航化作业面积 155.2 万公顷，增长 2.5%。

三、工业和建筑业

工业生产负增长，但发展潜力仍在，高质量发展的意识增强。2019 年集团实现工业增加值 32.8 亿元，同比下降 13.6%。其中产业化龙头工业企业增加值 27.6 亿元，下降 15.1%，占比为 84.3%。

从行业门类看，制造业增加值 29.4 亿元，下降 14.9%，占工业增加值比重 90.3%（以下所有占全部的比重简称占比）；电力、热力、燃气及水的生产和供应业增加值 3.1 亿元，增长 1.6%，占比为 9.7%。

从轻重工业看，轻工业增加值 29.9 亿元，下降 14.4%，占比为 91.2%；重工业增加值 2.9 亿元，下降 4.0%，占比为 8.8%；

从国民经济行业小类看，谷物磨制业增加值

1.1亿元，同比增长7.5倍，占比为3.3%；食用植物油加工业增加值19.4亿元，下降16.3%，占比为59.1%；乳制品制造业增加值6.8亿元，下降22.6%，占比为20.6%；淀粉及淀粉制品制造业增加值0.4亿元，下降27.7%，占比为1.1%；豆制品制造业增加值0.4亿元，下降28.6%，占比为1.2%；化学药品原料药制造业增加值0.8亿元，下降7.1%，占比为2.6%；热力生产和供应业增加值2.6亿元，下降0.9%，占比为7.9%；自来水生产和供应业增加值0.6亿元，增长9.8%，占比为1.7%。2019年主要工业产品产量见表2。

表2　2019年主要工业产品产量

指标名称	计量单位	产量	比上年增长（%）
小麦粉	万吨	1.5	66.7
大米	万吨	25.6	31.3
食用植物油	万吨	136.5	−0.9
乳制品	万吨	27.0	−1.5
其中：乳粉	万吨	2.3	−14.8
液体乳	万吨	24.7	0.4
软饮料	万吨	4.3	72.0
豆粕	万吨	500.6	−4.8
豆制品	万吨	2.7	3.4
发电量	亿度	3.3	3.2
热力	亿千焦	74 958	6.0
淀粉	万吨	2.3	−37.2

工业企业效益有所回落。国有及国有控股企业全年实现主营业务收入484.1亿元，比上年增长1.0%；其中产业化龙头企业实现主营业务收入473.4亿元，比上年增长1.3%。实现利润−5.1亿元，比上年下降73.1%；其中产业化龙头企业实现利润−2.1亿元，比上年下降620%。

建筑业稳步发展。2019年集团实现建筑业总产值33.8亿元，比上年增长6.3%，其中：在系统外完成产值20.2亿元，比上年增长0.1%。当年新开工的单位工程施工个数193个，比上年减少74个。当年单位工程竣工个数285个，比上年减少45个。年内房屋建筑施工面积和竣工面积分别达到46.7万米^{2}和32.6万米^2，分别比上年增长8.5%和20.3%。实现利税1.8亿元，增长17.6%，其中实现利润总额0.6亿元，增长53.3%。

四、固定资产投资

固定资产投资下滑的趋势有所缓和。全年完成集团口径固定资产投资总额65.6亿元，同比下降10.4%。从用途上看，生产性建设投资50.3亿元，下降6.8%；非生产性建设投资15.3亿元，下降20.6%。从产业投向上看，第一产业完成投资32.3亿元，下降24.5%，占49.2%；第二产业完成投资3.7亿元，下降40.1%，占5.7%，其中工业完成投资3.2亿元，下降46.8%，占4.9%；第三产业完成投资29.6亿元，增长10.5%，占45.1%。从投资规模上看，其中500万元及以上项目完成投资26.2亿元，同比增长24.4%，亿元以上项目完成投资10.2亿元（三江平原青龙山灌区重点产业项目当年完成投资8.03亿元），同比增长1.64倍。

五、交通和通讯业

公路建设扎实推进。全年完成交通建设投资2.2亿元，下降24.1%。改造国省道大中修50.3公里；危桥改造计划项目46项1 418延米；完成公路生命防护工程建设规模727.5公里。农村公路养护补贴里程15 555公里。完成公路客运站“厕所革命”建设项目13项。垦区公路硬化里程达到11 491公里，为垦区新农村建设做出了突出贡献。

通信事业持续发展。年末农垦通信拥有通信线路23 308公里，比上年下降3.7%，其中：光缆线路总长度22 080公里，比上年增加308公里。拥有光接入设备83 749套，比上年增加了31 678套。拥有国内较先进的云计算（IDC）数据中心机房3个，分别设立在东、西、中部的红兴隆、九三和哈尔滨等分子公司（管理局），三个数据中心现运行使用45台服务器，共可承载服务器300台套。垦网固定电话用户17.7万部，目前，垦网户均固定电话普及率为34.4%。互联网宽带用户14.8万户，垦网户均互联网宽带普及率28.8%。

六、国内贸易和对外经济

国内贸易稳步发展。2019年集团贸易企业实现销售总额393.2亿元，同比下降0.6%，其中，批发业销售额368.6亿元，下降6.0%；零售业销售额24.6亿元，增长6.2倍。

对外贸易总额稳中有降。全年实现自营进出口总额23.8亿美元，比上年下降24.4%，其中，出口总额实现0.9亿美元，比上年下降12.7%；进口总额实现22.9亿美元，比上年下降24.9%。

招商引资和对外经济贸易合作持续发展。全年签订国内外经济技术合作项目71项，其中利用外资项目1项。实际利用国内外资金15.07亿元，其中合同利用外资到位资金61.4万美元。与国内大企业实施强强联合，与北京三聚环保新材料股份有限公司合作实施了生物碳基复合肥项目，与上海源耀生物股份有限公司、钧橙彦锋（上海）农业科技有限公司合作协议实施10万吨发酵豆粕及浓缩饲料生产线项目等。

“走出去”工作稳中求质求效。2019年垦区主要在俄罗斯、澳大利亚、泰国、老挝、美国等国家和中国香港等地区开展对外投资合作项目，境外开发土地面积104.63万亩，种植面积72.49万亩，项目累计投资2.68亿美元。

七、科技、教育、卫生

科技事业成果丰硕。2019年年末，垦区拥有专业科研机构19个，技术推广中心（站）113个，国家级工程技术中心1个，省级工程技术中心15个，生产力促进中心2个；省级科技成果推广示范基地11个，全国青少年农业科普示范基地16个；国家级农业科技园区1个，省级农业科技园区3个；科技成果转化平台总数123个，其中孵化器1个。科技进步贡献率达到68.2%。2019年共获得国家级科技项目经费6 165.6万元。全年组织实施省级以上科技项目93项，总局重点科研项目40个课题，通过鉴定科技成果91项。获得农业农村部农牧渔业丰收奖奖励9项，中国农学会神农奖奖励1项，获黑龙江省科技奖励5项，获得总局科技进步奖65项。拥有农业农村部科技入户直通车总计123辆。

教育事业健康发展。年末垦区共有各级各类学校（含幼儿园）114所（农垦中小学全部移交属地政府共计150所）。其中，普通高等院校2所，招生0.7万人，在校生1.5万人，毕业生0.5万人；成人高等院校2所，招生0.03万人，在校生0.1万人，毕业生0.1万人；中等职业教育学校2所，招生0.09万人，在校生0.2万人，毕业生0.07万人；幼儿园107所，在园幼儿1.7万人。

医疗卫生服务保障体系不断完善。年末垦区共有各级各类综合医院124所，其中，总局总医院1所，管理局中心医院7所，神经精神病专科医院1所，疗养院1所，农场级医院（挂社区卫生服务中心牌子，承担社区卫生服务功能）114所。（卫生监督和疾病预防控制中心行政职能属地化，机构撤销）。垦区拥有卫生技术人员14 576人，其中，医生5 351人，执业医师和执业助理医师5 026人；护士5 151人，注册护士5 080人。拥有住院床位和观察床位12 948张。每千人拥有医生3.3人，每千人拥有医院床位7.9张。

八、社会保障和环境保护

社会保障事业继续运行平稳。年末垦区参加企业基本养老险94.7万人，其中，在职参保缴费45.7万人，离退休人员49万人，全年养老保险基金支出143.8亿元，比上年增长10.9%；参加机关事业保险养老保险5.5万人，其中参保职工2.7万人，离退休人员2.8万人，全年养老保险基金支出17亿元；参加城镇社会养老保险0.97万人，其中，享受待遇人数0.7万人；参加基本医疗保险135万人，其中参加职工医疗保险76万人，参加居民医疗保险59万人，全年医疗保险基金支出28.9亿元，比上年增长15.1%；参加失业保险30.1万人，全年失业基金支出2 546万元；参加工伤保险32.9万人，全年工伤保险基金支出6 649万元；参加生育保险31.5万人，全年生育保险基金支出4 606万元。

保险事业稳步发展。全年实现保费收入34.3亿元，比上年下降1.3%。其中：农业保险保费收入28.7亿元，下降0.4%；种植业保险承保面积7 959.3万亩，下降2.4%；养殖业保险承保数量2 076.9万头（只），增长2.4倍；财产保险保费收入5.5亿元，比上年下降5.6%。全年赔付金额42.2亿元，比上年增长83.6%，其中：农业保险赔付金额38.2亿元，增长96.4%；受益农户78.14万户次；财产保险赔付金额4.0亿元，增长13.9%。

资源环境保护力度加大。年末垦区已建各级各类自然保护区16个，总面积51.5万公顷，占垦区土地总面积的9.3%。继续加强农村环境保护和自然生态保护工作，2019年垦区累计完成国家级生态局2个，国家级生态场53个，省级生态局6个，省级生态场107个，基本构筑国家商品粮和农产品生态安全基地。开展黑土保护行动，积极推动秸秆还田与规模养殖场畜禽粪污综合利用相结合，全年畜禽粪污综合利用率达到80.6%，比上年增长7.9个百分点，规模场粪污处理设施装备配套率已完成国家和省里的任务指标；耕地轮作休耕试点面积55.5万亩，比上年增加15.3万亩；落实农业“三减”示范面积1 365万亩，每亩平均减肥量2.8千克、减农药量11.3克、减除草剂量13.6克。

九、人口与人民生活

人口持续减少。年末常住总人口162.3万人，比年初减少3.3万人，下降2.0%。其中，农场人口143.0万人，占总人口的88.1%。年末垦区户籍人口150.3万人，比上年减少0.2万人。

职工工资水平稳步增长。年末全部在岗职工26.9万人，比上年下降5.6%，其中，农业在岗职工20.3万人，下降5.6%；在岗职工年平均工资为35 585元/人，同比增长6.9%，其中，农业在岗职工27 458元/人，同比增长3.0%。

职工群众生活水平稳步提高。人均可支配收入增速连续4年保持在6%～6.8%，2019年达到25 985元，同比增长6.1%。其中，工资性收入6 010元，增长6.0%；经营性净收入11 274元，下降3.9%；财产性净收入487元，增长1.7%；转移性净收入8 214元，增长24.3%。脱贫攻坚取得显著成效，现行标准下贫困人口4 733户、8 086人全部脱贫。

居民居住条件和环境得到持续改善。年末，垦区居民住房面积达到4 651.3万米^2，比上年增长0.3%，人均住房面积33.1米^2，增长0.7%。

注：集团企业增加值、各产业和行业企业增加值及其构成项目绝对数按现价计算，增长速度按可比价格计算。

上海农垦2019年经济社会发展统计公报

光明食品（集团）有限公司

2019年光明食品集团以“五年再造新光明，十年打造实力光明”和建设“产业先进、环境优美、生活优越”殷实农场为战略目标，着力实施融合与协同、品牌与渠道、平台与国际化、人才和信息化四大战略，在服务全国和保障上海城市主副食品安全供给与价格稳定上持续发挥主力军作用。

一、综合

2019年，光明食品集团全年实现增加值289亿元，比上年增长13.3%。其中：

第一产业增加值22.5亿元，比上年增长29.3%，占总增加值的7.7%。

第二产业增加值76亿元，比上年下降0.7%，占总增加值的26.3%。第二产业的增加值中，工业增加值74.5亿元，建筑业增加值1.5亿元。

第三产业增加值190.4亿元，比上年增长18.3%，占总增加值的65.9%。

2019年，光明食品集团工农业总产值（按现行价）417.5亿元，比上年下降17.8%。全年完成工农业出口商品额7.7亿元，比上年下降46.5%。其中：工业出口4.8亿元，与上年下降33.1%；农业出口2.9亿元，比上年下降60.3%。

2019年，光明食品集团固定资产投资完成额51.2亿元，比上年增长30.6%。

2019年，光明食品集团年末从业人员10.6万人，比上年下降1.6%。

二、第一产业

2019年光明食品集团坚持绿色生产方式，构建绿色高效农业生产体系，调整产业结构，培育知名品牌，力争成为上海高品质农场体验和乡村振兴战略的农业产业引领者、示范者。

2019年完成农业总产值88亿元，比上年下降1.6%。其中：种植业15亿元，比去年下降26.8%；林业0.4亿元，比上年下降42.9%；畜牧业42亿元，比上年增长9.1%；渔业28.4亿元，比上年增长6.8%。

2019年，种植业生产情况：粮食播种面积30 288.8公顷，比上年下降22.6%，粮食总产量23.4万吨，比上年下降16.9%；蔬菜及食用菌产量22.3万吨，比上年下降15.5%；西甜瓜产量5.3万吨，比上年增长6%；鲜切花549.2万枝；盆栽花卉215.5万盆；草坪销售量34.9万米^2。全年防护林面积5 593.5公顷。

2019年，畜牧业生产情况：生猪养殖受非洲猪瘟重创、禽蛋受市场影响均有所下降，生奶保持稳定态势。全年牛奶产量47.2万吨，比去年下降2.3%；生猪上市量86万头，比上年下降14.8%；家禽上市量49.1万只，比上年下降22.8%；禽蛋产量1.2万吨，比上年下降20%；鸽子上市量47万羽，比上年增长2.4%。

全年水产品产量23.7万吨，比上年增长16.2%，其中：远洋捕捞16.9万吨，淡水养殖5.4万吨。

三、第二产业

2019年光明食品集团继续围绕食品主业，聚焦农副食品加工业发展，态势平稳；工业品出口受中美贸易战影响冲击较大。

2019年，全年完成工业总产值329.5亿元，与上年基本持平，工业销售产值为333亿元，比上年增长2.3%，产销率101.1%。大中型企业总产值227.2亿元，占69%；农副食品加工业、食品制造业和饮料制造业企业总产值为306.5亿元，占总产值的93%。全年工业企业亿元以上工业产值的主要食品产量见表1。

表1　全年工业企业亿元以上工业产值的主要食品产量

产品名称	单位	产量	比上年增减（%）
小麦粉	吨	294 776	−5.7%
大米	吨	200 760	−9.1%

（续）

产品名称	单位	产量	比上年增减（%）
精制食用植物油	吨	90 640	4.8
成品糖	吨	1 716 681	9.2
鲜、冷藏肉	吨	96 039	545.6
熟肉制品	吨	7 069	－3.8
糖果	吨	27 665	11.6
乳制品	吨	1 111 045	6.0
其中：液体乳	吨	1 104 085	6.2
罐头	吨	60 423	－82.6
其中：畜肉类罐头	吨	49 208	73.8
蜂蜜营养制品	吨	12 923	－13.1
冷冻饮品	吨	14 404	13.1
饮料酒	千升	98 992	－0.9
软饮料	吨	291 663	2.6

建筑业生产情况：全年完成建筑业施工产值16.3亿元；比上年下降17.3%。施工面积285.8万米^2；竣工面积111.8万米^2。

四、第三产业

2019年，光明食品集团的商业、住宿餐饮业发展平稳。房地产市场受政策环境影响，市场偏紧，销售面积与销售额均有较大幅度下降。

年末，批发零售贸易业的营业网点有3 420个，比上年下降1.4%，营业面积84.1米^2，比去年同期下降2.7%。

营运的出租车辆10 080辆，比上年增长0.7%。

全年房地产销售面积143.4万米^2，比上年下降28.5%；销售额154.9亿元，比上年下降24.8%。

五、固定资产投资

2019年，光明食品集团完成固定资产投资51.2亿元，比上年增长30.6%，其中本年完成投资5 000万元以上项目占71.7%，比上年增长61.7%。固定资产投资总额中，第一产业3.6亿元，比上年下降58%；第二产业28.5亿元，比上年增长58.3%；第三产业19.1亿元，比上年增长58.6%。一、二、三产业的投资比重分别为7%、55.7%和37.3%。当年新增固定资产39.9亿元。

六、职工和工资

2019年，光明食品集团年末从业人员10.6万人，比上年下降10.2%。其中：第一产业1万人；第二产业3.8万人；第三产业5.7万万人。一、二、三产业的从业人员比重分别为9.4%、35.8%和53.8%。第三产业中批发和零售业的从业人员2.7万人，占全部从业人员的25.5%。

2019年，从业人员年平均报酬106 326元，比上年增长22.6%。

说明：一、公报中提到的增加值按现行价格计算。

二、公报中的统计数据口径是集团控股企业财务合并、事业单位和控股财务不合并的单位。

江苏农垦2019年经济社会发展统计公报

江苏省农垦集团有限公司

2019年，江苏农垦以习近平新时代中国特色社会主义思想为指导，学习贯彻党的十九大和十九届二中、三中、四中全会精神，认真落实江苏省委十三届七次全会和江苏省农村工作会议、全省国资监管工作会议部署，紧扣创建一流企业目标任务，坚定不移推动集团高质量发展走在前列。

一、综合

2019年，江苏垦区实现生产总值203.19亿元，比上年增长7.63%。其中，第一产业增加值28.26亿元，比上年增长8.19%；第二产业增加值128.21亿元，比上年增长8.95%；第三产业增加值46.72亿元，比上年增长3.82%。三次产业比重为14：63：23。人均生产总值净增加7 760元，达到108 943元，比上年增长7.67%。

集团高质量发展取得积极成效。集团全年实现营业收入327.87亿元、比上年增长24.54%，利润总额56.27亿元、比上年增长10.48%，归属集团公司净利润17.92亿元、比上年增长4.81%；经济增加值35.49亿元，增加3.89亿元，净资产收益率11.86%。截至2019年年末，集团资产总额457.81亿元，资产负债率45.25%，主体信用保持AAA级。

二、农业

粮食高产优势稳固。苏垦农发“三高一控”实施得力，在种粮面积减少8万亩的情况下，粮食总产较去年增产2.52亿斤、达到26.73亿斤，麦稻平均周年亩产比历史最高年份高出284斤、达到2 515斤，其中东坝头分公司麦稻周年亩产2 812斤。绿色优质高效示范创建项目再次刷新我省高产纪录，小麦示范方亩产超1 350斤，其中新洋分公司华麦5号攻关田亩产1 467斤；水稻示范方亩产超1 550斤，其中黄海分公司水稻攻关田亩产2 118斤。

结构调整深入实施。调种植结构，中高端优质水稻58.6万亩、优质啤麦7万亩、秋熟高效作物7.34万亩、绿化苗木2.07万亩，分别同比调增10%、294%、81%和24%；在南通地区实施部分土地休耕。

调养殖结构，抓行情扩大家禽养殖，家禽年存栏370.46万羽、出栏1 262.34万羽、产禽蛋1.92万吨；应对非洲猪瘟疫情缩减生猪产能，生猪存栏5.24万头、出栏13.94万头，分别比上年下降49.03%和32.46%。

调经营结构，苏垦麦芽高端市场拓展有力，在华润供应商质量延伸管理年报中排名第一、在燕京和百威供应商现场审核中排名第二，全年销售高端麦芽突破3万吨；大华种业稻麦自主品种大户销量增长明显；苏垦米业企业用粮和高端用户销量大幅提升；苏垦农服拓展全农服务，营业收入增长98.63%；金太阳粮油优化品牌结构、强化品牌引领，实现营业收入和利润双增长。

产业化布局有序推进。奶牛产业扩容提质，利润超2 000万元，存栏3 000头牧场开工建设，东旺奶牛单产水平国内领先，生鲜乳达到优质乳标准。水产养殖挖潜增效，东辛水产公司、金鲤渔业分别实现利润2 200万元、400万元。苗木林业错位发展，东辛、黄海、新洋、弶港、新曹、白马湖、岗埠等农场公司林业提档加速、产销实现新突破，临海海棠、滨淮桂花、三河梨花各自成景、有力带动休闲旅游业。

质量品牌齐头并进。农产品质量安全控制体系高效运行，6家单位建成农产品质量全程追溯系统，垦区获批的绿色生产基地数量占全省27%，取得全国军粮供应资质。苏垦米业、金太阳粮油荣登“第九届中国粮油榜”。主要农产品产量见表1。牲畜年末存栏总数及主要畜产品产量见表2。

表1　主要农产品产量

指标	单位	数量	比上年增减（%）
稻谷	万吨	75.99	13.6
小麦	万吨	56.72	6.99

表2　牲畜年末存栏总数及主要畜产品产量

指标	单位	数量	比上年增减（%）
肉类总产量	万吨	3.67	－16.59
猪牛羊肉	万吨	1.17	－37.46
禽肉	万吨	2.49	－1.19
生猪年末存栏	万头	5.24	－48.98
牛年末存栏	万头	0.6	－16.67
羊年末存栏	万只	1.01	16.09
家禽年末存栏	万只	370	－30.06
肉猪出栏数	万头	13.94	－32.46
禽蛋产量	吨	19 235	30.63
牛奶产量	吨	30 178	22.18

三、工业和建筑业

2019年，江苏垦区拥有工业企业304个，其中规模以上62个。全年实现工业总产值（现行价）393.67亿元，比上年增长35.63%。产品销售收入382.54亿元，比上年增长33.78%。企业实力显著提升。

坚持在稳经营、增动能、保增长上下功夫见实效，经济发展的韧性和抗压性增强。医药板块业绩远高行业整体水平，正大天晴连续第五年进入中国医药工业百强前20。

创新动能持续壮大。研发投入开启持续收获期，正大天晴15个新品上市、研发实力居2019中国化药研发实力排行榜榜首，南京正大天晴取得5个新品生产批件，正大丰海上市3个新品，勤奋药业实现氯化钙上市。

建筑业平稳发展。2019年建筑业实现产值190 551万元，比上年增长9%；实现增加值66 228万元，比上年增长3.48%；实现利润总额17 617万元，比上年增长14.81%；上缴税金5 215万元，比上年增长40.49%。

四、第三产业

通宇公司业绩创新高，销售突破20亿元、利润突破9亿元，新增1幅储备地块。苏舜公司完成“国五”向“国六”标准过渡，售后业务持续增长。中山大厦、物业公司提升服务质量，超额完成全年经营目标。苏垦金属加快业务调整，增强市场应变能力。金桥公司稳步拓展苏垦农副产品销售业务。棉业公司创新思路扭亏为盈。

2019年，江苏垦区第三产业完成营业收入119.84亿元，比上年增长16.53%。其中批发零售贸易业82.15亿元，比上年增长22.23%；餐饮业6.36亿元，比上年增长20.68%；服务业31.33亿元，比上年增长3.19%。

五、固定资产投资

重点项目推进有力。坚持抓好项目、抓优质项目，梯次推进了一批补链强链扩链项目，全年完成固定资产投资34.86亿元、股权投资2.69亿元，其中千万元以上重点项目62个、完成投资28.79亿元。项目决策科学严谨。坚持聚焦主业、突出主业，年度投资计划向主业、优势产业集中，严控非主业投资。注重调研论证和风险评估，做到审慎决策。集团公司调研一批科技型、龙头型企业，完成对南京创特医药等企业的投资。苏垦农发加快产业布局，投资控股金太阳粮油，增资苏垦园艺，确定苏垦农科院项目选址，乌克兰农业项目完成投资立项、农产品贸易实现零的突破，大华种业收购泗洪新农明天种业、组建大华河南分公司。一批现代农业产业发展项目有序实施，其中东辛标准化肉鸡养殖场改建、弶港中山杉繁育项目完工。项目建设高质高效。苏垦大厦办公楼如期交付，集团公司于2019年9月17日正式迁入。正大天晴总投资50亿元的江宁创新药物生产基地和大浦新厂区建成。南京正大天晴生物实验室和原料基地建设按时序推进。通宇公司13个在建项目有序展开。苏舜板桥4S店综合体主体工程封顶。项目管理更加规范。严格落实投资管理制度，强化招投标等过程管理。依托固定资产投资项目管理系统，推动项目精细化管理。设立工程项目建设管理公司，统筹推进垦区高标准农田建设和环境整治等项目。

2019年完成固定资产投资55.56亿元，较上年增长63.99%。在全部固定资产投资中，基本建设投资完成49.52亿元，占固定资产总投资的89.13%。在整个固定资产投资中，生产性固定资产完成44.09亿元，占整个固定资产总投资的 79.36%。

在全部固定投资中，第一产业完成 4.18 亿元，第二产业投资完成 12.06 亿元，第三产业投资完成 39.32 亿元，分别占总投资的 7.52%、21.71%、70.77%。在全部固定资产投资中，国有固定资产投资完成 52.84 亿元，占整个固定投资的 95.1%。

六、科技

2019 年，江苏垦区共有各级各类科技专业技术人员 1 418 人。全年投入科研经费 292 878 万元。

七、人口和职工收入

2019 年，江苏垦区总人口 185 204 人。其中，农场人口 158 245 人。全垦区人口出生率 6.14‰，人口死亡率 6.57‰，人口自然增长率为－0.42‰。2019 年，全系统平均社会从业人员 78 671 人，其中第一产业 16 362 人，第二产业 31 107 人，第三产业 31 202 人，分别占全部从业人数的 20.79%、39.54%、39.66%。职工收入继续提高，2019 年全垦区职工全年平均收入 80 435 元，同口径比上年增长 12.64%。2019 年垦区农场居民人均纯收入 32 959 元，同口径比上年增长 7.06%。

八、非国有经济

2019 年，江苏垦区非国有增加值 697 274 万元，比上年增长 2.31%，其中，第一产业增加值 107 189 万元，比上年下降 10.21%，第二产业增加值 284 388 万元，比上年增长 5.32%，第三产业增加值 305 697 万元，比上年增长 4.65%。三次产业比重为 15∶41∶44。年末非国有经营单位 14 318 个。其中，私营企业 1 102 个，个体经济 13 212 个。从业人员 55 588 人，其中，第一产业 10 998 人，第二产业 19 160 人，第三产业 25 430 人。从业人员收入总额 366 181 万元。全年共实现利税 260 390 万元，其中，利润 222 225 万元。当年非国有经济完成固定资产投资额 27 167 万元。

九、其他

（1）全系统 17 个农场有限公司中，生产总值超过一亿元的有 15 个。这 15 个农场有限公司平均职工人数为 20 644 人，2019 年实现生产总值 771 139 万元，占垦区生产总值的 37.95%。其中，农业增加值 113 444 万元，工业增加值 219 937 万元。销售税金 44 015 万元，利润总额 183 404 万元。东辛农场、岗埠农场、滨淮农场列生产总值前三位。

（2）全系统有大中型工业企业 7 家，共实现现价总产值 1 969 453 万元，销售产值 1 922 251 万元。增加值 960 153 万元，增加值占垦区全部工业企业增加值的 78.96%。年末固定资产原值 728 789 元，职工人数 10 377 人，实现利税总额 808 315 万元。

浙江农垦2019年经济社会发展统计公报

浙江省国有农场管理总站

2019年，浙江垦区深入贯彻落实中央和省委农垦改革发展文件精神，压实主体责任，强化推进举措，创新体制机制，按照打造现代农业示范基地、农业科技试验基地、优质农产品生产基地要求，聚焦提升农场综合生产能力、农场民生改善，加快推进省级示范性现代国有农场创建，大力推进重点贫困农场扶贫开发，全省农场经济社会发展稳中有进，农场社区和谐稳定。

一、综合

截至2019年年底，浙江垦区共有定点国有农场96个，土地总面积17 260公顷，总人口4.5万人，实现生产总值15.2亿元，比上年增长13.4%。其中，第一产业增加值3.1亿元，增长72.2%；第二产业增加值11.3亿元，增长5.6%；第三产业增加值0.8亿元，下降7%；第一产业比重上升较为明显。实现利润5.3亿元，居民人均可支配收入达30 534元，比上年增长31.9%。今年强调将场区范围内租赁主体的生产情况和农场职工在外务工收入纳入统计范围，因此，第一产业增加值和居民收入增长幅度较大。

二、第一产业

全年实现农林牧渔业总产值64 381万元，比上年增长9.2%，其中农业产值23 256万元，林业产值3 228万元，牧业产值24 961万元，渔业产值9 267万元，农林牧渔服务业产值3 669万元。

全年农作物播种面积3 481公顷，其中粮食作物播种面积1 226公顷，总产量6 716吨，单产5 478千克/公顷；蔬菜瓜果种植面积1 561公顷，产量40 035吨；水果种植面积744公顷，产量12 863吨；茶叶种植面积1 246公顷，产量3 575吨。

林业生产情况与上年基本持平，造林面积252.86公顷，其中用材林及特种用材林218公顷；成林辅育面积2 145公顷；采伐木材1 400米^3，毛竹3万根。

受非洲猪瘟等影响，畜牧业中生猪养殖有一定减少。生猪年末存栏6.5万头，年内出栏9.6万头，猪肉产量6 673吨，比上年下降35.2%。

水产品总产量2 481吨，其中海水产品产量865吨，淡水产品产量1 616吨。

三、工业和第三产业

全年工业总产值35.1亿元，同比增长45%，工业销售产值1.4亿元；利润总额671万元，主要由规模以上非国有工业企业实现。主要产品包括软饮料2 125吨、家具1 712件、服装27.6万件、塑料制品412吨等。

第三产业增加值主要来自租赁和商务服务业、农林牧渔专业辅助性活动及住宿餐饮业等。批发零售、餐饮、服务业年末固定资产原值11 235万元，实现销售总额5 968万元。

四、固定资产投资

全年完成固定资产投资1 198.6万元，其中89.3%来源于国有经济单位。第一产业是投资的主要方向，投资达1 041.6万元，占总额的86.9%。

五、对外经济

全年出口供货商品总金额6.8亿元，其中工业品出口占99.8%，主要为服装等产品。

六、人民生活和社会保障情况

浙江垦区年人均GDP达37 850元，同比增长13.9%，人均住房使用面积73米^2。年末从业人数8 661人，其中第一产业2 461人，第二产业5 436人，第三产业764人。

通过开展农场社区社会管理属地化改革工作“回头看”，进一步巩固提升“两个3年”任务成果，农场职工养老保险、医疗保险实现全覆盖，困难家庭全部纳入城镇居民最低生活保障。

七、无公害农产品、绿色食品、有机食品生产

浙江垦区认定无公害农产品、绿色食品、有机食品共计 42 个，带动种植农户数 2.3 万户。其中，茶叶认定 16 个、水果认定 7 个、蔬菜认定 1 个、水产品认定 10 个。

安徽农垦2019年经济社会发展统计公报

安徽省农垦集团有限公司

2019年，在安徽省委省政府和省国资委的正确领导下，集团公司做了如下几方面工作：一是主业发展步伐加快。现代农业发展提速。夏粮、秋粮丰产丰收，主要农作物单产创历史新高。投资金融业稳定增长，房地产业克难前进。二是农业产业提质创新。品牌策划与市场营销取得突破，科技推广持续发力，现代农业建设项目加快推进，林业和养殖业发展加速。三是体制机制改革持续深化。集团化改革持续推进，专业公司体制机制进一步优化，国有农场办社会职能改革基本完成。四是企业管理水平进一步提升。投资与土地管理得到加强，财务管理更加严格，企业综合考核日趋规范，依法治企水平进一步提高。五是党的建设全面加强。“不忘初心、牢记使命”主题教育扎实开展，企业党组织建设不断增强，意识形态工作得到强化，党风廉政建设进一步加强，巡视整改取得实效，队伍建设更加优化，群团工作再有创新。

一、主要经济指标完成情况

垦区主要经济指标完成情况见表1。

表1　垦区主要经济指标完成情况

指标名称	单位	2019年	2018年	增长（%）	指标名称	单位	2019年	2018年	增长（%）
农垦生产总值	亿元	29.93	26.41	13.3	第一产业比重	%	45.11	45.59	-1.1
其中：国有部分	亿元	19.70	17.42	13.1	第二产业比重	%	22.99	22.04	4.3
国有部分比重	%	65.80	66.00	-0.3	第三产业比重	%	31.87	32.37	-1.5
第一产业增加值	亿元	13.50	12.04	12.1	工农业总产值	亿元	57.29	52.23	9.7
第二产业增加值	亿元	6.88	5.82	18.2	农业总产值	亿元	24.16	21.55	12.1
第三产业增加值	亿元	9.54	8.55	11.6	工业总产值	亿元	33.13	30.68	8.0

二、第一产业主要指标

第一产业经济指标完成情况见表2。

表2　第一产业经济指标完成情况

指标名称	单位	2019年	2018年	增长（%）	指标名称	单位	2019年	2018年	增长（%）
粮食总产	万吨	35.04	32.84	6.7	棉花播种面积	千公顷	0.04	0.13	-69.2
其中：小麦	万吨	13.59	12.83	5.9	蔬菜瓜类	千公顷	0.95	4.30	-77.9
水稻	万吨	18.25	16.47	10.8	干毛茶产量	万吨	1.49	1.49	
大豆	万吨	2.16	2.28	-5.3	茶园面积	千公顷	2.24	2.22	0.9
粮食亩产	千克	488.33	421.6	15.8	园林水果产量合计	万吨	3.53	1.74	102.9
农作物播种总面积	千公顷	50.77	58.24	-12.8	园林水果面积合计	千公顷	1.32	1.36	-2.9
粮食播种面积	千公顷	47.83	51.94	-7.9	高标准农田	千公顷	14.24	15.03	-5.3
油料播种面积	千公顷	0.56	0.56		农业机械总动力	万千瓦	47.35	43.82	8.1

农业生产在基本稳定粮食种植面积的同时，优化品种结构，大力发展现代农业、高效农业及养殖业。

畜牧业渔业方面，肉类总产量 11 648 吨，同比下降 7.6%；水产品产量 12 015 吨，同比增长 45.6%。

全年农业固定资产投资 1.37 亿元，同比下降 9.2%。其中国有投资 1.26 亿元，同比下降 11.3%，主要项目为农业综合开发、现代农业、农田水利基本建设、土地复垦、农机购置等项目。

三、第二产业主要指标

第二产业经济指标完成情况见表 3。

表 3　第二产业经济指标完成情况

指标名称	计量单位	2019 年	2018 年	增长（%）
工业企业个数	个	137	136	0.7
工业总产值	亿元	33.13	30.68	8.0
其中：国有部分	亿元	1.87	1.61	16.1
建筑企业个数	个	123	127	−3.1
建筑业总产值	亿元	7.25	7.33	−1.1
其中：国有部分	亿元	5.75	6.23	−7.7

四、第三产业主要指标

第三产业经济指标完成情况见表 4。

表 4　第三产业经济指标完成情况

指标名称	计量单位	2019 年	2018 年	增长（%）
批发零售营业额	亿元	16.72	16.10	3.9
其中：国有部分	亿元	3.34	3.84	−13.0
住宿餐饮营业额	亿元	2.64	2.66	−0.8
其中：国有部分	亿元	0.73	0.81	−9.9
服务业营业额	亿元	3.72	3.88	−4.1
其中：国有部分	亿元	2.19	2.00	9.5
第三产业增加值	亿元	9.54	8.55	11.6
其中：交通运输及仓储	亿元	0.72	0.66	9.1
批发和零售业	亿元	2.46	2.31	6.5
住宿和餐饮业	亿元	1.26	1.20	5.0
房地产业	亿元	2.63	2.04	28.9
居民和其他服务业	亿元	1.19	1.04	14.4

住宿餐饮业主动适应市场消费变化，积极调整股权结构，经营模式进一步创新，推动了主体酒店托管模式改革。房地产业战略性调整取得积极成效，增强政策和市场的应对能力；新的经济增长点快速发展，类金融业逐步成长为集团三大主业的主要经营业态；皖垦小贷、创投公司、银企合作不断加强，取得 13 家银行贷款授信，有力保障了集团发展的资金需求。

五、固定资产投资

全社会固定资产投资总额 2.78 亿元，同比下降 5.1%。其中国有投资完成 2.42 亿元；同比增长 24.1%；非国有投资 0.36 亿元，同比下降 63.6%。

六、人口及从业人员情况

垦区人口及从业人员主要指标见表 5。

表 5　人口及从业人员主要指标

指标名称	计量单位	2019 年	2018 年	增长（%）
垦区年末总人口	万人	12.41	12.44	−0.2
年末社会从业人员	万人	5.37	5.38	−0.2
其中：第一产业	万人	3.13	3.14	−0.3
第二产业	万人	0.98	0.97	1.0
第三产业	万人	1.26	1.27	−0.8
产业人数构成				
一产	%	58.29	58.36	−0.1
二产	%	18.25	18.03	1.2
三产	%	23.46	23.61	−0.6
年末职工人数	万人	3.26	3.38	−3.6
其中：在岗职工	万人	1.72	1.75	−1.7
在岗职工劳动报酬	亿元	7.89	7.43	6.2

福建农垦2019年经济社会发展统计公报

福建省农业农村厅农垦处

2019年福建农垦系统以习近平新时代中国特色社会主义思想为指导，全面贯彻党的十九大和十九届二中、三中、四中全会精神，按照党中央和福建省委省政府以及部局和厅里的工作要求，结合福建农垦实际，持续推进农垦改革发展，巩固办社会职能改革成果，深入推进土地确权登记，强化扶贫资金使用管理，垦区发展质量稳步提升，农场职工生活福祉持续增进，各项社会事业全面发展，生态环境质量总体改善，全面建成小康社会取得新的重大进展。

一、综合

福建农垦系统现有农场110个。土地总面积86.1千公顷，比上年下降1.4%，耕地面积8.1千公顷，比上年下降3%。全省农垦系统总人口18.64万人，比上年下降3.2%。变化原因主要是2019年进一步深化办社会职能改革，部分农场土地原先是场带村的村集体土地，土地确权后划拨地方政府管理。全垦区完成生产总值36.03亿元，同比下降19.87%（未扣除价格因素，下同）。其中第一产业增加值11.24亿元，下降3.2%；第二产业增加值16.10亿元，下降33.36%，主要原因是部分农场实行社企分离，下辖企业连同土地一并纳入地方政府管理，工业增加值不再纳入农场统计；第三产业增加值8.68亿元，下降5.44%。同比其中一、二、三产业的比例为31.2%、44.7%、24.1%，与去年相比第一、第三产业比例增加，第二产业比例下降。居民人均可支配收入14 606元，同比增长14.8%；住房面积812.9万米^2，下降6.3%，人均住房面积44.01米^2。其原因是部分农场社会职能剥离后，下辖村、社区行政管理权移交地方政府，农场不对原住民居住户住房进行统计（住房产权不属农场）；部分农场因经济社会发展需要，房屋被征用拆迁。农垦职工人均收入21 399元，比上年增长17.3%。农场城镇化水平30.82%，比上年增长3.29%。农垦全面小康社会主要指标较上年有新的进展。2015—2019年福建垦区生产总值见图1，2015—2019年三次产业增加值占生产总值比重见图2。

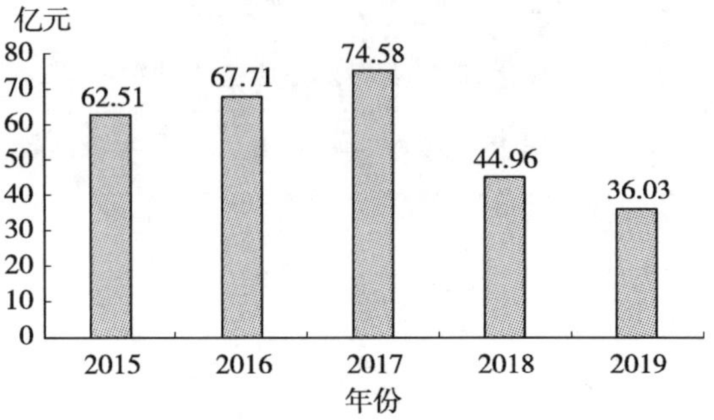

图1　2015—2019年福建垦区生产总值

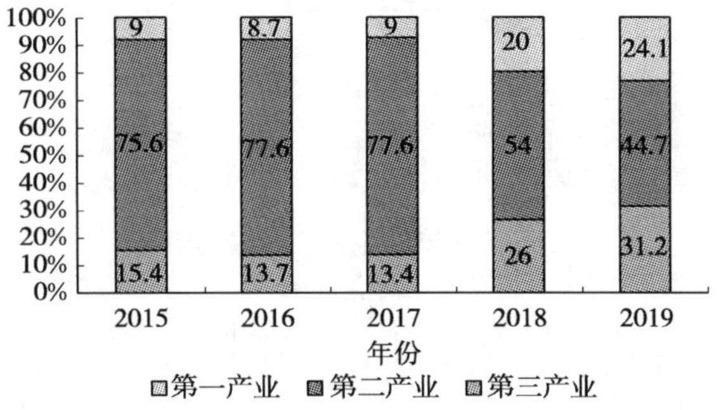

图2　2015—2019年三次产业增加值占生产总值比重

二、农业

农业总产值24.06亿元，比上年增长4.78%。农林牧渔结构为47.1∶4∶36.3∶12.6。农业产业结构有所改善，需进一步调整优化农业结构，提高农业发展质量和效益。

全年农作物播种总面积14.17千公顷，同比下降14.64%。其中粮食种植面积7.47千公顷，同比下降4.35%；总产量4.21万吨，同比下降4.97%。油料面积1.27千公顷，同比增长22.11%；产量0.28万吨，同比增长2.58%；蔬菜、瓜类种植面积4.46千公顷，同比下降3%；

产量7.3万吨，同比增长4.83%。茶叶种植面积4.62千公顷，同比下降0.16%；产量0.70万吨，同比增长24.8%，主要原因是诏安县建设农场、松溪县国营茶场等6家贫困农场重点扶持发展茶产业生产加工，部分茶场重新恢复产能，茶业产量相应增加。水果种植面积13.48千公顷，同比增长26.8%，产量14.31万吨，同比下降6.6%。2019年主要农产品面积产量见表1。

表1　2019年主要农产品面积产量

产品名称	播种面积（公顷）	比上年增长（%）	总产量（吨）	比上年增长（%）
农作物播种面积总计	14 172.06	−14.64		
粮食作物	7 473.27	−4.35	42 071.73	−4.97
其中：稻谷	4 935.20	−4.0	32 913.33	−5.48
油料合计	1 270.06	22.11	2 807.70	2.58
其中：花生	1 132.56	24	2 641.10	2.05
蔬菜、瓜类	4 459.93	−3	72 792.93	4.83
茶叶	4 624.15	−0.16	6 986.95	24.8
水果	13 484.27	26.8	143 119.19	−0.66

积极响应福建省生态文明先行示范区建设，切实抓好造林绿化和森林经营工作。全垦区现有林地总面积39.9千公顷，同比增长2.81%。森林覆盖率达46.3%，较上年增加1.1个百分点。2019年全垦区共完成造林面积1.50千公顷，同比增长0.46%。木材采伐4.49万米^3，同比增长53.41%。毛竹采伐234.04万根，同比下降19.94%。

2019年肉类总产量2.21万吨，同比增长4.33%；其中猪肉产量1.61万吨，同比增长0.82%。禽肉产量0.51万吨，同比增长18.46%。蛋类产量0.40万吨，同比下降12.2%。

渔业生产方面，全年水产品总产量1.83万吨，同比下降12.92%，其中淡水水产品产量1.79万吨，占全年总产量97.32%，比上年下降13.47%。养殖面积1.30千公顷，同比下降22.63%。

受农作物种植面积减少影响，年末全垦区拥有农业机械总动力4.3万千瓦，同比下降13.9%；其中柴油发动机动力2.4万千瓦，同比下降18.1%，占农业机械总动力55.2%。全省垦区机耕面积4.8千公顷，同比增长25.27%。农场用电量8 803万千瓦时，同比下降7.92%。测土配方施肥面积276.5公顷，同比增长1.2%。农药使用量591.4吨，同比下降34%。

三、第二产业

一部分比较大的工业企业实施社企分离，企业和土地归入地方政府统一管理，对总体影响较大。全年工业企业数383个，总产值41.05亿元，比上年下降17.6%，主要原因是：厦门的国营凤南农场实行社企分离，下辖四个行政村行政管理剥离给厦门市同安区新民镇管辖，下辖30家企业连同土地一并纳入地方政府统一管理（共占地1 800多公顷），其2018年工业总产值14.88亿元，现不再统计，占2019年全农垦工业总产值减量的169%。其中非国有经济所占82.2%以上，占决定性地位，主要原因是：大力发展、完善工业园区、开发区建设，积极鼓励发展非公经济，新引进一批非公的工业企业，迁入、新建一批企业，更新改造提高产品的档次、以提高企业经济效益。规模以上工业企业全年实现产值31.7亿元，占77.2%；实现利润2.16亿元。2019年主要工业品产量见表2。

表2　2019年主要工业品产量

产品	计量单位	数量	比上年增长（%）
大米	吨	14 838	−8.84
饲料	吨	27 542	13.36
饮料酒	千升	6 908	18.51
精制茶	吨	4 742	14.54
布	万米	1 320	−2.22
皮革鞋靴	万双	560	−3.80
砖	万块	6 828	−4.93
发电量	万千瓦时	10 6 740	1.61
自来水生产量	万米^3	175	−1.69

四、第三产业

第三产业全年增加值达8.68亿元，同比下降5.44%，占国民生产总值比重达24.1%，比上年增加4.1个百分点，与全省45.3%占比相比还是有较大差距。

受工业经济发展影响，运输业发展降幅较大。全年营业总收入1.63亿元，同比下降10%。其中：货运及装卸收入1.43亿元，同比下降6%。年末拥有主要运输工具895台，比上年减少260台。

批发零售业、餐饮业、服务业有所发展。三者合计销售总额（营业收入）19.1亿元，同比增长

2.2%。年末营业单位数 3 010 个，同比增加 37 个。

五、市场经济

农林牧渔业商品总产值、出口供货商品量均有所增长。农林牧渔业商品总产值达 13.66 亿元，同比增长 0.5%，商品率 56.7%，比上年下降 2.4 个百分点。出口供货商品金额 0.33 亿元，比上年略有增长。

六、农场民生不断改善

一是巩固农垦办社会职能改革成果，切实减轻农场负担。制定印发《福建省农垦国有农场办社会职能改革“回头看”工作方案》(闽农垦函〔2019〕347 号)，对尚未完全移交到位的漳州、南平两地进行了重点跟踪督促，确保农场社会管理和公共服务全部纳入地方政府统一管理。会同福建省财政厅对各地国有农场办社会职能改革成本和财政支出情况进行汇总审核，并以此为依据，向中央财政申请补助资金 5 000 万元。

二是规范农垦国有农场土地承包租赁合同，夯实农场发展基础。制定下发《福建省农业农村厅关于清理规范农垦国有农场土地对外不合理租赁合同的通知》(闽农综明传〔2019〕92 号)，截至 2019 年 12 月底，福建农垦已完成 94%合同的清理工作。先后组织完成了农垦国有土地使用权确权登记成果建库上图和农垦土地管理利用情况调查。

三是稳步推进农垦国有农场项目建设工作，持续改善农场民生。下发《福建省农业农村厅关于做好 2019 年农垦国有农场危房改造工作的通知》(闽农垦函〔2019〕312 号)，组织漳州和南平两地开展农垦危房改造 227 户，截至 12 月底，全省 227 户已全面开工，完工率 57%。及时下达 2019 年第二笔中央财政国有农场扶贫资金 65 万元和 2020 年资金 1 102 万元，抓好“十三五”重点扶持贫困农场扶贫项目实施工作。2019 年福建省 6 家国有贫困农场均达到脱贫指标，全部脱贫，提前完成脱贫任务。

江西农垦2019年经济社会发展统计公报

江西省农垦事业管理办公室

2019年，按照江西省委省政府的决策部署，在省农业农村厅党委的坚强领导下，江西垦区坚持以习近平新时代中国特色社会主义思想为指导，深入贯彻学习党的十九大及十九届三中、四中全会精神和省委十四届十次全会精神，坚持“创新引领、改革攻坚、开放提升、绿色崛起、担当实干、兴赣富民”工作方针，按照江西厅党委对江西农垦在改革过渡期间保持思想不乱、队伍不散、工作不断地要求，垦区持之以恒促改革、谋发展、惠民生，经济建设和社会事业稳步推进，迈出了全面实施乡村振兴战略的坚实步伐。

一、基本情况

1. 全垦区独立核算企业基本情况。全垦区独立核算企业个数统计见表1。

全年农垦年末总人口1 447 690人，较上年增长10.76%；土地总面积700 901.55公顷，较上年增长0.64%；年末实有住房面积4 133.78万米^2，较上年下降2.81%。

表1　全垦区独立核算企业个数统计

单位：个

指标名称	2019年实际	上年同期
独立核算企业合计	163	163
1. 垦殖场、企业集团	156	156
其中：企业集团	9	9
其中：场办工业	804	1 050
场办商业	2 954	3 182
场办建筑业	73	79
场办运输业	273	273
2. 独立核算的工业企业	2	2
3. 独立核算的农垦农工商公司	5	5

2. 主要经济指标平稳发展。2019年，一二三次产业结构比例是12%、57%、31%。主要经济指标见表2。

表2　主要经济指标

指标名称	计量单位	2019年实际	上年同期	比上年增长（%）
生产总值	万元	2 809 515	2 471 170	13.69
其中：第一产业增加值	万元	329 384	291 536	12.98
第二产业增加值	万元	1 610 827	1 611 397	−0.04
第三产业增加值	万元	869 304	568 237	52.98
工农业总产值	万元	7 806 339.32	8 412 219	−7.2
其中：工业产值	万元	7 129 131	7 812 034	−8.74
农业产值	万元	677 208.32	600 185	12.83
全垦区固定资产总投入	亿元	247.34	307.5	−19.57
居民人均可支配收入	元/年	16 643	15 062	10.5

3. 农场按工农业总产值大小排序。

2019年，江西农垦工农业总产值达到上亿元的场（企业集团、厂）56家，比上年增加2家，即上饶康山垦殖场、南昌新丰垦殖场。按工农业总产值大小顺序排列见表3。

表3　按工农业总产值大小顺序排列

（续）

排序	农场名称（过亿元）	工农业总产值（万元）	居民人均可支配收入［元/（人·年）］
1	共青场	4 229 698	25 676
2	云山集团	391 725	22 262
3	梅岩	251 930	18 972
4	芙蓉场	232 863	13 280
5	桑海场	207 904	18 500
6	恒丰场	200 730	16 524
7	新岗山场	145 300	12 262
8	大茅山场	142 534.27	16 674
9	黄岗山场	137 298	13 900
10	墨山场	126 797	13 670
11	南英场	92 543	16 474
12	罗家场	92 392.4	20 333
13	阁山场	86 326	14 873
14	洋峰场	76 776	10 198
15	红星场	74 059	18 900
16	鸡冠山场	72 569	15 300
17	花亭场	71 758	10 360
18	介桥场	60 910	19 404
19	上十岭场	60 000	16 160
20	五府山场	57 549	20 000
21	赛湖场	55 960	16 328
22	九龙山场	48 600	18 858
23	万龙山场	43 113	11 110
24	长红场	40 042	8 100
25	刘家站场	37 043	14 980
26	旭光场	36 763	10 900
27	五陂下场	36 080	19 809
28	武夷山场	33 791	18 760
29	万埠场	28 106	16 800
30	饶丰场	22 551	14 200
31	恒湖场	21 339	13 765
32	五星场	21 090	18 000
33	千州场	20 133.8	12 770
34	广寒寨场	19 089	15 832
35	东风场	18 148	13 105
36	扬子洲场	17 200	18 900
37	怀玉山场	16 208	13 720
38	金坪场	15 579	14 380
39	石花尖场	15 142.8	15 012
40	八角岭场	14 694	21 226
41	武山场	14 120	15 367
42	十里岗	13 866	17 655
43	鸦鹊湖场	13 168	12 000
44	康山场	12 614	12 490
45	荷塘场	12 367	19 878
46	永丰场	11 908.69	19 756
47	新丰场	11 820	23 000
48	七里岗场	11 556	10 800
49	西郊场	11 005	24 008
50	高家岭场	10 988	11 238
51	新洲场	10 957	11 520
52	乐丰场	10 920	15 500
53	华山场	10 700	8 350
54	三县岭场	10 588	13 000
55	捉牛岗场	10 396	10 900
56	相城场	10 292	14 568

二、工业方面

2019年，全垦区实现工业产值712.91亿元，比上年下降8.41%。

其中规模较大的上5亿元的行业有25个，累计完成工业产值690.58亿元，占工业总产值96.9%，比上年同期下降9.43%。其中：纺织业产值68.68亿元，较上年增长78.08%，纺织服装、服饰业产值185亿元，比上年下降17.8%，计算机、通信和其他电子设备制造业产值28.85亿元，比上年下降83.65%，化学原料和化学制品制造业产值43亿元，比上年增长1.41%。产值5亿元以上的行业合计见表4。

从工业产品产量看，几个主要工业产品产量分别为：原煤796 062吨；大米162 571吨；饮料酒82 196千升；纱52 223吨；机制纸及纸板76 961吨；中成药17 618吨；发电量85 757.03万千瓦时。

三、农业方面

江西农垦通过调整优化产业结构，实现农业产业增值增质，垦区农业在现代农业建设中的示范引领作用进一步凸显。一是推进稻虾综合种养示范点建设，推广购买社会化技术服务新模式，推动稻虾产业稳步发展。2019 年，在基础设施良好、水资源丰富的环鄱阳湖垦殖场布建稻虾综合种养示范点 5 个，示范种养面积 12 000 亩，核心区面积 6 000 亩，继续采用四方合作模式［省农垦办＋农垦场＋稻虾种养大户（合作社、家庭农场、龙头企业）＋小龙虾养殖技术专业服务公司］解决种养户遇到的技术难题，并以现场推进会的形式对政府购买社会化技术服务模式进行了经验总结和宣传推介，激发周边村民稻田综合种养的激情和信心，辐射带动稻虾产业的快速发展。截至 11 月，江西农垦稻虾综合种养面积突破 9 万亩，并仍呈增长态势。二是做好农垦农业绿色优质高效技术模式推广工作。充分运用绿色防控技术、统防统治手段及各种物理防治办法，降低化肥使用量及农药残留，提高水稻的绿色有机品质。同时以恒湖、乐丰、鸦鹊湖、云山、恒丰为绿色防控、统防统治项目实施单位，实施总面积达 63 万亩次，其中水稻面积 44 万亩次。三是调整扩大优质农业品类种植面积。一方面，全系统早稻播种面积 52.2 万亩，比去年减少 18.9 万亩，同比增加优质中稻 18.9 万亩；另一方面，全系统棉花、油料播种面积调减，蔬菜及特色作物种植面积扩大，经济作物的综合效益得到进一步提升。

2019 年实现农业增加值 329 384 万元，比上年增长 12.98%，完成农业产值 677 208.32 万元，占工农业总产值的 8.68%，其中：种植业产值 330 193.56 万元，占农业总产值的 48.76%；林业产值 68 036.37 万元，占农业总产值的 10.05%；牧业产值 138 087.81 万元，占农业总产值的 20.39%；渔业产值 93 805.08 万元，占农业总产值的 13.85%；农林牧渔服务业产值 47 085.5 万元，占农业总产值的 6.95%。农作物情况见表 5。

表 4　产值 5 亿元以上的行业合计

排序	指标名称	企业个数（个）	工业产值（万元）	占工业总产值（%）
	5 亿元以上行业合计	747	6 905 812	96.87
1	纺织服装、服饰业	105	1 850 013	25.95
2	纺织业	41	686 791	9.63
3	非金属矿物制品业	63	512 889	7.19
4	化学原料和化学制品制造业	51	430 083	6.03
5	通用设备制造业	8	329 188	4.62
6	医药制造业	20	323 858	4.54
7	计算机、通信和其他电子设备制造业	15	288 467	4.05
8	农副食品加工业	78	283 073	3.97
9	木材加工和木、竹、藤、棕、草制品业	80	239 553	3.36
10	食品制造业	29	231 280	3.24
11	印刷和记录媒介复制业	12	224 850	3.15
12	电气机械和器材制造业	14	198 104	2.78
13	酒、饮料和精制茶制造业	29	156 419	2.19
14	其他制造业	48	137 345	1.93
15	有色金属冶炼和压延加工业	7	125 966	1.77
16	铁路、船舶、航空航天和其他运输设备制造业	4	113 446	1.59
17	家具制造业	25	112 996	1.58
18	造纸和纸制品业	16	112 455	1.58
19	皮革、毛皮、羽毛及其制品和制鞋业	8	108 652	1.52
20	文教、工美、体育和娱乐用品制造业	4	90 911	1.28
21	煤炭开采和洗选业	9	82 127	1.15
22	金属制品业	14	77 621	1.09
23	电力、热力生产和供应业	42	69 914	0.98
24	橡胶和塑料制品业	14	60 689	0.85
25	专用设备制造业	11	59 122	0.83

表 5　农作物情况

指　标	播种面积（公顷）		比上年增长（%）	产量（吨）		比上年增长（%）
	2019 年	2018 年		2019 年	2018 年	
农作物合计	143 190.37	136 310.78	5.05	—	—	—
其中：粮豆	110 555	104 321.36	5.98	750 192.52	713 469.39	5.15
油料	13 434.74	13 615.21	−1.33	29 672.55	28 798.03	3.04
棉花	1 069.46	1 393.18	−23.24	2 786.77	3 205.54	−13.06
茶叶	8 387.41	5 702.7	47.08	4 377	4 275	2.39
水果	8 706.81	8 943.01	−2.64	91 932	86 733	5.99

畜牧业情况见表 6。

表 6　畜牧业情况

指　标	计量单位	2019 年	2018 年	比上年增长（%）
大牲畜存栏	万头	3.52	3.91	−9.97
其中：奶牛	万头	0.38	0.42	−9.52
牛奶产量	吨	13 429	12 936	3.81
生猪出栏	万头	51.95	72.52	−28.36
肉类总产量	吨	54 898	65 064	−15.62

水产业方面：2019 年，全垦区水产品养殖面积 18 690.39 公顷，其中：精养鱼池 1 060.47 公顷。全年水产品产量 66 584 吨，其中：养殖产量 54 508 吨，占水产品的总产量的 81.86%。

土地总面积情况见表 7。

表 7　土地总面积情况

指　标	2019 年	占土地总面积（%）	2018 年	占土地总面积（%）
土地总面积（公顷）	700 901.55	—	696 457.39	—
其中：耕地	78 532.98	11.20	84 383.86	12.12
林地	487 233.78	69.52	488 124.90	70.09
水面	29 070.60	4.15	25 091.58	3.60
宜林荒山	7 537.04	1.08	6 713.19	0.96
茶桑、果园	17 264.22	2.46	14 888.21	2.14

林地面积情况见表 8。

表 8　林地面积情况

指　标	2019 年	占林地总面积（%）	2018 年	占林地总面积（%）
林地总面积（公顷）	487 233.78	—	488 124.96	—
其中：用材林	304 613.83	62.52	307 735.38	63.04
经济林	43 458.71	8.92	41 856.90	8.58
防护林	98 855.83	20.29	98 753.61	20.23
薪炭林	18 617.45	3.82	17 798.05	3.65
特种用材林	21 687.96	4.45	21 981.02	4.50
当年造林面积	6 390.17	—	3 585.53	—
当年幼林抚育面积	11 426.38	—	12 531.13	—

四、出口商品总金额方面

出口商品情况见表 9。

表 9　出口商品情况

指　标	计量单位	2019 年	2018 年	比上年增长（%）
出口商品总金额	万元	54 593	393 221	−86.12
工业产品	万元	54 593	368 470	−85.18
其中：纺织品	万元	5 465	25 206	−78.32
出口的主要产品	—			
活性炭	吨	4 760	6 000	−20.67
羽绒制品及服装	万件	557	700	−20.43
瓷砖	万米^2	113	120	−5.83
异抗坏血酸钠	吨	15 000	15 000	

五、固定资产投资方面

2019 年，江西垦区共完成固定资产投资总额 2 473 364万元，较上年下降 19.57%，其中：第一产业 66 325 万元，占投资总额的 2.68%；第二产业 1 710 671 万元，占投资总额的 69.16%；第三产业 696 368 万元，占投资在投资总额的 28.16%。

六、科研方面

2019 年，全垦区科研单位 8 个，职工 210 人，其中科技人员 139 人，占职工人数的 66.2%，科研经费 4 836 万元。

七、劳动工资与人口方面

2019 年，江西农垦年末从业人员数 251 397 人，离开本单位仍保留劳动关系的职工有 41 823 人，其中内部退养职工 4 876 人，全年从业人员劳动报酬和生活费 505 708 万元，年平均收入 20 116 元，较上年增加 1 894 元。

2020 年，江西农垦将坚持以习近平新时代中国特色社会主义思想为指导，深入贯彻党的十九大和十九届三中、四中全会精神，深入学习贯彻习近平总书记视察江西重要讲话和指示精神以及省委“创新引领、改革攻坚、开放提升、绿色崛起、担当实干、兴赣富民”24 字工作方针，继续发扬农垦精神和改革创新精神，为进一步推动江西高质量跨越式发展贡献农垦智慧和力量，为推动乡村振兴战略在垦区的实践继续贡献农垦智慧和力量。

山东农垦2019年经济社会发展统计公报

山东省农业农村厅农垦局

2019年，山东农垦在农业农村部农垦局的关心指导和山东省委、省政府的领导下，坚持以农垦改革发展为工作主线，持续推进农场企业化改革、公司化改造，加快转变经济发展方式，积极调整产业结构，着力增强农场内生动力和发展活力，大力保障和改善民生，贫困农场全部提前实现脱贫摘帽，农垦经济和各项社会事业均呈现平稳发展的良好局面。

一、基本情况

（一）综合统计

山东垦区有国有农场12个。土地总面积21 050.19公顷（31.58万亩），耕地面积13 019.49公顷（19.53万亩）。年末总人口18 641人，国有单位从业人员年末数3 392人。居民人均可支配收入25 668.28元，同比增长15%，国有农场在岗职工年均报酬3.26万元。

山东垦区经济运行保持总体平稳、稳中有升的增长态势，经济总量又上新台阶。全年实现生产总值合计36 047.3万元，比上年增加7 357.34万元，同比增长25.64%，全年实现营业盈余9 239.64万元。第一产业增加值23 699.53万元，比上年增加374.04万元，同比增长1.6%；营业盈余6 753.7万元，占全年营业盈余的71.15%。第二产业增加值1 710.87万元，比上年增加433.73万元，同比增长33.96%；营业盈余1 020.37万元，占全年营业盈余的11.04%。第三产业增加值10 636.90万元，比上年增加6 248.57万元，同比增长142.39%；营业盈余1 465.57万元，占全年营业盈余的15.86%。

2019年，山东垦区各农场充分发挥自身优势，积极调整产业结构，特色主导产业对经济发展起到了较大带动促进作用。第一、二、三产业增加值分别占生产总值的65.75%、4.77%、29.68%。

（二）第一产业

农业生产总体平稳，秋粮受灾减产较大。山东垦区农作物播种面积14 751.69公顷，其中粮食播种面积13 936.46公顷，比上年减少349.41公顷，同比下降2.4%。粮食总产量67 873.8吨，比上年减产24 353吨，同比下降26.4%。其中，小麦、水稻、玉米的播种面积分别为4 605.65公顷、3 961.33公顷、3 869.62公顷，产量分别达到29 313吨、21 435吨、14 602吨。棉花播种面积183.1公顷，总产量80吨，比上年减产109吨，同比下降57.67%。蔬菜、瓜果产量21 427.5吨，比上年增加13 267.5吨，同比增长162.6%。

畜牧水产业波动较大。大牲畜（牛）年末存栏1.181万头，猪年末存栏3.933 2万头，比上年减少3.206 8万头；家禽89.038万只。肉类总产量12 816吨，比上年增加1 823吨，其中当年猪出栏5.712 1万头，比上年减少6.577 9万头，同比下降53.5%；牛奶产量59 500吨，禽蛋产量13吨。淡水水产品1 276吨，养殖面积722公顷。

植树造林工作扎实开展。2019年，幼林抚育面积228公顷，成林抚育面积748公顷。

农业机械化水平总体稳定。全年拥有农业机械总动力33 423千瓦。其中，拖拉机及配套机械：有大中型拖拉机466台，小型及手扶拖拉机530台，大中型拖拉机配套农具157部，小型农具166部，播种机377台，排灌动力机械773台，农用水泵718台，滴喷灌溉机械78套，植保机动喷雾机287台，联合收获机93台，机动脱粒机22台，谷物烘干机6台；农田基本建设机械：推土机6台，挖掘机5台，开沟机17台。当年机播面积达到12 149.27公顷，机械收割面积11 711.67公顷。

农药化肥用量持续降低。2019年，农药施用量152.95吨，同比下降9.5%；农用化肥施用总量 9 715.35 吨，同比下降 75.09%，有机肥施用量 398 吨，同比增长 23.22%。

农田水利建设有序开展。全年有效灌溉面积 11 203.97 公顷，其中机灌面积 6 227.93 公顷，电灌面积 1 261.4 公顷，节水灌溉面积 119.53 公顷。

全年完成农林牧渔业总产值 67 651.52 万元，比上年增加 1 743.88 万元，同比增长 2.65%。其中，农业总产值 21 327.91 万元，林业总产值 1 255.98 万元，牧业总产值 40 672.00 万元，渔业总产值 3 729.7 万元，农林牧渔专业及辅助性活动产值 665.96 万元。农林牧渔业商品总产值 30 087.75 万元，比上年增长 978.07 万元，同比增长 3.36%。

（三）第二产业

2019 年，山东垦区规模以上和国有规模以下工业企业 3 家，工业销售产值（现价）1 822.84 万元，比上年增加 1 272.66 万元，同比增长 231.32%，主营业务利润 156.57 万元。

工业和建筑业总体运行平稳。全年工业生产原盐 20 000 吨，配合饲料 3 270 吨，乳制品 2 500 吨。建筑企业 5 个，年末从业人员 208 人，全年从业人员报酬 237.5 万元，年末固定资产原值 1 031.9万元，拥有机械设备 102 台，全年施工房屋建筑面积 9 595 $米^2$，房屋建筑竣工面积4 866 $米^2$。全年建筑业总产值 4 890.4 万元，同比增长 198%。

（四）第三产业

批发零售业单位 42 个，从业人员 97 人，全年从业人员报酬 371.8 万元，营业收入 2 274.58 万元，同比增长 42.07%；餐饮业单位 11 个，从业人员 24 人，全年从业人员报酬 79 万元，营业收入 116 万元，同比增长 197.44%；服务业单位 16 个，从业人员 33 人，全年从业人员报酬 111 万元，营业收入 183 万元，同比增长 77.67%。

（五）固定资产投资

固定资产投资增速较快。全年固定资产投资总额 46 629.34 万元，比上年增加24 651.68 万元，同比增长 112.17%。其中，第一产业投资额 24 517.77 万元，第二产业投资额 2 156 万元，第三产业投资额 19 955.57 万元。国有固定资产投资总额 13 577.34 万元，比上年增加 5 991.68 万元，同比增长 78.99%；第一、二、三产业投资额分别为 1 811.77 万元、6 万元、11 759.57 万元。当年新增固定资产 1 664.63 万元。

（六）农垦科研基本情况

山东垦区共有科研单位 12 个，职工 144 人。其中，科技人员 107 人，本科以上 100 人。科研经费合计 7 936.26 万元，比上年增加 5 992.16 万元，同比增长 308.2%。实验地面积 566.37 公顷。

（七）从业人员、职工及收入

2019 年年末，山东垦区从业人员总数 3 496 人。其中：第一产业从业人数 2 988 人，第二产业 158 人，第三产业 350 人，分别占从业人员总数的 85.5%、4.5%和 10%。国有单位从业人员总数 3 392人，工资总额 10 724.13 万元；在岗职工总数 2 230 人，在岗职工工资总额 7 483.41 万元。

（八）三资、境外企业基本情况

山东垦区三资、境外企业共有 3 个，均为外商独资企业。投资总额 32 336.45 万元，生产总值 6 037.36 万元。

二、数据变化分析

（一）土地面积变化原因分析

2019 年，山东垦区土地总面积为 21 050.19 公顷，比上年减少 15.86 公顷。主要原因是国营章丘农场、济宁南阳湖农场和菏泽市东新农场土地面积发生变化。具体情况是：章丘农场原有土地面积 140.36 公顷，因土地确权新增土地面积 0.34 公顷，农场年末土地面积为 140.70 公顷；济宁南阳湖农场原有土地面积 1 333 公顷，因与地方水稻研究所进行土地置换、学校及卫生所整体移交等发生土地权属变更，农场土地面积减少 17.8 公顷，农场年末土地面积为 1 315.2 公顷；菏泽市东新农场原有土地面积 402.93 公顷，因土地确权新增土地面积 1.6 公顷，年末农场土地面积为 404.53 公顷。综上，垦区土地总面积减少 15.86 公顷。

（二）生产总值变化原因分析

主要有两个方面：一是扶贫项目实施带动，贫困农场收入持续增加；二是产业结构优化调整，促进农场经济效益提升。“十三五”期间，山东垦区共有 5 个国有农场被农业农村部确定为重点贫困农场，分别是商河县大岭农场、商河县郑路农场、国营高密市胶河农场、郯城县郯南农场、菏泽市东新农场。近年来，通过中央和省级财政专项资金扶持，垦区贫困农场综合生产能力明显提升，“造血功能”持续增强，产业结构进一步优化，生产生活条件得到较大改善，经济效益和职工收入水平明显提高，农垦脱贫攻坚工作取得显著成效。截至2019年年底，垦区5个贫困农场全部提前实现脱贫。

（三）粮食产量变化原因分析

2019年，受粮食播种面积减少、台风“利奇马”及秋季干旱少雨等因素综合影响，垦区粮食产量降幅较大。尤其是台风灾害，导致农作物大面积受损，秋粮减产严重，部分农场玉米、棉花几乎绝产，与预期产量相差较大。受灾较重的有商河县郑路农场、青岛五四农场、国营黄河农场。同期，蔬菜、瓜果产量大幅增加，主要原因在于近年来农场加快产业结构调整，设施农业比重不断增加，经济作物种植面积不断扩大，加之贫困农场产业帮扶效果逐步显现，产生了较好的经济社会效益。产量增长较大的农场有商河县大岭农场、青岛五四农场、高密市胶河农场、济宁南阳湖农场、菏泽市东新农场。

（四）畜牧水产业变化原因分析

涉及畜牧养殖业的分别是黄河农场、广北农场和济宁南阳湖农场。受非洲猪瘟及煤矿塌陷区影响，黄河农场采取防控措施，减少存栏，调整规模，降低风险；济宁南阳湖农场则对受采煤塌陷影响严重的猪舍全部拆除，彻底消除安全隐患，以上两项措施直接导致垦区生猪存栏量及出栏量大幅减少。同期，黄河农场、广北农场分别加大畜禽、水产养殖结构调整力度。广北农场大牲畜（牛）存栏量增加2 210头，新增羊存栏量512头，新增家禽养殖15.038万只；黄河农场分别有2家肉食鸡养殖企业和2家水产养殖企业建成投产，畜禽年末存栏量达到74万只，出栏量达200万只，年产南美对虾8吨、大闸蟹470吨，畜禽、水产养殖产业增长较快，弥补了生猪减产造成的损失，确保了垦区畜牧水产业整体平稳发展。

（五）工业企业和建筑业变化原因分析

山东垦区规模以上和国有规模以下工业企业数减少1个。具体情况是：济宁南阳湖农场所属节能建材厂，因环保不达标关停，减少工业企业1个；广北农场（东营市广北实业总公司）比上年新增工业企业2个、建筑企业3个，工业总产值增加1 723万元，建筑业总产值增加3 626.7万元，拉动垦区整体工业企业和建筑业产值较大幅度增加。

（六）固定资产投资变化原因分析

2019年，山东垦区农场固定资产投资额总体保持增加。增长较大的农场有：章丘农场（增加261.98万元）、商河县郑路农场（增加52万元）、寿光清水泊农场（增加102万元）、郯城县郯南农场（增加150万元）、高密市胶河农场（增加181.41万元）、黄河农场（增加23 925万元）。减少的农场有：济宁南阳湖农场（减少924.95万元）、菏泽市东新农场（减少3.76万元）。特别是黄河农场，2019年固定资产投资项目16个，比上年增加了1倍，整体带动垦区固定资产投资额增长较大。

（七）农垦科研单位及经费变化原因分析

山东垦区农垦科研单位主要集中在黄河农场、广北农场。2019年，广北农场新增纳入统计的科研单位7个、黄河农场新增科研单位2个。广北农场利用国家科技经费2 934万元，所属企业自筹经费4 891.46万元；黄河农场自筹经费80万元，以上两个农场科研单位及科研经费的增加，促进垦区整体科研单位及经费大幅增加。

（八）从业人员、职工变化原因分析

主要是农场职工正常退休及人员自然减少造成。

河南农垦2019年经济社会发展统计公报

河南省农业农村厅

2019年，河南农垦在各级领导的关心和支持下，深入贯彻落实习近平新时代中国特色社会主义思想、河南省委十届九次全会精神和省委、省政府决策部署，以深化农垦改革发展为中心任务，加快转变发展方式，进一步推进农垦经济持续稳定发展。

一、加快推进农垦改革各项工作

1. 多措并举，推进农场企业化改革

一是加强调研，分类指导。认真贯彻落实农业农村部以及河南省推进农垦改革发展工作精神，加强宣传指导，多次组织人员深入农场，就农场企业化改革进行了政策宣讲和调研，通过与干部、职工面对面座谈详细了解了国有农场企业化改革的现状，认真听取基层意见，共同研究企业化改革的问题和难点，提供解决思路，积极推动农场企业化改革。二是通过座谈交流，研究对策。8月，河南省农业农村厅组织有关省辖市、直管县农业农村局分管农垦工作的领导、科室负责同志及有关农场负责人召开了2019年全省农垦工作推进会。会上，各单位汇报了上半年农垦工作进展情况，尤其是国有农场企业化改革现状、难点和思路、措施，河南省农业农村厅有关领导讲解了农场企业化改革相关政策、分类详述了如何推进企业化改革，对目前改革成果进行了深入分析，对推进农场企业化改革提出了要求。三是跟踪问效，强力推进。定期开会研究农垦改革、农场企业化改革的进展情况。为全面了解各地农场企业化改革进展情况，认真组织各地对近年来农场企业化改革情况、取得的新进展新成效、存在的主要问题及有关建议意见等方面进行全面总结。

2. 做好省属农场改革工作

河南省属农场办社会职能改革是这次农垦改革的重点和难点。在河南省委、省政府领导下，经过一年多的工作，黄泛区农场改革发展方案于2019年3月1日河南省政府第43次常务会议研究通过，并与3月29日以河南省政府文件进行批复，将黄泛区农场办社会职能移交周口市经济开发区管委会。正阳种猪场是河南省畜牧局下属事业单位，4月19日省政府召开协调会，5月29日以河南省推进农垦改革发展领导小组文件批复了正阳种猪场办社会职能改革实施方案，将正阳种猪场承担的办社会职能移交驻马店市正阳县。为加强对省属农场改革工作的领导，河南省农业农村厅党组高度重视，我局积极协调省直相关部门和周口市、驻马店市政府抓好落实工作。目前，黄泛区农场、正阳种猪场办社会职能改革基本完成。同时，还完成了2018年农垦改革进展情况调度、土地确权登记发证成果报送和办社会职能总结等工作。

二、提高粮食生产能力，科学应对、防控畜牧业疫情

1. 扎实推进夏、秋两季粮食生产

扎实推进小麦绿色优质高效技术模式提升行动，积极防控小麦赤霉病大暴发的风险，抵御干旱威胁，推广小麦绿色优质高效技术模式。但因办社会职能改革，原场带村划归属地管理，农垦面积减少。全年粮食播种面积36万亩。粮食总产27万吨。

2. 努力遏制生猪生产下滑趋势

自非洲猪瘟发生以来，疫情传入和传播渠道多，持续时间长，疫情防控形势复杂严峻，黄泛区农场、正阳种猪场、浚县农场的生猪生产企业有力有效推进非洲猪瘟防控，取得阶段性成效。以生猪、种猪生产为支柱，以骨干企业为龙头的畜牧业生产努力提高风险防控能力。全省农垦2019年末生猪存栏11.6万头，生猪出栏量16.1万头；肉类总产量1.4万吨。存栏总产降幅均较大。

3. 农垦全面质量管理加强

认真履行省级监管责任，完成省级监管和标识年检工作。通过监管平台对农产品质量追溯建设单

位进行了省级网络监管，定时开展实地核查工作。认真开展2019年农垦农产品追溯标识使用权年检工作，通过监管平台核查、现场检查等方式，加大对获标单位标识使用情况的日常监管。

三、扎实推进国有农场产业扶贫

1. 组织做好2019年扶贫项目实施工作

财政部两批下达河南农垦2019年扶贫资金1 413万元，主要用于西华农场、通许县农场、卢氏县农场三个“十三五”重点扶持贫困农场的扶贫项目建设，指导农场编写扶贫项目实施方案，主动汇报同级农业、财政部门，争取支持。目前，农场已完成实施新建蔬菜温室大棚22座，用于种植花菜、辣椒、西瓜等反季节蔬菜和水果，预计年综合收益500万元。积极完成年度扶贫统计年报的布置收集统计核对上报等工作，重点完成了涉及贫困农场的主要农产品生产情况、新增生产能力情况、扶贫项目收益情况等主要扶贫导向指标。同时，积极做好2020年1 272万元农垦专项扶贫资金的争取和分配工作。

2. 做好结对帮扶工作

按照河南省农业农村厅农业产业扶贫工作整体部署，制定对口帮扶工作计划，多次由局领导带队，去卢氏县开展对口帮扶调研、座谈、进行走访，摸清摸透基础情况，与对口扶贫单位一起根据贫困户实际情况，理清帮扶需求，有针对性地开展工作。为充分发挥农垦中央财政扶贫资金的支持作用，加大产业扶贫工作力度，将两批农垦专项扶贫资金共611万元集中用于卢氏县农场的扶贫开发工作。按照贫困县统筹整合扶贫资金工作要求，与对口帮扶单位共同商讨扶贫资金的合理使用，协助对口扶贫村认真做好“民族文化特色餐饮一条街”美食休闲产业、生态休闲农业等脱贫帮扶项目实施，确保扶贫资金发挥最大效益，促进对口扶贫村尽快脱贫致富。

湖北农垦 2019 年经济社会发展统计公报

湖北省农业农村厅农垦处

2019 年，湖北垦区以习近平新时代中国特色社会主义思想，特别是关于“三农”重要论述为指导，认真学习贯彻党的十九大和十九届三中、四中全会精神，全面贯彻落实中央和湖北省委、省政府的决策部署，提高政治站位，强化责任担当，紧紧围绕年度工作目标任务，在农业农村部农垦局的指导支持下，在厅党组的统一领导下，围绕推进垦区集团化、农场企业化主题，紧扣农业供给侧结构性改革主线，全面推进垦区现代农业建设、贫困农场脱贫攻坚、垦区危房改造、农产品质量安全等重点工作，全省农垦经济社会发展取得新的进展和成效。

一、综合

2019 年，全年完成农垦生产总值 1 421 亿元，比上年增加 145 亿元，增长 11.34%，按可比价计算增长 7.99%（2015—2019 年湖北垦区生产总值递增对比表见图 1）。其中：第一产业完成增加值 116.96 亿元，增长 3.5%；第二产业完成增加值 977.44 亿元，增长 8.32%；第三产业完成增加值 326.9 亿元，增长 25.11%。三次产业的比重为 8.23%、68.77%、23.00%，产业结构中的第二产业优势进一步巩固，第三产业得到较快发展。（2019 年湖北居民消费价格上涨 3.1%，可比价增长率算法，1.113 4/1.031）

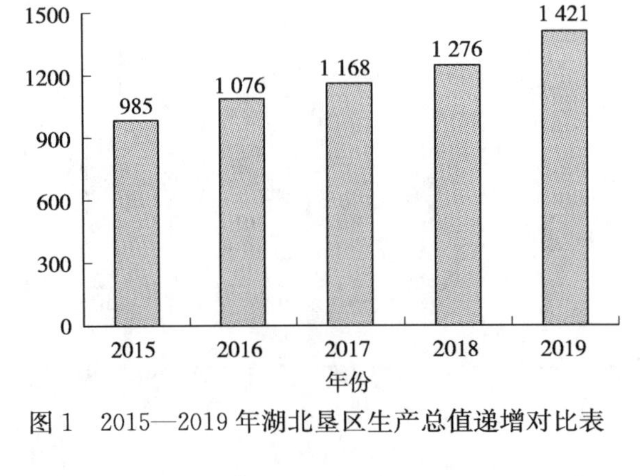

图 1　2015—2019 年湖北垦区生产总值递增对比表

2019 年，湖北垦区居民人均可支配收入 24 750 元，比上年增加 3 195 元，增长 14.82%；实现工农业总产值 2 680.26 亿元，同比增长 2.8%；垦区国有经济实现利税 232 亿元，同比增长 5.5%。

湖北垦区国营农场中，生产总值超过 1 亿元的农场有 46 家，总值达 1 421.30 亿元，占农垦生产总值 99.8%，排名靠前的单位有：东西湖农管局 943.57 亿元；汉南农管局 163.97 亿元；武湖农场 42.98 亿元；总口农场 26.95 亿元；五三农场 23.11 亿元；龙感湖农场 20.98 亿元，后湖农场 20.12 亿元。

2019 年年末，湖北农垦拥有国土面积 36.72 万公顷，与上年相比略增，其中耕地面积 14.2 万公顷，同比上年持平；养殖水面 5.77 万公顷。年末分场 159 个，社区 242 个，农业渔业生产队1 771个。国有及国有控股工业企业 67 家，较上年减少 1 家。

二、农业

全年实现农林牧渔业总产值 243.66 亿元，比上年增长 2.16%。其中农业产值 108.83 亿元，渔业产值 76.21 亿元，牧业产值 49.15 亿元，林业产值 4.70 亿元，农林牧渔服务业产值 4.78 亿元。

全年农作物播种总面积 24.26 万公顷，比上年减少 2.14 万公顷，其中粮豆种植面积 14.40 万公顷，比上年减少 1.5 万公顷；棉花种植面积 0.65 万公顷，比上年减少 0.19 万公顷；油料种植面积 2.35 万公顷，比上年减少 0.05 万公顷；蔬菜瓜类种植面积 5.9 万公顷，比上年减少 0.2 万公顷。粮食总产量 92.68 万吨，棉花总产量 0.82 万吨，油料产量 7.33 万吨，与上年比较均略有下降。

农垦系统大牲畜年末存栏 3.32 万头，生猪出栏 1 万头，同比下降 21.6%，主因是受非洲猪瘟蔓延和环保压力双重影响；禽蛋总产量 5.83 万吨，同比下降 20.83%；水产品产量达到 49 万吨，同比增长 4.26%。2019 年湖北垦区主要农产品产量见表 1。

表 1　2019 年湖北垦区主要农产品产量

产品名称	2018 年产量（万吨）	2019 年产量（万吨）	比上年增长（%）
粮食	95.66	92.68	−3.10
棉花	0.83	0.82	−1.20
油料	7.58	7.33	−3.30
其中：花生	3.06	3.14	2.60
油菜籽	4.02	3.68	−8.46
肉类	14.50	12.87	−11.24
水产品	47.30	49.00	4.26
水果	12.50	13.54	8.32
蔬菜	208.50	202.58	−2.88

全系统年末拥有农业机械总动力 176.80 万千瓦，其中大中型拖拉机 8 899 台，机械总动力 35.4 万千瓦；小型拖拉机 4.53 万台，机械总动力 33.3 万千瓦；排灌机械 3.2 万台，机械总动力 39.23 万千瓦；农用运输车 9 126 辆，机械总动力 21.34 万千瓦。农业用电量 4.63 亿千瓦时，农业化肥施用折纯量 13.7 万吨，当年机械播种面积 8.49 万公顷，机械收割面积 14.07 万公顷，2019 年新增造林面积 246 公顷。

三、工业和建筑业

2019 年，湖北垦区工业顶住经济下行压力，实现了持续平稳增长。垦区有 898 家工业企业，其中国有及国有控股企业 74 家。工业企业的固定资产原值 570.47 亿元，从业人员 15.16 万人。垦区实现工业总产值 2 436.60 亿元，同比增长 1.92%，国有及规模以上的非国有工业企业实现主营业务收入 1 794.83 亿元，实现利润总额 115.83 亿元。主要工业产品产量见表 2。

表 2　2019 年全省垦区主要工业产品产量

产品名称	计量单位	产量	比上年增长（%）
棉纱	万吨	22.44	−32.40
布	万米	58 658	100.36
皮革鞋靴	万双	13	8.30
精制茶	吨	483	6.39
家具	万件	90.74	−25.19
中成药	万吨	4.14	8.95
塑料制品	万吨	58.5	52.63
水泥	万吨	160.81	−23.8
砖	亿块	31.24	24
瓦	亿片	1.16	−27.6
发电量	亿千瓦时	2.4	−48.9

2019 年，全年农垦系统建筑企业实现增加值 182 亿元，增长−12.1%。年末拥有各类建筑单位 754 个，从业人员 15.15 万人，年末固定资产原值 31.59 亿元，各类机械总台数 2.05 万台，全年施工建筑面积 12 590 万米^2，全年建筑业总产值 1 113.96亿元。

四、第三产业

2019 年，农垦系统第三产业得到进一步发展，经营领域不断拓宽，结构更趋合理，服务水平进一步提高。全省系统拥有批发零售贸易单位 6.55 万个，从业人员 13.15 万人，营业收入 1 171.71 亿元；服务业单位 5 067 个，从业人员 1.43 万人，营业收入 10.73 亿元；住宿餐饮业单位 11 564 个，从业人员 3.82 万人，营业收入 68.70 亿元。运输业单位 1.31 万个，各类运输工具 3.97 万台，全年运输总收入 90.30 亿元。

五、固定资产投资

全年完成固定资产投资 1 283.25 亿元，比上年增加 27.25 亿元，增长 2.17%。2015—2019 年湖北垦区固定资产投资递增对比表见图 2。其中第一产业 48.60 亿元；第二产业 786.97 亿元；第三产业 447.67 亿元。当年新增固定资产 531.99 亿元，全年固定资产投资超过 1 亿元的农场达 39 家。

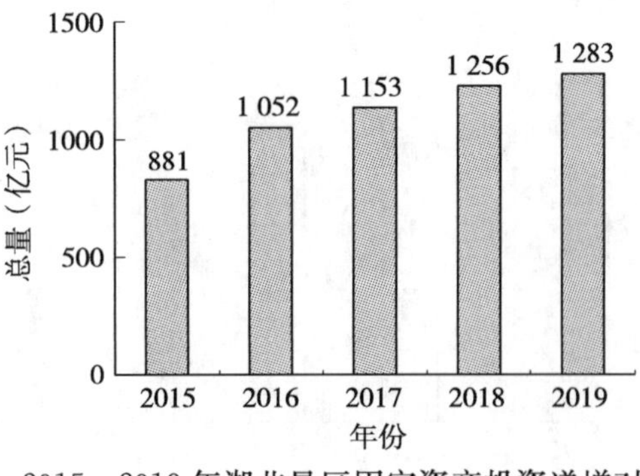

图 2　2015—2019 年湖北垦区固定资产投资递增对比表

六、对外贸易

全年垦区外贸出口供货商品金额为 42.19 亿元，比上年增加 1.29 亿元，同比增长 3.15%。其中，出口生猪 3.9 万头，蔬菜 0.41 万吨，再制蛋 1 224 万枚，服装 20 万件，童车 72.4 万台。出口金额靠前的单位有：东西湖农管局 19.94 亿元，后湖农场 13 亿元，龙王咀农场 1.6 亿元，华严农场 1.36 亿元，五三农场 0.46 亿元。

七、科研、教育、卫生

垦区坚持“科教兴垦”战略，加大教育和科研投入，农垦系统教育、卫生基础设施得到进一步改善。2019 年垦区拥有科研单位 15 个，从业人员 1 066人，其中科技人员 559 人，投入科研经费4 737 万元。年末垦区各类学校 236 所；教职工 1.05 万人，在校学生 13.30 万人。2019 年年末拥有医疗单位 614 个，其中医院 96 所，医生 2 973 人。

八、人口、职工生活和社会保障

2019 年年末，垦区拥有 50.13 万户家庭，150.86 万人，增加 1.95 万人。

2019 年，垦区社会从业人数为 93.62 万人，比上年增加 1.82 万人，其中第一产业 33.53 万人，第二产业 35.08 万人，第三产业 25 万人；农垦从业人员劳平纯收入 33 458 元，增长 14.57%；人均纯收入 24 750 元，增长 14.82%。

2019 年年末，垦区国有单位从业人员 38.29 万人，其中国有职工 36.22 万人，国有单位从业人员劳动报酬及生活费 121.97 亿元，增长 5.77%；常年或季节性外出打工 13.73 万人。

2019 年年末，垦区从业人员全年纯收入 314.47 亿元，社保净收入 56.29 亿元；垦区在册职工现有 32.33 万人，在册职工参保人数 26.41 万人，城乡居民养老保险人数 100.96 万人，退休农工月平均工资 1 834 元，增长 5.9%，退休非农工月平均工资 2 430 元，增长 5.2%；全垦区当年发放退休人员养老金 71.17 亿元，解决了农垦职工“老有所养、病有所医”的问题。全系统年末住房面积5 673万米^2，户均面积 113 米^2。

湖南农垦2019年经济社会发展统计公报

湖南省农业农村厅农垦处

2019年是湖南农田建设处与农垦处整合开局之元年。一年来，湖南农垦系统在农业农村部农垦局和湖南省农业农村厅的正确领导和各级部门的大力支持下，坚持转变发展方式，团结一致，攻艰克难，奋斗拼搏，赢得了经济社会的全面发展。2019年湖南农垦综合经济实力得到了显著提高，民生得到了进一步改善，农垦的凝聚力得到了增强，实现了农垦经济社会稳定健康发展。

一、综合

2018—2019年经改革整合及土地确权反复摸底，人口土地面积等情况基本确定，与2017年以前数据略有出入，往后趋于平稳。

经济平稳保持正常发展2019年，湖南垦区总人口数为79.03万人，农场人口61.43万人。居民人均可支配收入为14 960元，比上年增加975元，增长6.97%。实现国民生产总值为304.75亿元，比上年增加17.99亿元，增长6.27%，其中第一产业总值为64.51亿元，比上年增加1亿元，增长1.58%；第二产业总值为133.38亿元，比上年增加6.64亿元，增长5.24%；第三产业总值106.86亿元，比上年增加10.34亿元，增长10.72%。

二、农业

农业生产稳定增长。2019年，湖南垦区农作物播种面积154 476公顷，比去年增加3 243公顷，增长2.14%. 其中粮食播种面积83 527公顷，比去年增加4 199公顷，增长5.29%。豆类种植面积1 625公顷，比去年增加80.16公顷，增长5.19%。油料种植面积30 357公顷，增加1 313公顷，增长4.5%。棉花种植面积10 142公顷，比去年减少995公顷，下降为8.9%。蔬菜种植面积27 676公顷，增加5 269公顷，增长23%。粮食总产量68.97万吨，增加3.53万吨，增长5.39%。其中稻谷产量62.44万吨，增加5.06万吨，增长8.8%；油料产量5.8万吨，增加1万吨，增长8%；蔬菜产量103.1万吨，与去年持平。

渔、牧、林业持续稳定发展。当年植树造林3 197公顷，比上年增加98.7公顷，增长3.18%；森林覆盖率达51%。本年牛存栏4.99万头，比上年增加0.6万头，增长13.5%，其中黄牛3.14万头，水牛0.87万头，由于农业机械增加，机械化取代牛耕导致肉牛、奶牛增加，耕牛减少，这是以后养殖业发展的趋势。2019年猪瘟流行，环保压缩养殖，导致生猪存栏量急剧下降，当年生猪出栏113万头，比上年减少37万头，下降24.75%，当年猪肉产量9.4万吨，同比上年减少2.9万吨，下降23.6%。当年牛存栏1.9万头，牛肉产量4 394吨，比去年增加336吨，增长8.27%；当年山羊存栏3.59万头，同比上年下降5.52%，羊肉产量为682吨，同比下降10.37%；肉类总产量为12.44万吨，同比上年减少0.78万吨，下降5.93%。水产品产量为136 476吨，增加12 186吨，同比增长9.8%，其中鱼类为110 028吨，增加6 868吨，同比增长6.7%；由于湖区水域要净化达标，对虾、贝类、蟹类比往年大幅降低。农林牧渔业总产值为157.93亿元，比上年增加5.5亿元，增长5.4%；其中农业产值为106.1亿元，同比增长2%；林业产值为2.41亿元，同比增长3.7%；牧业产值为26.86亿元，与去年持平；渔业产值为4.89亿元，同比增长4.4%；农林牧渔服务业产值为58.26亿元，同比下降10%。

农业机械及使用情况。农业机械总动力为146.58万千瓦，其中柴油发动机动力109.63千瓦，汽油发动机动力12.7万千瓦，电动机动力12.15千瓦，其它机械动力6.13千瓦，同比上年下降2.15%。大中型拖拉机5 248台，小型及手握拖拉机5 825台。温室220 826米^2，增加397米^2，同比增长7%，大棚2 285 785米^2，增加为3 332米^2，同比增长36%，当年实际机耕面积为

119 973.46 公顷，同比增长 2.97%，当年实际机播面积为 112 974.09 公顷，比上年增加 61 598 公顷。当年机械收割面积为 120 689.78 公顷，比上年增加 21 411 公顷，有效灌溉面积为 55 765.18 公顷，比上年减少 5 340 公顷。

三、工业和建筑业

工业生产进入稳定期。规模以上工业企业和国有规模以下工业企业 171 个，比上年增加 2 个，增长 1.18%。工业总产值为（现价）2 865 720.08 万元，其中国有 178 083 万元，比上年增加 45 043 万元，增长 1.6%。工业销售产值（现价）2 780 278.35 万元，其中国有 177 252 万元，增加 44 790 万元，增长 1.64%。从业人员年末人数 35 387 人。利润总额 98 304.77 万元，同比上年增加 13 258 万元，增长 15%。工业企业 539 个，同比上年增加 17 个，增长 3.3%。工业总产值 4 952 602.13 万元，同比上年增加 158，290.53 万元，增长 3.2%。

建筑业稳步发展。由于垦区危房改造工程结束，湖南垦区建筑企业 51 个，比上年减少 42 个。年末从业人数 9 757 人，比上年减少 8 569 人，下降 46%。年末固定资产原值 21 766 万元，比上年减少 6 791 万元，同比下降 23%。全年施工房屋建筑面积 99 万米^2，房屋建筑竣工面积 73.6 万米^2，建筑业总产值 16.5 亿元。

四、固定资产投资

固定资产投资总量有所增加。受国家宏观经济影响，在国家经济刺激政策的影响下，2019 年湖南农垦固定资产投资 47.4 亿元，比上年增加 1.71 亿元。第一产业固定资产投资 6 亿元，其中国有 0.8 亿元，比上年增长了 2.78%。第二产业 24.37 亿元，其中国有 2.4 亿元，比上年增长 3.39%，第三产业 17 亿元，其中国有 11 亿元，比上年增长了 4.82%。当年新增固定资产 45.53 亿元。

五、科学技术和教育

年末湖南垦区拥有各类科研单位 4 家，比上年减少 2 家，科研人员和技术工人人数保持稳定，总人数为 72 人，比上年减少了 9.3%。因贯彻湖南省相关文件精神，农场办教育、医疗卫生等职能进行了剥离，相关单位逐步移交地方政府。

六、资源与环境保护

2019 年湖南垦区继续把粮食生产放在重要位置，确保粮食生产不动摇。全年未出现建设违规占用耕地的现象，耕地面积减少的势头进一步趋缓。农工环保意识得到加强，全年未发生重大面源污染事件，全年新增造林面积 1 450 公顷，新增果树定植 72.9 公顷，少砍伐树木 2 021 米^3，荒山变了青山，生态环境得到明显改善。

七、人口与社会保障

2019 年末，湖南农垦总人口为 79.03 万人，比上年增加 0.89 万人。其中农场人口 61.43 万人，城镇人口 32.96 万人，小城镇化进程得到发展，人口进一步集中。

社会保障工作全面发展。湖南农垦职工参加基本养老保险人数 25.5 万人，企业参加基本养老保险的离退休人员 8.3 万人，参加失业保险人数 2.2 万人，参加医疗保险人数 58 万人，全年发放企业离退休人员基本养老金 10.38 亿元，社会化发放基本养老金 8.32 亿元，社会化发放人数 15.6 万人，占离退休人员数的 98%，企事业参保离退休人员人均养老金 1 125 元/月，离退休职工的生活待遇进一步提高。

广东农垦2019年经济社会发展统计公报

广东省农垦总局发展规划处

2019年，广东农垦高举新时代改革开放旗帜，坚持新发展理念，面对中美贸易摩擦升级、非洲猪瘟疫情肆虐等国内外复杂多变的经济形势和垦区新一轮深化改革加快发展任务，在广东省委省政府和农业农村部的正确领导下，始终坚持"聚焦主业、稳中求进、防控风险"的发展基调，积极投身乡村振兴战略，全面谋划改革发展，积极转变经营理念，突出效益导向，扎实打好"深化农垦改革、企业精细化管理、农场三年扭亏增盈"三大攻坚战，较好完成了全年主要经济目标任务，垦区经济社会实现平稳健康发展。

一、综合

2019年，广东农垦实现生产总值191.96亿元，比上年增长5.01%，其中：第一产业增加值63.52亿元，增长4.12%，对GDP增长的贡献率为27.41%；第二产业增加值72.83亿元，增长1.02%，对GDP增长的贡献率为8.01%；第三产业增加值55.61亿元，增长11.91%，对GDP增长的贡献率为64.58%；三次产业结构由上年的32.97∶38.97∶28.06变为33.09∶37.94∶28.97。人均农垦生产总值达49 273元，增长3.29%。国有在岗职工年均纯收入64 773元，增长10.18%，垦区居民人均可支配收入27 378元，增长5.99%。全年国有企业营业总收入达235.15亿元，同比减少2.3亿元，下降1%，实现利润36 977万元，同比增加0.7亿元，增长23.5%。2014—2019年农垦生产总值（现行价）见图1，2019年农垦生产总值构成见图2。

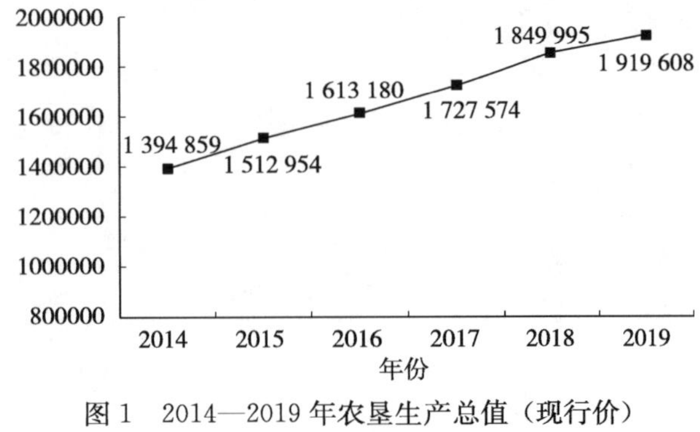

图1　2014—2019年农垦生产总值（现行价）

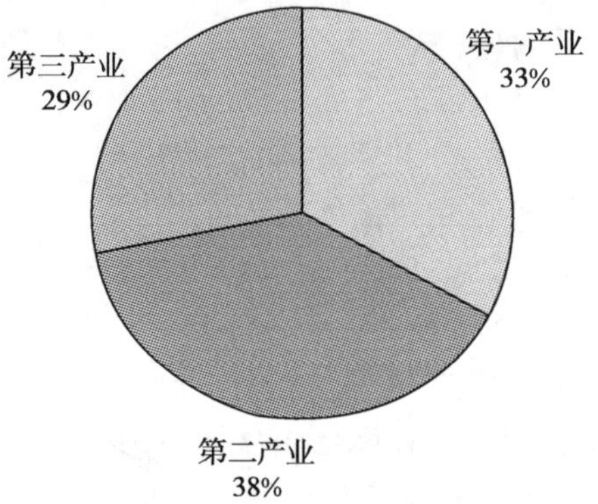

图2　2019年农垦生产总值构成

一年来，广东农垦经济社会实现量的合理增长和质的稳步提升，呈现出高质量发展的良好势头，为实现垦区经济社会"十三五"发展规划目标，垦区全面建成小康社会作出新的贡献。在总结成绩的同时，我们也要清醒地看到存在的问题，在发展中逐步解决。一是企业治理和内控管理不够完善，董事会的决策作用、高管层的经营管理作用、监事会的监督制衡作用尚未完全理顺。二是产业创新能力弱，产业龙头带动能力不强，产业发展利益调节机制尚待理顺，新产品研发滞后，产品老旧、附加值低，部分产品品牌多而不强，产业龙头企业盈利能力不足。三是农场经营能力弱，农场企业化任务艰巨，粤东、粤西垦区发展差距大，部分农场缺乏主导产业、自我造血功能不强，不足以支撑企业运转开支的需要。四是企业进取和责任意识有待增强，有的经营者满足于小富即安的现状，主动进取思想不够、经营思路不清，有的经营者瞻前顾后，责任担当精神不够、制度执行不严。

二、农业

2019年，广东农垦实现第一产业增加值63.52亿元，增长4.12%。农林牧渔业总产值（按现行价计算）113.9亿元，下降0.27%，农林牧渔业商品产值为98.9亿元，农业商品率为86.8%。

2019年，实现农作物播种总面积4.77万公顷，下降3.73%，其中：粮食播种面积0.74万公顷，增长0.96%；糖蔗种植面积2.64万公顷，下降7.61%；油料播种面积0.21万公顷，下降5.34%；蔬菜播种面积0.73万公顷，增长3.13%。

垦区国内外橡胶年末实有面积7.57万公顷，其中：国内基地橡胶年末实有面积4.79万公顷，增长0.69%；水果年末实有面积3.37万公顷，增长6.18%；剑麻3 689公顷，增长0.77%；茶叶654公顷，增长1.83%。

全年生猪饲养量124.8万头，下降37.88%，其中年末存栏46.6万头；牛年末存栏2.31万头，其中奶牛1.32万头；全年水产养殖面积3 673公顷。

全年粮食产量5.34万吨，下降3.48%；糖蔗产量216.79万吨，下降4.29%；油料产量0.61万吨，下降1.52%；蔬菜产量15.98万吨，增长27.74%；干胶产量75.89万吨（包含海外、海南和云南），增长13.76%；水果产量93.89万吨，增长4.26%；剑麻直纤维产量3 312吨，增长24.42%；茶叶产量819.88吨，下降4.20%。

全年肉类总产量9.73万吨，下降26.69%，其中猪肉产量6.65万吨，下降37.31%；禽肉产量2.89万吨，增长14.54%，禽蛋产量3 415吨，增长16.39%。全年水产品产量4.22万吨，增长0.72%，其中海水养殖1.09万吨，淡水养殖3.13万吨。鲜牛奶产量6.41万吨，增长1.45%。

全年农业固定资产投入9.16亿元，增长16.74%。年末农业机械总动力为46.45万千瓦，增长3.69%。全年农用化肥施用量（折纯）5.7万吨，增长0.64%；农用塑料薄膜用量767吨，下降14.59%；农药施用量3 835吨，下降6.67%；农场用电量40 334万千瓦时，下降2.76%；有效灌溉面积达24 154公顷，增长7.86%。

三、工业和建筑业

2019年，实现工业增加值64.30亿元，增长0.08%，占生产总值的33.5%。

2019年，广东农垦各类工业企业591家，其中：国有及非国有规模以上工业企业83家，垦区各类工业企业全年实现工业增加值64.30亿元，增长0.08%，全年实现工业总产值按现行价计算（下同）为249.16亿元，增长4.8%，国有及非国有规模以上工业总产值225.56亿元，占工业总产值的90.5%，工业产品销售率为98.37%，全年实现工业利润是31.46亿元，应交税金54 303万元。

2019年广东农垦二十三大类工业产品中，产值排前十位的行业是：化学原料和化学制品制造业产值74.80亿元，占30.02%；其他制造业产值74.61亿元，占29.94%；农副食品加工业产值32.58亿元，占13.07%；食品制造业16.89亿元，占6.78%；橡胶和塑料制品业11.83亿元，占4.75%；金属制品业10.89亿元，占4.37%；家具制造业产值6.31亿元，占2.53%；纺织服装、服饰业3.11亿元，占1.25%；木材加工和木、竹、藤、棕、草制品业3.11亿元，占1.25%；纺织业2.69亿元，占1.08%。这十大产业总产值236.82亿元，占工业总产值的95.05%。2019年垦区工业主要产品产量及其增减情况见表1，2014—2019年工业总产值（现行价）见图3。

表1 2019年垦区工业主要产品产量及其增减情况

产品名称	计量单位	产量	比上年增减（%）
机制糖	吨	387 500	2.5
罐头	吨	1 864	−26.6
酒精	吨	2 420	−30.2
乳制品	吨	163 750	12.0
食用油	吨	33 977	−23.3
有机复混肥	吨	38 198	10.3
饲料	吨	75 721	−33.6
水泥	吨	130 855	1.7
家具	万件	271.2	−26.5
服装	万件	1 122.0	1.5

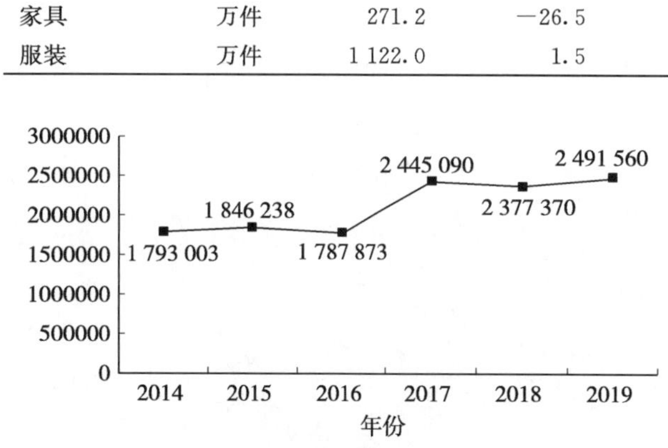

图3 2014—2019年工业总产值（现行价）

2019年，全年完成建筑业产值22.53亿元，增长6.5%，房屋施工面积64.1万米²，房屋竣工面积50.41万米²。建筑业增加值达8.54亿元，增长8.8%。

四、固定资产投资

2019年，全年全社会固定资产投资总额31.49亿元，增长5.9%，其中国有固定资产投资完成14.68亿元，增长17.0%，非国有投资完成16.81亿元，下降2.2%。2014—2019年固定资产投资见图4。

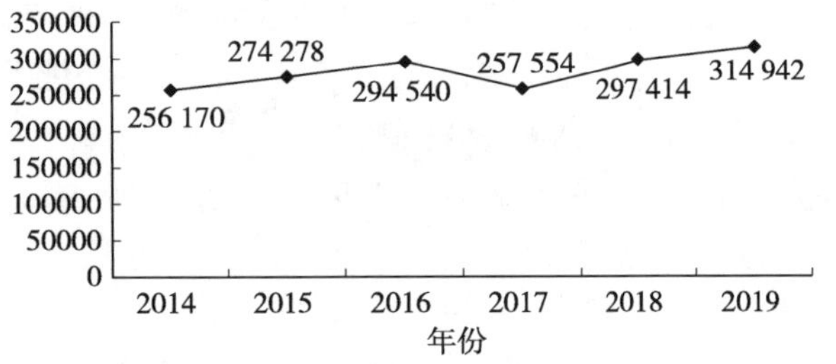

图4 2014—2019年固定资产投资

分三次产业看，第一产业投资9.16亿元，增长16.7%。第二产业投资7.51亿元，增长63.3%。第三产业投资14.82亿元，下降14.3%。

五、交通运输业、批零贸易业、餐饮业、服务业及出口商品

2019年，现有主要运输工具2 784台，全年货运量596.20万吨；客运量782.39万人，营业总收入76 526万元。

2019年，年末批零贸易业、餐饮业、居民服务业营业单位总数达5 724个，营业网点5 022个，从业人员22 748人，年末固定资产原值30.50亿元，营业用房117.45万米²，销售和营业总额197.06亿元。

2019年，出口商品总金额达到66.64亿元，下降14.2%。其中：工业品出口达61.66亿元，占出口总额的92.5%。2014—2019年出口商品总金额见图5。

图5 2014—2019年出口商品总金额

六、科技生产、土地

2019年，广东农垦共有科研和推广机构49家，其中省地级7家；垦区农业综合机械化水平、农业科技贡献率和良种覆盖率分别达到73.8%、69.8%和100%。

科技创新与成果。通过割胶制度改革，全年共推广新割制312.64万株，推广率40.96%，全垦区胶工人均干胶产量5.09吨，同比提高25.37%。通过推广甘蔗生产全程机械化，完成2018/2019榨季机收4.2万亩，占总面积的10.54%；完成2019/2020榨季机种8.02万亩，占新植原料蔗的53.0%，同比提高5.53%。完成无人机防治21万亩，同比提高46.9%。繁育剑麻、油茶、菠萝等健康种苗420万株，新增特色农业7 000多亩。制(修)订国家、行业标准4个，企业标准5个；广垦热带农业科普基地、广东农工商职业技术学院校园热带植物园、湛江现代热带农业科普基地等3个基地获第一批全国热带作物科普基地称号；"蛋白乳浊体系稳定化及高品质乳制品产业化关键技术"获2018年度广东省科技进步奖一等奖，"广垦生猪良种繁育体系建设与应用推广""红江橙无毒健康苗规模化繁育技术及苗木推广应用"分别获2018年度广东省农业技术推广奖二等奖和三等奖。

质量安全监管与品牌建设。通过加强垦区农产品的品牌建设和质量安全监管，强化基地标准化建设，大力推广农产品质量追溯，开展垦区农产品质量安全快速检测3 500多样次。华煌茶叶、燕青绿茶、名富番石榴、红江橙、燕塘鲜牛奶5个产品获省第三届"十大名牌"系列农产品称号；蜂泉白砂糖、燕塘老广州风味发酵乳、鲜牛奶、原味酸奶饮品、华煌红茶、红江橙6个产品荣获"2019年广东省名牌产品(农业类)"称号；收获菠萝罐头基地、燕塘乳业广州开发区旗舰工厂、湛江燕塘澳新牧业奶牛基地、燕塘乳业阳江红五月奶牛基地、陆丰广垦畜牧生猪基地通过粤港澳大湾区"菜篮子"生产基地认证；广东农垦湛江菠萝成功申报中国特色农产品优势区。

科技体系整合与合作交流。进一步整合垦区科研机构，提高广东农垦热带农业研究院科技服务水平。广垦研究院先后与中国农业科学院柑桔研究所、东方剑麻集团正式签订合作协议，并与中国热

带农业科学院、中国农业科学院、海南大学、华南农业大学、清华大学深圳研究院等 10 多家科研院校进行了技术交流与合作，联合申报科技重大专项，积极推进科创平台建设；燕塘乳业科技创新中心升级为国家级创新中心，成为华南地区首家获准设立博士后工作站的乳制品企业；广垦畜牧集团智慧养殖联合实验室模拟环境监控系统调试完成，实现了生猪养殖的精细化、远程可视化管理。

2019 年，广东农垦年末土地总面积 223 102.03 公顷，其中：耕地 38 206.12 公顷，林地 81 907.46 公顷，水面面积 6 011.22 公顷，茶果桑园面积 34 637.63 公顷。广东农垦国有农场国有土地使用权应确权发证面积为 21.2 万公顷（318.11 万亩），截至 2019 年年底已经完成国有土地确权登记发证面积 20.79 万公顷（311.81 万亩），发证率为 98.02%，已全面完成权属清晰、无争议农垦国有土地使用权的登记发证任务。加强土地管理，加大力度追收土地租金、补偿金等土地收益。各局被占地均建档入库实行固化管理，当年被占全部收回。截至目前垦区共收回历史被占地 5 543.19 亩，其中湛江垦区1 263.49 亩，茂名垦区 4 027.7 亩，阳江垦区 252 亩，垦区无新增被侵占土地。完善垦区国有资源有偿使用电子交易平台及土地租赁电子合同网签系统，垦区土地及物业对外发包全部在电子交易平台竞价交易，实现公开、公平、公正，降低廉政风险，下一步向大宗物资采购、大宗产品销售等领域拓展。全面开展垦区土地对标管理工作，建立国土、企管、财务、生产等多部门联动机制，正在研发土地管理大数据平台（土地对标管理信息系统）。各农场（单位）已制定土地收益表，地籍图并上墙公示，接受群众监督检查。着力推进留用地的落地开发和三旧改造，积极与地方政府沟通，拓宽留用地价值显现途径。

七、教育和卫生

教育事业。2019 年，广东农垦有普通高等学校 1 所，在校学生 20 201 人，当年新招生人数 7 652人，当年毕业生 5 577 人；中专 1 所，在校学生 4 208 人，当年毕业生 1 153 人；技工学校 2 所，在校学生 996 人，当年毕业生 470 人。广东农工商职业技术学院入选《2019 中国高等职业教育质量年度报告》“国际影响力前 50 强”。

垦区职业教育稳步发展。2019 年，为推进垦区职业教育院校整合，将湛江中专、技校和茂名技校日常管理权统一划归至农工商学院，构建起人、财、物、事统一管理的职业教育体制和运作机制，为垦区职教整体办学质量提升、农垦职教健康发展打下坚实基础。

中高职扩招取得新成绩。2019 年，广东农垦中高职教育纳入全省“扩容、提质、强服务”三年行动计划（2019—2021 年）实施范围，获得省财政专项资金支持 1 367 万元。高职方面，省教育厅给予农工商学院自主招生试点指标 803 个；通过积极与垦区院校协调，将已经参加过农民教育培训的垦区职工等列入高职扩招专项计划，高职扩招专项（第二期）原计划招生 880 人，实际报名人数 2 369 人。中职教育方面，农工商学校主动对接农工商学院获得自主招生指标 275 个。此外，省农垦集团公司与农工商学院联合申报作物生产技术、物业管理、会计、工商企业管理等四个专业作为试点，总计面向垦区内外招生 1 340 人，实际报名人数 2 408 人。

农民教育培训持续发力，全年共培育 977 人。培训工作覆盖五大垦区和直属五大产业集团，首次开展垦区职业经理人培训。2019 年在第二届高素质农民发展论坛上，广东农垦农民创新创业教育培训案例入选“100 个全国农民教育培训发展典型案例”，东方红农场（湛江）农民田间学校入选“100 个全国示范农民田间学校”；茂名热作所谢黎黎博士入选“100 名优秀农民教育培训教师”；广垦畜牧关翔入选“100 名优秀农民教育培训学员”。同期还有新闻稿件两篇入选“农民教育培训优秀新闻宣传作品”。

医疗卫生事业。2019 年，垦区医疗集团（医联体）进一步强化专业化运营、集团化管理和优质化服务。垦区新挂牌“广东省精神卫生中心农垦分中心”“湛江农垦第三医院”；新建成两栋医疗大楼，建筑总面积超过 2 万米^2；关停了 4 家医院、托管了 7 家医院。在国家相继取消药品、耗材加成，利润空间明显缩减的情况下，垦区医疗卫生事业实现稳步增长，各项收入较上年增长 10%以上，总额超过 17 亿元，创出历史新高。

截至 2019 年年末，垦区有医疗单位 46 个，其中：三级医院 1 家，二级医院 3 家，卫生防疫站 2 所，实际开放病床数 7 041 张，卫生技术人员

3 851人，其中医生1 159人。

八、公路、小城镇和安居工程建设

2019年，投入农村综合改革转移支付、税改、水库移民等项目资金3.35亿元，着力提升农场人居生活环境，基本实现职工安全饮水和生活垃圾、生活污水的无害化处理；持续深入开展农场和基层单位环境整治三年行动，做好农场区域内的“三清一改”，努力建设生态宜居、富裕繁荣、和谐发展的美丽农场；以6个“美丽乡村”建设示范点为抓手，突出农垦特色，完成农场卫生净化、环境绿化、道路亮化等500多个工程建设；水库移民经营性物业项目区实现“农场增效，移民增收”，带动周边水库移民发展自营经济，增强农场的造血能力，具有良好经济效益和社会效益。

九、扶贫攻坚

2019年垦区在10个扶贫农场实施财政扶贫资金项目23个，投入财政资金3 822万元。贫困农场扶贫开发贯彻产业扶贫优先的原则，着重提高农场自我造血能力。其中，投入产业扶贫项目资金为3 293万元，占比86.2%，安排了16个产业发展项目。共计种植茶叶305.8亩，种植油茶710.7亩，建设茶园配套路或机耕路15.18公里，种植火龙果120亩，种植沃柑326亩，种植澳洲坚果240亩，种植沙糖桔130.7亩，种植剑麻200亩，优质蔬菜基地200亩，新建茶叶厂房2 839米^2，购买茶叶加工设备3套，建设生猪养殖小区3 710米^2，涵盖垦区主导产业和优势特色产业。另外，投入528万元实施一批基建项目，建设道路4.4公里，收胶站1 320米^2，新增晒场13 735米^2，仓库200米^2，升级改造200米^{3}水利设施，有效改善农场职工生产、储运等生产条件。全面落实湛江雷州市水标村的对口帮扶工作，2019年省农垦集团公司投入187.87万元用于水标村基础设施改造和产业发展项目，实现脱贫110户399人，脱贫率100%，全村居民人均收入14 027元，增长16.96%，实现了贫困户和贫困村均脱贫摘帽。

十、人口、职工与垦区居民收入

2019年全垦区年末总人口39.19万人。

国有单位从业人员年末总数6.12万人，其中：国有在岗职工为3.49万人。全年国有在岗职工纯收入合计22.88亿元，国有在岗职工年均纯收入64 773元，增长10.18%。

2019年年末从业人员123 995人，其中：从事第一产业53 127人，占从业人员总数的42.8%；从事第二产业32 732人，占从业人员总数的26.4%；从事第三产业38 136人，占从业人员总数的30.8%。从业人员年平均纯收入45 610元，增长5.51%。2019年垦区居民人均纯收入27 378元，增长5.99%。

十一、农业综合开发、农业产业化重点龙头企业和境外企业基本情况

2019年，总共投入财政资金7 200万元用于农业综合开发土地治理项目，共建设高标准农田71 039亩；其中，5 380万元用于广垦糖业集团建设高标准农田52 039亩，840万用于广前糖业建设高标准农田8 000亩，500万用于红星农场建设高标准农田6 000亩，480万用于东方红农场建设高标准农田5 000亩。2019年完成农业龙头企业的申报和监测工作，新增广东省广垦粮油有限公司、湛江燕塘乳业有限公司、广东广垦糖业集团有限公司和广东省梅陇农场为省级农业龙头企业，至2019年年末，垦区共有16家省级以上龙头企业，其中3家为国家级重点龙头企业。2019年年末，垦区境外企业达19家，境外企业全年总收入82.43亿元。

十二、财务状况

资产负债情况：由于畜牧、粮油等产业的迅速发展，垦区国有资产规模进一步扩大。2019年年末垦区资产总额为409.8亿元，比年初数增加18.8亿元，负债总额238.9亿元，比年初增加14.8亿元，资产负债率为58.3%，处于财务安全值的有效范围内。

所有者权益增减变动情况：2019年年末所有者权益170.9亿元（其中：归属于母公司的所有者权益为148.5亿元），比年初增加3.9亿元，增加的主要原因：一是垦区实现综合收益增加3亿元（其中，实现盈利未分配利润增加1.6亿元）；二是少数股东权益的变动。

资产运营效率及债务风险情况：广东垦区2019年资产负债率为58.3%，处于较低的水平，有效地控制了企业的债务风险；流动比率103.36%，比上年增加了3.3个百分点；总资产现金回收率1.39%，

同比上年减少 2.83 个百分点，经营活动现金流量净流入 5.7 亿元；净资产利润率和总资产报酬率分别为 1.54%和 1.75%，企业资产的运营效率较好。

国有营业总收入、利润情况：2019 年垦区实现营业收入 235 亿元，比上年减少 2.3 亿元，下降 1%；实现利润总额 3.7 亿元，比上年增加 7 033 万元，增长 23.5%。2014—2019 年垦区利润见图 6。税金缴纳情况：垦区 2019 年共实现各项税费 5.85 亿元。

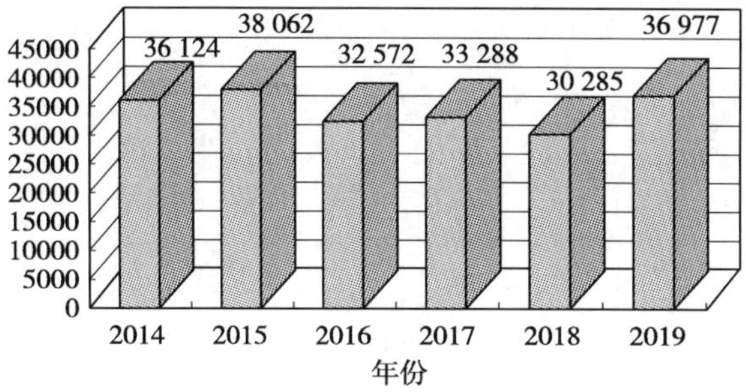

图 6　2014—2019 年垦区利润

十三、非国有经济

2019 年，垦区实现非国有经济生产总值 94.2 亿元，增长 2.8%，占垦区经济总量的 49.1%。其中第一产业增加值 16.69 亿元，第二产业增加值 50.90 亿元，第三产业增加值 26.63 亿元，各产业占非国有经济总量的比重分别为：17.7%、54.0%、28.3%。

注：根据广东农垦社会职能改革要求，垦区 124 所基础教育学校至 2018 年底已平稳移交地方管理，经济活动内容已不再纳入垦区综合统计调查范围，为保持数据的可比性及准确体现垦区 2019 年社会经济发展状况，相关指标的增长数据按调整后同口径进行对比。

广西农垦2019年经济社会发展统计公报

广西农垦集团有限责任公司

2019年，广西农垦集团在自治区党委、政府的坚强领导下，在农业农村部农垦局的支持指导下，集团上下以习近平新时代中国特色社会主义思想为指导，坚持“解放思想、改革创新、扩大开放、担当实干”工作方针，深入开展“不忘初心、牢记使命”主题教育，全力打好转型升级、加快发展、乡村振兴和民生建设“四大攻坚战”，集团经济总体平稳、稳中向好，集团高质量发展迈出坚实步伐、实现良好开局。但主要受产业园区和两个科研单位移交地方、垦区综合统计的调查范围缩小等因素影响，导致2019年垦区全社会统计指标数据呈现下降趋势，特别是经济总量方面的数据降幅较大[1]。

一、综合

全年垦区实现地区生产总值[2]298.4亿元，按可比价[3]计算比上年下降29.3%。其中，第一产业增加值41.2亿元，下降20.4%；第二产业增加值189.9亿元，下降30.1%；第三产业增加值67.3亿元，下降31.3%。第一、二、三产业增加值占地区生产总值的比重分别为13.8%、63.7%、22.5%，对经济增长的贡献率分别为－3.2%、－71.8%和－25.0%。2019年广西农垦主要经济指标与2005年对比见表1，2012—2019年广西农垦地区生产总值及其增长速度见图1，2019年广西农垦地区生产总值构成见图2。

表1　2019年广西农垦主要经济指标与2005年对比

指标名称	计量单位	2005年	2019年	2005—2019年平均递增（%）
地区生产总值	亿元	43.5	298.4	11.9
农业总产值	亿元	18.9	69.0	9.7
工业总产值	亿元	49.9	541.7	18.6
全社会工业增加值	亿元	21.1	168.2	14.2
全社会固定资产投资	亿元	11.7	91.8	15.9
在岗职工人均纯收入	元/（人·年）	11 854	54 451	11.5
居民人均纯收入	元/（人·年）	6 799	24 856	9.7

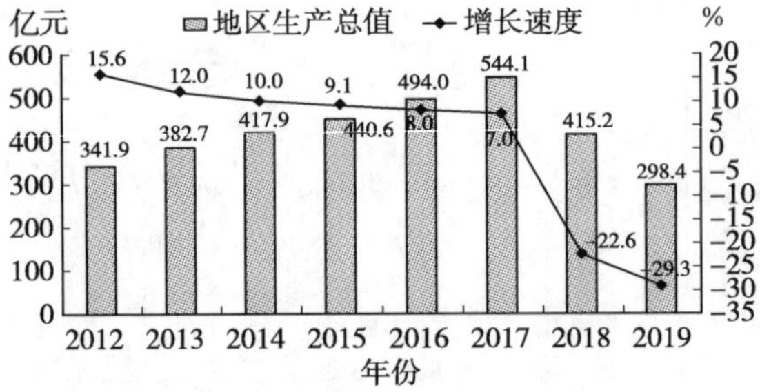

图1　2012—2019年广西农垦地区生产总值及其增长速度

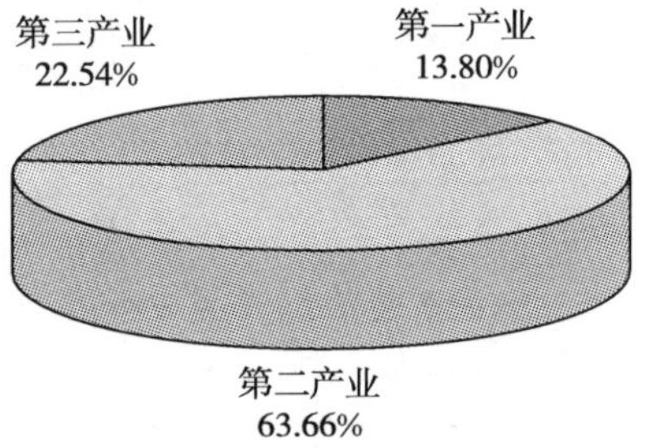

图2　2019年广西农垦地区生产总值构成

二、农业

全年垦区农林牧渔业总产值69.0亿元，比上年下降7.8%。2012—2019年广西农垦农业总产值及其增长速度见图3。其中，种植业产值36.6亿元，下降13.9%；林业产值2.0亿元，下降3.0%；畜牧业产值28.1亿元，增长2.7%；渔业产值2.3亿元，下降18.7%。

图3　2012—2019年广西农垦农业总产值及其增长速度

2019年，垦区甘蔗种植面积20 738公顷，比上年增加218公顷。剑麻种植面积2 777公顷，减少405公顷。茶叶种植面积621公顷，增加7.2公顷。水果种植面积11 113公顷，减少1 009公顷。蔬菜种植面积2 667公顷，减少255公顷。2019年广西农垦主要农作物种植面积情况见表2。

表2　2019年广西农垦主要农作物种植面积情况

指标名称	年末种植面积（公顷）	比上年增长（%）
甘蔗	20 738	1.1
剑麻	2 777	−12.7
茶叶	621	1.2
水果	11 113	−8.3
其中：柑橙	5 218	−4.8
蔬菜	2 667	−8.7

全年垦区甘蔗产量220.6万吨，比上年减产1.1万吨、下降0.5%。剑麻纤维产量0.9万吨，下降44.8%。干毛茶产量736吨，增产19.5%。水果产量33.3万吨，下降12.8%。蔬菜产量15.7万吨，下降6.2%。全年垦区肉类总产量7.2万吨，比上年下降25.2%。全年生猪出栏87.4万头，下降24.4%。水产品产量1.5万吨，下降10.7%。

永新畜牧集团（国有部分）全年生猪饲养量102.9万头，比上年下降18.5%。其中，生猪年末存栏36.3万头，下降28.1%；生猪出栏56.1万头，下降2.7%；出售仔猪4.4万头，下降67.2%；出售种猪6.1万头，增长29.0%。全年实现利润总额2.36亿元，增长61.1%。2019年广西农垦主要农产品产量情况见表3。

表3　2019年广西农垦主要农产品产量情况

指标名称	计量单位	产量	比上年增长（%）
甘蔗	万吨	220.6	−0.5
剑麻纤维	万吨	0.9	−44.8
干毛茶	吨	736	19.5
水果	万吨	33.3	−12.8
蔬菜	万吨	15.7	−6.2
肉类总产量	万吨	7.2	−25.2
生猪出栏头数	万头	87.4	−24.4
水产品	万吨	1.5	−10.7

农业现代化建设取得新成果。年内自治区级现代特色农业核心示范区新增4个，提质升级5个，共获得自治区奖补资金1 700万元，年末自治区级现代特色农业核心示范区达到19个。良圻农业科技园被首批认定为广西农业科技园。年末垦区高标准农田面积13 675公顷。

三、工业

全年垦区全社会工业总产值541.7亿元，比上年下降17.3%；全社会工业增加值168.2亿元，按可比价计算，比上年下降26.3%。分经济类型看，国有及国有控股企业增加值下降17.9%，民营企业下降27.3%。2012—2019年广西农垦全社会工业总产值及其增长速度见图4，2012—2019年广西农垦全社会工业增加值及其增长速度见图5。

2019年，垦区规模以上工业企业年末个数为325个。全年垦区规模以上工业[4]总产值508.3亿元，比上年下降16.6%；规模以上工业增加值159.9亿元，按可比价计算，比上年下降25.7%；规模以上工业利润总额21.5亿元，比上年下降30.0%；规模以上工业税金总额11.3亿元，比上年下降30.1%；规模以上工业企业产销率达到93.6%。2012—2019年广西农垦规模以上工业增加值及其增长速度见图6。

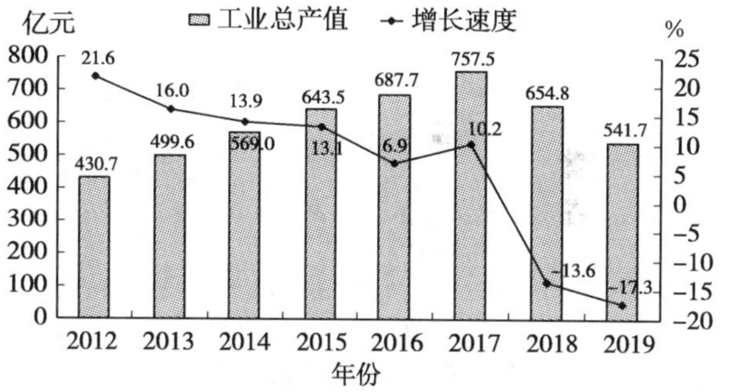

图4　2012—2019年广西农垦全社会工业总产值及其增长速度

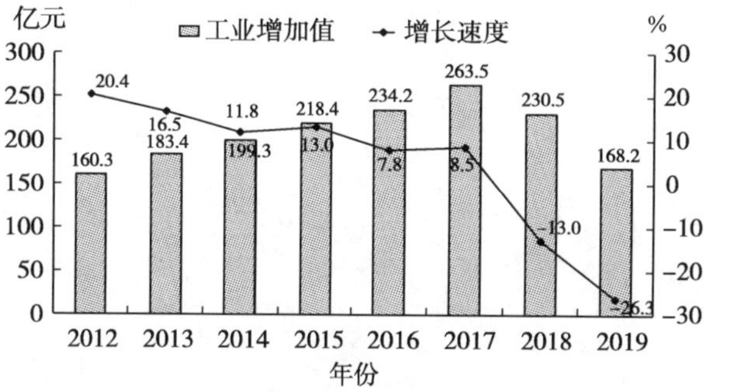

图5　2012—2019年广西农垦全社会工业增加值及其增长速度

2019年，垦区全社会机制糖产量（全部是广西糖业集团的产量）111.8 万吨，比上年增产52.0%，机制糖产量大幅度增长的原因是广西糖业集团在 2018 年底前完成重组，在 2019 年增加了 5 家并购糖厂的产量；剑麻制品产量 2.6 万吨，下降 10.8%；成品茶产量 1 603 吨，下降 27.1%；淀粉产量 21.0 万吨，下降 33.9%；软饮料产量 13.1 万吨，增长 4.3%，乳制品产量 3 484 吨，增长 12.3%，人造板产量 298.4 万米^3，增长 7.8%，水泥产量 9.5 万吨，下降 4.5%，砖产量 7.8 亿块，下降45.9%，饲料产量 70.7 万吨，增长 12.3%。分行业看，产品涉及 33 个行业大类，其中，8 个行业产值增长，25 个行业产值下降。从增长的行业看，食品制造业产值增长 150.2%，铁路、船舶、航空航天和其他运输设备制造业增长 100.0%，金属制品业增长 62.8%，计算机、通信和其他电子设备制造业增长 32.8%，有色金属冶炼和压延加工业增长 24.7%，汽车制造业增长 10.4%，专用设备制造业增长 1.5%。2019 年广西农垦主要工业产品产量情况见表 4。

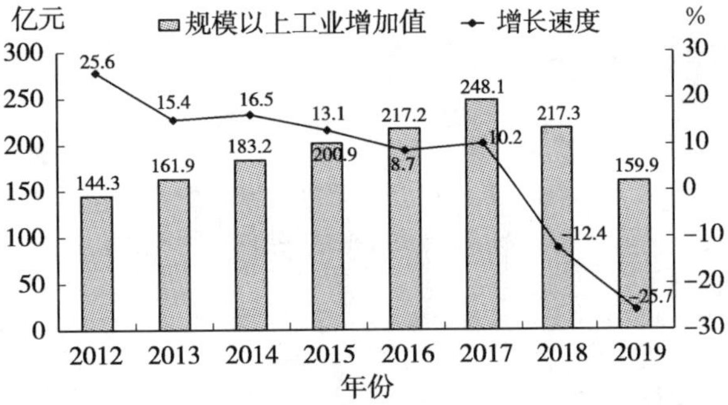

图 6　2012—2019 年广西农垦规模以上工业增加值及其增长速度

表 4　2019 年广西农垦主要工业产品产量情况

指标名称	计量单位	产量	比上年增长（%）
机制糖	万吨	111.8	52.0
剑麻制品	万吨	2.6	−10.8
成品茶	吨	1 603	−27.1
淀粉	万吨	21.0	−33.9
软饮料	万吨	13.1	4.3
乳制品	吨	3 484	12.3
人造板	万米^3	197.8	−28.6
水泥	万吨	9.5	−4.5
砖	亿块	7.8	−45.9
饲料	万吨	70.7	12.3

四、固定资产投资

全年垦区全社会固定资产投资总额 91.8 亿元，比上年下降 55.0%。其中，第一产业投资 8.0 亿元，下降 18.1%；第二产业投资 42.3 亿元，下降 64.9%；第三产业投资 41.6 亿元，下降 43.8%。国有投资 28.4 亿元，下降 26.6%；民间投资 63.4 亿元，下降 61.7%。2012—2019 年广西农垦全社会固定资产投资及其增长速度见图 7。

图 7　2012—2019 年广西农垦全社会固定资产投资及其增长速度

全年垦区固定资产投资在建项目 362 个，其中：当年完成投资额在 1 000 万元以上（含 1 000 万元）的项目 169 个，共完成投资额 87.4 亿元，占垦区投资总额的 95.3%。当年完成投资额达到 5 亿元以上的二级公司共有 7 家，分别是：剑麻集团 15.7 亿元，九曲湾农场公司 14.8 亿元，西江农场公司 8.6 亿元，悦桂文旅公司 8.5 亿元，良丰农场公司 6.2 亿元，外经合作公司 6.1 亿元，明阳农场公司 6.0 亿元，上述 7 家公司完成投资额合计 65.9 亿元，占垦区投资总额的 71.8%。

五、对外开放

2019 年年末，垦区实有外来投资企业 1 003 家；实有境外投资企业 3 家，分别是：中国·印尼经贸合作区有限公司、俄罗斯十万大山物流加工中心、广西明阳（越南）有限责任公司。上述 3 家公司 2019 年营业收入合计 1.57 亿元，利润合计 2 198万元。其中，中国·印尼经贸合作区有限公司营业收入 7 504 万元、利润 2 309 万元；俄罗斯十万大山物流加工中心营业收入 150 万元，亏损 121 万元；广西明阳（越南）有限责任公司营业收入 8 002 万元、利润 10 万元。至 2019 年年末，中国·印尼经贸合作区共引进中国、日本、法国、新西兰、芬兰、印度尼西亚等国家和地区的 54 家企业入园，其中 36 家企业已建成投产，涉及农产品加工、食品加工、机械制造、变压器、汽车装备、仓储物流等产业。广西明阳（越南）有限责任公司 2019 年全年生产木薯变性淀粉 2.3 万吨。2012—2019 年广西农垦外来投资企业见图 8。

全年垦区工农业产品进出口总额 16.5 亿元，比上年增长 16.1%。其中，进口 6.7 亿元，增长 61.0%；出口 9.8 亿元，下降 2.5%，其中：农产品出口 9 240 万元，比上年下降 31.2%；工业品出口 8.9 亿元，比上年增长 1.9%。广西糖业集团防城精制糖公司进口巴西原糖 7.8 万吨，进口额 3.3 亿元。明阳生化集团进口淀粉 9.9 万吨，进口额 3.1 亿元；出口淀粉 1.3 万吨，出口额 6 006 万元。剑麻集团进口剑麻纤维 1 994 吨，进口额 2 023 万元，出口剑麻制品 380 吨，出口额 670 万元。永新畜牧集团出口生猪 1 836 头，出口额 589 万元。源头农场公司出口柑橙 1.6 万吨，出口额 8 501 万元。

图 8　2012—2019 年广西农垦外来投资企业

六、人口、就业和民生

2019 年年末，垦区总人口 34.3 万人，比上年下降 10.5%；社会从业人员 16.0 万人，下降 16.1%；其中外来就业 13.7 万人，下降 17.9%；农垦在册职工 2.4 万人。2012—2019 年广西农垦总人口及其增长速度见图 9。2019 年，垦区居民人均纯收入 24 856 元，比上年增加 1 581 元，增长 6.8%；在岗职工人均纯收入 54 451 元，比上年增加 4 871 元，增长 9.8%。年末垦区居民人均住房面积为 35.2 米^2。2012—2019 年广西农垦居民人均纯收入及其增长速度见图 10。

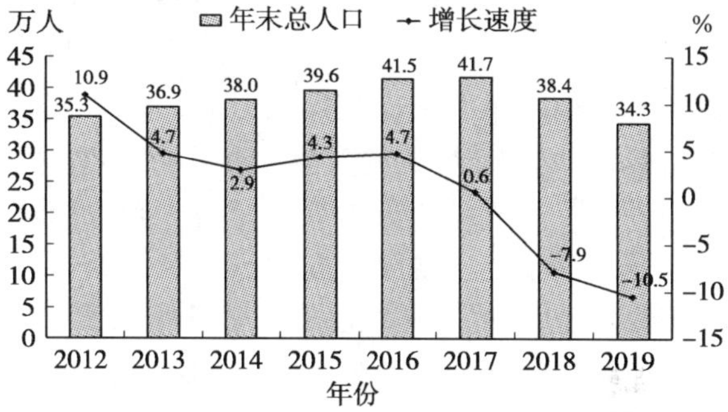

图 9　2012—2019 年广西农垦总人口及其增长速度

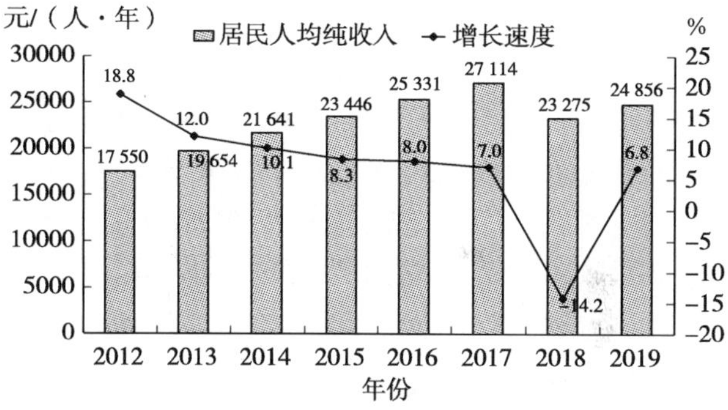

图 10　2012—2019 年广西农垦居民人均纯收入及其增长速度

注释：[1] 2018 年，广西农垦局完成了垦区集团化、农场企业化改革，将垦区企业办社会（包括“三供一业”）职能移交地方管理；2019 年，又将新兴产业园、西江产业园、热作所、南亚热作所、金光农场“场带队”（坛蓬、草塘 2 个村委）移交地方管理。以上单位移交地方管理后，不再纳入垦区综合统计的调查范围，因此，2018 年、2019 年垦区全社会统计指标数据呈现下降趋势，特别是经济总量方面的数据降幅较大。

[2] 地区生产总值（GDP）：是指一个国家（地区）所有常住单位在一定时期内生产活动的最终成果。本公报是按收入法计算，它等于劳动者报酬、生产税净额、固定资产折旧和营业盈余之和。

[3] 本公报中，地区生产总值、各产业增加值绝对数按现价计算，增长速度按不变价格计算。

[4] 本公报中，规模以上工业的统计口径：2005—2010 年为“年主营业务收入 500 万元及以上的工业法人企业”，2011—2019 年为“年主营业务收入 2 000 万元及以上的工业法人企业”。

海南农垦2019年经济社会发展统计公报

海南省农垦投资控股集团有限公司

2019年，是海南农垦改革发展攻坚之年，也是实施“十三五”规划的关键之年。在控股集团党委领导下，垦区上下认真贯彻落实党的十九大和十九届二中、三中、四中全会精神、习总书记“4·13”重要讲话、中央12号文件精神，省委七届六次、七次全会精神，紧紧围绕巩固和提升新一轮改革成果认真开展各项工作，继续深化农垦改革，敢于攻坚克难，锐意开拓进取，努力适应经济发展新常态，加快产业结构调整和供给侧改革，促进农垦经济和社会的平稳发展。

一、综合及主要指标

1. 农垦系统经营总收入391.21亿元，比上年增长7.41%（与上年对比，下同），其中：农垦集团公司的营业总收入228.00亿元，增长8.7%；农场国有营业总收入7.88亿元，增长21.78%；农垦自营经济总收入155.33亿元，下降1.3%。

2. 工农业总产值（当年价）179.82亿元，按可比价计算增长19.5%。

3. 固定资产投资53.81亿元，下降2.7%。

4. 社会消费品零售总额108.30亿元，增长5.6%。

5. 天然橡胶干胶总产14.25万吨，增长3.7%。

6. 农垦劳动者人均报酬7.25万元，增长15.7%；农垦人均纯收入1.74万元，基本持平。

二、农林牧渔业

全年完成农林牧渔业总产值（现价）141.86亿元，按可比价计算比上年增长3.2%。产值构成：农业93.67亿元，林业20.28亿元，畜牧业24.00亿元，渔业3.91亿元。主要农产品产量及增长见表1。

表1　主要农产品产量及增长

项　目	计量单位	产量	比上年增长（%）
粮食	万吨	11.35	0.6
糖料	万吨	17.62	−13.1
蔬菜	万吨	20.78	3.3
水果	万吨	66.78	0.5
其中：荔枝	万吨	7.10	−1.4
龙眼	万吨	2.46	−4.2
芒果	万吨	29.63	1.1
香蕉	万吨	10.40	−14.6
柑橘橙柚	万吨	1.80	19.9
橡胶干胶	万吨	14.25	3.7
胡椒	万吨	1.20	1.2
槟榔干果	万吨	4.51	16.8
椰子	万个	1 156.94	11.6
干毛茶	吨	428.00	−2.7
肉类总产量	万吨	7.14	−34.3
其中：猪牛羊	万吨	5.01	−44.2
禽肉	万吨	2.03	22.2
禽蛋	万吨	0.32	−1.3
水产品总产值	万吨	3.80	−3.6

全年天然橡胶当年新定值和更新定值面积4.1万亩，下降41.3%；胡椒当年新种植面积0.23万亩，下降16.7%；槟榔当年新种植面积2.07万亩，增长77.1%；水果当年新种植面积2.31万亩，下降11.5%。主要农业作物年末到达面积及增长见表2。

表2　主要农业作物年末到达面积及增长

项　目	面积（万亩）	比上年增长（%）
天然橡胶	352.69	−1.1
热带作物	53.06	6.8
其中：胡椒	9.42	0.4
槟榔	34.70	7.4
椰子	3.94	50.4

（续）

项　目	面积（万亩）	比上年增长（%）
茶叶	2.22	48.0
水果	62.50	−0.6
其中：荔枝	10.68	3.3
芒果	29.82	2.0
香蕉	4.99	−13.3
林地含自然林	207.43	3.1
其中：人造林	106.06	8.1
水产品养殖	5.31	−0.4
农作物播种	52.86	−0.4
其中：粮食	29.49	1.3
糖料	4.05	−15.9
瓜菜	15.37	0.7

三、工业及建筑业

全年完成工业总产值（当年价）37.96亿元，按可比价计算比上年增长192%。分轻重工业看，轻工业产值23.54亿元，增长250.5%；重工业产值14.42亿元，增长129.4%。分经济类型看，国有经济产值29.39亿元，增长488.1%。主要工业产品产量及增长见表3。

表3　主要工业产品产量及增长

项　目	计量单位	产量	比上年增长（%）
发电量	万千瓦时	18 003.00	9.2
水泥	万吨	74.20	5.0
成品糖	万吨	2.01	−2.0
人造板	万米^3	1.50	−33.7
锯材	万米^3	6.04	−54.5
木制家具	万件	0.40	持平
塑料制品	吨	250.00	持平
汽车大中修	辆	133.00	持平

全年建筑业完成产值63.77亿元，按可比价计算比上年增长41.2%。全年房屋施工面积143.2万米^2，增长26.5%；房屋竣工面积73.26万米^2，下降13.3%，其中住宅面积23.61万米^2，下降33.8%。

四、社会消费品零售总额

全年社会消费品零售总额108.30亿元，增长5.6%。其中：批发零售业100.29亿元，餐饮业6.91亿元，分别增长3.9%和30.9%。

五、交通运输业

全年完成运营收入7.66亿元，增长0.3%；货物量10 952 017.00吨，增长2.3%，客运量5 668 891.00人，下降5.5%。

六、外贸出口

全年完成出口总额14 040.00万元，增长895.7%。

七、固定资产投资

全年完成固定资产投资总额53.81亿元，下降2.7%。投资构成为：第一产业投资6.55亿元，增长30.7%。第二产业投资3.69亿元，增长24.4%；第三产业投资43.57亿元，下降8%。资金来源为：国家投资3.45亿元，增长137%；企事业单位自筹10.71亿元，下降17%；其他资金39.63亿元，增长29.4%。

全年劳动者报酬总额91.41亿元，增长2.3%。其中：在岗职工工资21.07亿元，增长18.7%；自营经济纯收入67.83亿元，增长2.3%。劳动者人均报酬72 512元，增长15.7%，其中在岗职工平均工资51 628元，增长29.1%；自营经济纯收入678 271元，增长2.3%。农垦人均纯收入17 428元，与上年基本持平。

八、人口与职工

农垦户籍总人口84.7万人，下降6.1%。农垦常住总人口83.65万人，增长0.2%，其中农场场部人口27.44万人。全部职工人数4.08万人，下降11.4%，其中在岗职工4.08万人，下降8.1%。离退休及病退人员23.66万人，增长2%。

重庆农垦2019年经济社会发展统计公报

重庆市农业投资集团有限公司

2019年，重庆农投集团全面贯彻习近平新时代中国特色社会主义思想，坚持稳中求进工作总基调。按照集团新时期发展战略体系的要求，着力提升发展质量、构建现代农业经营体系，着力做实产业基础、做强农业优势产业链，推进改革创新、加强安全农食品保障体系建设，满足市场需求、保障重要农食品供给，取得一定成效。

一、垦区综合情况

（一）经济总量保持平稳增长

重庆垦区全年实现生产总值26.95亿元，比上年增长6.52%，高于全年重庆地区生产总值0.22个百分点。按产业划分，第一产业增加值2.39亿元，同比增长3.9%；第二产业增加值16.08亿元，同比增长2.4%；第三产业增加值8.47亿元，同比增长16.03%，三次产业结构比为2.39∶16.08∶8.47，非公有制经济实现增加值5.04亿元，增长5%，占垦区经济的18.7%。人均生产总值12.02万元，较上年增长6.56%。全年生产总值见图1。

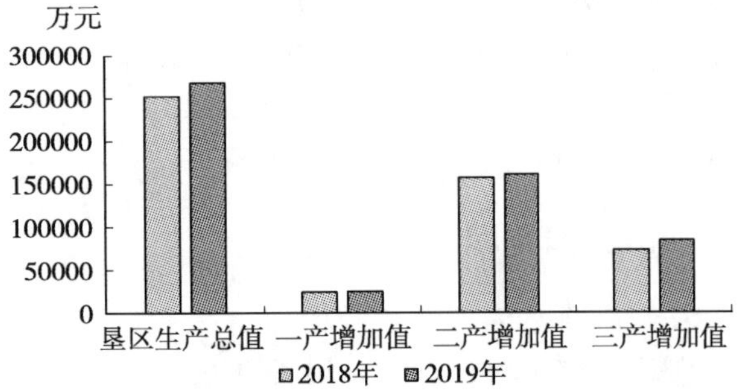

图1　全年生产总值

（二）经济质量稳步提升

截至2019年年底，重庆农投集团资产总额达到179亿元，其中控股企业达到166.9亿元，较上年同期增长7.67%；营业收入实现135.7亿元，其中控股企业实现营业收入70亿元，较上年同期增长10.01%；利润总额实现8.9亿元，其中控股企业实现7.1亿元，较上年同期增长17.74%。；归属于母公司净利润实现2.6亿元，较上年同期增长18.18%。

（三）职工收入稳定增长

2019年，重庆农投集团年末从业人员1.27万人，与上年基本持平。其中：第一产业1 375人，第二产业9 606人，第三产业1 738人，一、二、三产业的从业人员比重分别为10.8%、75.5%、13.7%。2019年，集团控股企业职工人均工资7.98万元，较上年同口径增长3.1%。

二、三次产业及固定资产投资情况

（一）第一产业

2019年重庆垦区实现农林牧渔业总产值15.17亿元，较上年增长1.3%，其中畜牧业产值12.3亿元，同比增长3.4%，占农业总产值的81.1%；农业产值2.39亿元，同比下降9.1%，占农业总产值的15.8%；渔业产值4 773万元，同比增长8.2%，占农业总产值的3.1%。农林牧渔产值比例结构见图2。年末存栏奶牛3.1万头；受非洲猪瘟影响，年末生猪存栏8.1万头，同比下降28.3%；全年猪肉产量3.1万吨，同比增长248%；年末家禽存栏116.63万只，禽蛋产量14 888吨，同比增长

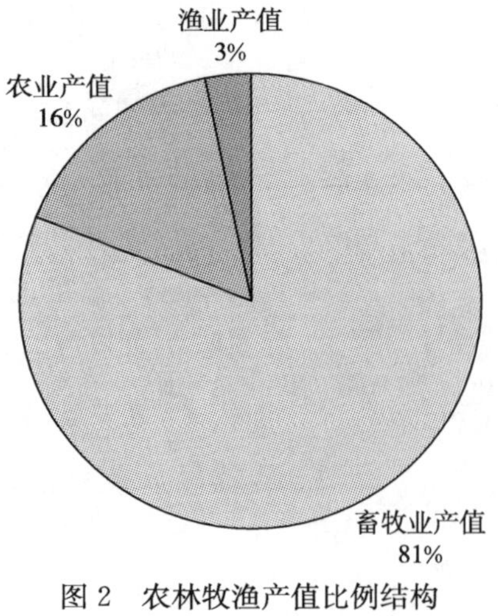

图2　农林牧渔产值比例结构

28.7%；牛奶产量15.14万吨，同比增长28.3%；鱼类产量3 957吨，同比下降9.1%，其中有机鱼1 574吨。

（二）第二产业

工业经济平稳发展。2019年年末垦区实现工业总产值111.2亿元，较上年增长7.79%，全年实现工业利润总额3.2亿元，较上年增长4.2%；产品销售收入104亿元，产销率达到97%。

（三）第三产业

2019年，重庆垦区第三产业增加值8.47亿元，同比上年增长16.03%。其中交通运输业7 031万元，同比增长6.14%；类金融业2.36亿元，同比增长12.6%；房地产业4.75亿元，较上年下降4.3%。

（四）固定资产投资情况

全年固定资产投资总额6.7亿元，较上年增长4.68%。投资构成为第一产业固定投资8 217万元，较上年增长9.56%；第二产业固定资产投资3.98亿元，较上年增长4.73%；第三产业固定资产投资1.97亿元，较上年增长9.4%。主要投资于第一产业畜牧业发展，第二产业工业加工基地建设、技术改造，第三产业存量资产盘活。

三、垦区开展的主要工作

聚焦“集团战略定位”，“四大产业板块”持续发展。乳业、肉业、渔业，聚力向产业链前端和末端环节延伸，推进奶牛养殖万头牧场扩群、60万头生态智能化生猪养殖体系建设，获取10万亩级以上的生态渔业大水面资源；冷链物流—农投恒天冷链成为盒马鲜生重庆地区冷冻大仓唯一代管公司；类金融业持续做优，农投基金赋能集团产业发展，孵化符合集团战略的新兴产业，捕捉优质投资机遇，发起设立“农垦基金联盟”，着力打造“涉农资本投资运营平台”。

四川农垦2019年经济社会发展统计公报

四川省农业农村厅农场管理局

2019年四川农垦系统在农业农村部农垦局的指导下，在各级党委、政府和省农业农村厅党组的领导下，从思想和行动上与中央关于农垦改革的决策部署保持高度一致，聚焦重点任务，大力推进各项改革任务落实落地。四川省农垦（农场）办社会职能改革“回头看”、农场国有土地确权颁证登记、省委农村工作领导小组工作台账任务全面完成；农垦区域性集团化、农场企业化步伐持续推进；继续抓好垦区民生工程，改善基础设施，加快推进贫困农场脱贫攻坚，农场经济和社会发展积极向好。

一、综合

截至2019年年末四川农垦系统国有农场93个，含农垦企业29个，原良种场64个，分布在全省20个市（州），以种植业、畜牧业及种源繁育为主。需要特别说明的是，今年首次采用网络填报，纳入统计的农场规模较上年有较大幅度增加，除了以前年度上报的农垦企业外，还包括事业性质的原良种场，因此数据变化较大，纵向比较仅作参考。

四川农垦年末总人口15 307人，其中农场人口14 258人，少数民族人口6 959人，农垦年内平均人口11 857人。农垦年末总人口较上年增加4 740人，主要是因为上报的农场数较上年有较大增加。

2019年年末，垦区土地总面积1 455 199公顷，比上年增加991 405公顷（因今年统计农场基数扩大，故数据增长较大，下同）。其中：耕地3 279公顷，较上年增加2 429公顷；牧草地889 887公顷，较上年增加568 491公顷；林地面积465 691公顷，较上年增加448 869公顷；水面面积94公顷，较上年增加42公顷；茶果桑园2 008公顷，较上年增加967公顷；可垦荒地面积15公顷，较上年增加10公顷；居民点及工矿用地面积6 503公顷，较上年减少5 477公顷。

2019年四川农垦继续保持平稳发展，职工收入、生活水平不断提高，全年实现农林牧渔总产值35 665.43万元，因统计上报农场规模较上年有大幅增加，总产值比上年的16 252.63万元增加了19 412.8万元。其中，农业产值14 283.35万元，较上年增加4 005.12万元，增长38.97%；林业产值47.10万元，较上年增加18.95万元，增长67.32%；牧业产值10 972.89万元，占全年农林牧渔总产值的30.77%，较上年增加5 673.79万元，增长107.07%；渔业产值109.20万元，比上年增加96.2万元；农林牧渔专业及辅助性活动产值10 252.89万元，占农林牧渔总产值的39.95%，比上年增加9 609.74万元。

四川垦区2019年全年生产总值为25 011.27万元，其中第一产业增加值为19 490万元，占77.93%；第二产业增加值1 868.27万元，占7.47%；第三产业增加值3 652.86万元，占14.61%。

二、第一产业

切实抓好农林牧渔主导产业，增加农产品供给是国有农垦场的使命和职责。2019年四川垦区全年农作物播种总面积为2 065.11公顷，其中，粮食作物播种面积287.49公顷，占农作物播种总面积的13.92%，粮食作物主要有：稻谷、小麦、玉米、高粱和大豆；油料、烟叶、药材、蔬菜瓜类作物播种面积为202.33公顷，占农作物播种总面积的9.8%；其他作物青饲料播种面积1 575.29公顷，占农作物播种总面积76.28%。粮食作物总产量1 621.03吨，其中谷物总产量1 108.02吨；油料、蔬菜、瓜类等作物产量113 182.57吨；其他作物青饲料产量4 076吨。

茶叶年末实有面积1 354.47公顷，收获面积1 196.92公顷，产量3 760.2吨；水果年末实有面积556.62公顷，收获面积512.65公顷，产量5 382.55吨；桑园年末实有面积536.49公顷，收获面积460.54公顷，产量857.11吨。

畜牧业保持稳定发展。2019年年末大牲畜总头数 126 975 头，其中，牛 122 450 头，规模化养殖场 2 个；猪年末总头数 5 658 头，规模化养殖场 1 个；羊年末总数 17 388 只，规模化养殖场 18 个；家禽年末总数 3 334 只。

肉类总产量 4 324 吨，较上年增加 2 953 吨，增长 176.7%；牛奶产量 7 334 吨，较上年增加 2 229吨，增长 43.7%。山羊、绵羊毛产量 12 吨；禽蛋产量 8 吨，较上年增加 7 吨，增长达 700%。蚕茧产量 51 吨，较上年增加 13 吨，增长 34.2%。

全年淡水养殖面积 13 公顷，水产品总产量 2 148吨，全部为鱼类养殖。

2019 年当年造林面积 130 公顷，其中防护林 129.8 公顷；森林覆盖率 10.2%，比上年提高 1.8 个百分点；林产品产量 4 吨，其中油茶籽 3 吨，核桃 1 吨。

垦区农场机械化程度持续提高，2019 年农业机械总动力 58 806 千瓦，较上年有大幅提高（主要是因为统计基数扩大），拥有大中型拖拉机 15 台，小型及手扶拖拉机 100 台；拥有排灌动力机械 86 台；有联合收获机 7 台。设施农业设备稳步发展，拥有温室 1 700 米^2；拥有设施大棚 10.2 万米^2，较上年增加 6.5 万米^2。农业生态持续改善，面源污染持续减少，有机肥施用量达2 142.7 吨，较上年增加 1 866.7 吨。

全年实现农林牧渔总产值 35 665.43 万元，其中：农业产值 14 283.35 万元，林业产值 47.10 万元，牧业产值 10 972.89，渔业产值 109.20 万元，农林牧渔专业及辅助性活动产值 10 252.89 万元。

三、第二产业

垦区全年规模以上工业企业和国有规模以下工业企业 13 家，其中国有企业 4 家。实现工业总产值（现价）4 807.19 万元，主营业务收入 36 339.88 万元，利润总额 3 378.53 万元，主营业务利润 3 349.41 万元。13 家工业企业年末从业人员 569 人，从业人员年末报酬总额 1 958.28 万元。

按工业主要行业划分：酒、饮料和精茶制造业 3 家，实现工业总产值 4 728.19 万元；金属制品业 1 家，实现工业产值 15 万元；其他制造业 1 家，实现工业产值 600 万元。

从主要工业产品产量看，全年生产饮料酒 4 015千升，生产精制茶 677 吨。

四川垦区 2019 年拥有大中型工业企业 2 家，龙头企业 1 家，无建筑业企业。

四、第三产业

第三产业平稳发展。2019 年年末批发零售业单位 2 个，从业人员 54 人，营业用房面积 189 米^2，全年实现销售收入 150 万元；餐饮业单位 1 个，从业人员 100 人，营业用房面积 100 米^2，全年实现销售收入 500 万元；服务业单位 1 个，从业人员 10 人，营业用房面积 497 米^2，全年实现销售收入 237.55 万元。

五、固定资产投资

固定资产投资稳步提升。2019 年四川农垦全年完成固定资产投资 2 883.03 万元，其中国有农垦场完成投资 2 781.12 万元，占全年农垦固定资产总投资的 96.47%。按工程用途划分，第一产业完成投资 2 215.49 万元，占总投资额的 76.85%；第二产业完成投资 139 万元，占总投资额的 4.82%；第三产业完成投资 528.81 万元，占总投资额的 18.33%。从资金来源看，国家预算内资金 616.92 万元，占全部资金来源的 21.4%，自筹资金 1 569.19 万元，占全部资金来源的 54.43%，其他资金来源 647.19 万元，占 24.17%。2019 年新增固定资产 684.09 万元。

六、从业人员和劳动报酬

年末从业人员 7 023 人，因统计基数扩大，人员较上年有大幅增加。其中第一产业 6 340 人，第二产业 301 人，第三产业 382 人，分别占年末从业人员总数的 90.3%、4.3%、5.4%。

农垦从业人员劳动报酬持续增长、农场职工社会保障得到提高。2019 年年末国有单位从业人员 6 549人，其中：在岗职工 2 581 人，其他从业人员 3 968 人。国有单位从业人员工资总额 20 457.65 万元，其中：在岗职工工资总额 16 134.88 万元，其他从业人员工资总额 4 294.11 万元。职工人均年收入 62 552.40 元，较上年增加 20 062.52 元；居民人均可支配收入 13 856 元，较上年增加 6 268元。

七、农垦科研、农产品认证情况

2019 年年末拥有农垦科研单位 6 个，其中，部、省、地属单位 4 个，场直属单位 2 个。农垦科研单位职工 215 人，其中科技人员 127 人，本科及以上学历人员 75 人；全年科研经费总额 463.23 万元，其中企业自筹 134.23 万元，试验地面积 46.89 公顷。

截至 2019 年年末，四川垦区取得 2 个茶叶无公害、绿色和有机食品认证，带动农户 227 户；取得 1 个水果绿色食品认证，带动农户 360 户。已认证 A 级绿色食品面积 175.4 公顷，产量 160 吨；已认证有机食品面积 115.6 公顷，产量 73 吨；取得有机食品认证的家畜 7 692 只，产量 150 吨。

贵州农垦2019年经济社会发展统计公报

贵州省农业农村厅园区农垦管理处

2019年，贵州农垦系统坚持以习近平新时代中国特色社会主义思想为指导，深入贯彻落实党的十九大精神和习近平总书记在贵州省代表团重要讲话精神，增强"四个意识"、坚定"四个自信"、做到"两个维护"，贵州农垦在农业农村部农垦局的指导下，继续深化垦区集团化农场企业化改革，强化推动创新驱动，深耕农垦品牌拓展，提升发展质量安全，构建现代农业经营体系，做实主导产业基础，激活农垦内生活力、市场竞争力和影响力，抓好贵州农垦事业稳定发展。经过全系统广大干部职工的共同努力，2019年保持了经济增长的良好势头，人均收入水平得到较大提高，农场竞争力得到逐步提升，经济和社会发展取得了较好的成绩。

一、综合

贵州垦区全年实现生产总值4.01亿元，比上年增长31.91%。其中，第一产业增加值1.36亿元，增长18.26%；第二产业增加值1.62亿元，下降5.29%；第三产业增加值1.03亿元，增长4.42%。人均生产总值16 891元，比上年增长35%。实现盈利0.67亿元，增长21.82%。2019年贵州垦区产业增加值情况见表1。

表1　2019年贵州垦区产业增加值情况

生产总值	2019年（亿元）	比上年增长（%）
全年实现生产总值	4.01	31.91
其中：一产	1.36	18.26
二产	1.62	5.29
三产	1.03	4.42

二、第一产业

全年完成农林牧渔总产值5.61亿元（现价），与上年基本持平。产值构成主要有农业1.65亿元，牧业3.78亿元，林业渔业等0.18亿元。全年粮油作物播种面积254公顷，茶叶3 784公顷，水果646公顷。大牲畜9 388头，主要为乳牛和部分山羊。淡水鱼产量161吨，比上年有大幅提升。2019年贵州垦区第一产业产值分布情况见图1、2019年贵州垦区第一产业主要产品生产规模见表2。

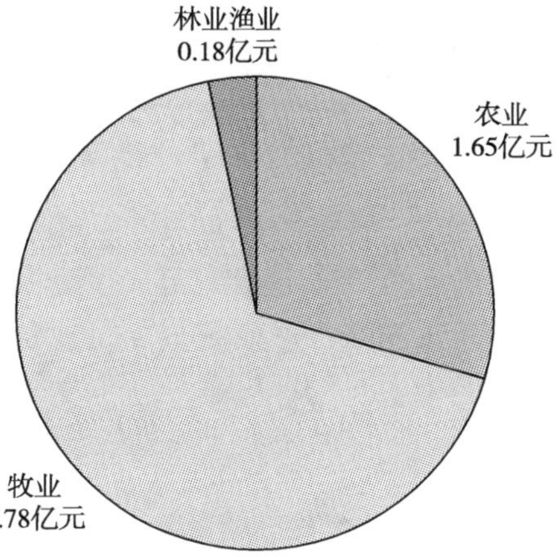

图1　2019年贵州垦区第一产业产值分布情况

表2　2019年贵州垦区第一产业主要产品生产规模

产业名称	计量单位	2019年
粮油作物	公顷	254
茶叶	公顷	3 784
水果	公顷	646
大牲畜	头	9 388
淡水鱼	吨	161

三、第二产业

全年完成工业总产值11.48亿元（现价），同比增加1.16亿元，增长11%。按工业主要行业来分，农副食品加工业1.53亿元，食品制造业9.93亿元，精制茶等其他0.02亿元。奶制品产量大幅提升，全年产量10.77万吨，增长11.7%；配合饲料产量有所增长，产量4.7万吨，增长4.2%。2019年贵州垦区第二产业产值分布情况见图2。

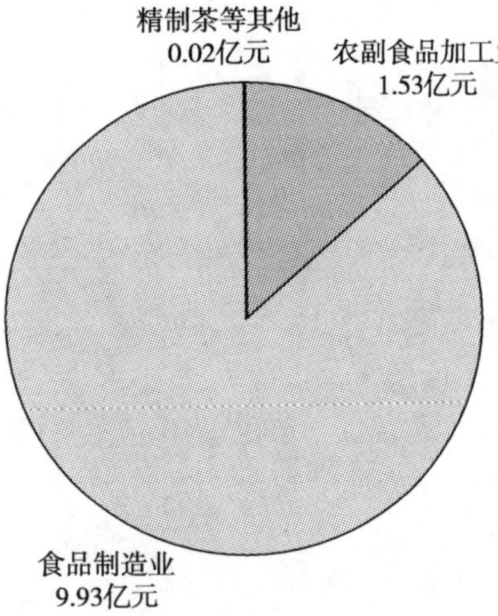

图2　2019年贵州垦区第二产业产值分布情况

四、固定资产投资

全年完成固定资产投资7 042万元，同比增长32.8%。其中，第一产业投资969万元，第二产业投资6 059万元，第三产业投资14万元。资金来源以企业自筹为主5 933万元，预算内资金及其他1 109万元。2019年贵州垦区固定资产投资规模见表3。

表3　2019年贵州垦区固定资产投资规模

产业	计量单位	2019年
全年固定资产投资	万元	7 042
其中：一产	万元	969
二产	万元	6 059
三产	万元	14

五、人口就业民生

2019年全垦区年末总人口26 622人，比上年减少700人。年末从业人员6 426人，增长22.6%；其中第一产业4 754人，第二产业1 092人，第三产业580人。国有单位从业人员年末总数4 607人，增长1.6%；其中在岗职工年末数为2 335人，全年在岗职工工资总额12 518万元。2019年垦区居民人均可支配收入11 598元，比上年增长20.2%。2019年贵州垦区从业人员情况见表4。

表4　2019年贵州垦区从业人员情况

人口	计量单位	2019年
全垦区年末从业人员	人	6 426
其中：一产	人	4 754
二产	人	1 092
三产	人	580

云南农垦2019年经济社会发展统计公报

云南省农垦局

2019年，在云南省委、省政府的坚强领导下，在农业农村部农垦局、云南省农业农村厅的关心指导下，云南垦区各级、各单位坚持以习近平新时代中国特色社会主义思想为指导，牢固树立“四个意识”，坚定“四个自信”，坚决做到“两个维护”，深入贯彻党的十九大和十九届二中、三中、四中全会和省委十届六次、七次、八次、九次全会精神，全面落实党中央、国务院和省委、省政府关于农垦工作的决策部署，不断推进垦区集团化、农场企业化改革，着力推动结构调整、产业优化升级，坚决打赢脱贫攻坚战，努力保障改善民生，切实增强垦区职工群众的获得感、幸福感、安全感，经济持续健康发展、社会和谐稳定。

一、垦区经济总量持续增长，产业结构调整稳步推进

垦区生产总值保持持续增长态势整体经济形势良好。第一、二、三产业同比均有不同程度增长。产业结构调整成效显现。

2019年云南农垦实现生产总值77.46亿元，增长8.4%（高于云南省增速0.3个百分点）。其中第一产业增加值37.53亿元，增长5.0%（低于省增速0.6个百分点）；第二产业增加值6.78亿元，增长13.2%（高于省增速4.6个百分点）；第三产业增加值33.15亿元，增长11.4%，（高于省增速3.1个百分点）。

三次产业结构由上年的50.0∶8.5∶41.5调整为48.4∶8.7∶42.8，第一产业比重首次降至50%以下。垦区人均生产总值20 666元，比上年增长8.1%。非公及管区生产总值39.08亿元，比上年增长7.5%，占垦区生产总值比重为50.4%。

全年共完成工农业总产值90.35亿元，其中工业总产值25.20亿元，农业总产值65.15亿元。云南农垦2019年生产总值见表1。

表1　云南农垦2019年生产总值

指标名称	计量单位	2019年	2018年	同比增加量	同比增长（%）
垦区生产总值	万元	774 640	714 733	59 907	8.4
第一产业	万元	375 312	357 342	17 970	5.0
第二产业	万元	67 776	59 852	7 924	13.2
其中：工业	万元	62 320	54 669	7 651	14.0
第三产业	万元	331 552	297 539	34 013	11.4
第一产业比重	%	48.4	50.0	−1.5	
第二产业比重	%	8.7	8.5	0.3	
第三产业比重	%	42.8	41.5	1.3	
工农业总产值	万元	903 543	832 204	71 339	8.6
工业总产值	万元	252 012	164 616	87 396	53.1
农业总产值	万元	651 531	667 588	−16 057	−2.4
其中：橡胶综合产值	万元	377 124	409 663	−32 539	−7.9

二、面临严重的自然灾害，农业生产态势总体稳定

在严重的自然灾害影响下，橡胶、茶叶、水果等产量下降，但农业产业结构调整稳步推进，效益提升、职工增收。2019年第一产业增加值37.53亿元，增长5.0%。农林牧渔各业中除橡胶及橡胶初加工行业外，其他农业行业均不同程度增长。

2019年农业总产值65.15亿元，下降2.4%。其中农业（种植业）产值19.50亿元，增长3.8%；林业产值13.67亿元，下降13.4%，林业中橡胶产值12.56亿元，下降15.6%；牧业产值4.90亿元，增长15.0%；渔业产值1.71亿元，增长3.9%，农林牧渔专业及辅助活动产值25.37亿元，下降3.5%，其中橡胶初加工产值25.15亿元，下降3.6%。云南农垦2019年度农业产值见表2。

表2　云南农垦2019年度农业产值

单位：万元

指标名称	2019年	2018年	同比增加量	同比增长（%）
农林牧渔业总产值	651 531	667 589	−16 058	−2.4
一、农业（种植业）产值	195 013	187 878	7 135	3.8
1. 粮食产值	16 357	18 074	−1 717	−9.5
2. 糖料（甘蔗）产值	17 555	18 386	−831	−4.5
3. 蔬菜、瓜果	26 066	25 252	814	3.2
4. 茶叶产值	19 020	20 783	−1 763	−8.5
5. 水果产值	99 722	91 499	8 223	9.0
6. 热带亚热带作物产值	11 215	11 246	−31	−0.3
二、林业产值	136 692	157 773	−21 081	−13.4
其中：橡胶产值	125 626	148 775	−23 149	−15.6
三、牧业产值	49 043	42 633	6 410	15.0
其中：肉类产值	42 752	34 153	8 599	25.2
四、渔业产值	17 080	16 433	647	3.9
五、农林牧渔专业及辅助活动	253 703	262 873	−9 170	−3.5
其中：橡胶初加工	251 497	260 887	−9 390	−3.6
公有经济农业总产值	394 447	419 310	−24 863	−5.9
非公及管区经济农业总产值	257 084	248 337	8 747	3.5

1. 橡胶种植面积、投产面积不同程度下降，因严重的自然灾害影响产量下降

面对天然橡胶因灾减产及长期价格低迷的严峻形势，云南垦区各级、各单位在稳定传统优势产业的基础上，着力推进橡胶产业提质增效，积极推动农业产业结构调整优化，调整产品和品种结构，特色热作农业产业持续发展，特色农业产业发展质量提升，反季节蔬菜、热带水果、澳洲坚果等特色产业呈现良好的发展态势，职工收入持续增加、产业结构调整效益逐步显现。

截至2019年年末，云南垦区橡胶面积139 524公顷（209万亩，含农垦非公经济及农垦控制的境外胶园面积41万亩），下降3.8%。其中公有橡胶112 151公顷（168万亩），下降2.9%。橡胶平均开割面积99 641公顷（149万亩），下降7.0%。

生产橡胶12.53万吨，比上年减少1.52万吨，下降10.5%，其中公有橡胶产量9.51万吨，下降10.7%。下降的主要原因是云南植胶区遭受极其严重的干旱。全垦区橡胶平均亩产83.9千克，平均株产3.91千克，分别下降4.1%、0.8%。

全年收购加工橡胶23.56万吨，增长0.7%。橡胶生产成本依旧居高不下，2019年垦区橡胶平均生产成本约为1.4万～1.5万元/吨，远高于年平均销售价格。云南农垦2019年度橡胶生产情况见表3，2013—2019年橡胶价格走势见图1。

表3　云南农垦2019年度橡胶生产情况

指标名称	计量单位	2019年	2018年	同比增加量	同比增长（%）
1. 年末橡胶面积	公顷	139 524	145 021	−5 497	−3.8
其中：公有橡胶	公顷	112 151	115 493	−3 342	−2.9

（续）

指标名称	计量单位	2019 年	2018 年	同比增加量	同比增长（%）
2. 年末橡胶株数	万株	5 072.3	5 273.6	−201.3	−3.8
其中：公有橡胶	万株	3 938.6	4 016.8	−78.2	−1.9
3. 平均开割面积	公顷	99 641	107 107	−7 466	−7.0
4. 平均开割株数	万株	3 210.9	3 571.6	−360.7	−10.1
5. 橡胶总产量	吨	125 344	140 570	−15 226	−10.8
其中：公有橡胶	吨	95 093	106 459	−11 366	−10.7
6. 橡胶平均亩产	千克	83.9	87.5	−3.6	−4.1
7. 橡胶平均株产	千克	3.91	3.94	−0.03	−0.8
8. 收购加工橡胶	吨	235 557	234 010	1 547	0.7

自2013年以来，橡胶销售价格呈逐年下跌态势，从2013年的18 300元/吨跌至2019年的10 740元/吨。

2. 茶叶种植面积基本持平，产量、产值因灾下降

茶叶种植面积4 491公顷（6.74万亩），收获面积4 299公顷（6.45万亩），基本与上年持平。但因旱灾影响，全年生产干毛茶9 621吨，下降5.3%，实现产值1.90亿元，下降8.5%。

表4　云南农垦2019年度非胶农业生产情况

指标名称	计量单位	2019 年	2018 年	同比增加量	同比增长（%）
粮食播种面积	公顷	8 583	9 586	−1 003	−10.5
粮食总产量	吨	51 911	59 451	−7 540	−12.7
粮食产值	万元	16 357	18 074	−1 717	−9.5
甘蔗种植面积	公顷	4 354	4 122	232	5.6
甘蔗产量	吨	395 202	416 586	−21 384	−5.1
甘蔗产值	万元	17 555	18 386	−831	−4.5
蔬菜瓜果种植面积	公顷	3 326	3 570	−244	−6.8
蔬菜瓜果产量	吨	81 266	90 508	−9 242	−10.2
蔬菜、瓜果产值	万元	26 066	25 252	814	3.2
茶叶种植面积	公顷	4 491	4 518	−27	−0.6
茶叶产量	吨	9 621	10 157	−536	−5.3
茶叶产值	万元	19 020	20 783	−1 763	−8.5
水果种植面积	公顷	15 981	15 190	791	5.2
水果总产量	吨	258 363	283 108	−24 745	−8.7
水果产值	万元	99 722	91 499	8 223	9.0
咖啡种植面积	公顷	841	824	17	2.1
咖啡产量	吨	1 481	1 319	162	12.3
咖啡产值	万元	1 557	1 358	199	14.7
澳洲坚果种植面积	公顷	3 343	2 858	485	17.0
澳洲坚果产量	吨	1 567	1 791	−224	−12.5
澳洲坚果产值	万元	4 809	4 264	545	12.8

（续）

指标名称	计量单位	2019年	2018年	同比增加量	同比增长（%）
石斛种植面积	公顷	85	91	−6	−6.6
石斛产量	吨	504	553	−49	−8.9
石斛产值	万元	4 613	5 368	−755	−14.1
热带亚热带作物产值	万元	10 859	11 246	−387	−3.4
肉类总产量	吨	10 563	11 979	−1 416	−11.8
禽蛋产量	吨	5 837	6 804	−967	−14.2
牧业产值	万元	49 043	42 633	6 410	15.0
水产品产量	吨	12 132	12 083	49	0.4
渔业产值	万元	17 080	16 433	647	3.9

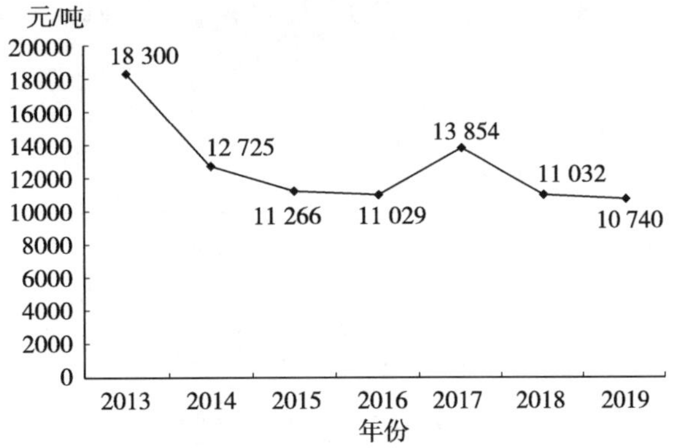

图1　2013—2019年橡胶价格走势

3. 水果种植面积增长、产量因灾减产，但价格上涨产值增长

水果种植面积15 981公顷（23.97万亩），比上年增加791公顷（1.19万亩），增长5.2%。水果产量25.84万吨，下降8.7%，但因灾水果价格快速上涨，减产反而增收，水果产值9.97亿元，同比增长9.0%。

4. 糖料（甘蔗）的种植面积保持增长，但产量、产值不同程度下降

2018/19榨季种植甘蔗4 354公顷（6.53万亩），增长5.6%，整个榨季产甘蔗39.52万吨，下降5.1%，实现产值1.76亿元，下降4.5%。

5. 蔬菜瓜果种植面积、产量下降，产值增长

蔬菜瓜果种植面积3 326公顷（4.99万亩），下降6.8%，蔬菜瓜果产量8.13万吨，下降9.1%，实现产值2.61亿元，增长3.2%。

6. 粮食种植面积、产量、产值不同程度下降

粮食种植面积8 571公顷（12.87万亩），下降10.5%，生产粮食5.19万吨，下降12.7%。实现产值1.43亿元，下降9.5%。

7. 畜牧业受非洲猪瘟影响产量下降，但产值增加

肉类总产量为1.06万吨，下降11.8%，其中猪肉产量0.61万吨，下降16.2%，产量下降原因是受非洲猪瘟疫情所致。实现牧业产值4.90亿元，增长15.0%。

8. 渔业产量、产值不同程度增长

全年生产水产品1.21万吨，增长0.4%，实现渔业产值1.71亿元，增长3.9%。云南农垦2019年度非胶农业生产情况见表4。

农业产业结构调整效果逐步显现，2019年垦区承包岗位人员（含职工和非职工）岗位年收入1.27万元，增长6.1%。

三、第二产业呈快速增长态势，但效益下降

工业总产值、工业增加值不同程度增长，但企业利润下降。建筑业保持增长。2019年垦区第二产业增加值6.78亿元，增长13.2%，其中工业增加值6.23亿元，增长14.0%，完成工业总产值25.2亿元，同比增长53.1%，工业总产值增长较大主要原因是农垦集团公司兼并收购了6个糖厂。

建筑业增加值0.55亿元，增长5.3%。

食糖、锯材及人造板材、精制茶、水泥、钢模板等工业品产量均保持了增长。

云南垦区各类工业企业全年实现工业销售产值23.05亿元，增长42.6%，但产销衔接能力不及上年，2019年工业品产销率为91.5%，比上年下降6.8个百分点。且各类工业企业总体盈利能力下降，各类工业企业2019年全年实现利润4 857万

元，比上年减少 5 411 万元，下降 52.7%。云南农垦 2019 年主要工业产品产量见表 5。

表 5　云南农垦 2019 年主要工业产品产量

指标名称	计量单位	2019 年	2018 年	同比增加量	同比增长（%）
食糖产量	吨	161 223	55 307	105 916	191.5
食糖产值	万元	73 116	24 716	48 400	195.8
酒精产量	吨	4 739		4 739	
酒精产值	万元	2 090		2 090	
发电量产量	万千瓦时	29 902	47 064	−17 162	−36.5
发电产值	万元	13 421	17 141	−3 720	−21.7
各种胶鞋产量	万双	90	63	27	42.9
各种胶鞋产值	万元	254	1 619	−1 365	−84.3
锯材及人造板材产量	米^3	82 125	63 110	19 015	30.1
锯材及人造板材产值	万元	10 032	9 254	778	8.4
精制茶产量	吨	9 363	8 797	566	6.4
精制茶产值	万元	23 472	14 790	8 682	58.7
土豆片产量	吨	1 598	1 630	−32	−2.0
土豆片产值	万元	4 616	4 670	−54	−1.2
咖啡粉产量	吨	657	1 486	−829	−55.8
咖啡粉产值	万元	11 728	6 959	4 769	68.5
水泥产量	吨	541 093	394 055	147 038	37.3
水泥产值	万元	21 475	13 530	7 945	58.7
钢模板产量	吨	13 527	12 409	1 118	9.0
钢模板产值	万元	10 964	7 380	3 584	48.6
汽车配件产量	套	4 256	6 486	−2 230	−34.4
汽车配件产值	万元	2 107	3 156	−1 049	−33.2
热作机械产量	台	161	225	−64	−28.4
热作机械产值	万元	3 290	4 128	−838	−20.3

四、第三产业继续保持增长

2019 年垦区第三产业实现增加值 33.15 亿元，比上年增加 3.40 亿元，增长 11.4%。垦区各类第三产业企业实现营业收入 288.58 亿元、上缴税金 1.71 亿元、实现利润 8.15 亿元，分别增长 2.8%、43%、26%。

1. 交通运输业收入下降，利润、上缴税金增长

交通运输业实现营业收入 4.02 亿元，下降 2.2%；实现利润 0.96 亿元，增长 9.77%；上缴税金 994 万元，增长 7.3%。

2. 批发零售贸易业收入下降，利润、上缴税金增长

批发零售贸易业实现营业收入 232.03 亿元，下降 5.8%；实现利润 2.91 亿元，增长 28.7%；上缴税金 7 479 万元，增长 68.7%。

3. 住宿和餐饮业收入、利润、上缴税金不同幅度增长

住宿和餐饮业营业收入 6.53 亿元，增长 6.7%；实现利润 1.44 亿元，增长 35.7%；上缴税金 2 475 万元，增长 14.6%。

4. 服务业收入、利润、上缴税金不同幅度增长

服务业实现营业收入 5.57 元，增长 5.5%；实现利润 1.79 亿元，增长 14.1%；上缴税金 2 323 万元，增长 38.1%。

五、固定资产投资保持增长，但增速放缓

云南垦区固定资产投资总额为14.88亿元，比上年增加0.66亿元，增长4.6%。其中第一产业投资额2.91亿元，比上年减少1.58亿元，下降35.2%，其中橡胶生产投资额0.99亿元，比上年减少1.39亿元，下降58.2%；第二产业投资额5.58亿元，比上年增加1.25亿元，增长28.9%；第三产业投资额6.40亿元，比上年增加0.99亿元，增长18.3%。

云南垦区国有经济投资额为8.16亿元，比上年减少0.42亿元，下降4.9%，其中第一、二、三产业投资额分别为1.91亿元、4.43亿元、1.81亿元，增长分别为－43.0%、47.0%、－17.6%。非公及管区经济投资增长高于国有经济投资增长。非公及管区经济固定资产投6.72亿元，比上年增加1.08亿元，增长19.1%。云南垦区2019年度固定资产投资情况见表6。

表6　云南垦区2019年度固定资产投资情况

单位：万元

指标名称	2019年	2018年	同比增加量	同比增长（%）
垦区固定资产投资总额	148 849	142 248	6 601	4.6
第一产业	29 063	44 859	－15 796	－35.2
其中：橡胶生产	9 980	23 850	－13 870	－58.2
第二产业	55 819	43 295	12 524	28.9
第三产业	63 967	54 094	9 873	18.3
1. 公有经济固定资产投资	81 621	85 790	－4 169	－4.9
第一产业	19 131	33 589	－14 458	－43.0
其中：橡胶生产	9 534	23 237	－13 703	－59.0
第二产业	44 349	30 175	14 174	47.0
第三产业	18 141	22 026	－3 885	－17.6
2. 非公及管区经济固定资产投资额	67 228	56 458	10 770	19.1

六、从业人员年均收入持续增长

云南垦区劳动者年均岗位收入2.10万元，增长12.6%；从业人员年均劳动报酬1.91万元，增长8.3%。

七、非公经济及管区经济保持增长

云南垦区非公及管区经济实现生产总值39.08亿元，增长7.5%。非公及管区经济总量占垦区经济总量比重为50.4%，比上年下降0.4个百分点。非公及管区经济一、二、三产业均保持不同幅度增长态势，一、二、三产值实现生产总值分别为14.10亿元、2.11亿元、22.86亿元，增速分别为1.8%、24.9%、9.8%。

非公及管区经济实现产值（营业收入）69.12亿元，比上年增加3.58亿元，增长5.5%。

非公及管区经济劳动报酬总额为14.96亿元，基本与比上年持平。

非公及管区经济实现利润13.64亿元，比上年增加1.62亿元，增长13.5%。

非公及管区经济上缴税金1.39亿元，比上年0.41亿元，同比增长41.9%。

八、云南垦区遭受严重的自然灾害，受灾面积、农作物减产产量、直接经济损失创历史纪录

2019年垦区各种农作物受灾面积72 339公顷（108万亩），比上年增加59 120公顷，增长447%。其中橡胶受灾面积63 340公顷（95万亩），因灾减产橡胶11 625吨；茶叶受灾面积2 694公顷（4.04万亩），因灾减产茶叶853吨；水果受灾面积3 934公顷，（5.9万亩）因灾减产水果26 043吨；甘蔗受灾面积1 443公顷（2.16公顷），因灾减产11 248吨。各种自然灾害共造成直接经济损失3.28亿元，增长314%。

陕西农垦2019年经济社会发展统计公报

陕西省农垦集团有限责任公司

2019年，是陕西农垦发展史上极不平凡、值得深刻记忆的一年，也是推动高质量发展成效最为显著的一年。一年来，在农业农村部农垦局的正确领导下，陕西农垦以习近平新时代中国特色社会主义思想为指导，坚持稳中求进工作总基调，认真落实贯彻落实党的十九大、十九届二中、三中、四中全会精神，坚持稳中求进工作总基调，紧扣"开拓创新、务实担当，同心谱写农垦高质量发展新篇章"的工作部署，各项工作稳中有新、新中有进，呈现出稳健有序、持续向好的发展态势。社会民生和谐稳定的良好发展局面。

2019年陕西农垦实现生产总值56 877.50万元，（现价，下同）同比增长5.22%。其中：第一产业增加值25 893.48万元，同比增长1.01%；第二产业增加值13 264.72万元，同比下降30.63%；第三产业增加值17 719.30万元，同比增长90.53%。

陕西农垦实现农业总产值58 978万元，农林牧渔服务业总产值4 354万元，工业总产值18 097.74万元。

一、农业

农业生产总体良好。2019年，农业生产克服雪灾、风灾、低温霜冻、洪涝等自然灾害，依然实现了较好收成。陕西农垦共收获稻谷608吨；小麦36 142.56吨，玉米58 770.95吨，其他谷物270吨；大豆1 688.50吨，杂豆2吨；油料合计406.97吨；药材类合计1 036吨，蔬菜瓜果类合计47 593.40吨；其他作物5 690吨。

1. 抓经营、重实效，经济指标再创历史新高

一是经济指标实现"量"的突破。营业收入突破20亿——完成21.6亿元，比上年增加2.03亿元、增长10.37%，超出全年目标任务21亿元的2.86%。利润总额突破2 000万——完成2 495万元，比上年增加499万元、增长25%，超出全年目标任务2 200万元的13.41%。成本费用利润1.16%，净资产收益率15.81%，完成科技投入3 495万元，完成固定资产投资4 806万元，全员劳动生产率达到6万元，流动资产周转率达到4次，全面完成了陕西省国资委各项经营业绩考核指标。二是经营工作实现"新"的业绩。华阴农场投资经营近两年的中药材完成交易，实现收入5 285.78万元、利润559.98万元。沙苑农场成立安益鲜冷链物流有限公司，打通果蔬田间到餐桌供应最后一公里，运营仅半年收入373万元，实现了拓展市场的新突破；朝邑农场积极扩大果蔬苗木产业，新栽植各类绿化苗木10万余株、桃树苗木15万余株。大荔农场成立陕西农垦农资公司，通过拓展硅谷肥料市场增加新的经济增长点；培训中心一手抓友泰公司经营，一手谋拓展经营新路，实现了历史性扭亏。机电技工学校创新办学理念、拓展培训领域，被省人社厅纳入陕西省职业技能提升行动第一批机构名单。三是粮食贸易实现"好"的成效。4个农场累计完成小麦、玉米贸易量91.93万吨，较好地完成预期目标。尤其华阴农场贸易成效最为显著，全年购销玉米、小麦共计47.02万吨，实现收入6.08亿元、利润861万元，取得好的收益。

2. 抓主业、调结构，特色产业蓄积新优势

一是结构调整持续推进。调优小麦种植品种，推广种植的丰德存5号、淮麦33、锦绣21等优质小麦9.2万亩，实现总产量7 404.55万斤、平均亩产804.6斤，亩产同比增加62.6斤、增长8.4%。推动秋播玉米粮改饲，种植的7.07万亩夏播玉米，收获青贮5.43万亩，总产11.62万吨、平均亩产2.14吨，同比亩增产0.24吨、增长12.6%。二是特色果蔬多点开花。15个千亩果蔬基地、近3万亩特色果蔬优势和效益不断显现。大樱桃实现总产65.81万千克、收入1 035.54万元，同比上年分别增加46.91万千克、596.40万元，

是历史上最好年份；合阳葡萄园产出阳光玫瑰、甜蜜蓝宝石等新品种葡萄45万千克，实现收入400万元，阳光玫瑰葡萄首次出口“一带一路”沿线国家——泰国；沙苑农场西洋梨收获125.67万斤，实现收入162.04万元。朝邑农场500亩冬枣核心示范区，206亩挂果树实现产量55万斤、收入210万元，500亩新品种桃园栽植成型；华阴农场栽植的2 350亩甜柿子，初挂果产出甜柿子80吨，特色项目表现良好。三是畜牧业板块稳健提升。集团参股的中垦乳业，带动了农场青贮、饲草产业，提升了农作物秸秆综合利用效益，实现了能源生产、粪污利用和种养业协调发展。存栏9 464头奶牛的中垦华山牧场全年产奶5.116万吨，实现收入2.366亿元，形成利润2 884万元。大荔农场拟合作引进生猪养殖，打造现代化“云养殖”畜牧新业态。英考公司把握市场需求扩大产出，全年产蛋1.1万枚，孵鸟8 400只，取得了较好效益。四是种业发展寻求突破。陕垦大华种业全年完成小麦良种繁育1.2万亩，收购小麦种子1 000万斤，销售小麦种子400万斤，拥有小麦、玉米、大豆、西瓜自主经营权品种16个。融入中国好粮油工程体系，担当起良种订单使命。利用总部迁至杨凌区位优势，发挥农业硅谷专家团队和科技力量，推动棉花、大豆商业化育种的突破。

3. 抓改革、促落实，目标任务有序落地

一是农垦管理体制彻底理顺。在陕西省政府高度重视下，备受关注的集团管理体制得到理顺，由陕西省国资委履行出资人职责、陕西省农业农村厅履行行业管理职能，这一重大变化为集团融入陕西省特色现代农业建设，争取各项涉农政策项目支持，加快高质量发展，创造了前所未有的发展环境。陕西省农业农村厅推进农垦改革工作成效得到了农业农村部的肯定和好评。二是集团发展得到各级领导的关注支持。8月9日，魏增军副省长召开专题会议，听取集团发展情况后指出农垦要守住“农业”的本分，把农垦建设成为现代农业示范基地的初心不能变。7月12日，赵刚副省长亲临集团调研，指出陕西省农垦集团是企业但又不同于一般企业，省级有关部门要呵护关爱农垦集团发展，集团要在国家粮食安全、食品安全方面承担国有农业企业的社会责任，担当现代农业“国家队”。全年陕西省国资委7位委领导、陕西省农业农村厅5位厅领导先后深入集团，就稳增长、高质量发展、特色现代农业建设等工作进行精准调研，为集团发展提出宝贵指导意见。三是国资国企改革扎实推进。按照陕西省国资委深化国资国企改革目标任务，集团着力推进布局优化调整，持续压缩管理层级、有效减少企业户数，下茬推动企业减亏、务实清理“僵尸企业”，提升了集团化水平；着力推进所属西安区域3个集中小区“三供一业”剥离移交，配合物业接收单位循序移交“三供一业”，按期支付改造经费415.5万元，目前已进入改造移交收尾阶段；全面启动3项制度改革，完成了向陕西省国资委上报实施方案，向基层单位安排部署，深化改革的时机和条件已经具备。

4. 抓开放、激活力，多领域合作见成效

一是主动作为“走出去”，谋划农业合作新领域。坚持开放办垦理念，考察学习现代农业新技术、新业态、新模式、新机制，探索农业合作新领域。考察了甘肃平凉、宝鸡、杨凌现代农业新技术；观摩了澄城县大樱桃产业基地、合阳县金峪现代农业园区及电商平台；考察了袁家村商业运营模式；与省侨联共同组团，联合西北农大专家教授共同出访白俄罗斯，考察了奥地利、匈牙利，在“一带一路”沿线谋划农业国际合作。沙苑农场积极拓展北京、内蒙古、东北果蔬市场，实现果蔬贸易5 000多万元；朝邑农场通过完善农机设施装备，持续“走出农场”，全年农机耕作服务累计达到5万亩以上；华阴农场持续在新疆开发农业合作，种植的5 200亩棉花，收获籽棉1 819吨，实现销售收入1 000万元、获利100万元。二是搞活机制“引进来”，培育互惠互利新产业。各农场立足垦情场情，发挥资源优势，引进战略合作，取得了不凡业绩。华阴农场牵手绿地集团，通过股份合作组建陕西农垦绿地生态科技有限公司，现已栽植各类苗木1 612亩、22万余株，发展势头良好；大荔农场持续深化机械厂合作经营，有效安置分流了技术工人。三是注重共赢促发展，科技合作迈出新步伐。集团坚持把依托科技创新作为加快现代农业建设的重要支撑，主动与西北农林科技大学对接合作。出席了西农大在波兰主办的“第四届丝绸之路农业教育科技合作论坛”，成为“丝路农业教育科技创新联盟”成员单位；参加在西农大举行的丝路小麦联盟国际学术研讨会，加入丝绸之路小麦创新联盟；11月4日，朝邑农场与西农大农学院签订校企合作共建试验示范基地协议；12月2—6日，集团首次在西安农业大学举办了“特色现代农业科技创新研修班”，对插上科技翅膀助推发展意义重大。

二、工业

陕西农垦是一个特殊的社会经济系统，具有企业性、社会性、区域性等多重特征。我们要准确把握农垦的这些行业特征和内在规律，在农业农村部农垦局的宏观指导和有关配套政策的支持下，借鉴兄弟垦区的成功经验，积极稳妥地推进工业体制改革。

2019 年陕西农垦共实现工业总产值 18 097.94 万元。

2019 年陕西农垦主要工业产品产量有：原煤 560 000 吨，液体乳 502.8 吨。

三、商贸服务业

2019 年商业年末经营单位 29 个，商品销售总额 550.40 万元。住宿餐饮业年末经营单位 19 个，营业收入 1 053.20 万元。服务业经营单位 23 个，营业收入 13 651.30 万元。

四、固定资产投资

陕西农垦固定资产投资 9 307 万元，其中：第一产业 5 334.13 万元，占投资总额的 57.31%，第二产业 3 873 万元，占投资总额的 41.62%，第三产业 99.87 万元，占投资总额的 1.07%。

按投资来源划分，国家预算内资金 1 850 万元，自筹资金 7 015.13 万元，其他资金 411 万元。当年新增固定资产 9 212 万元。

五、劳动工资、人口

2019 年年末陕西农垦社会从业人员 6 412 人，其中：第一产业 5 641 人，第二产业 373 人，第三产业 398 人。分别占总数的 87.98%、5.82%、6.20%。

陕西农垦从业人员中，属于国有经济从业人员的共有 3 600 人，劳动报酬 13 240.35 万元。其中：在岗职工 3 268 人，劳动报酬 11 738.35 万元；其他从业人员 332 人，劳动报酬 1 502 万元。农场的国有经济从业人员有 3 237 人，劳动报酬 12 395.35 万元。陕西农垦全年居民人均可支配收入 11 500 元。

六、科研、文教、卫生

陕西农垦近两年来，办中小学校部分移交地方政府，农垦现有技工学校 1 所。

甘肃农垦2019年经济社会发展统计公报

甘肃省农垦集团有限责任公司

2019年，甘肃农垦以党的第十九届四中全会精神和习近平新时代中国特色社会主义思想为指引，在省委省政府的正确领导和部农垦局的关心支持下，深入贯彻落实农垦改革发展和经济平稳增长的工作要求，紧紧围绕年度经营目标任务，坚持稳中求进工作总基调，聚力"促改革、转方式，调结构、强产业，降成本、增效益，拓市场、创品牌"等重点工作，以推动高质量发展为主线、产业转型为抓手、科技创新为动力、项目建设为支撑，细化分解目标任务，狠抓工作落实。较好地完成了各项既定目标任务，垦区全年经济社会发展呈现平稳向好态势。

一、综合情况

2019年，甘肃农垦全年实现生产总值18.43亿元（图1），同比增长22.45%。总体经济形势良好。其中：第一产业增加值9.07亿元，同比增长16.43%；第二产业增加值7.45亿元，同比增长45.07%；第三产业增加值1.91亿元，同比下降11.98%。一二三产业增加值占垦区当年生产总值合计构成比例为49%、40%、11%，生产总值构成见图2。第二产业份额进一步上升，对总体经济贡献较大，主要是垦区近年来以构建现代农业经营体系为目标，调整优化经济结构，以新兴产业市场为导向，着力打造的食品加工、生物医药和生物降解新材料等产业板块发展迅速，保持了产销整体平稳增长的状态。

图1　2016—2019年农垦生产总值变化

截至2019年年末甘肃农垦总人口7.37万人，从业人员2.35万人，其中：第一产业1.82万人，占比77%；第二产业0.42万人，占比18%；第三产业0.12万人，占比5%。一二三产业人员比值1∶0.23∶0.06。剔除临时雇工因素，第一产业的比重远高于第二、三产业，农业的稳定性表现较好，但垦区工业的财富积累及第三产业的流通灵活性没有发挥出来，总体规模效益的发挥仍显不足。

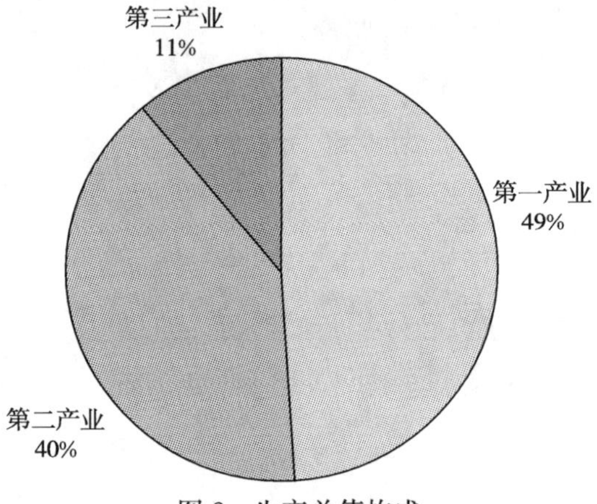

图2　生产总值构成

年末在岗职工1.16万人，职均收入4.81万元；当年甘肃农垦实现人均GDP 2.42万元，居民人均可支配收入1.83万元，人均住房使用面积33.12米²，以上3项重要指标均达到农垦全面小康社会标准。

二、种植业和畜牧养殖

2019年，甘肃农垦继续加快农牧业转型升级步伐，牢牢把握全省现代农业"国家队""排头兵"的定位，以绿色循环农业为抓手，进一步推进现代农业发展。经统计，全年实现农林牧渔业总产值27.65亿元，同比增长16.18%，其中农业总产值22.3亿元，牧业总产值3.98亿元，贡献率达到97%。完成各类农产品累计销售额27.6亿元，其中：初级农产品21.2亿元，畜产品2.1亿元，农副加工产品3.4亿元。

经统计，全年农作物播种面积65.9千公顷，但受自然灾害影响，部分农作物产量与品质均有不同程度下降。粮食作物播种面积23.42千公顷，总产量26.1万吨。其中：谷物17.56千公顷，产量18.65万吨；豆类0.32千公顷，0.07万吨；薯类5.54千公顷，产量7.39万吨。主要作物种植面积见表1、主要农产品产量见表2。在农业基础建设方面，继续推进大条田、大农机、水肥一体化建设，100亩以上大条田面积占总播面积的40%以上。推进实施高标准农田建设，高标准农田达到42千公顷。绿色农业发展方面，合理控制农业用水总量，减少化肥、农药使用量，发展节水循环农业，做到了药肥减量，作物不减产。农业结构调整方面，各农场以集体经营为核心，积极推进统一经营和订单种植，统一经营面积占总播面积60%以上，龙头企业抓市场、种植农场建基地的产业化经营体系进一步完善。

表1　主要作物种植面积

指标名称	面积（千公顷）	比上年增长（%）
玉米	13.21	－1.04
蔬菜	6.00	2.74
薯类	5.54	－16.69
中药材	4.85	－0.61
棉花	4.07	－1.45
小麦	3.84	－30.93
油料	3.19	－11.63
啤酒花	0.67	—

表2　主要农产品产量

指标名称	产量（万吨）	比上年增长（%）
玉米	16.14	12.08
蔬菜	53.29	26.24
薯类	7.39	－49.72
中药材	1.70	63.46
棉花	0.52	－18.75
小麦	2.21	－32.00
油料	0.91	－32.08
啤酒花	0.20	5.26

畜牧业年末大牲畜合计1.64万头，牛存栏1.62万头，其中天牧乳业良种奶牛存栏1.13万头，成母牛与后备牛的比例为1∶1.1，牛群结构不断优化。通过对标管理，养殖主要技术指标保持行业中上水平。饮马牧业规模化澳洲肉牛0.19万头，目前肉牛产业处于孵化期，主要生产任务为繁育扩群。随着市场的不断开拓，种牛销售已扩展省内周边多个地区。年末猪存栏0.8万头，同比下降21.5%。虽然今年猪肉价格的增速快、增长大，但生猪养殖规模小，抗风险能力较弱，为确保平稳发展，实现利润最大化，在上半年调整了生产、销售计划，加大仔猪销售量，减少了育肥量。畜牧养殖年末存出栏和主要畜产品见表3。

表3　畜牧养殖年末存出栏和主要畜产品

指标名称	计量单位	数量	比上年增长（%）
牛年末存栏	万头	1.63	7.94
牛年末出栏	万头	0.24	－25
羊年末存栏	万只	14.29	－8.39
羊年末出栏	万只	11.72	－59.5
猪年末存栏	万头	0.80	－21.5
猪年末出栏	万头	1.10	－34.52
家禽年末存栏	万只	18.91	3.05
肉类总产量	万吨	0.38	－22.44
禽蛋产量	万吨	0.09	－56.96
牛奶产量	万吨	5.29	23.02

三、工业和建筑业

全年统计规模以上工业企业及国有规模以下工业企业32家，其中亏损企业16家，占到工业企业的50%。实现工业总产值15.27亿元，较上年同期有所下降。主要是工业产品受市场环境影响，部分企业停产，正常运行企业产销量有增有降，受竞争挤压和原燃材料成本不断上涨等因素影响，产品利润空间进一步压缩。

如表4及图3所示，对工业总产值贡献度较好的行业主要是医药制造和食品加工。其中医药制造贡献度达到36.75%，食品加工贡献度达到31.36%。这种分布规律和甘肃农垦集团四大产业版块的发展战略相吻合。

2019年年末甘肃农垦2家建筑企业，从业人员627人，固定资产原值3 824万元，全年施工建筑面积10.47万米^2，房屋建筑竣工面积10.27万米^2，全年实现建筑业总产值1.42亿元。

表 4　工业总产值贡献结构对比情况

指标名称	食品加工	酒、饮料制造	化学品制造	医药制造	橡胶和塑料制品	非金属矿物制品业	其他制造	电、热力供应	燃气生产	其他采矿业
企业数（个）	6	3	3	4	1	3	5	1	1	1
工业总产值（亿元）	4.77	1.38	0.3	5.59	0.44	1.32	0.82	0.62	0.02	0.01

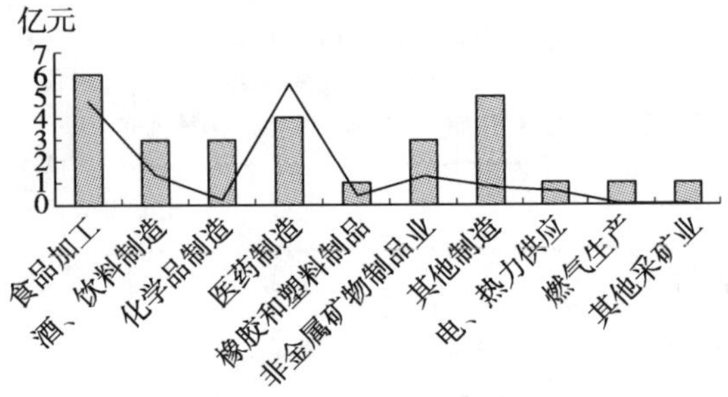

图 3　工业总产值贡献结构对比情况

四、第三产业

1. 交通运输服务情况

2019 年年末甘肃农垦交通运输企业及具有一定经营规模的运输专业户 19 家，年末固定资产原值 415.27 万元，全年货运量 4.72 万吨，客运量 1.69 万/人次，物流运输实现营业收入 841.5 万元。

2. 批发零售及餐饮服务业情况

甘肃农垦批发零售、餐饮服务企业及具有一定规模的个体 275 家，从业人员约 780 人，涉及营业网点 214 个，年末固定资产原值 2.38 亿元，营业面积合计 17.97 万米^2，全年实现营业收入 12.09 亿元。

3. 产品出口供货情况

2019 年，甘肃农垦相关产品涉及出口企业 2 家，分别是亚盛好食邦和黄羊河食品，出口总额 5 206.53 万元。其中，亚盛好食邦 4 606.53 万元，黄羊河食品 600 万元。总计全年出口甜糯玉米 470 吨，蔬菜类 4 599.78 吨。出口增长较大的主要原因是绝对量的数据较小，容易引起数据的较大变化。同时亚盛好食邦的出口增量及价格表现较好。

五、固定资产投资

2019 年甘肃农垦完成固定资产投资 6.11 亿元，全年固定资产投资 90%以上投向主业。以设施农业和环保新材料为重点，加大十大生态产业的投资和布局，莫高股份母粒及制品项目实现正常化生产，生物降解聚酯新材料项目正在加快建设，永昌农场设施农业面积同比增长 13%。

六、农垦科研情况

2019 年甘肃农垦科研机构 17 家，科技人员 168 人，其中本科及以上 139 人。科研经费投入合计 1 996.07 万元，其中中央及省补助相关专项资金 102.6 万元。垦区通过大力实施创新驱动发展战略，与相关学校、院所建立科研及成果转化协同机制，科技创新能力得到进一步提升，亚盛农业研究院被认定为省级新型研发机构，并引进农业类硕士研究生近 30 人，聘请专兼职行业专家十余位。

七、无公害、绿色、有机食品认证情况

2019 年年末甘肃农垦无公害、绿色和有机食品认证数 44 个，带动农户 3 379 户。其中：种植业绿色食品 A 级认证面积 7.59 千公顷，产量 16.8 万吨；有机食品认证面积 0.6 千公顷，产量 0.61 万吨。畜牧业认证无公害食品 1.47 万头/只，产量 232 吨。

青海农垦2019年经济社会发展统计公报

青海省农业农村厅农垦局

2019年青海垦区认真贯彻中央1号文件，牢牢坚持稳中求见的总基调，努力落实稳增长、促改革、调结构、惠民生、保稳定一系列措施，攻坚克难，锐意进取，大力推进农垦改革，垦区稳定发展，经济稳中有增，保持了平稳的发展势头。

一、综合

2019年年底，农垦农牧场（企业）有19家，其中牧场9家，农场10家，垦区总人口46 230人，农场人口35 942人，社会从业人员20 167人，农场职工5 783人；2019年垦区生产总值4.55亿元，其中：第一产业4.21亿元，第二产业0.06亿元，第三产业0.28亿元，固定资产投资9 163.6万元，居民人均可支配收入13 108元。

二、农业

全年农作物播种面积为3.28万公顷，其中：粮食作物2.3万公顷，粮食产量8.5万吨；油料作物4.29万公顷，油料作物产量5.9万吨。

三、畜牧

年末大牲畜5.34万头，其中牛2万头，羊23万只，肉产量3 531吨，羊毛303吨。

四、林业

全年造林面积2 602.7公顷，当年零星植树7.5万株，成林抚育面积1 067公顷。

宁夏农垦2019年经济社会发展统计公报

宁夏农垦集团有限公司

2019年，宁夏农垦在农业农村部农垦局、宁夏自治区党委、政府的总体工作部署下，抢抓中央和自治区深化农垦改革发展的重要战略机遇，坚持稳中求进工作总基调，坚持新发展理念，以供给侧结构性改革为主线，加快高质量发展，统筹抓好稳增长、促改革、调结构、惠民生、防风险各项工作，坚定信心、砥砺前行，为打造全国一流大型国有现代农业集团奠定坚实基础。

一、综合

2019年，宁夏农垦经济实力进一步增强。全年实现农垦生产总值（现价，下同）26.66亿元，比上年增长8.5%。2015—2019年农垦生产总值及增长速度见图1。其中，第一产业增加值14.51亿元，增长5.1%；第二产业增加值6.76亿元，增长16.3%；第三产业增加值5.39亿元，增长9.0%。一、二、三产业增加值构成比例为54%、25%、21%（2018年比例为56%、23%、21%）。

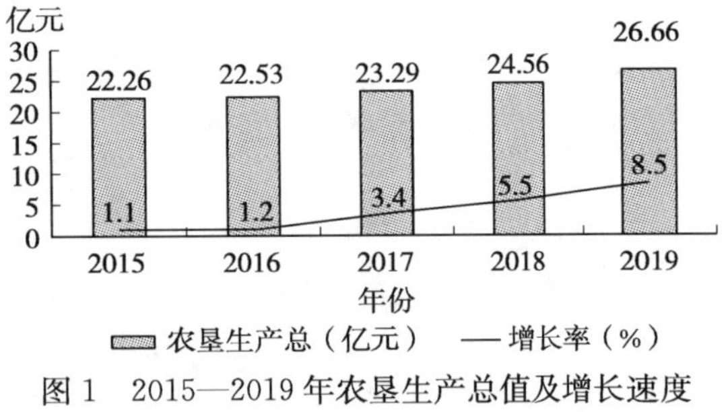

图1　2015—2019年农垦生产总值及增长速度

2019年垦区家庭人均纯收入23 532元，比上年增加1 775元，增长8.2%，是全区农村居民人均纯收入16 021元的1.5倍，是全区城镇居民人均可支配收入42 359元的55.6%。垦区职均收入39 322元，比上年增加2 892元，增长7.9%。

2019年垦区总户数44 365户，总人口135 926人，其中：达到小城镇规模农场个数14个。年末单位从业人员人数10 736人，其中：职工人数10 673人。离退休职工21 633人。年末单位从业人员工资总额51 955万元，职工人均工资收入46 887元，比上年增长8.4%。

二、农业

2019年，宁夏农垦紧扣集团发展战略和“宁夏农垦引领健康生活”企业使命，坚持“绿色、优质、安全、健康”发展定位，培育壮大龙头企业，着力推进企业转型升级。全年实现农林牧渔服务业总产值33.37亿元（现价，下同），比上年增长5.4%，其中：种植业16.59亿元，增长1.2%；林业0.55亿元，增长65%；牧业14.33亿元，增长11.3%；渔业0.87亿元，下降17.2%；服务业1.04亿元，增长2.7%。农林牧渔业产值比例结构见图2。

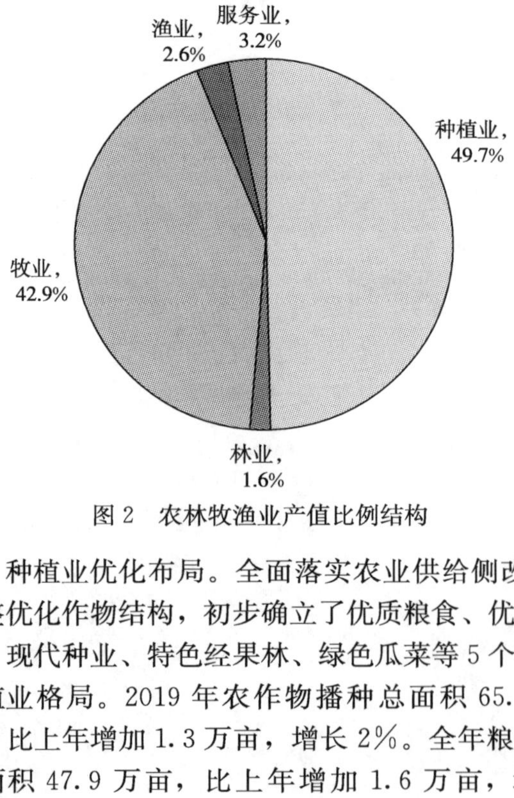

图2　农林牧渔业产值比例结构

种植业优化布局。全面落实农业供给侧改革，调整优化作物结构，初步确立了优质粮食、优质牧草、现代种业、特色经果林、绿色瓜菜等5个特色种植业格局。2019年农作物播种总面积65.7万亩，比上年增加1.3万亩，增长2%。全年粮食播种面积47.9万亩，比上年增加1.6万亩，增长3.5%。其中：夏粮播种面积1.5万亩，与去年持平；秋粮播种面积46.3万亩，增长3.3%。春小麦播种面积 1.5 万亩，与去年持平；水稻播种面积 16.4 万亩，下降 2.4%；玉米播种面积 29.9 万亩，增长 7.2%。

全年粮食总产量 37.27 万吨，增长 12.4%，占自治区粮食总产量 373 万吨的 10%。其中：夏粮产量 0.67 万吨，下降 7%；秋粮产量 36.60 万吨，增长 12.9%。2019 年垦区种植业基本情况见表 1。

表 1　2019 年垦区种植业基本情况

产　品	产量（吨）	比上年增长（%）
粮食产量	372 703	12.4
其中：小麦	6 714	−7.0
水稻	101 843	持平
玉米	263 583	18.8
油料	1 620	−24.5
蔬菜	70 112	−2.4
水果	56 759	13.3
其中：葡萄	33 971	2.3

畜牧业扩规增效。宁夏垦区坚持国有奶产业草畜一体化发展，提升精细化管理水平，其中：全年实现总产值 9.4 亿元，比上年增长 24%，占畜牧业总产值的 65.6%；年末奶牛存栏 5.25 万头，增长 22.66%，占总存栏数的 88.4%；国有奶产量 25.37 万吨，增长 20.8%，占总产量的 91.6%，鲜奶每千克成本 2.77 元，实现收入 10 300 万元，实现利润 9 016 万元，牧业板块创利撑起农垦“半边天”，有力促进垦区畜牧业的发展。2019 年垦区畜牧业基本情况见表 2。

表 2　2019 年垦区畜牧业基本情况

产品或存栏	计量单位	数量	比上年增长（%）
年末大牲畜存栏	头	73 043	17.8
年末牛存栏	头	73 019	17.9
其中：奶牛	头	59 412	18.32
年末羊存栏	只	79 260	3.1
其中：山羊	只	22 729	−1.0
绵羊	只	56 531	4.9
猪年末存栏	头	23 754	−23.8
其中：能繁母猪	头	2 652	−22.9
当年牲畜出栏			
其中：牛出栏	头	21 582	−16.8
羊只出栏	只	52 677	−8.2
生猪出栏	头	44 345	−12.9
家禽出栏	百只	21 032	113.35

（续）

产品或存栏	计量单位	数量	比上年增长（%）
肉类总产量	吨	11 639	8.5
其中：猪肉产量	吨	2 853	−17.4
牛肉产量	吨	4 494	−5.7
羊肉产量	吨	828	−9.9
禽肉产量	吨	3 452	118.1
牛奶产量	吨	277 103	15.1
禽蛋产量	吨	1 464	10.2

水产养殖业保持稳定。年末养殖面积 6.3 万亩，比上年减少 2.46 万亩，全年水产品产量 8 149 吨，下降 26.8%。

全年植树造林面积 3 225 亩，其中：非林业用地造林面积 3 225 亩。当年零星植树 9.9 万株。

2019 年宁夏垦区不断完善农机标准体系建设，农作物综合机械化水平达到 97%。年末农业机械总动力 33.03 万千瓦，增长 1.8%；拥有大中型拖拉机 2 693 台，小型拖拉机 1 506 台，播种机 562 台，排灌动力机械 1 556 台，联合收割机 521 台，农用运输车 1 781 台。

三、工业和建筑业

农垦工业稳步发展。年末宁夏垦区工业企业个数 50 个，其中：国有年销售收入 2 000 万元以上的工业企业 4 个。全年实现工业增加值 5.48 亿元，上涨 10.9%，占第二产业增加值的 81%，其中：宁夏西夏嘉酿啤酒有限公司实现工业增加值 3.65 亿元，增长 30.3%，占工业增加值 66.6%。2019 年垦区工业产品产量见表 3。

表 3　2019 年垦区工业产品产量

产　品	计量单位	数量	比上年增减（%）
鲜肉	吨	1 273	−2.7
乳制品	吨	33 499	11.2
其中：酸奶	吨	1 009	−10.7
饮料酒	千升	214 678	11.0
其中：啤酒	千升	210 869	13.2
白酒	千升	582	69.7
葡萄酒	千升	3 177	−53.3
其中：西夏王	千升	1 735	−67.7
混配合饲料	吨	47 116	31.7
大米	吨	9 310	−27.2

2019年年末建筑企业18个，从业人员1 746人，全年实现建筑业增加值1.28亿元，比上年增长47%，占第二产业增加值的18.96%。当年房屋建筑施工面积29万米²。

四、固定资产投资

2019年完成固定资产投资总额8.3亿元，比上年增长27.7%。其中：国有投资7.8亿元，增长30%，主要是项目建设投资。2015—2019年全社会固定资产投资及增长速度见图3。

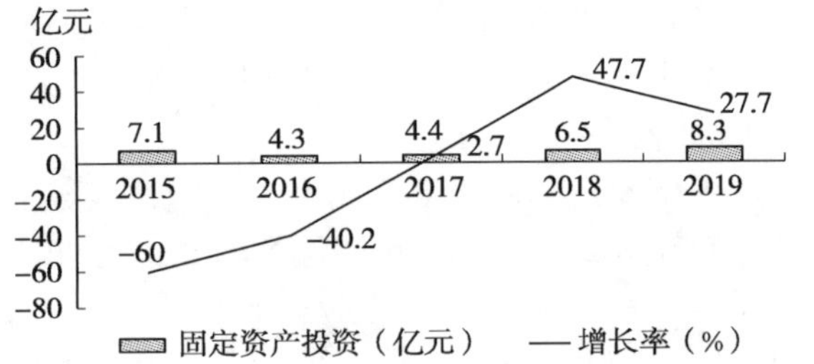

图3　2015—2019年全社会固定资产投资及增长速度

在当年固定资产投资中，基本建设完成投资7.76亿元，增长25.2%，占总投资额的93.5%；更新改造完成投资0.54亿元，增长74.2%，占总投资的6.5%。

当年固定资产投资项目中，农垦南梁农场完成高效节水灌溉工程、美丽小城镇建设0.32亿元；奶业公司完成奶牛场大型沼气热电联产项目，兴垦牧业万头牛场一期、三期工程及其配套基础设施共计2.88亿元；平吉堡奶牛场完成高效节水灌溉项目、高标准农田建设项目、水库移民建设项目等共计0.53亿元；沙湖完成东南部湖区水质内循环净化工程、环湖木栈道及新建、跨运河桥梁等项目0.96亿元；农垦建设实业完成金地花园B区、C区项目建设1.95亿元。

五、交通运输业、批零贸易业、住宿和餐饮业、旅游业、房地产业及出口商品

2019年，全年拥有载货汽车360辆，载客汽车475辆，实现货运量162万吨，客运量320万人；实现营业收入10 173万元。

年末批零贸易业、住宿和餐饮业营业单位总数1 595个，从业人员4 550人，拥有固定资产原值29 864万元，营业用房面积9.7万米²，实现社会消费品零售额41 146万元，比上年增长1.5%，其中：批发零售贸易业30 241万元，增长1.7%；住宿餐饮业10 905万元，增长1%。

宁夏农垦沙湖景区全年接待游客92万人次，实现旅游收入16 026万元，缴纳税金1 250万元，带动了垦区第三产业的发展。

宁夏垦区国有房地产开发企业加大“去库存”力度，年内销售面积7.5万米²，实现营业收入12 286.43万元，缴纳税金2 140.93万元。

2019年宁夏垦区商品出口主要是供港蔬菜，年末商品出口总金额7 952万元，出口蔬菜17 673吨。

六、绿色、有机食品、无公害农产品

2019年年末宁夏垦区绿色、有机、无公害农产品认证数44个，带动12 453户农户，其中：从事农作物蔬菜种植3个，带动农户1 286人，种植面积绿色A级7 033公顷，产量81 068吨；从事水果种植3个，带动农户1 285人；西夏啤酒7个；西夏王葡萄酒9个，带动农户3 615人；灵农猪肉1个，带动农户245人，产量1 273吨；沙湖水产品6个。

七、科研

年末宁夏农垦科研单位1个；科研职工9人，其中：科研人员6人。

八、非国有经济

2019年宁夏垦区非国有经济实现生产总值8.15亿元，比上年增长6.5%，占垦区经济总量的30.6%。其中：第一产业增加值3.9亿元；第二产业增加值1.52亿元；第三产业增加值2.73亿元。各产业在非国有经济中的构成比例为47∶19∶34。年末非国有经济单位个数8 023个，从业人员19 866人，从业人员总收入44 534万元，实现利税17 847万元，其中利润16 233万元。

新疆生产建设兵团 2019 年经济社会发展统计公报

新疆生产建设兵团统计局
国家统计局兵团调查总队

2019 年，兵团上下坚持以习近平新时代中国特色社会主义思想为指导，全面贯彻党的十九大和十九届二中、三中、四中全会精神，增强“四个意识”，坚定“四个自信”，做到“两个维护”，深入贯彻习近平总书记关于新疆和兵团工作的重要讲话和重要指示批示精神，深入贯彻新时代党的治疆方略和对兵团的定位要求，贯彻落实中央经济工作会议精神和兵团工作座谈会精神，在自治区党委统一领导和兵团党委坚强领导下，坚持稳中求进工作总基调，坚持新发展理念，坚持推动高质量发展，坚持以供给侧结构性改革为主线，坚持深化市场化改革、扩大高水平开放，统筹推进稳就业、稳金融、稳外贸、稳外资、稳投资、稳预期工作，兵团深化改革取得新的重大进展，向南发展各项工作取得积极成效，经济社会保持平稳健康发展的良好态势。

一、综合

全年实现生产总值 2 747.07 亿元，比上年增长 6.3%。2015—2019 年兵团生产总值及其增长速度见图 1。其中，第一产业增加值 605.82 亿元，增长 6.3%；第二产业增加值 959.62 亿元，增长 5.9%；第三产业增加值 1 181.64 亿元，增长 6.5%。第一产业增加值占生产总值比重为 22.1%，第二产业增加值比重为 34.9%，第三产业增加值比重为 43.0%。人均生产总值 86 467 元，比上年增长 1.2%。2015—2019 年三次产业增加值占生产总值比重见图 2。

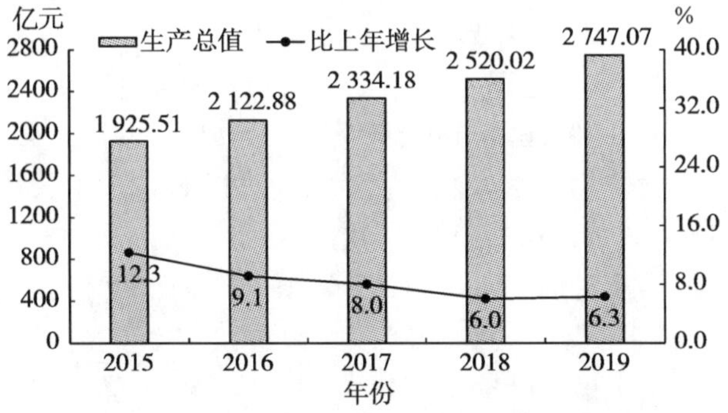

图 1　2015—2019 年兵团生产总值及其增长速度

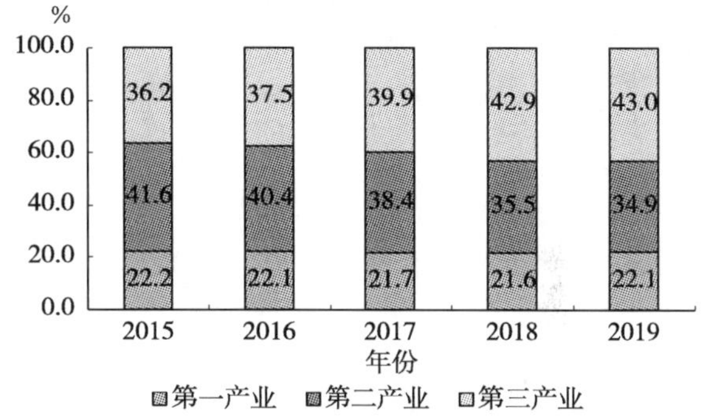

图 2　2015—2019 年三次产业增加值占生产总值比重

年末兵团总人口 324.84 万人，比上年年末增加 14.29 万人、增长 4.6%。其中，男性 167.82 万人，女性 157.02 万人，总人口性别比（以女性为 100，男性对女性的比例）为 106.9。全年出生人口 1.84 万人，出生率为 5.79‰；死亡人口 1.33 万人，死亡率为 4.18‰；人口自然增长率为 1.61‰。截至 2019 年 10 月 31 日，全兵团户籍人口 243.47 万人，比上年年末增加 3.79 万人、增长 1.58%。其中，城镇人口 140.31 万人，增长 4.15%；乡村（连队）人口 103.16 万人，下降 1.71%。

全年城镇新增就业 11.01 万人，其中援助就业困难人员就业 1.26 万人。2015—2019 年城镇新增就业人数见图 3。城镇登记失业率为 2.51%。全年

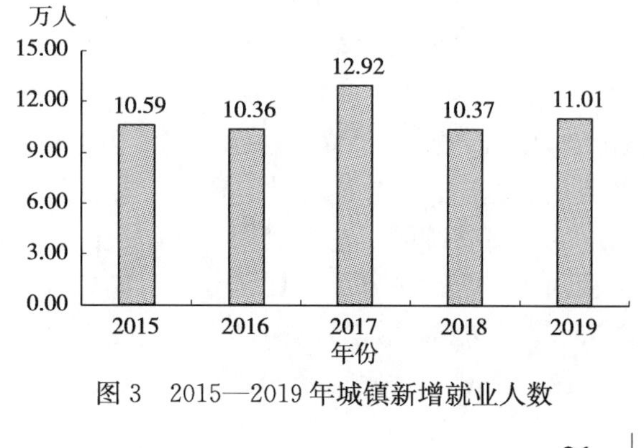

图 3　2015—2019 年城镇新增就业人数

完成各类职业技能培训12.86万人（次）。

全年新疆居民消费价格比上年上涨1.9%，其中，食品烟酒价格上涨4.9%，居住价格上涨1.7%。新疆农业生产资料价格上涨2.6%。新疆固定资产投资价格上涨2.8%。

全年兵团工业生产者出厂价格比上年上涨0.8%。工业生产者购进价格下降0.2%。兵团农产品生产者价格上涨4.2%。2019年新疆居民消费价格比上年涨跌幅度见表1。

表1　2019年新疆居民消费价格比上年涨跌幅度

指　　标	比上年涨跌幅度（%）
居民消费价格	1.9
其中：城市	1.9
农村	2.1
其中：食品烟酒	4.9
衣着	−0.1
居住	1.7
生活用品及服务	1.3
交通和通信	−1.8
教育文化和娱乐	0.8
医疗保健	1.1
其他用品和服务	3.2

12月18日，第七师胡杨河市挂牌成立。全年新增新井子镇、甘泉镇、花桥镇、幸福镇、金杨镇、龙口镇、前海镇、永兴镇、兴安镇、嘉和镇、河东镇、夏河镇、老兵镇、玉泉镇、昆泉镇、昆牧镇、榆树庄镇、长丰镇、苇湖镇、双桥镇、石峪镇、博河镇、双乐镇、双渠镇、丰庆镇、海川镇，共26个建制镇。年末兵团管理的自治区直辖县级市10个、建制镇37个。

三大攻坚战取得重要进展。主动打好防范化解金融风险攻坚战，配合审计署清理、甄别、认定兵团769.69亿元存量政府性债务，发行217.74亿元政府性债券，置换兵团存量政府性债务，支持团场化解17.5亿元经营性债务；脱贫攻坚取得决定性进展。2019年减少建档立卡贫困人口6 018人，35个贫困连队退出，4个贫困团场摘帽，实现了2019年年底前兵团贫困团场全部摘帽，贫困连队全部退出，贫困人口全部脱贫的目标任务；污染防治取得关键进展。节能降耗成效明显，全年规模以上工业综合能源消费量比上年下降4.2%，增速比上年低2.9个百分点。规模以上工业能源生产中，水电、风电、太阳能等清洁能源产量所占比重为10.9%，比上年提高1.4个百分点。

新动能较快成长。规模以上工业战略性新兴产业增加值比上年增长5.5%，占规模以上工业增加值的比重为9.0%。高技术制造业增加值增长25.3%，装备制造业增加值增长8.7%。

深化改革取得新的重大进展。团场综合配套改革中具有“四梁八柱”性质的改革任务基本完成。连队土地、职工、民兵“三位一体”基本制度常态化、规范化。国资国企改革稳步推进。以关闭注销、转让退出、重组整合、培育发展为主要内容的“四个一批”改革为突破口，“重组整合一批、培育壮大一批”，优化国有资本布局，确立“企”的市场主体地位，新型行政运行管理机制初步建立。财政管理体制改革取得明显成效。建立规范地对师市财政管理体制，理顺了收入分配关系，完善了转移支付制度，实行税收增收激励奖励机制。统筹财力保障正常运行，全面落实减税降费政策，全年减税降费25.2亿元。

向南发展取得新成效。年末南疆师市总人口98.37万人，比上年末增加6.99万人、增长7.6%。全年南疆师市生产总值比上年增长7.6%。规模以上工业增加值增长9.1%。固定资产投资增长7.3%，其中，代管团场（园区）投资增长32.4%。社会消费品零售总额增长4.6%。

二、农业

全年农作物播种面积1 384.89千公顷（2 077.33万亩），比上年增长0.1%。其中，粮食面积230.67千公顷（346.00万亩），下降8.2%；棉花面积868.77千公顷（1 303.16万亩），增长1.7%；油料面积68.68千公顷（103.02万亩），增长17.2%；甜菜面积17.90千公顷（26.84万亩），下降14.3%；蔬菜面积（含菜用瓜）60.48千公顷（90.72万亩），增长8.6%，园林水果面积197.07千公顷（295.6万亩），下降2.3%。

农作物精量半精量播种面积1 195.15千公顷（1 792.73万亩），比上年增长23.36%。其中，棉花精量播种面积843.53千公顷（1 265.29万亩），增长9.5%。

全年粮食产量230.48万吨，比上年下降3.3%；棉花产量202.80万吨，下降0.9%，2015—2019年棉花产量及其增长速度见图 4；油料产量 26.2 万吨，增长 18.2%；甜菜产量 148.33 万吨，下降 16.0%；蔬菜产量 417.19 万吨，增长 8.7%，其中，工业用番茄 154.44 万吨，增长 26.0%。

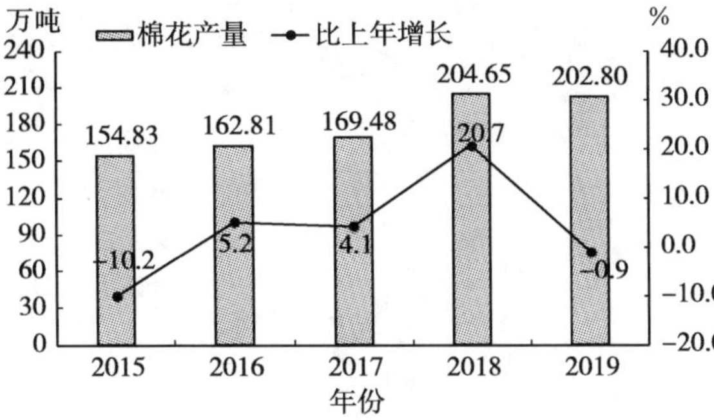

图 4　2015—2019 年棉花产量及其增长速度

年末牲畜存栏 641.83 万头（只），比上年下降 4.7%。其中，牛 52.49 万头，增长 5.1%；猪 177.32 万头，下降 2.8%；羊 406.15 万只，下降 8.8%。年内牲畜出栏 949.54 万头（只），增长 3.8%。全年肉类总产量 49.18 万吨，增长 5.1%。羊毛产量 1.78 万吨，下降 4.1%。禽蛋产量 14.22 万吨，增长 12.4%。牛奶产量 77.57 万吨，增长 8.2%。

全年水果产量 425.29 万吨，比上年增长 8.3%。其中，红枣 200.33 万吨，增长 6.4%；葡萄 84.53 万吨，增长 2.0%；香梨 38.80 万吨，增长 10.4%；苹果 68.72 万吨，增长 8.7%。全年核桃产量 4.74 万吨，增长 22.8%。

全年水产品产量 5.38 万吨，比上年下降 6.6%。

年末有效灌溉面积 1 379.20 千公顷（2 068.81 万亩），比上年增长 2.3%。其中，高新节水灌溉面积 1 129.44 千公顷（1 694.16 万亩），与上年持平。

种植业耕种收综合机械化率 94.3%。采棉机 2 500台，机采棉面积 720.27 千公顷（1 080.40 万亩），棉花机采率 82%。

全年新建及改扩建各类标准化规模养殖场 30 个，畜禽良种推广覆盖率达到 79%，养殖粪污资源化利用率 81.33%。

年末国家级兵团级农业产业化重点龙头企业 107 家。其中，国家级 17 家，兵团级 90 家。销售收入（交易额）超 100 亿元的企业 3 家，超 30 亿元的 9 家，超 10 亿元的 14 家。已创建认定 1 个国家级现代农业产业园，已创建 4 个全国农业产业强镇、2 个全国农村一二三产业融合发展先导区、46 个全国“一村一品”示范村镇。

三、工业和建筑业

全年全部工业增加值 670.73 亿元，比上年增长 5.8%，2015—2019 年全部工业增加值及其增长速度见图 5。规模以上工业增加值增长 4.6%。在规模以上工业中，分经济类型看，国有控股企业增加值增长 5.4%；股份制企业增长 3.4%，外商及港澳台商投资企业增长 22.9%；私营企业增长 4.4%。分门类看，采矿业下降 3.1%，制造业增长 4.5%，电力、热力、燃气及水生产和供应业增长 5.7%。分轻重工业看，轻工业增长 4.9%，重工业增长 4.4%。

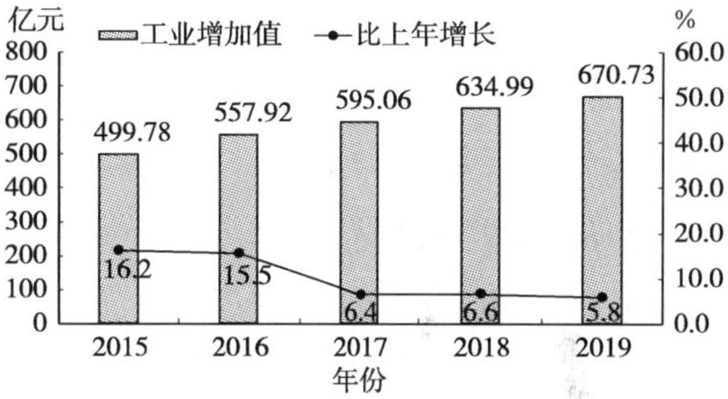

图 5　2015—2019 年全部工业增加值及其增长速度

全年规模以上工业中，煤炭开采和洗选业增加值比上年下降 4.8%，农副食品加工业下降 4.3%，食品制造业增长 8.7%，酒饮料和精制茶制造业增长 1.1%，纺织业增长 16.4%，石油、煤炭及其他燃料加工业增长 27.4%，化学原料及化学制品制造业增长 5.6%，非金属矿物制品业增长 12.9%，黑色金属冶炼和压延加工业增长 15.6%，有色金属冶炼及压延加工业下降 11.1%，电力、热力生产和供应业增长 6.5%。六大高耗能行业增加值比上年增长 4.5%，占规模以上工业增加值的比重为 63.4%。2019 年主要工业产品产量及其增长速度见表 2。

表 2　2019 年主要工业产品产量及其增长速度

产品名称	计量单位	绝对数	比上年增长（%）
原煤	万吨	787.47	－4.9
发电量	亿千瓦时	852.10	－3.5

（续）

产品名称	计量单位	绝对数	比上年增长（%）
其中：火电	亿千瓦时	759.18	−5.0
水电	亿千瓦时	15.30	4.1
风电	亿千瓦时	37.60	30.6
太阳能	亿千瓦时	40.01	−0.2
精制食用植物油	万吨	47.26	−2.6
乳制品	万吨	27.45	2.8
番茄酱罐头	万吨	33.09	−8.4
饮料酒	万千升	17.69	−9.4
软饮料	万吨	29.30	−25.0
纱	万吨	64.10	14.6
布	亿米	1.74	37.6
机制纸及纸板	万吨	13.06	86.7
农用氮、磷、钾化学肥料（折纯）	万吨	45.14	−9.5
初级形态的塑料	万吨	140.86	−0.1
塑料制品	万吨	75.01	10.8
硅酸盐水泥熟料	万吨	915.17	10.9
水泥	万吨	1 154.59	7.0
钢材	万吨	173.93	9.4
原铝（电解铝）	万吨	269.39	−6.2

年末兵团规上工业发电装机容量 1 883 万千瓦，比上年末增长 5.7%。其中，火电装机容量 1 504万千瓦，增长 6.7%；水电装机容量 38 万千瓦，与上年持平；并网风电装机容量 144 万千瓦，增长 16.0%。

全年规模以上工业企业产品销售率 96.2%；完成工业品出口交货值 31.38 亿元，比上年增长 19.1%。

年末兵团共有各类开发区 31 个，其中国家级经济技术开发区 3 个，国家级高新技术产业开发区 1 个，国家级经济开发区兵团分区 2 个，兵团级工业园区 25 个。

图 6　2015—2019 年全社会建筑业增加值及其增长速度

全年全社会建筑业增加值 289.21 亿元，比上年增长 6.4%，2015—2019 年全社会建筑业增加值及其增长速度见图 6。资质内建筑业企业中，各类建筑施工单位签订合同额 1 627.53 亿元，比上年增长 1.3%。

四、服务业

全年批发和零售业增加值 230.56 亿元，比上年增长 3.5%；交通运输、仓储和邮政业增加值 104.92 亿元，增长 9.8%；住宿和餐饮业增加值 62.48 亿元，增长 5.0%；金融业增加值 130.91 亿元，增长 7.9%；房地产业增加值 75.98 亿元，增长 6.3%；其他服务业增加值 537.25 亿元，增长 7.0%，2015—2019 年服务业增加值及其增长速度见图 7。全年规模以上服务业企业营业收入比上年增长 9.4%，营业利润增长 1.6 倍。

全年货物运输总量 7.88 亿吨，比上年增长 4.2%。货物运输周转量 1 092.73 亿吨公里，增长 9.1%。旅客运输总量 2.37 亿人，下降 4.3%。旅客运输周转量 136.65 亿人公里，下降 8.2%。2019 年道路运输业营运情况见表 3。

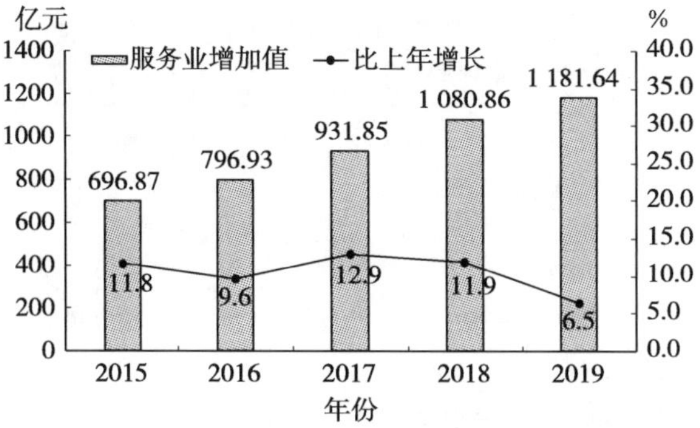

图 7　2015—2019 年服务业增加值及其增长速度

表 3　2019 年道路运输业营运情况

指　　标	计量单位	绝对数	比上年增长（%）
货物运输总量	亿吨	7.88	4.2
其中：个体	亿吨	6.17	1.3
货物运输周转量	亿吨公里	1 092.73	9.1
其中：个体	亿吨公里	814.98	2.5
旅客运输总量	亿人	2.37	−4.3
其中：个体	亿人	1.69	−9.1
旅客运输周转量	亿人公里	136.65	−8.2
其中：个体	亿人公里	106.02	−16.2
营运收入	亿元	339.47	−5.4
个体纯收入	亿元	117.64	−1.0

年末民用汽车保有量 36.38 万辆，比上年末增长 10.3%。其中，载客汽车 26.61 万辆，增长 11.9%；载货汽车 6.45 万辆，增长 5.4%；其他汽车 3.32 万辆，增长 7.5%。民用轿车保有量 23.6 万辆，增长 19.9%。

年末兵团公路通达里程 35 925 公里。其中，一级 563.7 公里，二级 4 856.8 公里，三级 5 862.2 公里，四级 12 995.5 公里。全年新改建二级以上公路 406.6 公里，改扩建通营、连公路 594 公里。

年末新疆通用航空有限公司执管飞机 42 架。全年总飞行时间 4 705 小时，起落 6 571 架次。其中，用于农林牧业飞行 2 405 小时，作业处理土地面积 52 千公顷（78 万亩）；工业飞行 195 小时。

年末兵团城市固定宽带家庭普及率 75.7%。师市光网及 4G 网络覆盖率 100%，连队覆盖率 98%。

五、国内贸易

全年社会消费品零售总额 783.28 亿元，比上年增长 5.6%。按经营地统计，城镇消费品零售额 696.14 亿元，增长 6.0%；乡村（连队）零售额 87.14 亿元，增长 2.1%。按消费类型统计，商品零售额 625.04 亿元，增长 5.6%；餐饮收入额 158.24 亿元，增长 5.6%。2015—2019 年社会消费品零售总额及其增长速度见图 8。

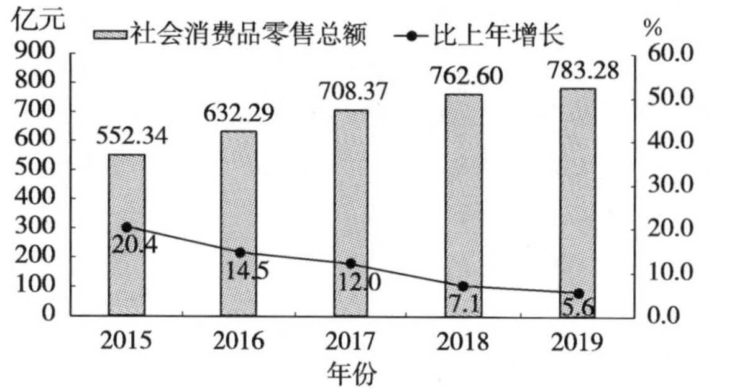

图 8　2015—2019 年社会消费品零售总额及其增长速度

在限额以上单位（企业）商品零售额中，粮油食品零售额比上年增长 2.0%，饮料类增长 1.6%，烟酒类增长 2.7%，服装、鞋帽、针纺织品类增长 0.7%，化妆品类下降 0.2%，金银珠宝类增长 7.9%，日用品类下降 5.9%，家用电器和音像器材类下降 3.1%，中西药品类下降 2.1%，文化办公用品类下降 9.1%，家具类增长 2.9%，建筑及装潢材料类下降 11.3%，汽车类下降 23.6%，石油及制品类增长 4.0%。

六、固定资产投资

全年固定资产投资（不含农户）比上年同期增长 4.2%。分产业看，第一产业投资下降 19.3%；第二产业投资增长 8.8%；第三产业投资增长 1.9%。分区域看，南疆师市投资增长 7.3%，北疆师市投资增长 1.1%。民间固定资产投资下降 2.6%。基础设施投资增长 1.0%。六大高耗能行业投资增长 9.5%。

全年工业投资比上年增长 8.9%。其中，制造业投资增长 13.3%；电力、热力、燃气及水的生产和供应业投资下降 0.1%。全年交通运输、仓储和邮政业投资增长 19.4%。

全年房地产开发投资 144.89 亿元，比上年增长 7.4%。商品房销售面积 352.23 万米^2，增长 1.8%。其中，住宅 273.66 万米^2，增长 2.4%。年末商品房待售面积 223.95 万米^2，增长 6.2%。商品房销售额 175.21 亿元，下降 7.2%。2019 年分行业固定资产投资（不含农户）

增长速度见表4。

表4　2019年分行业固定资产投资（不含农户）增长速度

行　业	比上年增长（%）	行　业	比上年增长（%）
总计	4.2	金融业	−49.3
农、林、牧、渔业	−19.3	房地产业	7.6
采矿业	−24.2	租赁和商务服务业	−1.8
制造业	13.3	科学研究和技术服务	−41.2
电力、热力、燃气及水生产和供应业	−0.1	水利、环境和公共设施管理业	−7.7
建筑业	−94.5	居民服务、修理和其他服务业	−32.8
批发和零售业	−19.5	教育	20.4
交通运输、仓储和邮政业	19.4	卫生和社会工作	11.2
住宿和餐饮业	−1.6	文化、体育和娱乐业	−30.0
信息传输、软件和信息技术服务业	−32.6	公共管理、社会保障和社会组织	−10.1

全年实施棚户区改造1 884户。实施农户危房改造5 000户，其中，建档立卡贫困户1 036户。

固定资产投资建设资金来源（计划投资5 000万元以上项目）总额613.39亿元，比上年增长11.2%。其中，本年资金589.00亿元，增长8.2%。本年资金来源中，国家预算内资金113.41亿元，增长6.8%；国内贷款38.11亿元，下降24.9%；自筹资金389.16亿元，增长7.2%；其他资金27.67亿元，增长18.3%。

全年新增固定资产411.29亿元，比上年下降6.3%。

全年307个援疆项目开工，计划总投资28.20亿元，其中援疆资金25.64亿元，累计完成投资27.43亿元，到位援疆资金25.66亿元。其中，南疆4个师完成投资16.62亿元，到位援疆资金14.47亿元；北疆9个师（不含十一师）完成投资11.58亿元，到位援疆资金11.19亿元。

七、对外经济

全年货物进出口总额85.6亿美元，比上年增长1.44%。其中，货物出口70亿美元，下降2.24%；货物进口15.6亿美元，增长22.03%。货物出口中，自产品出口9亿美元，与上年持平。货物进出口差额（出口减进口）54.4亿美元。2019年货物进出口总额及其增长速度见表5、2015—2019年货物出口进口额见图9。

表5　2019年货物进出口总额及其增长速度

指　　标	金额（亿美元）	比上年增长（%）
货物进出口总额	85.63	1.4
货物出口额	70.01	−2.2
其中：一般贸易	11.05	−0.5
边境小额贸易	58.74	−2.8
货物进口额	15.62	22.0
其中：一般贸易	13.20	13.7
边境小额贸易	0.66	−3.4
货物进出口差额（出口减进口）	54.40	—

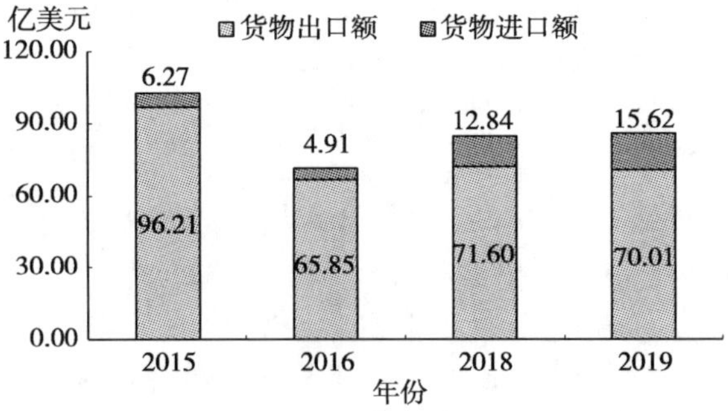

图9　2015—2019年货物出口进口额

全年直接利用外资0.12亿美元。新设外商投资企业10家，合同利用外资5.12亿美元。

全年完成非金融类对外直接投资2 376万美元，比上年下降73.49%。完成对外承包工程营业额2.72亿美元，下降61.14%，对外承包工程项目累计派出各类劳务人员1 950人。

八、财政金融

全年兵团公共财政预算收入 1 327.48 亿元，比上年增长 11.9%。其中，一般公共预算收入 142.54 亿元，比上年增长 2.4%。全年兵团实际完成地方税收收入 90.81 亿元，下降 12.7%。全年兵团一般公共预算支出 1 158.16 亿元，增长 21.0%。

年末兵团辖区社会融资规模 3 483.97 亿元，比年初增加 211.61 亿元，增长 6.47%；各项存款余额 3 473.24 亿元，比年初增加 422.18 亿元，增长 13.84%。其中，个人存款余额 1 755.11 亿元，比年初增加 263.22 亿元，增长 17.64%；单位存款 1 718.13 亿元，比年初增加 158.96 亿元，增长 10.19%。兵团辖区各项贷款余额 2 695.19 亿元，比年初增加 121.09 亿元，增长 4.70%。其中，个人贷款余额 411.68 亿元，比年初增加 99.70 亿元，增长 31.95%；单位贷款余额 2 202.74 亿元，比年初增加 18.69 亿元，增长 0.85%；民营企业贷款 704.81 亿元，比年初增加 195.17 亿元，增长 38.29%；票据融资 61.98 亿元，比年初增加 2.6 亿元，增长 4.38%；不良贷款 27.28 亿元，比年初增加 2.74 亿元，不良率 1.01%，比年初增加 0.06%。

农行兵团分行年末各项本外币存款余额 1 407.54亿元，比年初增长 8.2%。其中，个人存款 688.80 亿元，增长 6.7%；单位存款 713.53 亿元，增长 9.1%；同业存款 5.21 亿元，增长 313.5%。年末各项贷款余额 647.92 亿元，比年初下降 2.3%。其中，个人贷款 127.20 亿元，增长 22.8%；单位贷款 427.22 亿元，下降 11.8%；贸易融资 52.09 亿元，下降 9.6%；贴现及转贴现净值 41.41 亿元，增长 141.3%。

兵团 14 家上市公司利用资本市场公开发行实现融资 4.5 亿元。

九、居民收入消费和社会保障

全年兵团居民人均可支配收入 33 403 元，比上年增长 6.0%，扣除价格因素，实际增长 4.0%。按常住地分，城镇居民人均可支配收入 40 724 元，比上年增长 4.8%，扣除价格因素，实际增长 2.8%；连队居民人均可支配收入 21 982 元，比上年增长 13.1%，扣除价格因素，实际增长 10.8%。2015—2019 年兵团居民人均可支配收入及增长速度见图 10。

全年兵团居民人均消费支出 21 481 元，比上年增长 11.9%。按常住地分，城镇居民人均消费支出 24 285 元，增长 10.9%；连队居民人均消费支出 17 108 元，增长 16.1%。居民家庭恩格尔系数为 27.3%，比全国水平低 0.9 个百分点，其中城镇为 26.4%，连队为 29.3%。2019 年兵团居民人均消费性支出及构成见图 11。

图 10　2015—2019 年兵团居民人均可支配收入及增长速度

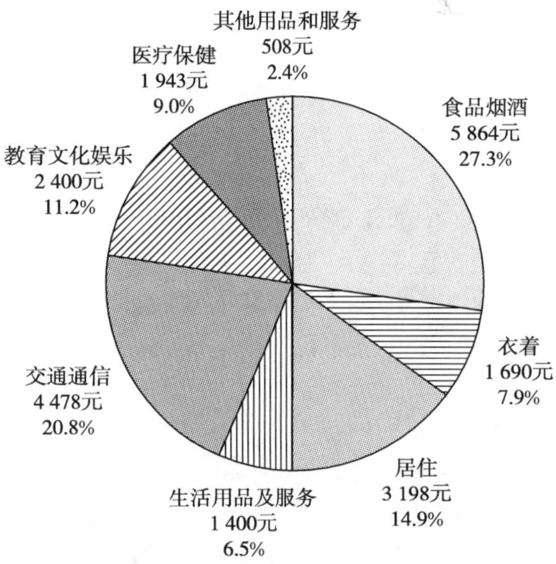

图 11　2019 年兵团居民人均消费性支出及构成

年末参加基本养老保险人数 195.61 万人，比上年增加 5.77 万人，其中，参加城镇职工基本养老保险人数 176.94 万人，增加 4.93 万人；参加城乡居民基本养老保险人数 18.68 万人，增加 0.84 万人。参加基本医疗保险人数 255.03 万人，增加 3.08 万人，其中，参加职工基本医疗保险人数 143.04 万人，增加 5.19 万人；参加城乡居民基本医疗保险人数 111.99 万人，减少 2.11 万人。发放医疗救助资金 7 606.11 万元，9.85 万人次得到医疗救助。参加失业保险人数 68.95 万人，增加 1.86 万人。年末领取失业保险金人数 1.21 万人。

参加工伤保险人数 85.42 万人，增加 5.06 万人。参加生育保险人数 70.72 万人，增加 2.57 万人。

全年兵团发放低保资金 3.15 亿元，月均 5.4 万人享受最低生活保障；发放临时救助资金 1.37 亿元，8.3 万人（次）得到临时救助；发放特困人员救助供养资金 1 787 万元，月均 1 262 名特困人员得到救助供养；全年发放 80 周岁以上老年人高龄津贴 4 568 万元，为 7 万名 80 周岁以上老年人发放生活补贴；全年发放困难残疾人生活补贴和重度残疾人护理补贴 2 384.2 万元，惠及全兵团困难残疾人和重度残疾人共计 18 165 人。

全年受理劳动人事争议案件 3 375 件，仲裁结案率 92.36%。受理劳动保障监察案件 482 件，结案 482 件，结案率 100%；受理行政复议案件 19 件，结案 19 件，结案率 100%。

十、科学技术和教育

年末兵团共有师市以上部门所属研究与技术开发机构 18 个。全年兵团争取各类国家科技计划项目批准立项 139 项，国拨经费到位资金 1.38 亿元；兵团本级科技计划项目 262 项，兵团本级财政科技拨款 1.8 亿元。

年末共有建设国家级高新技术产业开发区 1 个，国家火炬特色产业基地 1 个，高新技术企业 63 家，科技型中小企业 53 家，工程技术研究中心 31 家，产业技术创新战略联盟 9 家，科技中介服务机构 26 家。建设兵团级众创空间 69 家（12 家通过国家备案）、34 家星创天地（33 家通过国家备案）；科技企业孵化器 10 家（5 家国家级）。

全年新增国家企业技术中心 1 家，自治区级企业技术中心 3 家。截至年底，累计认定国家地方联合工程研究中心（实验室）22 个，国家级企业技术中心 7 家，自治区级企业技术中心 58 家，兵团工程研究中心（实验室）15 家。

全年专利申请量 2 035 件，比上年增长 18.38%；专利授权量 1 097 件，下降 19.96%，其中发明专利 124 件，下降 17.33%；每万人发明专利拥有量 2.38 件，增长 0.85%。

年末共有检验检测机构 120 家。已建成国家农业综合标准化示范区 65 个，国家级服务业标准化示范区 4 个。累计有中国驰名商标 12 件，获批“全国质量强市示范城市”1 家。

年末兵团有各级各类学校 627 所。在校学生 54.09 万人，教职工 4.8 万人。全年研究生招生 0.21 万人，在校研究生 0.56 万人，毕业生 0.14 万人。普通本专科招生 1.6 万人，在校生 5.47 万人，毕业生 1.28 万人。成人本专科招生 0.5 万人，在校生 2.03 万人，毕业生 0.54 万人。中等职业教育招生 1.04 万人，在校生 3.02 万人，毕业生 0.74 万人。普通高中招生 1.94 万人，在校生 5.99 万人，毕业生 2.11 万人。初中招生 3.32 万人，在校生 9.73 万人，毕业生 3 万人。小学招生 3.3 万人，在校生 18.12 万人，毕业生 2.93 万人。幼儿园招生 3.24 万人，在园幼儿 9.17 万人，毕业生 3.25 万人。特殊教育招生 13 人，在校生 91 人，毕业生 23 人。小学学龄儿童净入学率 100%，初中适龄少年净入学率 99.25%。九年义务教育巩固率 98.84%，高中阶段毛入学率 98.28%。少数民族中小学及幼儿园国家通用语言文字教学覆盖率 100%。2019 年各类学校基本情况见表 6、2015—2019 年普通本专科、中等职业教育及普通高中招生人数见图 12。

表 6　2019 年各类学校基本情况

指　标	学校数（所）	在校生数（人）		教职工数（人）		毕业生数（人）
			其中：新招生		其中：专任教师	
合计	627	540 937	154 554	48 087	37 407	139 986
普通高等学校	8	60 268	18 193	4 708	3 369	14 220
成人高等学校	2	20 280	5 034	924	650	5 362
中等职业学校	21	26 170	8 898	1 414	1 039	5 659
普通中学	239	157 223	52 581	17 012	14 488	51 142
小学	46	181 241	32 938	14 585	12 838	29 305
幼儿园	309	91 668	32 369	9 193	4 880	32 493
特殊教育	1	91	13	40	32	23

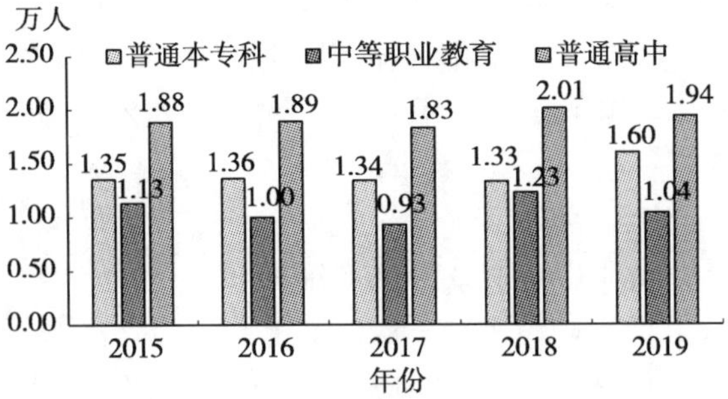

图 12　2015—2019 年普通本专科、中等职业教育及普通高中招生人数

全年兵团专业技术人员公共服务平台注册专业技术人员 85 714 人，通过平台培训专技人员 71 357 人，参训率 83.3%。

十一、文化旅游、卫生健康和体育

年末兵团共有专业文艺团体 9 个，其中兵团直属 4 个、师市 5 个，从业人员 700 余人。各级共有博物馆、纪念馆 81 座、图书馆 38 座（其中国家一级图书馆 3 座、二级图书馆 5 座、三级图书馆 7 座）和美术馆 3 座。已建成 1 个兵团文化中心、14 个师市综合文化活动中心、190 个团场综合文化活动中心和 1 625 个连队综合文化活动室。年末广播节目综合人口覆盖率为 98.8%，电视节目综合人口覆盖率为 99.7%，有线电视入户率达到 70.0%。全年出版各类报纸 6 890.66 万份，各类期刊 130.37 万册，图书 239 种。

年末共有旅游企业 417 家，其中旅行社 162 家，旅游星级饭店 62 家，国家等级景区 56 个，星级农家乐 132 个，旅游集团公司 5 家。全国优秀旅游城市 1 个，全国特色景观旅游名镇 9 个，兵团特色景观旅游名团（镇）40 个，全国红色旅游经典景区 7 个，全国休闲农业与乡村旅游示范县 3 个，全国休闲农业与乡村旅游示范点 12 个，全国工农业旅游示范点 12 家，注册导游 5 838 人。

全年旅游接待总人次 3 387.93 万人次，比上年增长 35.52%。实现旅游总收入 207.04 亿元，增长 40.84%。其中，接待入境游客 7.38 万人次，比上年下降 67.91%；国内游客 3 380.55 万人次，增长 36.47%。国内旅游收入 206.26 亿元，增长 42.54%；入境旅游收入 0.78 亿美元，下降 66.32%。

年末有各类卫生机构 1 136 个（含营利性卫生机构），其中，医院 206 个，门诊部 13 个，社区卫生服务中心 26 个，社区卫生服务站 83 个，诊所、卫生所、医务室 713 个，疾病预防控制中心（防疫站）76 个。各类卫生技术人员 26 804 人，其中，执业医师和执业助理医师 9 907 人，注册护士 12 234 人。医疗卫生机构床位 22 373 张。每千人执业（助理）医师 3.05 人，每千人注册护士 3.77 人，每千人拥有床位 7 张。传染病报告发病率（甲乙类传染病）212.76/10 万。

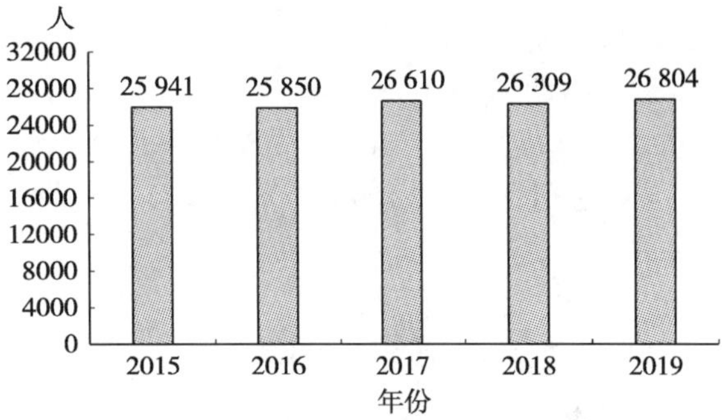

图 13　2015—2019 年年末卫生技术人员数

年末有养老机构和养老设施 263 个，其中已运营的养老机构 101 家，已运营的社区老年人日间照料中心 39 家，总床位数 17 688 张，已运营的养老机构收养老人 8 881 人。年末有城镇社区服务设施 331 个。

年末共有体育场地 5 853 个，配建全民健身路径工程 1 635 套，平均每万人拥有体育场地 18.85 个，人均体育场地面积 2.14 米^2。公共体育场地设施开放比例达到 100%。成立兵团足球协会和兵团重竞技体育运动协会。

十二、资源、环境和应急管理

全年批准新增建设用地 3.88 千公顷（5.81 万亩），比去年同期下降 14.13%；供应土地 4.10 千公顷（6.15 万亩），下降 22.87%；土地出让合同价款 36.95 亿元，与上年持平。

年末已建成水库 150 座，总库容 33.87 亿米^3。其中，大型水库 11 座，中型水库 31 座，小型水库 108 座。已建成水电站 92 座、泵站（含节水灌溉首部）4 600 座、水闸 6 959 座、农村集中式供水工程 1 055 处、机电井 33 485 眼（浅层地下水机电井 31 628 眼，深层机电井 461 眼）。堤防建设长度 2 168.9 千米，堤防保护人口 165.45 万人，保护耕地面积 557.94 千公顷（836.91 万亩）。现有 2 000 亩以上灌区 108 处，0.2 米^3/秒以上灌溉渠道总长度37 915.1千米。现有入河湖排污口16个，废污水排放量8 007万吨。

全年总灌溉面积1 506.24千公顷（2 259.36万亩）。其中，耕地灌溉面积1 134.38千公顷（1 701.57万亩），林地灌溉面积170.49千公顷（255.74万亩），园地灌溉面积182.37千公顷（273.56万亩），牧草地灌溉面积19千公顷（28.5万亩）。

全年水利工程供水量119.61亿米^3，其中，向农业灌溉供水102.16亿米^3，向工业生产供水2.87亿米^3，向城镇生活供水1.59亿米^3，向乡村生活供水0.49亿米^3，向人工生态环境供水6.7亿米^3，向其他用途供水1.62亿米^3，向区域外供水4.18亿米^3。

全年完成造林面积15.51千公顷（23.26万亩），其中人工造林4.8千公顷（7.23万亩），封沙育林10.69千公顷（16.03万亩）。完成村庄（连队）绿化0.52千公顷（0.778万亩）。水土流失综合治理面积295.28千公顷（442.92万亩），本年新增水土流失综合治理面积23.44千公顷（35.16万亩）。

现有兵团级（省级）湿地自然保护区4个，总面积1 003.45平方公里，分别是第三师图木舒克市叶尔羌河中下游湿地自然保护区、六师青格达湖湿地自然保护区、七师奎屯河流域湿地自然保护区和八师玛纳斯河流域中上游湿地自然保护区。6条河流11个断面、11座湖库30个点位及9个城镇集中式饮用水水源地水质总体保持稳定。

全年规模以上工业企业综合能源消费量3 266.82万吨标准煤，比上年下降4.2%。电力消费量760.74亿千瓦时，下降3.2%。

全年化学需氧量排放量9.73万吨，比上年下降0.35%；氨氮排放量0.51万吨，下降0.30%；二氧化硫排放量9.74万吨，下降2.66%；氮氧化物排放量8.50万吨，下降3.07%。

全年五家渠市空气平均优良天数比例70.1%，比上年提高0.6个百分点，细颗粒物（PM2.5）平均浓度63微克/米^3，比上年下降4.5%；石河子市空气平均优良天数比例69.3%，比上年提高1.9个百分点，细颗粒物（PM2.5）平均浓度62微克/米^3，比上年下降3.3%。

年末兵团城镇自来水、燃气、集中供热（含燃气采暖）基本实现全覆盖。城市污水集中处理率达96%，团场污水集中处理率达70.59%。城市生活垃圾无害化处理率为76.08%，团场生活垃圾无害化处理率为45.2%。

全年各类自然灾害造成171.6千公顷（257.4万亩）农作物受灾，其中绝收面积10.8千公顷（16.2万亩）。因灾倒塌房屋6户14间，其中，民房6户14间；损坏房屋151户451间，其中，严重损坏民房2户2间，一般损坏民房149户449间。直接经济损失13.87亿元，其中农业直接经济损失9.9亿元。全年全疆共发生3.0级以上地震189次，其中5.0级以上地震3次，对兵团未造成较大的经济损失。

全年兵团工矿商贸行业领域共发生生产安全死亡事故20起，死亡22人。其中，发生较大生产安全死亡事故1起，死亡3人；发生一般生产安全死亡事故19起，死亡19人。亿元生产总值生产安全事故死亡人数0.008人。煤矿百万吨死亡人数为0.012人。

注释：

[1] 部分数据因四舍五入的原因，存在着总计与分项合计不等的情况。

[2] 生产总值、各产业增加值和人均生产总值绝对数按现价计算，增长速度按不变价格计算。

[3] 工业战略性新兴产业包括节能环保产业，新一代信息技术产业，生物产业，高端装备制造产业，新能源产业，新材料产业，新能源汽车产业等七大产业中的工业相关行业。

[4] 高技术制造业包括医药制造业，航空、航天器及设备制造业，电子及通信设备制造业，计算机及办公设备制造业，医疗仪器设备及仪器仪表制造业，信息化学品制造业。

[5] 装备制造业包括金属制品业，通用设备制造业，专用设备制造业，汽车制造业，铁路、船舶、航空航天和其他运

输设备制造业，电气机械和器材制造业，计算机、通信和其他电子设备制造业，仪器仪表制造业。

[6] 农、牧、渔业等历史数据根据第三次全国农业普查结果进行了修订。

[7] 六大高耗能行业包括石油加工、炼焦和核燃料加工业，化学原料和化学制品制造业，非金属矿物制品业，黑色金属冶炼和压延加工业，有色金属冶炼和压延加工业，电力、热力生产和供应业。

[8] 规模以上服务业统计范围包括年营业收入 1 000 万元及以上，或年末从业人员 50 人及以上的交通运输、仓储和邮政业，信息传输、软件和信息技术服务业，房地产业（不含房地产开发经营），租赁和商务服务业，科学研究和技术服务业，水利、环境和公共设施管理业，教育，卫生和社会工作；年营业收入 500 万元及以上，或年末从业人员 50 人及以上的居民服务、修理和其他服务业，文化、体育和娱乐业法人单位。

[9] 本公报中南疆师市为第一、二、三、十四师，北疆师市为第四、五、六、七、八、九、十、十一、十二、十三师及兵团直属单位。

[10] 基础设施投资是指建造或购置为社会生产和生活提供基础性、大众性服务的工程和设施的支出。公报中的基础设施投资包括电力、热力、燃气及水生产和供应业，交通运输、邮政业，电信、广播电视和卫星传输服务业，互联网和相关服务业，水利、环境和公共设施管理业投资。

[11] 民间固定资产投资是指具有集体、私营、个人性质的内资企事业单位以及由其控股（包括绝对控股和相对控股）的企业单位建造或购置固定资产的投资。

[12] 房地产业投资除房地产开发投资外，还包括建设单位自建房屋以及物业管理、中介服务和其他房地产投资。

资料来源：

本公报中深化改革情况资料来自兵团党委全面深化改革委员会办公室；向南发展数据资料来自兵团党委向南发展工作办公室；工程研究中心、企业技术中心、对口援疆等数据来自兵团发展改革委；教育数据来自兵团教育局；外国专家、科技、专利数据来自兵团科技局；电信数据来自兵团工业和信息化局；户籍人口数据来自兵团公安局；设市建镇、低保补助、优抚、收养数据来自兵团民政局；财政数据来自兵团财政局；城镇新增就业、登记失业率、基本养老保险、失业保险、工伤保险、劳动保障监察数据来自兵团人力资源和社会保障局；国有建设用地、供应地、土地出让数据来自兵团自然资源局；主要污染物排放、空气质量数据来自兵团生态环境局；棚户区住房改造、农户危房改造、城镇水气热普及、污水处理率、生活垃圾无害化处理率数据来自兵团住房和城乡建设局；公路通达里程、飞机、飞行时间数据来自兵团交通运输局；水利设施、灌溉面积、供水量、水土流失数据来自兵团水利局；农作物精量播种面积、测土配方施肥面积、机械化、良种推广、龙头企业、“三品一标”、农业示范区数据来自兵团农业农村局；货物进出口、利用外资、对外承包工程、劳务合作、招商引资和园区建设数据来自兵团商务局；文化、广播、电视、出版、体育和旅游数据来自兵团文化体育广电和旅游局；卫生数据来自兵团卫生健康委；检验检测、标准化数据来自兵团市场监督管理局；灾害、地震、安全生产数据来自兵团应急管理局；基本医疗保险、生育保险和医疗救助数据来自兵团医疗保障局；脱贫攻坚数据来自兵团扶贫办；金融信贷数据来自兵团地方金融监督管理局；造林数据来自兵团林业和草原局；农行存贷款数据来自农行兵团分行；新疆价格数据来自国家统计局新疆调查总队；其他数据均来自兵团统计局和国家统计局兵团调查总队。

新疆地方国有农场2019年经济社会发展统计公报

新疆维吾尔自治区农业农村厅地方国有农场管理局

一、概况

2019年年末，新疆地方国有农场完成生产总值315 954.94万元，其中第一产业增加值255 751.40万元，第二产业增加值12 860.96万元，第三产业增加值47 342.98万元，三次产业比例为81%、4%、15%，人均纯收入11 867元。

二、农业

2019年，新疆地方国有农场充分发挥农业企业特有优势，继续保持了社会经济全面发展的好势头。完成农林牧渔业总产值553 704.89万元。其中，种植业产值达433 103.23万元，林业产值66 765.94万元，牧业产值达36 332.53万元，渔业产值5 637.10万元，农林牧渔服务业产值11 866.09万元；农林牧渔业商品总产值204 625.21万元。

1. 种植业

全年农作物播种面积110 520.89公顷，其中：粮食播种面积25 912.43公顷，比上年减少1 754.39公顷；棉花播种面积66 487.69公顷，较去年减少13 461.01公顷，糖料播种面积1 168.85公顷，较去年增加594.18公顷，油料播种面积758.9公顷，减少面积1 408.89公顷，瓜菜种植面积4 340.48公顷，较去年增加1 193.48公顷，其他作物播种面积为9 795.71公顷，较去年5 458.56公顷。主要农产品产量见表1。

表1　主要农产品产量

产品名称	2019年（吨）	比上年增长（%）
粮食	287 330.12	－4.04
棉花	127 245.74	－68.91
油料	1 675.93	－95.53
甜菜	71 493	985.41
瓜菜	210 579	20.62

2. 畜牧业及水产业

2019年新疆地方国有农场畜牧业稳步发展。主要牲畜和畜禽产品产量见表2。

表2　主要牲畜和畜禽产品产量

产品名称	计量单位	2019年	比上年增长（%）
大牲畜	万头	4.44	－3.17
猪	万头	6.77	36.25
羊	万只	31.70	－14.28
家禽饲养量	万只	86.51	－45.09
肉类总产量	吨	15 824	－19.21
牛奶产量	吨	6 152	－37.75
禽蛋产量	吨	99 359	－19.08

2019年新疆地方国有农场水产品养殖面积为2 964公顷，比上年增加－0.67%；水产品产量为3 868吨。

3. 水果及林业

2019年新疆地方国有农场水果生产保持平稳发展，总面积32 310.66公顷，较去年减少1 237公顷，总产440 736.32吨，较去年增12.46%。主要水果产品产量见表3。

表3　主要水果产品产量

林果名称	2019年（吨）	比上年增长（%）
苹果	272 121.06	24.58
梨	60 603	2.21
葡萄	57 057.4	－2.07
桃	11 186.8	－9.11
红枣	36 702.45	－5.89
其他水果	3 345.47	－31.41

2019年我区地方国有农场当年新造林3 108.05公顷，其中用材林15.21公顷，经济林2 133.14公顷，防护林958.4公顷。当年零星植树36.3万株，育苗面积72.38公顷，其中当年新育

面积 45.68 公顷。

2019 年新疆地方国有农场生产条件持续改善，农业机械总动力为 486 778.2 千瓦，其中：柴油发动机动力 367 728.2 千瓦、汽油发动机动力 38 611 千瓦、电动机动力 67 692 千瓦、其他动力 12 747 千瓦；有大中型农用拖拉机 8 261 台、小型及手扶拖拉机 7 877 台、大中型拖拉机配套农机具 26 678 台、小型拖拉机配套农机具 12 897 台、播种机 6 381台、化肥深施机 630 台、机引铺膜机 3 296 台，农用排灌机械排灌动力机械 4 856 台、农用水泵 3 819 台、滴喷灌溉机械 3 061 台，植保机械机动喷雾（粉）机 2 688 台；收获机械中联合收获机 217 台、动力 29 849.49 千瓦，其他作物收获机械 123 台、动力 14 495.98 千瓦；农副产品加工机械中，粮食加工机械 167 台、棉花加工机械 176 台、油料加工机械 20 台；畜牧业机械中，牧草播种机 37 台、牧草收割机 65 台、牧草打捆机 110 台、机动剪毛机 18 台、机动挤奶器 59 台；林业机械中，挖坑机 426 台、植树机 3 台；运输机械中农用运输汽车 1 441 辆、动力 118 641.3 千瓦；农田基本建设机械中，推土机 82 台、动力 26 272.2 千瓦，挖掘机 98 台、动力 15 082 千瓦，开沟机 10 台、动力 627.4 千瓦。农场用电量 49 523 万千瓦时，农用化肥施用总量（按折纯量计算）100 999.69 吨，农药施用量 2 057.97 吨，地膜使用量 5 577.16 吨。

农产品质量：已认证无公害水果 700 公顷、10 600 吨，认证绿色水果 2 605.77 公顷、5 059.1 吨，认证有机水果 594.2 公顷、15 777 吨。

农作物种业基本情况：种子播种面积 93.33 公顷、产量 314 吨，原种播种面积 6.66 公顷、生产量 44 吨，良种播种面积 86.67 公顷、生产量 270 吨。

三、工业和建筑业

2019 年新疆地方国有农场完成工业产值 108 007 万元，按行业划分农副食品加工业 101 572.2 万元，占 94.04%，食品制造业 160 万元，占 0.15%，酒、饮料和精制茶制造业 180 万元，占 0.16%，纺织业 610 万元，占 0.56%，木材加工和木、竹、藤、棕、草制品业 1 060 万元，占 0.98%，其他制造业 800 万元，占 0.74%，电力热力生产和供应业 690 万元，占 0.63%。主要工业产品产量见表 4。

表 4　主要工业产品产量

产品名称	2019 年（吨）	比上年增长（%）
白酒（折 65 度，商品量）	90	11
塑料制品	4 672	17.35
砖	2 000 000	−50

年末建筑业单位 7 个，其中国有 2 个，年末从业人员 593 人，拥有固定资产原值 537 万元，机械设备总数为 22 台，全年施工房屋建筑面积 5 225 米^2。

四、固定资产完成情况及新增生产能力

2019 年，完成固定资产投资 39 635.35 万元，其中第一产业 30 085.35 万元，占 75.90%，第二产业 6 265 万元，占 15.81%，第三产业 3 289 万元，占 8.29%；按资金来源分国家预算内资金 5 392.3万元，占 13.61%，自筹资金 6 849.32 万元，占 17.28%，其他资金 27 393.73 万元，占 69.11%，当年新增固定资产 11 754.23 万元，其中国有 2 681.23 万元。

五、人口、土地

2019 年，新疆地方国有农场年末总人口 216 333 人，年末土地总面积 759 486.96 公顷，其中耕地面积 125 041.56 公顷，牧草地面积 331 857.59 公顷，林地面积 75 327.55 公顷，水面面积 3 120.33 公顷，果园面积为 35 397.99 公顷，可垦荒地面积 29 801.77 公顷，宜林地面积 6 887.01 公顷，居民点及工矿用地面积 10 012.61 公顷，其他面积 142 040.55 公顷。

新疆地方国有牧场2019年经济社会发展统计公报

新疆维吾尔自治区畜牧兽医局产业发展处

2019年新疆地方国有牧场广大干部职工，在农业农村部农垦局及相关部门的大力支持和亲切关怀下，在自治区党委、人民政府的正确领导下，全区各级畜牧兽医（农业农村）部门深入开展"不忘初心、牢记使命"主题教育，坚决学习贯彻习近平新时代中国特色社会主义思想和党中央治疆方略，聚焦社会稳定、长治久安总目标，按照自治区党委"1＋3＋3＋改革开放"工作部署，坚持稳中求进工作总基调，以保供给、保安全、保生态、促脱贫、惠民生为目标，攻坚克难，扎实工作，积极推进乡村振兴，持续用力畜牧业产业脱贫，全区国有牧场的畜牧业发展取得新成效，较好地完成了全年的各项工作任务。

一、综合

2019年，新疆地方国有牧场汇总上报农垦企业财务会计决算报表101户，减少了23户，主要是牧场改制形成减少，撤场并乡、（建）村，以及"场乡合一"的牧场，和国有牧场在改制期间，不能按时、准确报送相关材料的牧场。分别是伊犁州2个、克州6个、阿勒泰3个、博州1个、昌吉州2个、巴州2个、阿克苏2个、哈密市2个、喀什地区3个等，23户国有牧场减少情况见表1。101户国有牧场上报数据和资料的地方牧场中，有自治区属3个，地州属5个，县属93个。

土地总面积1 049.88万公顷，2019年末120户国有牧场完成土地确权登记发证工作，发证面积为1 393.68万公顷。2019年年末由于国有牧场撤场并乡（建村）等减少28户，减少土地面积343.8公顷，比上年减少10.5%。其中，耕地面积22.605万公顷，草场面积823.01万公顷，林地面积14.59万公顷，水域面积13.72万公顷，茶果桑园面积0.57万公顷，可垦荒地面积18.43万公顷，居民点及工矿用地面积6.06万公顷，其他面积146.01万公顷。2019年末总人口38.33万人。全年实现生产总值51.05亿元，比上年增长19.69%，其中：第一产业增加值42.13亿元，比上年增长20.75%；第二产业增加值4.03亿元，比上年增长11.02%；第三产业增加值4.85亿元，比上年增长17.42%。各项数据及比值上升，主要原因一是统计的地方牧场由124个减少了28个牧场，二是牧场的生产总值统计口径将土地承包的净收入的计算为劳动者报酬增加所致。

二、农牧业生产

2019年，全年实现农林牧渔业总产值82.8亿元，种植业产值46.79亿元，畜牧业产值33.15亿元，林业总产值0.4亿元，渔业总产值0.41亿元，农林牧渔业服务产值2.64亿元。国有牧场农作物播种总面积为18.48万公顷，较上年减少2.16万公顷，下降10.4%，其中：粮食播种面积8.39万公顷，减少0.86万公顷，下降9.2%；油料面积1.73万公顷，增加0.12万公顷，增长7.5%；棉花面积4.75万公顷，减少1.18万公顷，下降19.89%；糖料作物面积0.24万公顷，增加0.08万公顷，增长48.5%；药材类面积0.19万公顷，蔬菜瓜果面积0.53万公顷，减少0.1万公顷；其他作物面积2.62万公顷，减少0.27万公顷，下降9.3%。

主要农产品产量：2019年粮食总产量82.09万吨，较上年持平，其中：小麦15.38万吨，增加了0.86万吨，增长5.9%；玉米61.4万吨，增加了0.05万吨，增长0.01%；油料总产量5.21万吨，增加1.74万吨，增长50.1%；棉花总产量16.46万吨，减少14.46万吨，下降46.76%。

2019年末，国有牧场牲畜存栏326.88万头（只），较上年减少63.76万头（只），下降16.32%，其中：牛39.16万头，减少0.54万头，下降1.36%；羊252.23万只，减少75.71万只，下降4.49%。

主要畜产品产量：2019年国有牧场肉类总产量7.23万吨，同上年相比减少0.177万吨，下降

2.39%，其中：牛肉2.41万吨，增长24.2%；羊肉2.67万吨，基本持平。牛奶总产量16.55万吨，较上年增加0.35万吨，增长2.1%。绵羊毛总产量3 768吨，较上年减少626吨，下降14.25%。

农牧业生产机械化水平进一步提高。全区国有牧场年末农业机械总动力92.68万千瓦，比上年增加15.6%。农用排灌动力机械1 316台，大中型农用拖拉机7 578台，小型拖拉机22 895台，播种机3 221台，联合收获机439台，机动割晒机17台，机动脱粒机62台，农用运输车辆439辆。畜牧业机械1 658台，其中，牧草收割机945台，牧草打捆机250台，机动剪毛机103把，机动挤奶器279台。温室579 913米^2，大棚237 671米^2。当年机播面积21.79万公顷，占农作物播种总面积的比重达109.6%（含复播），机械收获面积20.47万公顷，占农作物播种总面积的103%。农田肥料施用量14.12万吨。

三、固定资产投资

固定资产投资总额96 289.18万元，比上年增加21.52%。投资总额中用于第一产业的投资52 257.03万元，占投资总额的54.27%；第二产业投资为29 202.91万元，占投资总额的30.33%；第三产业为14 829.24万元，占投资总额的15.4%。预算资金总额75 341.74万元，其中国家预算内资金38 746.52万元、自筹资金36 392.22万元、其他资金203万元。

四、人口、职工、收入

2019年末全疆地方国有牧场总人口38.33万人，社会从业人员16.58万人。其中：第一产业从业人员14.54万人，占总从业人员87.7%；第二产业从业人员0.58万人，占总从业人员3.5%；第三产业从业人员1.45万人，占总从业人员8.8%。从业人员劳动报酬24.44亿元，在岗职工劳动报酬11.17亿元，职工生活水平稳步提高。职工人均收入达22 334.5元。全区国有牧场实现居民人均可支配收入12 311元，比上年增长25%，国有牧场危房改造工作自2011年开展以来，职工居住条件得到改善，年末实有住房面积940.04万米^2，人均住房面积达27.45米^2。

表1　23户国有牧场减少情况

序号	地州牧场	减少原因	土地面积（公顷）	备注
	总计		3 438 019.75	
	伊犁州		27 310.34	
1	伊宁市界梁子牧场	撤场并乡	1 738.17	
2	尼勒克县阿克塔斯牧场	撤场并乡	25 572.17	
	克孜勒苏柯尔克孜自治州		294 888.19	
3	克州种羊场	撤场并乡	81 923.67	
4	乌恰县国营羊场	撤场并乡	37 302.64	
5	阿图什市经济羊场	撤场并乡	38 824.28	
6	阿合奇县国营马场	撤场并乡	94 752.05	
7	阿合奇县二牧场	撤场并乡	30 701.23	
8	阿克陶县木吉牧场	撤场并乡	11 384.32	
	阿勒泰地区		294 919.81	
9	阿勒泰市散德克库木种畜中心	建事业单位	5 002.60	
10	吉木乃县别斯铁热克牧场	场乡合一未报	116 907.92	
11	哈巴河县齐巴尔牧场	场乡合一未报	173 009.29	
	博州		33 354.73	
12	精河县古尔图牧场	撤场建村	33 354.73	
	昌吉州		186 521.40	

（续）

序号	地州牧场	减少原因	土地面积（公顷）	备注
13	木垒县克库热牧场	撤场并乡	95 496.60	
14	奇台县八户地牧场	撤场并乡	91 024.80	
	巴州		2 181 453.41	
15	且末县吐拉牧场	改制，划归县国资管理未报	944 745.90	
16	且末县昆其布拉克牧场		1 236 707.51	
	阿克苏地区		318 085.43	
17	沙雅县一牧场	撤场并乡	165 603.64	
18	沙雅县二牧场	撤场并乡	152 481.79	
	哈密市		101 486.44	
19	哈密伊吾马场	撤场分解，划归社区管理	76 757.83	
20	哈密市白石头牧场	撤场并乡	24 728.61	
	喀什地区		44 421.51	
21	叶城县普萨牧场	撤场并乡	30 552.19	
22	塔什库尔干县麻扎种羊场	撤场并乡	43 971.35	
23	疏附县英尔力克牧场	撤场并乡	450.16	

中国热带农业科学院2019年经济社会发展统计公报

中国热带农业科学院

2019年，中国热带农业科学院认真学习贯彻习近平总书记关于“三农”工作重要论述，全面落实党中央、国务院、农业农村部决策部署，坚持以“强实力、扩影响”为工作主线，加快推进国家热带农业科学中心建设，持续增强热带农业科技创新能力，全面提升热带农业科技支撑水平，发挥优势支撑中国热带农业走出去，持续优化创新资源布局，不断提升条件支撑述评，持续提高党建工作水平，各项事业发展取得了新成效。

一、综合及主要指标

农业农村部核定中国热带农业科学院编制总数5 500人，其中：财政拨款补贴人员编制4 300人、经费自理人员编制1 200人。2019年，全院常住总人口12 190人，年内平均人口12 176人，少数民族2 573人。年末从业人员3 561人，其中：在岗职工2 984人，其他职工577人。全年职工劳动报酬47 729.48万元，比2018年增长1%，居民人均可分配收入39 154.61元，比2018年增长13.76%。

全年实现第三产业增加值58 401.19万元，比上年增加3 218.49万元，增长5.83%，人均生产总值4.79万元，人均纯收入15.09万元，居民人均可支配收入3.91万元，年末实有住房面积50.98万米^2，人均住房使用面积41.87米^2。

土地总面积4 527.84公顷，其中：耕地面积361.28公顷，林地面积1 941.06公顷（橡胶面积1 527.13公顷），水面面积59.77公顷，茶果桑园352.79公顷，可垦荒地面积79.01公顷，宜林地面积469.34公顷，居民点及工矿用地面积369.39顷，其他面积916.05公顷。耕地面积中：水田114.67公顷、高标准农田面积34.47公顷。

二、科学研究

科学研究和综合技术服务业增加值58 243.33万元，比上年增加3 187.86万元，增长5.79%，其中：劳动者报酬47 598.73万元，增加961.16万元，增长2.1%，固定资产折旧为10 324.46万元，增长26%，增长原因是通用设备资产年限调整，新增资产较多；批发和零售业145.56万元，增长31%，增长原因是拓宽经营渠道，丰富商品种类，扩大销售规模；租赁和商务服务业12.30万元，减少24.9%，减少原因是岗位调整。

生产总值情况见表1。

表1　生产总值情况

项目	2019年（万元）	2018年（万元）	增加额（万元）	比上年增长（%）
一、科学研究和综合技术服务业	58 243.33	55 055.47	3 187.86	5.79
其中：劳动者报酬	47 598.73	46 637.57	961.16	2.1
固定资产折旧	10 324.46	8 164.41	2 160.05	26
生产税净额	335.36	242.53	92.83	38
营业盈余	11.89	10.8	1.09	10
二、批发和零售业	145.56	110.84	34.72	31
三、租赁和商品服务业	12.30	16.39	−4.09	25
合计	58 401.19	55 182.70	3 218.49	6

三、农业牧渔业

（1）全年农林牧渔业总产值 3 675.68 万元，减少 28%，其中：种植业产值 630.79 万元，减少 45%；林业产值 1 365 万元，减少 53%，减少的原因是试验场林地变为耕地、园地，橡胶林更新；牧业产值 1 331.55 万元，增长 39%，渔业产值 64.60 万元。农作物播种面积 118.08 公顷，其中，粮食播种面积 44.61 公顷，产量 240.26 吨；水果产量面积 120.54 公顷，产量 704.88，主要分布在香蕉、火龙果、菠萝蜜、莲雾、百香果等热带水果；当年造林面积 55.28 公顷，采伐木材 3 554 米^3。肉类总产量 296 吨，水产品总产量 108 吨，养殖面积 30 公顷。

（2）橡胶年末实有面积 1 527.13 公顷，全年干胶总产量 831.14 吨。年内实际到达开割面积 970.76 公顷，开割到达株数 37.04 万株。橡胶生产总产值 914.25 万元，比 2018 年增加 31.42 万元，增长 4%。

（3）热带亚热带作物年末种植面积 352.5 公顷，比 2018 年增加 36.89 公顷，增加作物分别为：剑麻咖啡、椰子、油棕、南药、槟榔、木薯。

（4）当年造林面积 55.28 公顷，比 2018 年减少 13%，其中：经济林 53.95 公顷；幼林抚育面积 410.22 公顷、成林抚育面积 1 287.99 公顷，采伐木材 3 554 米^3。

（5）肉类总产量 296 吨，比 2017 年减少 82.91 吨，下降 22%。其中：猪肉产量 215 吨，牛肉产量 13 吨，羊肉产量 10 吨，禽肉产量 58 吨。

四、科技

2019 年科研经费 53 042.79 万元，增加 5 685.78 万元，增长 12%，其中：国家拨款 42 100.39 万元，增长 6.5%；省地局自筹 10 410.59 万元，增长 78.21%；企业自筹 531.81 万元。

2019 年全院获科研立项经费 3.30 亿元，其中，竞争性项目立项经费 1.60 亿元，部门预算立项经费 1.70 亿元。

国家重点研发计划获批 2 项，分别是品资所牵头申报的“热带作物种质资源精准评价与基因挖掘”项目，经费 1 980 万元；橡胶所牵头申报的“热带作物高效育种技术与品种创制”项目，经费 4 018 万元。海南省重大定向项目 1 项，椰子所牵头申报的“海南水果型椰子标准化生产与高值化加工技术研究与示范”项目已完成预算答辩，经费 1 976万元。获海南省科技项目经费 6 432 万元，广东省科技项目经费 1 107.85 万元。

五、固定资产投资

全年固定资产投资额 30 380.77 万元，当年新增固定资产 15 454.30 万元。

六、其他

获批绿色食品认证的水果 2 个（菠萝蜜和火龙果），实际面积 10.73 公顷，产量 47.24 吨。

广州农垦2019年经济社会发展统计公报

广州风行发展集团有限公司

2019年，广州垦区认真贯彻落实广州市委、市政府及市国资委的各项重要决策部署，在农业农村部农垦局的大力支持下，紧紧围绕“强主业、促改革、重创新、谋转型、防风险、抓党建”工作思路，积极参与粤港澳大湾区“菜篮子”建设，推进经营稳健发展。2019年，广州垦区保持平稳健康发展态势，实现国内生产总值13.41亿元，同比增长170%；营业收入23.51亿元，同比增长13.82%；利润总额10.15亿元，同比增长628.71%。

一、综合

风行集团纳入2019年统计报表编制范围的企业共20户，总部及二级企业共8户，三级企业12户，行业分布在加工业、畜牧养殖业、现代服务业，其中：乳制品加工及畜牧养殖企业6户，商贸企业4户，综合经营9户，关停企业1户。年末从业人数1 826人，年末职工人数1 715人，人均年收入82 825元，同比增长7.43%。土地总面积213.47公顷，包括自有25.47公顷及长租农用地188公顷。

2019年集团实现国内生产总值134 119万元，同比上涨170%，主要是第三产业增加了资产处置收益9.23亿元。剔除非经因素后同比下降7.31%，主要是加工业利润以及房产转让收益减少，三产业比重同比保持为1∶5∶4。其中：第一产业继续推进现代化牧场建设，不断提升奶牛饲养技术，优化管控措施，实现增加值4 215万元，同比下降20.73%，主要是珠江牧场停产歇业，增加值各项指标均同比下降；第二产业继续加强品牌宣传及营销渠道建设，优化产品结构和成本管控，实现增加值21 142万元，同比下降5.64%，主要是利润贡献同比下降；第三产业大力发展主业及食品相关商贸业务，盘活低效资产，发展多元化租赁业务经营，提升资产经营效益，实现增加值108 762万元，同比大幅上涨，异动主因是当年实现了政府地块收储所致的资产处置收益9.23亿元，剔除该非经因素，同比下降5.37%，主要是物业资产转让收益减少。

二、畜牧业

集团畜牧业为奶牛养殖，拥有2个现代化高水平奶牛养殖场，均为标准化奶牛示范场，分别位于广州增城、从化，年末从业人员175人。2019年，集团畜牧业继续深化科技创新，强化控本增效，提升综合管理效能。一是重启胚胎移植项目，培养胚胎操作人员，鲜胚受胎率为34.8%，达到国内较高水平；二是利用5G通信技术提高配种、饲养及保健工作效率，牛群结构不断优化，发病率同比下降1.95%，优质奶率99.45%，达到预期目标；三是调整饲料配方，合理降低饲料成本，完善犊牛舍改造，提高舒适度，提升犊牛日增重；四是环境治理能力持续改善，环保实现排放达标。2019年年末奶牛总存栏5 551头，比上年减少249头，下降4.30%，主要是对牛群进行优化和淘汰所致的下降，其中：能繁殖母畜4 725头，比上年增加725头，增长18.13%，当年生仔畜1 806头，比上年减少1 094头，增长37.72%。全年生鲜奶产量23 110吨，比上年减少3 946吨，下降14.55%；全年销量22 708吨，比上年27 061吨减少4 353吨，下降16.09%，剔除珠江牧场停产因素，同比增加538吨，增长2.43%。全年实现牧业产值12 762万元，同比下降13.87%；主营销售收入12 564万元，同比下降11.94%，主要是南沙珠江牧场因政府征地养殖环境发生改变，而迫以停产歇业，同比无产能及销售收入，剔除珠江牧场停产因素，产值及主营收入同比增长6.57%和6.08%；利润总额278万元，同比上涨279.74%，主要是加强成本管控，主营毛利率同比增加3.37个百分点，淘汰及处置损失同比减少。

三、工业

风行集团工业以乳制品加工为主，旗下风行乳业股份公司为集团核心乳企。风行乳业股份公司拥有2个加工厂，分别位于广东省广州市和河北省张家口市，以及1个位于广州市增城区的在建乳制品生产基地，年末从业人员1 521人。

2019年，乳制品加工继续推动规模和营运质量的提升，加快高质量发展步伐。一是推进新品牌形象的应用与宣传，升级强化“风行生活”电商品牌形象，升级改造专卖店，多元化多渠道宣传和路演展销，提升品牌影响力和美誉度；二是深耕线上线下渠道，完善门店销售及电商平台系统功能，开发社区销售模式，订奶量和会员数量取得突破性进展；三是推进科技创新，产品质量与结构持续优化，产品研发达到预期目标，风行乳业11款新产品上市，攻关解决学生奶沉淀、外观不良等难题，产品质量明显提高，完善冷链温度监控系统，产品合格率达到预期控制目标；四是统筹调控南北两地乳企协同发展，完善质量及运营管理体系，提升产品质量，加强资源共享互惠。

2019年实现工业总产值86 375万元，同比增加9 379万元，增长12.18%；全年产量92 268吨，同比增加8 803吨，增长10.54%；全年销量90 659吨，同比增加8 447吨，增长10.27%；实现主营收入83 673万元，同比增长8.76%；利润总额1 413万元，同比下降42.06%，主要是加大线上渠道布局，提升市场占有率，营销投入同比增长较大，利润空间缩小。

四、现代服务业

集团2019年纳入统计范围批发零售、服务业企业14个，主要经营成品油销售、物业租赁、商贸等业务，其中：正常经营企业13个，关停企业1个；年末从业人员130人，其中：批发零售业65人，服务业65人。全年实现营业收入148 971万元，同比增长17.6%，其中：批发零售业营业收入136 490万元，同比增长21.13%，主要是经营玉米、工业奶粉、白糖、稻谷、健康食品等产业链相关商品贸易和牛奶主题连锁便利店零售业务，以及加油站油品销售业务。2019年通过不断优化商品结构，探索新模式新业态，贸易业务（商贸＋便利店）实现收入123 315万元，同比增加27 716万元，增长29%；加油站实现营业收入12 754万元，因升级改造工程停产两月及车辆限行政策，营业收入同比下降了25.38%。服务综合经营主要通过持续推进物业经营管理，深挖物业资产优势，拓宽租赁渠道和模式，提高物业租赁效益和经营灵活性，同时盘活低效资产实现资产流动性的提升，但由于2019年房地产市场低迷，房产转让成交乏力，同比转让收入有所下降。全年营业收入13 204万元，同比下降9.81%，主要体现为物业转让业务的同比减少。服务业实现利润总额99 827万元，同比增长774%，主要是当年实现了征地补偿收益9.23亿元导致了大幅增长。

五、固定资产投资情况

2019年集团根据固定资产投资预算，严格把控固定资产投资支出，继续推进重点项目建设及建设方案的优化调整。全年完成固定资产投资总额3 274万元，同比下降19.93%，主要构成是根据乳业板块战略规划的总体思路，对重点项目投入，包括固定资产购置和基建建设，投资资金全部通过自筹解决。其中：第一产业完成投资569万元，主要是华美牛场投资396万元，穗新牛场投资173万元；第二产业完成投资2 542元，主要是风行乳制品公司基地项目建设投入512万元及长城乳业基建投入56万，运输设备、电子设备、项目工程设备等投入1 974万元等；第三产业完成投资163万元。当年新增固定资产1 904万元，主要是工业及牧业项目的投入。

南京农垦 2019 年经济社会发展统计公报

南京农垦产业（集团）有限公司

2019 年，南京农垦严格贯彻落实中央、省、市关于农垦改革各项会议精神，用习近平新时代中国特色社会主义思想武装头脑，重点聚焦“两个 3 年”任务和农垦改革专项试点等工作，以改革为重点，以稳定为基础，以项目为抓手，以提高经济效益为突破口，重点工作有效推进，职工生活得到很大改善，垦区经济社会发展取得新突破。

2019 农垦集团资产总额 164 199.89 万元，负债总额 98 799.26 万元，净资产 65 400.63 万元。实现营业收入 20 781.12 万元，实现利润总额 408.39 万元。

一、综合

2019 年，南京农垦经济平稳，全年实现生产总值 5 022.79 万元，比上年增长 1.14%。其中第一产业增加值 405.56 万元，比上年增长 1.84%；第二产业增加值 1 037.96 万元，比上年下降 0.49%；第三产业增加值 3 579.27 万元，比上年增长 1.54%。三次产业结构比例为 8∶21∶71，第三产业仍然是南京农垦主要支柱产业。

土地总面积 402 公顷，其中林地面积 306 公顷，占土地总面积的 76%；茶果桑园面积 38 公顷，占土地总面积的 10%；居民点用地面积和其他面积 58 公顷，占土地总面积的 14%。

二、农业

南京市青龙山林场是南京农垦唯一涉农全资子企业，但由于历史遗留问题等客观因素，农业生产经营规模很小，目前仅有林场下属南京青泉茶业有限责任公司进行茶叶的种植与销售，另还有一家民营禽业养殖单位康欣禽业公司从事生产经营活动。2019 年，全年农林牧渔业总产值 1 345 万元，其中种植业产值 132 万元，牧业产值 1 206 万元，渔业产值 7 万元，总产值与去年基本持平。

1. 种植业

南京农垦茶叶种植面积 38 公顷，全年生产雨花茶 4.5 吨，比上年增长 2.27%，实现年销售收入 235 万元。2019 年，青泉茶业公司通过“对标找差创新实干推动高质量发展”工作的深入开展，更新了生产设备，学习了茶园管理经验及制茶设备的使用方法，不断提升经营管理水平。2019 年度，在南京市茶业质量评比大赛中，南京青泉茶业有限责任公司荣获“金奖”；在江苏省文化和旅游厅主办的非物质文化制茶大赛活动中，炒茶工侯红梅荣获“最佳技艺奖”；茶业公司积极参加市级农产品公用品牌策划活动并获“食礼秦淮”授牌，拟投入高端市场，扩大品牌知名度。

2. 畜牧业及渔业

全年禽业养殖量 7 万只，禽肉年产量 63 吨，比上年增长 5%；禽蛋产量 995 吨，比上年增长 1.53%。因青龙山林场鱼塘分布零散且淤积多年，已不再适宜养殖鱼类，但存塘鱼仍然存在，产值与去年基本持平。

三、工业

南京农垦所涉工业大多为林场范围内的属地企业，包括阀门厂、昊东钢构厂、佳友机电厂等。全年工业总产值 9 560 万元，比上年下降 1.04%。

四、批发零售业、住宿餐饮业、服务业、交通运输业及其他

2019 年，南京农垦第三产业增加值为 3 579.27 万元，比上年增长 1.54%，其中批发零售业 682.06 万元，比上年增长 2.51%；交通运输业 78 万元，比上年增长 5.41%；住宿和餐饮业 219.77 万元，比上年下降 22.98%；租赁和商务服务业 1 687.36 万元，比上年下降 18.92%；居民服务修理和其他服务业 432 万元，比上年增长 3.1%。

南京农垦目前主要收入来源为第三产业，一是房产出租收入。南京农垦积极采取市场化方式运作，提高房屋出租率及租金收益率，全年实现房租

收入 1 687.36 万元，比上年增长 0.21%；二是大宗农产品贸易收入。农垦商贸部不断拓展商贸业务类型与渠道，通过“对标找差创新实干推动高质量发展”工作的深入开展，总结了经验，提高了管理水平，弥补了在市场发展、业务拓展能力等方面的短板，全年实现主营业务收入 17 812.39 万元，比上年增长 135.33%。

五、固定资产投资情况

2019 年，南京农垦完成固定资产投资 522.02 万元，自有资金 422.02 万元，财政资金 100 万元。其中第一产业 257.02 万元，占投资总额的 49.24%；第三产业 265 万元，占投资总额的 50.76%。主要包括：林场苗木种植、消防设备采购安装以及办理农垦大厦产权证相关费用。

六、人口、职工和劳动报酬

2019 年，南京农垦年末总人口 2 734 人，其中农场人口 2 548 人。年末从业人员 642 人，人均劳动报酬为 8.24 万元/年，其中第一产业 99 人，占总从业人员的 15.42%；第二产业 150 人，占总从业人员的 23.36%；第三产业 390 人，占总从业人员的 60.75%。年末国有从业人员 216 人，其中在岗职工 191 人，其他从业人员 35 人。

二

主要经济与社会指标

综合情况

1－1 主要年份全国农垦经济主要指标

指标名称	计量单位	2005年	2010年	2015年	2018年	2019年	2019年比2018年增长 绝对数	(%)
一、基本情况								
农垦独立核算企业	个	6 197	5 261	5 880	5 011	5 491	480	9.6
#农牧企业	个	1 923	1 807	1 785	1 759	1 843	84	4.8
工业企业	个	1 809	1 290	1 237	959	1 199	240	25.0
建筑企业	个	443	537	378	247	223	－24	－9.7
运输企业	个	270	290	205	391	640	249	63.7
批零贸易餐饮企业	个	1 752	1 337	2 275	1 655	1 586	－69	－4.0
农垦年末总人口	万人	1 259.53	1 332.31	1 445.95	1 433.23	1 438.43	5.19	0.4
职工总数	万人	335.93	330.75	287.64	192.12	214.72	22.61	11.8
耕地面积	千公顷	5 038.13	5 989.27	6 325.42	6 419.74	6 483.74	58.00	1.0
当年造林面积	千公顷	126.18	88.25	68.50	65.39	108.12	42.73	65.3
橡胶面积	千公顷	424.16	469.40	443.27	439.07	425.42	－13.65	－3.1
农垦生产总值（现价）	亿元	1 358.65	3 382.67	6 902.48	8 155.46	7 886.25	－269.21	
第一产业增加值	亿元	560.43	1 171.30	1 768.13	1 885.94	1 828.37	－57.56	
第二产业增加值	亿元	417.18	1 341.69	3 132.69	3 516.84	3 290.01	－226.83	
第三产业增加值	亿元	381.04	869.68	2 001.65	2 752.68	2 767.87	15.19	
各产业占生产总值比重								
第一产业	%	41.2	34.6	25.6	23.1	23.2	0.1	
第二产业	%	30.7	39.7	45.4	43.1	41.7	－1.4	
第三产业	%	28.1	25.7	29.0	33.8	35.1	1.3	
人均生产总值	元/人	10 851	25 669	48 648	58 684	56 305	－2 379	
工农业总产值（现价）	亿元	2 472.34	6 535.24	12 528.98	11 757.24	13 156.88	1 399.64	
农林牧渔业总产值	亿元	1 118.51	2 342.34	3 449.67	3 823.05	3 862.05	38.98	
占工农业总产值	%	45.2	35.8	27.5	32.8	29.4	－3.4	
工业总产值	亿元	1 353.83	4 192.90	9 079.31	7 934.19	9 294.83	1 360.64	
占工农业总产值	%	54.8	64.2	72.5	67.2	70.6	3.4	
工资总额	亿元	277.30	546.06	878.82	1 011.17	991.41	－19.28	
职工平均工资	元/人	8 255	16 510	30 553	36 772	46 192	9 420	
人均可支配收入	元/（人·年）	4 195	8 232	14 629	18 946	21 213	2 267	
固定资产投资	亿元	449.54	1 811.22	4 593.17	4 019.61	2 578.84	－1 440.77	－35.8
固定资产投资按来源合计	亿元	448.29	1 808.79	4 327.40	3 411.78	2 740.08	－671.70	－19.7
#国家预算内资金	亿元	47.50	169.01	480.03	440.17	426.30	－13.83	－3.1
利用外资	亿元	20.18	56.89	53.89	19.68	42.64	22.96	116.7
自筹资金	亿元	282.84	1 074.21	3 091.72	2 302.71	1 815.38	－487.33	－21.2

1－1续表1

指 标 名 称	计量单位	2005年	2010年	2015年	2018年	2019年	2019年比2018年增长	
							绝对数	(%)
二、主要农作物播种面积								
农作物播种面积	千公顷	5 145.25	6 310.42	6 898.25	6 851.23	6 789.12	－62.11	－0.9
粮食作物播种面积	千公顷	3 375.83	4 557.64	4 996.98	4 826.97	4 794.79	－32.18	－0.7
总产量	万吨	1 858.99	2 953.29	3 665.10	3 652.80	3 441.07	－211.73	－5.8
公顷产量	千克	5 507	6 480	7 335	7 700	7 177	－523	－6.8
棉花播种面积	千公顷	649.37	665.37	834.19	1 021.80	1 006.60	－15.20	－1.5
总产量	万吨	124.69	143.93	175.04	284.78	244.75	－40.03	－14.1
公顷产量	千克	1 920	2 163	2 098	2 721	2 431	－290	－10.7
油料合计播种面积	千公顷	371.20	375.36	352.24	306.22	309.69	3.47	1.1
总产量	万吨	66.94	80.34	80.81	79.73	75.68	－4.05	－5.1
公顷产量	千克	1 803	2 140	2 294	2 636	2 444	－192	－7.3
糖料合计播种面积	千公顷	100.51	103.89	84.31	93.57	97.26	3.69	3.9
总产量	万吨	667.52	766.86	718.26	755.79	746.50	－9.29	－1.2
公顷产量	千克	66 416	73 815	85 194	89 760	76 757	－13 007	－14.5
干胶总产量	万吨	31.99	32.78	31.02	29.28	28.50	－0.78	－2.7
剑麻总产量	万吨	2.60	3.21	2.61	1.91	1.24	－0.67	－35.1
水果总产量	万吨	178.79	323.40	649.21	745.27	784.24	38.97	5.2
其中：主要热带水果产量	万吨	55.32	100.00	199.34	239.13	234.86	－4.27	－1.8
茶叶总产量	万吨	4.64	4.63	5.01	5.64	5.31	－0.33	－5.9
三、畜牧、水产情况								
年末牲畜存栏头数	万头	2 622.04	2 752.10	3 001.45	2 689.77	2 173.34	－516.43	－19.2
大牲畜年末头数	万头	305.03	319.22	281.98	280.24	299.01	18.77	6.7
牛	万头	270.69	292.01	249.80	238.60	243.91	5.31	2.2
＃良种及改良种乳牛	万头	101.63	143.15	146.44	128.80	98.54	－30.26	－23.5
猪	万头	722.82	1 134.18	1 227.28	1 173.07	728.35	－444.72	－37.9
羊	万只	1 591.57	1 298.74	1 492.20	1 236.46	1 118.50	－117.96	－9.5
肉类总产量	万吨	145.76	256.43	254.58	220.41	200.57	－19.84	－9.0
牛奶产量	万吨	245.49	366.09	369.08	389.80	418.24	28.44	7.3
羊毛产量	万吨	2.92	2.72	3.28	3.18	3.18	持平	
禽蛋产量	万吨	22.38	39.71	48.25	45.43	48.06	2.63	5.8
蜂蜜产量	吨	6 504	8 481	12 953	15 714	14 139	－1 575	－10.0
水产品总产量	万吨	79.48	115.17	152.47	162.75	161.44	－1.31	－0.8

1-1续表2

指标名称	计量单位	2005年	2010年	2015年	2018年	2019年	2019年比2018年增长 绝对数	2019年比2018年增长 (%)
四、主要农业机械、电、化肥用量								
农业机械总动力	万千瓦	1 463.07	2 126.49	2 838.32	3 062.31	3 119.17	56.86	1.9
大中型拖拉机	万台	8.00	14.60	19.72	22.88	22.77	−0.11	−0.5
小型及手扶拖拉机	万台	26.98	32.97	30.85	37.34	29.08	−8.26	−22.1
农用运输车	万辆	5.73	8.33	8.36	7.60	7.66	0.06	0.8
排灌动力机械	万台	19.19	24.84	27.99	33.26	39.18	5.92	17.8
联合收获机	万台	2.03	3.92	5.69	6.36	6.49	0.13	2.0
农场用电量	亿千瓦时	72.38	174.12	142.65	320.77	133.63	−187.14	−58.3
农用化肥施用总量（按折纯量计算）	万吨	159.60	227.81	269.87	273.77	252.31	−21.46	−7.8
五、主要工业产品产量								
原煤	万吨	576.48	2 901.05	2 505.01	2 288.55	2 352.57	64.02	2.8
混配合饲料	万吨	213.63	483.13	916.22	846.49	760.11	−86.38	−10.2
食用植物油	万吨	82.06	193.08	463.32	414.49	276.95	−137.54	−33.2
成品糖	万吨	115.02	205.79	293.36	313.47	380.93	67.46	21.5
乳制品	万吨	15.37	283.99	380.17	400.91	352.91	−48.00	−12.0
液体乳	万吨	93.59	247.60	351.55	374.15	329.55	−44.60	−11.9
饮料酒（混合量）	万千升	141.16	144.42	160.49	181.49	148.40	−33.09	−18.2
纱	万吨	26.43	51.16	73.48	117.09	90.80	−26.29	−22.5
布	亿米	4.88	6.48	5.78	5.17	3.65	−1.52	−29.4
机制纸及纸板	万吨	100.44	61.72	56.98	59.61	104.05	44.44	74.6
农用氮、磷、钾化学肥料总计(折纯量)	万吨	23.60	35.67	90.21	73.20	57.65	−15.55	−21.2
水泥	万吨	1 046.00	2 245.07	2 158.38	1 735.83	1 512.64	−223.19	−12.9
砖	亿块	60.79	94.02	179.88	107.82	30.04	−77.78	−72.1
发电量	亿千瓦时	59.04	156.63	738.31	964.33	895.72	−68.61	−7.1
六、外贸出口供货商品金额	（人民币）亿元	254.22	541.50	822.61	701.46	473.41	−228.05	−32.5
工业品	（人民币）亿元	215.96	468.25	754.72	651.14	411.45	−239.69	−36.8
批发零售贸易业、餐饮业销售总额		764.25	2 490.73	7 120.48	5 003.81	4 595.47	−408.34	−8.2
服务业营业收入	亿元	68.38	127.18	317.56	571.70	469.48	−102.22	−17.9

1－2 主要年份全国农垦主要经济指标占全国比重

计量单位：%

指 标 名 称	2013年	2014年	2015年	2016年	2017年	2018年	2019年
农垦年末总人口	1.04	1.04	1.05	1.04	1.05	1.03	1.03
生产总值	1.04	1.01	1.02	0.99	0.96	0.91	0.80
固定资产投资	0.89	0.89	0.82	0.79	0.86	0.62	0.46
农作物播种面积总计	4.05	4.17	4.15	4.16	4.13	4.13	4.08
粮食作物播种面积	4.32	4.37	4.41	4.42	4.36	4.12	4.13
粮食作物总产量	5.68	5.83	5.90	5.65	5.69	5.55	5.18
棉花播种面积	17.70	21.45	21.95	21.66	24.66	30.50	30.14
总产量	27.92	34.32	31.20	35.15	37.99	46.69	41.55
油料合计播种面积	2.53	2.59	2.50	2.56	2.37	2.38	2.40
总产量	2.28	2.35	2.28	2.26	2.05	2.32	2.17
糖料播种面积	5.59	4.41	4.84	5.11	5.38	5.74	6.00
总产量	6.15	5.27	5.73	5.97	6.17	6.31	6.12
大牲畜年末头数	2.49	2.30	2.31	2.45	3.08	2.91	3.03
肉类总产量	3.35	3.00	2.95	2.94	3.06	2.59	2.62
牛奶产量	11.39	10.07	9.83	10.52	10.86	12.68	13.07
羊毛产量	6.86	6.90	7.03	7.04	7.47	8.29	8.68
禽蛋产量	1.66	1.61	1.61	1.63	1.77	1.45	1.45
蜂蜜产量	2.55	2.14	2.73	2.95	2.69	3.51	3.21
农业机械总动力	2.57	2.52	2.54	3.05	3.06	3.06	3.04
大中型（台）	3.36	3.39	3.25	3.35	3.31	5.42	5.12
小型及手扶拖拉机（台）	1.93	1.86	1.81	1.60	1.84	2.05	1.63
原煤	0.93	0.70	0.67	0.47	0.57	0.63	0.61
纱	2.12	1.90	2.08	2.29	2.45	3.96	3.14
布	0.71	0.54	0.65	0.64	0.74	0.79	0.63
发电量	0.91	1.10	1.27	1.29	1.34	1.36	1.19

1－3 农垦国有企业个数

计量单位：个

地　区	农垦国有企业个数					
	合计	农场	工业企业	建筑企业	运输企业	商业企业
总　计	**5 491**	**1 843**	**1 199**	**223**	**640**	**1 586**
北　京	388	13	89	2	5	279
天　津	109	9	29	1		70
河　北	63	33	12	2	2	14
山　西	33	25	2			6
内蒙古	156	104	10	5	3	34
辽　宁	335	103	7	7		218
吉　林	89	88	1			
黑龙江	659	113	215	4	136	191
上　海	443	21	137	8	35	242
江　苏	48	17	16	4		11
浙　江	100	96				4
安　徽	64	20	8	5		31
福　建	155	110	23	1	9	12
江　西	268	156	82	11	2	17
山　东	16	12	1	1		2
河　南	110	91	5	1		13
湖　北	175	65	67	18	5	20
湖　南	83	65	15	2	1	
广　东	208	47	66	11	6	78
广　西	278	47	67	20	73	71
海　南	476	26	29	17	323	81
重　庆	26	18			2	6
四　川	96	92	2		1	1
贵　州	42	37	4			1
云　南	224	43	28	4	32	117
陕　西	18	12		1		5
甘　肃	65	24	14	2	1	24
青　海	21	19				2
宁　夏	47	14	13	2	1	17
新疆(兵团)	504	179	233	92		
新疆(农业)	43	38	2	2	1	
新疆(畜牧)	112	101	9		2	
热科院	1	1				
广　州	17	3				14
南　京	6	1				5

1－4 工农业总产值情况

（按现价计算） 计量单位：万元

地 区	工农业总产值	农 业		工 业	
		总产值	比重（%）	总产值	比重（%）
总 计	**131 568 813**	**38 620 474**	**29.4**	**92 948 339**	**70.6**
北 京	4 095 568	933 118	22.8	3 162 450	77.2
天 津	403 871	152 565	37.8	251 306	62.2
河 北	9 561 353	1 250 871	13.1	8 310 482	86.9
山 西	75 674	33 535	44.3	42 139	55.7
内 蒙 古	1 723 732	1 291 767	74.9	431 965	25.1
辽 宁	4 740 299	1 765 874	37.3	2 974 425	62.7
吉 林	399 974	335 979	84.0	63 995	16.0
黑 龙 江	9 023 861	6 318 577	70.0	2 705 284	30.0
上 海	4 174 585	880 056	21.1	3 294 529	78.9
江 苏	4 352 449	415 734	9.6	3 936 715	90.4
浙 江	414 901	64 381	15.5	350 520	84.5
安 徽	572 894	241 584	42.2	331 310	57.8
福 建	651 661	241 177	37.0	410 484	63.0
江 西	7 806 339	677 208	8.7	7 129 131	91.3
山 东	80 083	67 652	84.5	12 431	15.5
河 南	402 121	164 504	40.9	237 617	59.1
湖 北	26 802 602	2 436 647	9.1	24 365 955	90.9
湖 南	6 531 983	1 579 381	24.2	4 952 602	75.8
广 东	3 630 582	1 139 021	31.4	2 491 561	68.6
广 西	6 050 740	690 184	11.4	5 360 556	88.6
海 南	1 932 142	1 553 566	80.4	378 576	19.6
重 庆	1 263 853	151 657	12.0	1 112 196	88.0
四 川	41 018	35 665	86.9	5 353	13.1
贵 州	170 884	56 087	32.8	114 797	67.2
云 南	903 577	651 565	72.1	252 012	27.9
陕 西	77 076	58 978	76.5	18 098	23.5
甘 肃	429 141	276 471	64.4	152 670	35.6
青 海	76 300	74 299	97.4	2 001	2.6
宁 夏	448 362	333 744	74.4	114 618	25.6
新疆（兵团）	32 990 833	13 348 951	40.5	19 641 882	59.5
新疆（农业）	661 712	553 705	83.7	108 007	16.3
新疆（畜牧）	964 923	828 188	85.8	136 735	14.2
热 科 院	5 111	3 676	71.9		
广 州	99 137	12 762	12.9	86 375	87.1
南 京	10 905	1 345	12.3	9 560	87.7

1－5　各垦区粮、油产量的位次及比重

地　区	粮食总产（吨）	排序	占全国农垦比重（%）	油料总产（吨）	排序	占全国农垦比重（%）
总　计	**34 410 674**			**756 835**		
北　京	574	32	…			
天　津	14 901	26	…			
河　北	600 841	11	1.7	4 703	14	0.6
山　西	37 197	25	0.1	43	27	…
内蒙古	2 312 121	2	6.7	185 627	2	24.5
辽　宁	1 297 360	5	3.8	16 989	7	2.2
吉　林	709 296	9	2.1	9 422	9	1.2
黑龙江	20 270 303	1	58.9	1 708	18	0.2
上　海	230 825	17	0.7	5 235	13	0.7
江　苏	1 336 723	4	3.9	48	26	…
浙　江	6 716	28	…	59	25	…
安　徽	350 359	13	1.0	1 779	17	0.2
福　建	42 072	24	0.1	2 848	15	0.4
江　西	750 193	8	2.2	29 673	6	3.9
山　东	67 874	21	0.2	200	22	…
河　南	268 748	15	0.8	15 920	8	2.1
湖　北	920 333	6	2.7	73 283	3	9.7
湖　南	689 720	10	2.0	51 719	5	6.8
广　东	53 367	22	0.2	6 060	11	0.8
广　西	11 997	27	…	1 977	16	0.3
海　南	111 078	18	0.3			
重　庆	2 300	29	…			
四　川	1 621	30	…	95	23	…
贵　州	728	31	…	38	28	…
云　南	51 911	23	0.2	85	24	…
陕　西	99 443	19	0.3	461	21	0.1
甘　肃	261 078	16	0.8	9 117	10	1.2
青　海	85 346	20	0.2	5 972	12	0.8
宁　夏	372 703	12	1.1	1 620	20	0.2
新疆（兵团）	2 304 840	3	6.7	261 968	1	34.6
新疆（农业）	287 330	14	0.8	1 676	19	0.2
新疆（畜牧）	860 539	7	2.5	68 487	4	9.0
热科院	240	33	…	25	29	…
广　州						
南　京						

注："…"为数值不足0.1，下同。

1－6 各垦区糖料、水果产量的位次及比重

地　　区	糖料总产（吨）	排序	占全国农垦比重（%）	水果总产（吨）	排序	占全国农垦比重（%）
总　　计	**7 465 001**			**7 842 441**		
北　　京				710	29	…
天　　津				2 323	27	…
河　　北	19 923	10	0.3	39 596	15	0.5
山　　西				3 481	25	…
内 蒙 古	715 016	4	9.6	7 529	23	0.1
辽　　宁	9 936	11	0.1	145 567	7	1.9
吉　　林				23 670	18	0.3
黑 龙 江	4 957	13	0.1	15 387	19	0.2
上　　海				268	31	…
江　　苏				2 946	26	…
浙　　江				12 863	20	0.2
安　　徽	68	20	…	35 335	17	0.5
福　　建	2 510	16	…	143 119	8	1.8
江　　西	8 955	12	0.1	91 932	10	1.2
山　　东				890	28	…
河　　南				39 552	16	0.5
湖　　北	4 053	14	0.1	135 411	9	1.7
湖　　南	3 212	15	…	78 995	11	1.0
广　　东	2 167 852	2	29.0	938 931	2	12.0
广　　西	2 205 707	1	29.5	333 277	5	4.2
海　　南	176 208	6	2.4	606 246	3	7.7
重　　庆						
四　　川				5 383	24	0.1
贵　　州	75	19	…	9 891	22	0.1
云　　南	395 202	5	5.3	258 364	6	3.3
陕　　西				10 877	21	0.1
甘　　肃	31 000	9	0.4	75 435	12	1.0
青　　海	680	17	…	125	32	…
宁　　夏				56 759	14	0.7
新疆（兵团）	1 483 251	3	19.9	4 252 875	1	54.2
新疆（农业）	71 493	8	1.0	440 736	4	5.6
新疆（畜牧）	164 593	7	2.2	73 265	13	0.9
热 科 院	310	18	…	705	30	…
广　　州						
南　　京						

1-7 各垦区肉类、牛奶产量的位次及比重

地　　区	肉类总产（吨）	排序	占全国农垦比重（%）	牛奶总产（吨）	排序	占全国农垦比重（%）
总　　计	**2 005 669**			**4 182 367**		
北　　京	109 688	5	5.5	474 325	3	11.3
天　　津	3 822	28	0.2	204 454	8	4.9
河　　北	68 256	12	3.4	594 958	2	14.2
山　　西	3 060	30	0.2	30 840	16	0.7
内 蒙 古	90 957	8	4.5	241 916	7	5.8
辽　　宁	108 684	6	5.4	28 793	19	0.7
吉　　林	9 271	24	0.5	8 745	23	0.2
黑 龙 江	246 039	2	12.3	369 425	5	8.8
上　　海	66 103	13	3.3	472 464	4	11.3
江　　苏	36 678	15	1.8	30 178	18	0.7
浙　　江	6 730	25	0.3			
安　　徽	11 648	21	0.6	1 960	30	…
福　　建	22 134	17	1.1	3 049	27	0.1
江　　西	54 898	14	2.7	13 429	22	0.3
山　　东	12 186	20	0.6	59 500	12	1.4
河　　南	14 352	19	0.7	13 784	21	0.3
湖　　北	128 702	3	6.4	30 633	17	0.7
湖　　南	124 391	4	6.2	2 600	28	0.1
广　　东	97 323	7	4.9	64 116	11	1.5
广　　西	72 028	10	3.6	6 058	26	0.1
海　　南	70 473	11	3.5	65	32	…
重　　庆	33 025	16	1.6	151 400	10	3.6
四　　川	4 324	26	0.2	7 334	24	0.2
贵　　州	159	33	…	38 455	14	0.9
云　　南	10 563	23	0.5	2 005	29	…
陕　　西	881	31	…	31 250	15	0.7
甘　　肃	3 834	27	0.2	52 841	13	1.3
青　　海	3 531	29	0.2	233	31	…
宁　　夏	11 635	22	0.6	277 103	6	6.6
新疆（兵团）	491 764	1	24.5	775 668	1	18.5
新疆（农业）	15 824	18	0.8	6 152	25	0.1
新疆（畜牧）	72 347	9	3.6	165 524	9	4.0
热 科 院	296	32	…			
广　　州				23 110	20	0.6
南　　京	63	34	…			

1－8 出口商品总金额

计量单位：万元

地区	总金额				其中：工业品金额		
	2019年	2018年	增减（%）	排序	2019年	2018年	增减（%）
总计	**4 734 081**	**7 014 628**	**－32.5**		**4 114 453**	**6 511 427**	**－36.8**
北京	34 264	39 040	－12.2	11	10 980	13 045	－15.8
天津	16 104	15 292	5.3	13	16 104	15 292	5.3
河北	251 040	242 739	3.4	4	247 841	240 141	3.2
山西							
内蒙古							
辽宁	65 710	54 650	20.2	8	37 432	33 398	12.1
吉林							
黑龙江	58 523	68 020	－14.0	9	3 531	22 208	－84.1
上海	76 875	74 945	2.6	6	47 549	70 990	－33.0
江苏	20 986	20 084	4.5	12	19 356	18 356	5.4
浙江	67 662	61 149	10.7	7	67 525	61 012	10.7
安徽							
福建	3 261	3 009	8.4	21	2 939	2 706	8.6
江西	54 593	393 221	－86.1	10	54 593	390 980	－86.0
山东							
河南							
湖北	421 915	409 618	3.0	3	327 312	321 916	1.7
湖南	5 253	5 155	1.9	18			
广东	666 384	776 474	－14.2	2	616 568	724 925	－14.9
广西	97 850	100 403	－2.5	5	88 610	86 980	1.9
海南	14 040	1 410	895.7	14			
重庆	5 480	379	1 345.9	17	5 480	379	1 345.9
四川							
贵州							
云南	11 836	6 568	80.2	15			
陕西							
甘肃	5 207	1 779	192.7	19	600	616	－2.6
青海							
宁夏	7 952	6 148	29.3	16			
新疆（兵团）	2 844 989	4 730 665	－39.9	1	2 568 033	4 508 483	－43.0
新疆（农业）							
新疆（畜牧）	4 160		100	20			
热科院							
广州							
南京							

1－9　农垦生产总值

计量单位：万元

指标名称	增加值合计按当年价格计算	非国有	劳动者报酬	固定资产折旧
合计	78 839 489.92	35 894 929.66	38 870 194.78	8 854 732.15
第一产业	18 283 733.58	4 408 701.38	12 271 683.41	1 388 153.75
第二产业	32 885 599.84	19 951 346.80	12 349 844.15	4 418 027.46
工业	26 768 258.14	16 802 657.08	8 273 645.83	3 884 499.79
建筑业	6 117 341.70	3 148 689.72	4 076 198.32	533 527.67
第三产业	27 670 156.50	11 534 881.48	14 248 667.22	3 048 550.94
农、林、牧、渔专业及辅助性活动	1 191 546.78	516 473.11	722 070.07	186 062.20
开采专业及辅助性活动	65 669.33	56 742.48	16 961.58	28 213.05
金属制品、机械和设备修理业	206 130.38	123 698.87	39 330.72	43 319.52
批发和零售业	6 482 149.54	4 054 594.95	2 871 437.92	746 206.12
交通运输、仓储和邮政业	2 732 046.95	1 782 356.68	1 218 719.60	417 614.58
住宿和餐饮业	1 729 495.99	1 237 658.23	866 373.61	195 281.66
信息传输、软件和信息技术服务业	353 857.31	104 884.45	93 254.97	54 707.23
金融业	1 888 948.15	350 253.30	782 051.11	112 956.32
房地产业	3 121 502.63	1 387 219.62	677 882.87	506 088.66
租赁和商务服务业	1 311 418.69	316 170.83	454 564.05	190 726.81
科学研究和技术服务业	721 249.85	172 396.58	418 078.19	63 274.41
水利、环境和公共设施管理业	460 048.07	57 261.22	288 930.87	70 727.12
居民服务、修理和其他服务业	1 390 716.69	688 092.27	844 077.34	118 288.29
教育	1 737 765.26	236 289.51	1 472 868.38	80 736.98
卫生和社会工作	1 477 742.37	104 887.50	1 207 618.23	61 795.11
文化、体育和娱乐业	275 119.20	113 361.36	122 074.23	56 306.61
公共管理、社会保障和社会组织	2 524 749.31	232 540.52	2 152 373.48	116 246.27
国际组织				

1－9 续表

指标名称	生产税净额	补贴	营业盈余
合计	7 999 212.48	1 125 862.29	23 115 350.51
第一产业	—185 091.65	961 663.43	4 808 988.07
第二产业	5 105 854.02	52 919.71	11 011 874.21
工业	4 556 988.87	20 037.11	10 053 123.65
建筑业	548 865.15	32 882.60	958 750.56
第三产业	3 078 450.11	111 279.15	7 294 488.23
农、林、牧、渔专业及辅助性活动	33 344.97	14 845.60	250 069.54
开采专业及辅助性活动	5 916.00		14 578.70
金属制品、机械和设备修理业	77 951.09	10.00	45 529.05
批发和零售业	782 434.65	27 780.93	2 082 070.85
交通运输、仓储和邮政业	426 774.41	3 544.22	668 938.36
住宿和餐饮业	182 455.33	1 141.00	485 385.39
信息传输、软件和信息技术服务业	62 400.18	294.00	143 494.93
金融业	115 516.46	11 935.00	878 424.26
房地产业	697 464.78	1 226.52	1 240 066.32
租赁和商务服务业	100 533.04	2 036.00	565 594.79
科学研究和技术服务业	55 474.26	1 110.68	184 422.99
水利、环境和公共设施管理业	41 474.08	340.60	58 916.00
居民服务、修理和其他服务业	88 585.07	4 582.00	339 765.99
教育	105 805.86	12 903.20	78 354.04
卫生和社会工作	130 097.10	1 530.40	78 231.93
文化、体育和娱乐业	26 250.66	216.00	70 487.70
公共管理、社会保障和社会组织	145 972.17	27 783.00	110 157.39
国际组织			

说明：本表各行业请和前面各表中的有关行业的人、单位、价值等对应，是人和单位创造价值，注意表间合理性关系。注意本表内平衡关系。

1－10 各垦区增加值合计按当年价格计算

计量单位：万元

地区	合计	第一产业	第二产业			第三产业
				工业	建筑业	
全国农垦	**78 839 489.92**	**18 283 733.58**	**32 885 599.84**	**26 768 258.14**	**6 117 341.70**	**27 670 156.50**
北京	1 324 972.09	240 254.19	412 317.05	411 443.05	874.00	672 400.85
天津	387 250.50	37 665.00	55 088.60	53 401.60	1 687.00	294 496.90
河北	5 853 757.13	759 450.13	2 863 834.80	2 557 820.80	306 014.00	2 230 472.20
山西	64 331.55	15 450.50	26 113.84	26 113.84		22 767.21
内蒙古	1 091 261.36	690 639.22	245 180.79	236 166.59	9 014.20	155 441.35
辽宁	3 002 680.70	872 708.04	948 697.25	701 629.45	247 067.80	1 181 275.41
吉林	270 469.90	234 328.06	10 101.69	9 391.00	710.69	26 040.15
黑龙江	4 482 590.50	3 119 695.00	360 173.10	327 650.60	32 522.50	1 002 722.40
上海	2 890 325.00	225 056.00	760 650.00	745 180.00	15 470.00	1 904 619.00
江苏	2 030 547.00	282 580.00	1 282 144.00	1 215 915.00	66 229.00	465 823.00
浙江	152 107.67	30 992.14	113 395.75	113 180.18	215.57	7 719.78
安徽	299 298.34	135 039.74	68 831.18	42 699.38	26 131.80	95 427.42
福建	360 424.28	112 423.40	161 132.45	152 555.45	8 577.00	86 868.43
江西	2 809 515.00	329 384.00	1 610 827.00	1 475 509.00	135 318.00	869 304.00
山东	36 047.30	23 699.53	1 710.87	1 004.47	706.40	10 636.90
河南	137 840.88	63 129.04	50 025.45	48 298.53	1 726.92	24 686.39
湖北	14 212 982.00	1 169 604.00	9 774 368.00	7 953 920.00	1 820 448.00	3 269 010.00
湖南	3 047 495.30	645 108.20	1 333 740.50	1 192 594.00	141 146.50	1 068 646.60
广东	1 919 607.53	635 144.82	728 344.31	642 984.27	85 360.04	556 118.40
广西	2 960 651.00	411 685.00	1 884 786.00	1 667 985.00	216 801.00	664 180.00
海南	1 344 842.00	773 309.00	116 745.00	52 560.00	64 185.00	454 788.00
重庆	269 534.00	23 945.00	160 833.00	160 833.00		84 756.00
四川	25 011.27	19 490.14	1 868.27	1 868.27		3 652.86
贵州	40 050.00	13 587.86	16 155.36	16 155.36		10 306.78
云南	774 640.00	375 312.00	67 775.00	62 320.00	5 455.00	331 553.00
陕西	56 877.50	25 893.48	13 264.72	8 038.72	5 226.00	17 719.30
甘肃	184 265.88	90 692.77	74 470.41	63 752.30	10 718.11	19 102.70
青海	45 574.94	42 122.43	638.51	638.51		2 814.00
宁夏	266 605.40	145 085.10	67 635.80	54 813.40	12 822.40	53 884.50
新疆（兵团）	27 473 889.00	6 058 154.00	9 599 368.00	6 707 316.00	2 892 052.00	11 816 367.00
新疆（农业）	315 954.94	255 751.40	12 860.96	12 020.36	840.60	47 342.58
新疆（畜牧）	510 477.29	421 733.83	40 272.53	30 319.36	9 953.17	48 470.93
热科院	58 401.19					58 401.19
广州	134 119.00	4 215.00	21 142.00	21 142.00		108 762.00
南京	5 092.48	405.56	1 107.65	1 038.65	69.00	3 579.27

1－10续表1

地　　区	第三产业					
	农、林、牧、渔专业及辅助性活动	开采专业及辅助性活动	金属制品、机械和设备修理业	批发和零售业	交通运输、仓储和邮政业	住宿和餐饮业
全国农垦	**1 191 546.78**	**65 669.33**	**206 130.38**	**6 482 149.54**	**2 732 046.95**	**1 729 495.99**
北　　京	2 318.25			185 316.02	90 011.44	12 414.62
天　　津				68 268.00	30 691.70	1 455.30
河　　北	112 715.00	3 371.00	111 795.00	551 576.40	371 293.40	220 614.40
山　　西	1 889.00			15 310.11	351.11	2 696.18
内 蒙 古	18 286.40	9 484.43	376.34	39 768.33	26 376.86	24 697.46
辽　　宁	199 494.40	48 881.00	84 011.00	293 436.20	132 312.74	150 847.00
吉　　林	8 262.00			11 950.26	1 928.68	2 500.07
黑 龙 江	242 600.80			147 969.70	40 651.00	7 770.60
上　　海	797.00			743 799.00	135 125.00	10 906.00
江　　苏				171 829.00	44 766.00	31 008.00
浙　　江	1 833.00		58.00	636.32	123.08	517.40
安　　徽	1 980.00		402.00	24 607.38	7 163.35	12 597.46
福　　建	5 371.65		930.00	42 843.95	12 823.68	8 922.34
江　　西	4 785.00			210 161.00	78 433.00	79 338.00
山　　东	56.00			1 122.31		112.00
河　　南	2 874.00			11 266.24	377.00	1 083.00
湖　　北	33 188.00			822 890.00	422 008.00	171 175.00
湖　　南	48 811.90	3 275.00	5 873.00	231 581.50	66 910.00	113 467.00
广　　东	2 372.88			135 243.08	52 076.39	59 437.52
广　　西	380.00			244 167.00	60 341.00	72 201.00
海　　南	46 487.00			98 559.00	30 810.00	35 638.00
重　　庆				909.00	7 031.00	4 893.00
四　　川	2 301.76			444.00	2.65	711.41
贵　　州	8 424.78			1 572.00		
云　　南	37 900.00			77 550.00	39 627.00	56 053.00
陕　　西				1 008.40		1 178.50
甘　　肃	5 743.42			5 334.14	314.85	1 784.99
青　　海						151.00
宁　　夏				10 171.20	7 897.90	5 743.40
新疆(兵团)	392 206.00	501.00	2 685.00	2 305 551.00	1 049 217.00	624 779.00
新疆(农业)	4 177.80			13 502.68	13 774.00	8 639.56
新疆(畜牧)	6 290.74	156.90	0.04	9 855.70	9 531.12	5 944.01
热 科 院				145.56		
广　　州				3 123.00		
南　　京				682.06	78.00	219.77

1－10续表2

地区	第三产业					
	信息传输、软件和信息技术服务业	金融业	房地产业	租赁和商务服务业	科学研究和技术服务业	水利、环境和公共设施管理业
全国农垦	**353 857.31**	**1 888 948.15**	**3 121 502.63**	**1 311 418.69**	**721 249.85**	**460 048.07**
北京		12 593.65	120 525.29	120 189.44	89 051.00	
天津		14 609.00	85 558.00	83 519.00	1 450.60	
河北	69 338.00	161 068.00	182 017.00	69 040.00	8 384.00	35 154.00
山西	11.00			1 300.30		
内蒙古	3 153.73	5 235.33	4 767.81	2 859.60	547.25	1 022.59
辽宁	6 656.64	9 865.00	90 264.67	49 630.10	1 898.00	8 597.70
吉林						
黑龙江	14 129.30	32 145.50	4 605.40	34 487.00	22 972.40	66 281.60
上海	78.00	36 853.00	639 898.00	272 335.00	4 358.00	3 107.00
江苏	247.00	1 227.00	42 546.00	7 523.00	2 481.00	200.00
浙江			12.00	2 611.08		
安徽		418.00	26 335.05	13.56	354.47	
福建	364.00	247.40		1 056.44	1 074.00	75.00
江西	13 977.00	34 959.00	115 119.00	81 847.00	1 794.00	1 810.00
山东			3 895.10	27.00		
河南		291.78	143.22	169.00		47.00
湖北	84 688.00	200 159.00	507 646.00	126 829.00	146 048.00	85 826.00
湖南	20 152.00	46 576.00	128 724.00	38 107.00	8 456.50	4 838.50
广东	2 775.00	3 384.49	31 077.89	24 344.31	1 863.00	388.00
广西	2 188.00		165 736.00	12 516.00	2 460.00	
海南	2 604.00	6 614.00	45 186.00	18 571.00	6 799.00	
重庆		13 165.00	47 513.00	10 442.00	803.00	
四川				45.04		
贵州				310.00		
云南					13 669.00	477.00
陕西			8 441.00	2 696.40		
甘肃			1 556.91	865.47	209.00	889.48
青海				2 663.00		
宁夏	78.00	430.00		263.00	622.30	
新疆(兵团)	133 146.00	1 309 107.00	759 809.00	342 953.00	347 712.00	251 309.00
新疆(农业)	14.00		60.21	2 506.29		
新疆(畜牧)	257.64		3 947.00			25.20
热科院				12.30	58 243.33	
广州			105 639.00			
南京			480.08	1 687.36		

1-10续表3

地区	第三产业					
	居民服务、修理和其他服务业	教育	卫生和社会工作	文化、体育和娱乐业	公共管理、社会保障和社会组织	国际组织
全国农垦	**1 390 716.69**	**1 737 765.26**	**1 477 742.37**	**275 119.20**	**2 524 749.31**	
北京	35 217.10	4 104.40		659.64		
天津	2 049.90	6 895.40				
河北	108 897.00	63 586.00	39 715.50	6 038.00	115 869.50	
山西	632.51	50.00	527.00			
内蒙古	10 854.66	4 023.60	2 518.78	827.45	640.73	
辽宁	47 500.50	13 978.80	23 029.00	3 484.70	17 387.96	
吉林	992.00		109.14		298.00	
黑龙江	1 662.70	57 092.30	210 102.10	7 755.70	112 496.30	
上海	14 042.00	26 392.00	16 021.00	908.00		
江苏	133 656.00	1 412.00	21 099.00	402.00	7 427.00	
浙江	515.28	115.91	95.80		1 201.91	
安徽	11 879.86	308.70	2 250.99	150.00	6 966.60	
福建	9 463.92	671.50	342.50	101.30	2 580.75	
江西	120 198.00	61 576.00	8 486.00	8 644.00	48 177.00	
山东	32.00		15.00	48.59	5 328.90	
河南	331.00	787.60	167.19		7 149.36	
湖北	153 848.00	176 210.00	83 809.00	29 599.00	225 087.00	
湖南	117 080.30	19 454.00	29 954.00	18 849.00	166 536.90	
广东	74 212.72	28 734.54	82 110.37		58 098.21	
广西	59 763.00	34 051.00	6 957.00	475.00	2 945.00	
海南	119 124.00	4 753.00	4 077.00	3 988.00	31 578.00	
重庆						
四川	96.00				52.00	
贵州						
云南	32 709.00		1 904.00	41 824.00	29 840.00	
陕西	4 005.00		110.00		280.00	
甘肃	2 087.87	74.75		241.82		
青海						
宁夏	20 198.80				8 479.90	
新疆(兵团)	302 992.00	1 229 489.00	944 287.00	151 123.00	1 669 501.00	
新疆(农业)	2 257.00	2 376.04	35.00			
新疆(畜牧)	3 986.57	1 628.72	20.00		6 827.29	
热科院						
广州						
南京	432.00					

1－11　各垦区非国有增加值合计按当年价格计算

计量单位：万元

地区	合计	第一产业	第二产业	工业	建筑业	第三产业
全国农垦	**35 894 929.66**	**4 408 701.38**	**19 951 346.80**	**16 802 657.08**	**3 148 689.72**	**11 534 881.48**
北京						
天津						
河北	4 106 500.43	573 349.43	1 971 613.90	1 706 401.90	265 212.00	1 561 537.10
山西	48 977.55	2 726.27	25 872.03	25 872.03		20 379.25
内蒙古	452 246.89	281 326.28	83 623.76	80 865.95	2 757.81	87 296.85
辽宁	2 094 594.06	579 362.10	627 710.08	540 196.08	87 514.00	887 521.88
吉林	73 583.87	56 708.12	6 798.69	6 288.00	510.69	10 077.06
黑龙江	453 953.00	353 271.40	4 377.40	4 377.40		96 304.20
上海						
江苏	695 274.00	107 189.00	284 388.00	220 927.00	63 461.00	303 697.00
浙江	7 174.03	2 860.18	2 591.34	2 591.34		1 722.51
安徽	102 322.75	29 273.01	40 046.87	35 833.56	4 213.31	33 002.87
福建	201 007.31	56 256.51	100 377.33	94 738.33	5 639.00	44 373.47
江西	1 421 480.00	90 132.00	1 020 423.00	993 569.00	26 854.00	310 925.00
山东	39 316.13	30 541.14	8 179.40	7 000.00	1 179.40	595.59
河南	20 769.26	18 823.66	377.00	257.00	120.00	1 568.60
湖北	8 687 137.00	386 781.00	6 931 718.00	5 781 431.00	1 150 305.00	1 368 638.00
湖南	2 148 005.20	396 653.10	1 000 277.30	897 857.80	102 419.50	751 074.80
广东	942 211.46	166 946.51	509 004.14	442 553.03	66 451.11	266 260.81
广西	2 371 412.00	132 387.00	1 671 271.00	1 467 104.00	204 167.00	567 754.00
海南						
重庆	50 388.00	4 744.00	45 644.00	45 644.00		
四川	1 542.90	915.25	425.00	425.00		202.65
贵州	4 843.84	4 353.84	135.00	135.00		355.00
云南	390 801.00	141 028.00	21 136.00	16 511.00	4 625.00	228 637.00
陕西						
甘肃	3 012.47	2 158.84				853.63
青海	2 958.86	2 807.86				151.00
宁夏						
新疆(兵团)	11 408 690.00	875 781.00	5 576 358.00	4 422 220.00	1 154 138.00	4 956 551.00
新疆(农业)	41 623.38	34 880.61	2 011.33	1 432.73	578.60	4 731.44
新疆(畜牧)	122 492.72	77 113.72	15 950.23	7 405.93	8 544.30	29 428.77
热科院						
广州						
南京	2 611.55	331.55	1 038.00	1 038.00		1 242.00

1－11 续表 1

地　区	第三产业					
	农、林、牧、渔专业及辅助性活动	开采专业及辅助性活动	金属制品、机械和设备修理业	批发和零售业	交通运输、仓储和邮政业	住宿和餐饮业
全国农垦	**516 473.11**	**56 742.48**	**123 698.87**	**4 054 594.95**	**1 782 356.68**	**1 237 658.23**
北　京						
天　津						
河　北	82 878.00	3 371.00	34 413.00	455 121.50	296 307.40	118 630.20
山　西	1 008.00			14 937.69	325.66	2 540.27
内蒙古	12 374.69	5 589.48	139.87	17 651.07	15 244.32	11 824.94
辽　宁	191 396.00	44 988.00	84 011.00	178 380.80	93 217.74	89 932.00
吉　林	5 030.00			1 814.95	1 373.98	1 392.53
黑龙江	58 819.80			5 395.90		63.50
上　海						
江　苏				139 450.00	43 153.00	
浙　江	213.00		58.00	420.60	31.00	337.90
安　徽	846.00		142.00	14 514.61	4 249.05	6 145.10
福　建	2 903.65		280.00	18 818.15	6 135.18	5 310.24
江　西				138 497.00	43 010.00	35 178.00
山　东	56.00			305.00		112.00
河　南	60.00			575.00	65.00	150.00
湖　北	32 651.00			661 147.00	192 125.00	62 114.00
湖　南	44 603.00	2 794.00	4 655.00	203 747.50	54 959.00	107 448.00
广　东	1 020.00			102 500.93	40 592.04	52 061.25
广　西	115.00			222 339.00	59 206.00	71 474.00
海　南						
重　庆						
四　川	200.00				2.65	
贵　州	60.00					
云　南	20 923.00			53 815.00	27 823.00	52 190.00
陕　西						
甘　肃				582.88	70.00	170.75
青　海						151.00
宁　夏						
新疆（兵团）	56 698.00			1 815 843.00	897 258.00	615 123.00
新疆（农业）	2 208.00			1 053.68	844.00	319.76
新疆（畜牧）	2 409.97			7 200.69	6 286.66	4 740.79
热科院						
广　州						
南　京				483.00	78.00	249.00

1－11续表2

地　　区	第三产业					
	信息传输、软件和信息技术服务业	金融业	房地产业	租赁和商务服务业	科学研究和技术服务业	水利、环境和公共设施管理业
全国农垦	**104 884.45**	**350 253.30**	**1 387 219.62**	**316 170.83**	**172 396.58**	**57 261.22**
北　　京						
天　　津						
河　　北	29 042.00	99 887.00	86 541.00	50 196.00	8 372.00	34 902.00
山　　西	11.00			600.00		
内 蒙 古	1 902.17	2 949.90	2 780.62	1 625.83	103.08	602.92
辽　　宁	4 794.64	6 937.00	81 794.00	47 286.00	980.00	2 804.00
吉　　林						
黑 龙 江			9.00			1 581.80
上　　海						
江　　苏	247.00		2 444.00			
浙　　江			8.00	58.00		
安　　徽			60.00		191.00	
福　　建	348.00	246.40			401.00	75.00
江　　西	320.00	34 862.00	35 504.00			472.00
山　　东				27.00		
河　　南						
湖　　北	7 101.00	3 351.00	295 452.00	83 212.00	10 122.00	1 842.00
湖　　南	19 674.00	9 607.00	93 715.00	30 365.00	7 525.50	2 592.50
广　　东	2 775.00	60.00	4 529.00	944.00	129.00	
广　　西	2 188.00		129 572.00	3 205.00	1 893.00	
海　　南						
重　　庆						
四　　川						
贵　　州				295.00		
云　　南					17.00	88.00
陕　　西						
甘　　肃						
青　　海						
宁　　夏						
新疆（兵团）	36 224.00	192 353.00	655 078.00	98 357.00	142 663.00	12 301.00
新疆（农业）						
新疆（畜牧）	257.64					
热 科 院						
广　　州						
南　　京						

1－11 续表 3

地区	第三产业					
	居民服务、修理和其他服务业	教育	卫生和社会工作	文化、体育和娱乐业	公共管理、社会保障和社会组织	国际组织
全国农垦	**688 092.27**	**236 289.51**	**104 887.50**	**113 361.36**	**232 540.52**	
北京						
天津						
河北	78 717.00	57 634.00	32 800.00	3 025.00	89 700.00	
山西	379.63	50.00	527.00			
内蒙古	5 426.47	2 337.26	1 421.59	476.67	4 845.97	
辽宁	33 761.00	4 633.00	16 399.00	3 159.70	3 048.00	
吉林	465.60					
黑龙江			454.00	94.10	29 886.10	
上海						
江苏	118 403.00					
浙江	426.30	92.91	76.80			
安徽	5 409.36	17.00	1 428.75			
福建	6 660.20	642.10	157.00	79.30	2 317.25	
江西	22 157.00	240.00	106.00	197.00	382.00	
山东	32.00		15.00	48.59		
河南		718.60				
湖北	5 210.00	3 231.00	4 012.00	4 547.00	2 521.00	
湖南	85 998.30	3 350.00	6 917.00	7 274.00	65 850.00	
广东	56 856.01	735.22	3 382.36		676.00	
广西	53 722.00	17 456.00	5 599.00	475.00	777.00	
海南						
重庆						
四川						
贵州						
云南	30 899.00		1 058.00	41 824.00		
陕西						
甘肃	30.00					
青海						
宁夏						
新疆(兵团)	180 538.00	144 565.00	30 534.00	52 161.00	26 855.00	
新疆(农业)	306.00					
新疆(畜牧)	2 263.40	587.42			5 682.20	
热科院						
广州						
南京	432.00					

1－12　各垦区劳动者报酬合计按当年价格计算

计量单位：万元

地　　区	合计	第一产业	第二产业	工业	建筑业	第三产业
全国农垦	**38 870 194.78**	**12 271 683.41**	**12 349 844.15**	**8 273 645.83**	**4 076 198.32**	**14 248 667.22**
北　京	606 649.21	113 654.56	231 120.53	230 550.53	570.00	261 874.12
天　津	148 075.60	25 615.10	37 871.70	36 468.70	1 403.00	84 588.80
河　北	2 410 959.34	456 414.44	987 897.30	860 499.30	127 398.00	966 647.60
山　西	36 531.61	11 946.34	11 945.25	11 945.25		12 640.02
内蒙古	556 391.51	453 392.54	33 005.64	30 444.60	2 561.04	69 993.33
辽　宁	1 531 476.09	523 712.54	346 221.90	219 318.00	126 903.90	661 541.65
吉　林	223 033.66	202 142.46	4 011.59	3 515.00	496.59	16 879.61
黑龙江	2 495 994.40	1 676 174.70	176 404.10	164 943.60	11 460.50	643 415.60
上　海	884 842.00	92 794.00	225 860.00	218 759.00	7 101.00	566 188.00
江　苏	674 094.00	149 635.00	282 693.00	253 102.00	29 591.00	241 766.00
浙　江	66 775.90	15 213.72	47 020.84	46 958.20	62.64	4 541.34
安　徽	186 054.27	101 955.71	38 267.20	23 241.95	15 025.25	45 831.36
福　建	202 937.45	89 284.60	66 897.81	60 046.31	6 851.50	46 755.04
江　西	1 623 205.00	253 825.00	812 534.00	742 117.00	70 417.00	556 846.00
山　东	18 670.85	12 502.82	277.50	102.00	175.50	5 890.53
河　南	79 018.41	44 158.03	22 037.77	20 705.66	1 332.11	12 822.61
湖　北	5 767 167.00	826 738.00	3 538 140.00	2 382 988.00	1 155 152.00	1 402 289.00
湖　南	1 390 443.00	467 952.20	483 818.00	422 730.00	61 088.00	438 672.80
广　东	795 330.31	317 523.67	199 503.57	160 424.81	39 078.76	278 303.07
广　西	987 560.00	263 306.00	364 296.00	299 182.00	65 114.00	359 958.00
海　南	1 155 829.00	726 147.00	69 848.00	32 769.00	37 079.00	359 834.00
重　庆	119 054.00	15 006.00	78 197.00	78 197.00		25 851.00
四　川	18 728.90	15 227.84	933.70	933.70		2 567.36
贵　州	19 841.81	9 558.63	6 358.64	6 358.64		3 924.54
云　南	469 383.00	297 809.00	36 541.00	34 280.00	2 261.00	135 033.00
陕　西	26 318.85	19 212.35	4 075.00	755.00	3 320.00	3 031.50
甘　肃	103 267.44	65 594.47	26 677.66	17 548.66	9 129.00	10 995.31
青　海	29 388.58	27 494.17	296.41	296.41		1 598.00
宁　夏	131 319.10	90 794.10	13 883.70	9 419.60	4 464.10	26 641.30
新疆(兵团)	15 514 603.00	4 447 581.00	4 163 136.00	1 871 423.00	2 291 713.00	6 903 886.00
新疆(农业)	102 891.51	84 981.10	4 829.33	4 463.73	365.60	13 081.08
新疆(畜牧)	423 379.22	371 873.92	19 592.17	13 507.34	6 084.83	31 913.13
热科院	47 729.48					47 729.48
广　州	20 305.00	2 060.00	14 805.00	14 805.00		3 440.00
南　京	2 946.28	402.40	846.84	846.84		1 697.04

1－12 续表 1

地　　区	第三产业					
	农、林、牧、渔专业及辅助性活动	开采专业及辅助性活动	金属制品、机械和设备修理业	批发和零售业	交通运输、仓储和邮政业	住宿和餐饮业
全国农垦	**722 070.07**	**16 961.58**	**39 330.72**	**2 871 437.92**	**1 218 719.60**	**866 373.61**
北　　京	3 496.88			76 372.71	46 205.03	9 262.10
天　　津				38 543.50	6 719.10	1 973.70
河　　北	59 675.50	789.00	12 154.00	235 228.90	193 387.00	88 515.20
山　　西	1 447.00			7 292.58	254.06	1 724.64
内 蒙 古	13 135.39	375.68	219.87	19 747.14	5 713.97	9 073.70
辽　　宁	135 921.00	13 887.00	23 933.00	173 616.60	69 081.10	102 830.50
吉　　林	4 999.00			8 268.36	1 077.30	1 388.21
黑 龙 江	114 828.10			66 075.60	16 827.80	5 453.20
上　　海	1 293.00			324 433.00	78 588.00	14 281.00
江　　苏				93 395.00	24 688.00	14 947.00
浙　　江	632.00		58.00	378.94	65.66	247.72
安　　徽	1 346.52		302.85	15 990.26	4 694.57	7 770.20
福　　建	5 253.65		130.00	16 798.35	8 121.40	5 525.80
江　　西	3 013.00			113 608.00	45 526.00	51 180.00
山　　东	55.53			243.14		46.57
河　　南	1 758.30			7 444.76	281.00	713.00
湖　　北	17 426.00			284 514.00	146 609.00	82 129.00
湖　　南	21 024.90	1 498.00	1 786.00	75 968.00	27 544.00	40 965.00
广　　东	2 644.88			58 305.96	24 302.68	26 140.82
广　　西	304.00			179 154.00	39 230.00	42 380.00
海　　南	43 905.00			86 275.00	25 097.00	28 201.00
重　　庆				212.00	3 444.00	3 488.00
四　　川	1 612.36			423.00	2.65	431.35
贵　　州	3 000.54			924.00		
云　　南	19 303.00			32 254.00	12 350.00	18 049.00
陕　　西				428.00		433.50
甘　　肃	4 022.88			2 739.36	147.12	1 162.66
青　　海						115.00
宁　　夏				7 027.90	4 276.10	3 452.70
新疆（兵团）	255 765.00	255.00	747.00	936 334.00	426 340.00	299 081.00
新疆（农业）	2 601.00			1 654.28	1 695.00	1 198.76
新疆（畜牧）	3 605.64	156.90		6 297.16	6 407.06	4 095.62
热 科 院				118.45		
广　　州				1 106.00		
南　　京				265.97	45.00	117.66

1－12续表2

地区	第三产业					
	信息传输、软件和信息技术服务业	金融业	房地产业	租赁和商务服务业	科学研究和技术服务业	水利、环境和公共设施管理业
全国农垦	**93 254.97**	**782 051.11**	**677 882.87**	**454 564.05**	**418 078.19**	**288 930.87**
北京		1 240.97	54 297.29	29 163.34	16 300.00	
天津		913.00	5 257.00	17 313.30	1 611.00	
河北	14 223.00	46 883.00	27 055.00	40 439.00	5 897.00	11 641.50
山西	7.00			810.00		
内蒙古	161.73	248.72	192.25	111.67	489.89	475.30
辽宁	3 988.64	3 251.00	15 385.45	36 584.90	1 071.00	3 705.00
吉林						
黑龙江	11 674.60	25 125.20	2 873.70	21 140.40	17 147.00	40 058.00
上海	301.00	1 904.00	79 066.00	40 276.00	4 303.00	1 522.00
江苏	232.00	322.00	6 398.00	3 932.00	1 735.00	180.00
浙江				1 392.48		
安徽		114.00	3 085.60	134.96	270.97	
福建	254.00	156.60		713.27	1 012.00	65.00
江西	6 848.00	19 895.00	50 921.00	57 228.00	894.00	1 522.00
山东			132.61	11.10		
河南		226.20	126.00	156.00		47.00
湖北	8 485.00	73 329.00	148 172.00	46 343.00	67 179.00	40 841.00
湖南	6 853.00	26 501.00	37 339.00	16 387.00	2 300.00	1 102.00
广东	1 890.00	1 098.42	4 939.69	9 440.67	1 861.00	308.00
广西	189.00		18 125.00	3 229.00	1 660.00	
海南	2 284.00	1 758.00	7 804.00	5 293.00	5 104.00	
重庆		2 402.00	13 187.00	2 315.00	803.00	
四川						
贵州						
云南					9 090.00	418.00
陕西			98.00	1 010.00		
甘肃			405.00	294.53	209.00	335.07
青海				1 483.00		
宁夏	55.00	68.00		179.00	301.60	
新疆（兵团）	35 658.00	576 615.00	199 404.00	115 785.00	231 241.00	186 711.00
新疆（农业）	14.00		2.45	2 829.55		
新疆（畜牧）	137.00		841.00			
热科院				12.30	47 598.73	
广州			2 334.00			
南京			441.83	556.58		

1－12续表3

地区	第三产业					
	居民服务、修理和其他服务业	教育	卫生和社会工作	文化、体育和娱乐业	公共管理、社会保障和社会组织	国际组织
全国农垦	**844 077.34**	**1 472 868.38**	**1 207 618.23**	**122 074.23**	**2 152 373.48**	
北京	21 785.20	3 046.70		703.90		
天津	5 362.80	6 895.40				
河北	48 662.00	57 049.00	26 453.30	3 359.00	95 236.20	
山西	571.74	30.00	503.00			
内蒙古	5 838.68	1 819.35	1 861.46	118.81	10 409.72	
辽宁	31 243.00	11 576.80	18 348.00	2 568.70	14 549.96	
吉林	751.80		96.94		298.00	
黑龙江	1 193.50	50 240.00	182 042.80	6 431.60	82 304.10	
上海	3 517.00	1 701.00	12 157.00	2 846.00		
江苏	73 272.00	1 250.00	17 450.00	316.00	3 649.00	
浙江	444.11	89.40	46.20		1 186.83	
安徽	6 562.64	287.20	1 845.59	108.00	3 318.00	
福建	6 131.92	621.20	286.50	76.00	1 609.35	
江西	107 255.00	54 480.00	7 533.00	4 351.00	32 592.00	
山东	21.64		15.00	36.04	5 328.90	
河南	277.00	780.60	150.21		862.54	
湖北	85 893.00	138 361.00	66 792.00	14 151.00	182 065.00	
湖南	51 659.00	10 600.00	6 382.00	6 346.00	104 417.90	
广东	38 442.73	25 492.10	61 007.23		22 428.89	
广西	47 067.00	19 962.00	5 958.00	440.00	2 260.00	
海南	115 853.00	4 451.00	3 591.00	2 277.00	27 941.00	
重庆						
四川	78.00				20.00	
贵州						
云南	11 798.00		1 162.00	1 365.00	29 244.00	
陕西	812.00		80.00		170.00	
甘肃	1 410.76	74.75		194.18		
青海						
宁夏	8 572.90				2 708.10	
新疆(兵团)	166 020.00	1 080 505.00	793 807.00	76 386.00	1 523 232.00	
新疆(农业)	723.00	2 333.04	30.00			
新疆(畜牧)	2 587.92	1 222.84	20.00		6 541.99	
热科院						
广州						
南京	270.00					

1－13　各垦区固定资产折旧合计按当年价格计算

计量单位：万元

地　　区	合计	第一产业	第二产业	工业	建筑业	第三产业
全国农垦	**8 854 732.15**	**1 388 153.75**	**4 418 027.46**	**3 884 499.79**	**533 527.67**	**3 048 550.94**
北　　京	146 862.91	39 044.98	54 726.50	54 710.50	16.00	53 091.43
天　　津	58 255.60	15 174.70	21 228.70	21 206.70	22.00	21 852.20
河　　北	937 418.36	72 888.16	531 797.00	467 082.00	64 715.00	332 733.20
山　　西	6 637.19	743.38	4 161.38	4 161.38		1 732.43
内 蒙 古	269 241.06	128 478.19	94 923.51	92 694.24	2 229.27	45 839.36
辽　　宁	572 251.72	147 153.10	261 780.75	235 459.75	26 321.00	163 317.87
吉　　林	12 630.34	6 330.54	2 375.00	2 211.00	164.00	3 924.80
黑 龙 江	736 633.50	400 755.10	89 545.90	87 933.90	1 612.00	246 332.50
上　　海	500 579.00	93 024.00	199 286.00	198 948.00	338.00	208 269.00
江　　苏	192 699.00	26 443.00	101 649.00	91 269.00	10 380.00	64 607.00
浙　　江	13 027.53	2 303.21	9 126.32	9 119.08	7.24	1 598.00
安　　徽	28 535.14	15 125.35	5 973.84	5 774.35	199.49	7 435.95
福　　建	65 487.31	5 112.01	53 098.90	52 710.90	388.00	7 276.40
江　　西	311 916.00	21 540.00	214 104.00	188 056.00	26 048.00	76 272.00
山　　东	3 379.45	3 258.43	62.20	19.00	43.20	58.82
河　　南	8 439.32	3 212.65	4 276.62	4 225.60	51.02	950.05
湖　　北	1 488 483.00	61 723.00	999 718.00	936 432.00	63 286.00	427 042.00
湖　　南	372 431.60	40 107.50	168 971.00	158 607.00	10 364.00	163 353.10
广　　东	213 105.37	100 050.42	71 171.18	62 777.43	8 393.75	41 883.77
广　　西	181 493.00	20 574.00	109 556.00	101 296.00	8 260.00	51 363.00
海　　南	134 962.00	42 252.00	22 392.00	13 091.00	9 301.00	70 318.00
重　　庆	37 650.00	6 868.00	27 472.00	27 472.00		3 310.00
四　　川	4 634.49	3 859.19	264.97	264.97		510.33
贵　　州	10 324.01	2 260.25	5 147.12	5 147.12		2 916.64
云　　南	129 328.00	33 882.00	10 998.00	10 837.00	161.00	84 448.00
陕　　西	19 963.01	3 339.99	11 960.82	10 074.82	1 886.00	4 662.20
甘　　肃	29 313.34	13 770.78	13 300.33	13 283.90	16.43	2 242.23
青　　海	9 499.08	8 942.78	204.30	204.30		352.00
宁　　夏	35 997.00	20 904.00	9 045.50	8 603.20	442.30	6 047.50
新疆（兵团）	2 207 775.00	－31 491.00	1 304 051.00	1 006 710.00	297 341.00	935 215.00
新疆（农业）	64 674.09	58 959.02	3 526.00	3 526.00		2 189.07
新疆（畜牧）	36 594.07	20 094.02	10 159.81	8 617.84	1 541.97	6 340.24
热 科 院	10 324.46					10 324.46
广　　州	3 595.00	1 454.00	1 876.00	1 876.00		265.00
南　　京	592.20	17.00	97.81	97.81		477.39

1－13 续表 1

地区	第三产业					
	农、林、牧、渔专业及辅助性活动	开采专业及辅助性活动	金属制品、机械和设备修理业	批发和零售业	交通运输、仓储和邮政业	住宿和餐饮业
全国农垦	**186 062.20**	**28 213.05**	**43 319.52**	**746 206.12**	**417 614.58**	**195 281.66**
北京	425.97			18 057.04	15 257.36	1 390.46
天津				13 756.90	3 765.60	92.10
河北	9 555.00	389.00	4 902.00	60 661.00	34 152.40	25 536.00
山西	185.00			1 134.60	19.71	258.70
内蒙古	2 920.52	8 904.05	66.37	8 616.20	9 251.98	3 628.92
辽宁	11 191.00	17 249.00	35 055.00	29 673.60	22 678.88	15 581.50
吉林	3 033.00			399.00	161.80	284.20
黑龙江	73 809.50			50 329.80	19 759.80	3 964.70
上海	618.00			55 754.00	31 352.00	2 383.00
江苏				16 302.00	8 219.00	4 314.00
浙江	936.00			25.00	1.00	24.20
安徽	491.00		57.15	2 434.82	780.02	2 080.81
福建	35.00		60.00	3 130.71	1 643.95	630.00
江西	384.00			23 184.00	7 208.00	6 551.00
山东	0.47			34.22		4.07
河南	6.00			575.15	48.00	56.00
湖北	2 114.00			40 695.00	102 075.00	21 753.00
湖南	6 090.60	1 634.00	2 739.00	18 875.00	9 589.00	12 621.00
广东	66.46			6 640.78	8 223.99	4 962.17
广西	4.00			7 014.00	4 572.00	2 927.00
海南	1 572.00			5 756.00	2 913.00	4 909.00
重庆				226.00	1 849.00	515.00
四川	260.10			4.00		217.23
贵州	2 860.64			34.00		
云南	5 218.00			7 081.00	9 331.00	20 686.00
陕西				340.20		628.00
甘肃	529.98			323.11		448.89
青海						36.00
宁夏				631.30	1 323.20	810.50
新疆(兵团)	60 526.00	37.00	440.00	372 445.00	122 389.00	57 097.00
新疆(农业)	539.80			1 072.98	108.00	254.20
新疆(畜牧)	2 690.16			861.32	925.89	583.30
热科院				27.11		
广州				36.00		
南京				75.28	16.00	53.71

1－13续表2

地区	第三产业					
	信息传输、软件和信息技术服务业	金融业	房地产业	租赁和商务服务业	科学研究和技术服务业	水利、环境和公共设施管理业
全国农垦	**54 707.23**	**112 956.32**	**506 088.66**	**190 726.81**	**63 274.41**	**70 727.12**
北京		93.88	6 013.66	5 046.31	3 272.00	
天津		553.00	757.00	1 883.20	122.00	
河北	16 404.00	12 123.00	94 352.00	15 500.00	386.00	18 595.00
山西	2.50			83.00		
内蒙古	852.67	1 202.14	854.98	326.06	205.36	547.29
辽宁	574.00	1 799.00	9 963.69	6 096.70	562.00	2 047.00
吉林						
黑龙江	3 890.80	3 960.70	642.40	2 084.10	3 468.00	20 870.10
上海	9.00	89.00	13 028.00	76 160.00	1 489.00	2 743.00
江苏	15.00	24.00	1 706.00	382.00	360.00	19.00
浙江			12.00	535.76		
安徽		6.00	774.87	3.00	63.50	
福建	40.25	12.35		219.79	23.00	6.00
江西	1 588.00	609.00	20 340.00	1 319.00	236.00	250.00
山东			7.56	5.49		
河南		6.08	0.02	5.00		
湖北	25 503.00	15 356.00	67 313.00	25 238.00	22 134.00	22 641.00
湖南	2 189.00	3 816.00	57 303.00	3 720.00	675.50	1 182.00
广东	148.00	36.67	465.38	1 247.69	2.00	15.00
广西	12.00		24 960.00	1 432.00	106.00	
海南	99.00	13.00	35 811.00	11 936.00	40.00	
重庆				720.00		
四川						
贵州				22.00		
云南					4 143.00	35.00
陕西			494.00	941.00		
甘肃			13.12	319.20		489.53
青海				316.00		
宁夏	10.00	1.50			320.70	
新疆(兵团)	3 370.00	73 255.00	170 960.00	34 771.00	15 369.00	1 262.00
新疆(农业)			19.06	145.03		
新疆(畜牧)	0.01		65.00			25.20
热科院					10 297.35	
广州			229.00			
南京			3.92	269.48		

1-13 续表 3

地　区	第三产业					
	居民服务、修理和其他服务业	教育	卫生和社会工作	文化、体育和娱乐业	公共管理、社会保障和社会组织	国际组织
全国农垦	**118 288.29**	**80 736.98**	**61 795.11**	**56 306.61**	**116 246.27**	
北　京	2 866.20	631.70		36.85		
天　津	922.40					
河　北	18 736.00	4 292.00	4 693.40	2 196.00	10 260.40	
山　西	26.92	10.00	12.00			
内蒙古	1 715.58	2 204.25	553.32	162.62	3 827.05	
辽　宁	5 892.50	1 590.00	1 493.00	188.00	1 683.00	
吉　林	38.60		8.20			
黑龙江	292.50	6 847.50	27 072.30	1 517.40	27 822.90	
上　海	819.00	21 301.00	2 300.00	224.00		
江　苏	26 968.00	155.00	2 290.00	75.00	3 778.00	
浙　江	18.33	19.71	16.00		10.00	
安　徽	387.58	19.90	177.30	42.00	118.00	
福　建	813.50	34.65	21.00	6.30	599.90	
江　西	4 285.00	3 808.00	543.00	1 588.00	4 379.00	
山　东	3.38			3.63		
河　南	15.00	3.00	21.28		214.52	
湖　北	17 286.00	26 817.00	8 304.00	4 306.00	25 507.00	
湖　南	7 239.00	1 547.00	2 140.00	1 767.00	30 226.00	
广　东	4 553.43	3 126.39	10 508.31		1 887.50	
广　西	2 603.00	7 128.00	421.00	22.00	162.00	
海　南	1 701.00	274.00	486.00	1 602.00	3 206.00	
重　庆						
四　川	2.00				27.00	
贵　州						
云　南	1 280.00		429.00	35 652.00	593.00	
陕　西	2 259.00					
甘　肃	95.59			22.81		
青　海						
宁　夏	2 711.60				238.70	
新疆(兵团)	14 198.00	479.00	301.00	6 895.00	1 421.00	
新疆(农业)	2.00	43.00	5.00			
新疆(畜牧)	498.18	405.88			285.30	
热科院						
广　州						
南　京	59.00					

1－14 各垦区生产税净额合计按当年价格计算

计量单位：万元

地区	合计	第一产业	第二产业			第三产业
				工业	建筑业	
全国农垦	**7 999 212.48**	**－185 091.65**	**5 105 854.02**	**4 556 988.87**	**548 865.15**	**3 078 450.11**
北京	172 935.18	2 194.89	67 470.22	67 218.22	252.00	103 270.07
天津	54 758.90	518.40	7 229.10	7 164.10	65.00	47 011.40
河北	650 170.62	8 656.62	430 299.80	413 282.80	17 017.00	211 214.20
山西	8 000.84	1 358.82	4 639.70	4 639.70		2 002.32
内蒙古	52 314.28	11 392.90	32 977.80	31 711.20	1 266.60	7 943.58
辽宁	204 817.49	24 722.06	86 294.90	63 978.90	22 316.00	93 800.53
吉林	2 809.83	2 277.03	177.00	177.00		355.80
黑龙江	－689 141.50	－817 217.60	111 301.80	98 253.00	13 048.80	16 774.30
上海	317 111.00	7 715.00	116 713.00	115 187.00	1 526.00	192 683.00
江苏	254 906.00	331.00	232 667.00	224 026.00	8 641.00	21 908.00
浙江	19 601.11	656.47	18 450.21	18 446.00	4.21	494.43
安徽	35 389.63	2 286.06	8 709.30	4 772.73	3 936.57	24 394.27
福建	25 653.93	1 574.61	17 044.88	16 614.88	430.00	7 034.44
江西	313 248.00	15 301.00	251 303.00	232 475.00	18 828.00	46 644.00
山东	4 757.36	1 184.58	350.80	160.00	190.80	3 221.98
河南	13 144.46	915.30	9 844.00	9 683.99	160.01	2 385.16
湖北	2 066 892.00	7 784.00	1 371 233.00	1 071 226.00	300 007.00	687 875.00
湖南	403 094.92	29 783.12	231 080.50	213 417.00	17 663.50	142 231.30
广东	143 962.88	956.62	91 494.20	81 690.54	9 803.66	51 512.06
广西	197 505.00		143 307.00	117 596.00	25 711.00	54 198.00
海南	54 051.00	4 910.00	24 505.00	6 700.00	17 805.00	24 636.00
重庆	24 818.00		22 811.00	22 811.00		2 007.00
四川	1 054.95	587.88	399.60	399.60		67.47
贵州	3 209.82	473.18	1 529.68	1 529.68		1 206.96
云南	30 088.00	1 101.00	9 469.00	8 263.00	1 206.00	19 518.00
陕西	14 572.70	226.00	554.70	554.70		13 792.00
甘肃	15 337.14	213.61	12 902.15	11 692.15	1 210.00	2 221.38
青海	865.84	267.04	137.80	137.80		461.00
宁夏	26 550.30	1 014.50	21 503.00	17 072.20	4 430.80	4 032.80
新疆(兵团)	3 501 694.00	460 472.00	1 772 691.00	1 691 099.00	81 592.00	1 268 531.00
新疆(农业)	55 523.18	36 194.96	1 880.80	1 480.80	400.00	17 447.42
新疆(畜牧)	10 101.70	6 986.30	1 669.08	314.88	1 354.20	1 446.32
热科院	335.36					335.36
广州	8 175.00	68.00	2 890.00	2 890.00		5 217.00
南京	903.56	3.00	324.00	324.00		576.56

1－14续表1

地　　区	第三产业					
	农、林、牧、渔专业及辅助性活动	开采专业及辅助性活动	金属制品、机械和设备修理业	批发和零售业	交通运输、仓储和邮政业	住宿和餐饮业
全国农垦	**33 344.97**	**5 916.00**	**77 951.09**	**782 434.65**	**426 774.41**	**182 455.33**
北　　京	567.40			39 535.21	11 461.59	708.36
天　　津				14 644.80	1 090.60	134.90
河　　北	13 340.00	1 153.00	67 569.00	73 370.00	25 070.00	7 815.00
山　　西	240.00			1 601.56	7.32	82.43
内 蒙 古	5.91	23.00	13.09	2 925.50	1 808.47	1 141.22
辽　　宁	912.00	4 510.00	9 504.00	28 397.00	7 742.96	6 266.00
吉　　林				198.00	3.00	150.80
黑 龙 江	1 882.20			7 754.50	1 418.30	529.60
上　　海	30.00			65 280.00	6 251.00	1 305.00
江　　苏				6 870.00	2 650.00	2 000.00
浙　　江	2.00			47.86	33.73	69.28
安　　徽			2.00	1 481.19	462.26	1 268.25
福　　建	24.00		90.00	5 295.35	680.45	376.44
江　　西	1 122.00			16 417.00	4 124.00	5 076.00
山　　东				61.18		3.74
河　　南	18.00			461.87	12.00	49.00
湖　　北	2 032.00			262 201.00	83 437.00	29 666.00
湖　　南	6 691.00	142.00	582.00	38 595.50	6 998.00	25 946.00
广　　东	74.00			14 172.24	4 799.78	6 620.64
广　　西				19 546.00	3 300.00	5 327.00
海　　南	1 010.00			6 528.00	2 800.00	2 528.00
重　　庆				181.00	1 037.00	394.00
四　　川	16.00			17.00		29.47
贵　　州	832.96			349.00		
云　　南	3 892.00			8 810.00	1 349.00	2 580.00
陕　　西						
甘　　肃	11.50			937.92	36.90	178.44
青　　海						
宁　　夏				587.60	320.60	251.20
新疆(兵团)	439.00	88.00	191.00	165 409.00	248 325.00	77 853.00
新疆(农业)	188.00			10.00	11 498.00	4 007.00
新疆(畜牧)	15.00			104.28	53.45	50.03
热 科 院						
广　　州				501.00		
南　　京				144.09	4.00	48.53

1－14续表2

地　　区	第三产业					
	信息传输、软件和信息技术服务业	金融业	房地产业	租赁和商务服务业	科学研究和技术服务业	水利、环境和公共设施管理业
全国农垦	**62 400.18**	**115 516.46**	**697 464.78**	**100 533.04**	**55 474.26**	**41 474.08**
北　　京		715.24	28 973.06	14 741.01	543.00	
天　　津		3 366.00	20 758.00	6 441.30	50.60	
河　　北	1 608.00	7 283.50	2 012.00	1 626.00	190.00	152.00
山　　西	1.00			56.62		
内 蒙 古	65.32	479.28	637.28	234.10	1.00	
辽　　宁	91.00	1 272.00	31 182.87	576.00	22.00	627.70
吉　　林						
黑 龙 江	179.10	753.30	2 738.00	1 012.20	71.30	1 190.00
上　　海	4.00	2 497.00	112 929.00	2 424.00	265.00	510.00
江　　苏		9.00	6 611.00	80.00	10.00	
浙　　江				323.70		
安　　徽		13.00	19 801.46			
福　　建	12.25	11.00		193.60	7.00	2.00
江　　西	1 055.00	727.00	7 850.00	2 249.00	30.00	
山　　东			3 154.25	0.94		
河　　南		37.69	19.79	4.00		
湖　　北	23 124.00	30 253.00	180 503.00	25 215.00	25 451.00	1 422.00
湖　　南	2 076.00	4 645.00	12 510.00	6 552.00	1 920.00	1 079.50
广　　东	164.00	189.45	14 627.49	2 784.64		14.00
广　　西	6.00		21 773.00	1 079.00	196.00	
海　　南	221.00	4 843.00	1 571.00	1 342.00	1 655.00	
重　　庆				395.00		
四　　川						
贵　　州				25.00		
云　　南					252.00	3.00
陕　　西			12 286.00	740.00		
甘　　肃			653.09	215.06		−0.12
青　　海				461.00		
宁　　夏		3.00				
新疆(兵团)	33 789.00	58 419.00	210 658.00	31 433.00	24 475.00	36 474.00
新疆(农业)			263.80	0.62		
新疆(畜牧)	4.51		1 210.00			
热 科 院					335.36	
广　　州			4 716.00			
南　　京			26.69	328.25		

1－14 续表 3

地　　区	第三产业					
	居民服务、修理和其他服务业	教育	卫生和社会工作	文化、体育和娱乐业	公共管理、社会保障和社会组织	国际组织
全国农垦	**88 585.07**	**105 805.86**	**130 097.10**	**26 250.66**	**145 972.17**	
北　　京	5 213.81	376.00		435.39		
天　　津	525.20					
河　　北	2 254.00	1 193.00	498.90	93.00	5 986.80	
山　　西	13.39					
内 蒙 古	527.23		4.00	70.72	7.46	
辽　　宁	1 778.00	198.00	616.00	89.00	16.00	
吉　　林	3.50		0.50			
黑 龙 江	32.30	−124.80	−1 272.00	53.00	557.30	
上　　海	815.00	290.00		83.00		
江　　苏	3 654.00	2.00	20.00	2.00		
浙　　江	13.86	3.00	1.00			
安　　徽	440.41	0.40	0.70		924.60	
福　　建	287.50	14.65	6.00	7.00	27.20	
江　　西	2 692.00	56.00	17.00	1 341.00	3 888.00	
山　　东	0.67			1.20		
河　　南	2.00				1 780.81	
湖　　北	11 830.00	2 327.00	1 008.00	5 952.00	3 454.00	
湖　　南	12 403.30	2 464.00	2 855.00	3 588.00	13 184.00	
广　　东	7 741.31	6.61	29.00		288.90	
广　　西	2 395.00	421.00	78.00	13.00	64.00	
海　　南	1 570.00	28.00		109.00	431.00	
重　　庆						
四　　川	5.00					
贵　　州						
云　　南	2 114.00		42.00	473.00	3.00	
陕　　西	580.00				186.00	
甘　　肃	170.24			18.35		
青　　海						
宁　　夏	2 820.30				50.10	
新疆（兵团）	27 189.00	98 551.00	126 193.00	13 922.00	115 123.00	
新疆（农业）	1 480.00					
新疆（畜牧）	9.05					
热 科 院						
广　　州						
南　　京	25.00					

1－15 各垦区补贴合计按当年价格计算

计量单位：万元

地区	合计	第一产业	第二产业	工业	建筑业	第三产业
全国农垦	**1 125 862.29**	**961 663.43**	**52 919.71**	**20 037.11**	**32 882.60**	**111 279.15**
北京	6 165.53	97.00	2 964.79	2 964.79		3 103.74
天津						
河北	5 740.70					5 740.70
山西	131.15	108.15				23.00
内蒙古	6 096.94	6 005.77	5.17	5.17		86.00
辽宁	19 903.80	17 371.70	164.00	130.00	34.00	2 368.10
吉林	1 675.29	1 163.29	214.00	214.00		298.00
黑龙江	827 631.10	821 132.60	4 268.10	4 268.10		2 230.40
上海	12 676.00	34.00				12 642.00
江苏						
浙江	521.98	488.98				33.00
安徽	1 735.70	1 721.70	14.00		14.00	
福建	34.10	14.20				19.90
江西	1 087.00	876.00	317.00	295.00	22.00	—106.00
山东	48.00	48.00				
河南	706.86	698.86				8.00
湖北						
湖南	2 809.20	2 088.00	326.00	10.00	316.00	395.20
广东	3 252.25	2 485.40	711.95	711.95		54.90
广西						
海南	152 735.00	59 693.00	32 306.00	307.00	31 999.00	60 736.00
重庆	4 050.00	1 200.00	2 850.00	2 850.00		
四川	1 836.68	1 431.18	64.00	64.00		341.50
贵州	196.53	193.53				3.00
云南						
陕西	902.00	676.00				226.00
甘肃	929.69	850.16	73.50	73.50		6.03
青海						
宁夏						
新疆(兵团)	60 943.00	30 331.00	8 147.00	7 667.00	480.00	22 465.00
新疆(农业)	6 711.65	6 605.65				106.00
新疆(畜牧)	6 596.38	6 041.18	70.20	52.60	17.60	485.00
热科院	9.68					9.68
广州	736.08	308.08	424.00	424.00		4.00
南京						

1－15续表1

地　区	第三产业					
	农、林、牧、渔专业及辅助性活动	开采专业及辅助性活动	金属制品、机械和设备修理业	批发和零售业	交通运输、仓储和邮政业	住宿和餐饮业
全国农垦	**14 845.60**		**10.00**	**27 780.93**	**3 544.22**	**1 141.00**
北　京				1 362.00	907.22	
天　津						
河　北						
山　西						
内 蒙 古	86.00					
辽　宁	1 028.10			176.00	647.00	5.00
吉　林						
黑 龙 江	329.00			312.00	125.00	
上　海						
江　苏						
浙　江						
安　徽						
福　建				1.00		
江　西				17.00	1.00	
山　东						
河　南	8.00					
湖　北						
湖　南	3.00		10.00	68.00	40.00	
广　东				12.90		30.00
广　西						
海　南	12 242.00			4 299.00	1 799.00	1 100.00
重　庆						
四　川	341.50					
贵　州	3.00					
云　南						
陕　西						
甘　肃				0.03		6.00
青　海						
宁　夏						
新疆(兵团)	345.00			21 533.00		
新疆(农业)						
新疆(畜牧)	460.00				25.00	
热 科 院						
广　州						
南　京						

1－15 续表 2

地 区	第三产业					
	信息传输、软件和信息技术服务业	金融业	房地产业	租赁和商务服务业	科学研究和技术服务业	水利、环境和公共设施管理业
全国农垦	**294.00**	**11 935.00**	**1 226.52**	**2 036.00**	**1 110.68**	**340.60**
北 京			834.52			
天 津						
河 北						
山 西				23.00		
内 蒙 古						
辽 宁						310.00
吉 林						
黑 龙 江						−29.40
上 海					18.00	60.00
江 苏						
浙 江				33.00		
安 徽						
福 建						
江 西						
山 东						
河 南						
湖 北						
湖 南						
广 东						
广 西						
海 南	294.00	11 935.00		1 675.00	1 083.00	
重 庆						
四 川						
贵 州						
云 南						
陕 西						
甘 肃						
青 海						
宁 夏						
新疆(兵团)			388.00	199.00		
新疆(农业)				106.00		
新疆(畜牧)						
热 科 院					9.68	
广 州			4.00			
南 京						

1－15续表3

地　　区	第三产业 居民服务、修理和其他服务业	教育	卫生和社会工作	文化、体育和娱乐业	公共管理、社会保障和社会组织	国际组织
全国农垦	**4 582.00**	**12 903.20**	**1 530.40**	**216.00**	**27 783.00**	
北　　京						
天　　津						
河　　北			10.90		5 729.80	
山　　西						
内 蒙 古						
辽　　宁	202.00					
吉　　林					298.00	
黑 龙 江		125.30	1 360.50		8.00	
上　　海		12 461.00		103.00		
江　　苏						
浙　　江						
安　　徽						
福　　建		18.90				
江　　西				—125.00	1.00	
山　　东						
河　　南						
湖　　北						
湖　　南					274.20	
广　　东			12.00			
广　　西						
海　　南	4 340.00	298.00	147.00	238.00	21 286.00	
重　　庆						
四　　川						
贵　　州						
云　　南						
陕　　西	40.00				186.00	
甘　　肃						
青　　海						
宁　　夏						
新疆（兵团）						
新疆（农业）						
新疆（畜牧）						
热 科 院						
广　　州						
南　　京						

1－16　各垦区营业盈余合计按当年价格计算

计量单位：万元

地　区	合计	第一产业	第二产业	工业	建筑业	第三产业
全国农垦	**23 115 350.51**	**4 808 988.07**	**11 011 874.21**	**10 053 123.65**	**958 750.56**	**7 294 390.23**
北　京	398 524.79	85 359.76	58 999.80	58 963.80	36.00	254 165.23
天　津	126 160.40	－3 643.20	－11 240.90	－11 437.90	197.00	141 044.50
河　北	1 855 208.81	221 490.91	913 840.70	816 956.70	96 884.00	719 877.20
山　西	13 161.91	1 401.96	5 367.51	5 367.51		6 392.44
内蒙古	213 314.51	97 375.59	84 273.84	81 316.55	2 957.29	31 665.08
辽　宁	694 135.40	177 120.34	254 399.70	182 872.80	71 526.90	262 615.36
吉　林	31 996.07	23 578.03	3 538.10	3 488.00	50.10	4 879.94
黑龙江	1 939 104.10	1 859 982.80	－17 078.70	－23 479.90	6 401.20	96 200.00
上　海	1 187 793.00	31 523.00	218 791.00	212 286.00	6 505.00	937 479.00
江　苏	908 848.00	106 171.00	665 135.00	647 518.00	17 617.00	137 542.00
浙　江	52 703.13	12 818.74	38 798.38	38 656.90	141.48	1 086.01
安　徽	49 319.30	15 672.62	15 880.84	8 910.35	6 970.49	17 765.84
福　建	66 345.59	16 452.18	24 090.86	23 183.36	907.50	25 802.55
江　西	561 146.00	38 718.00	332 886.00	312 861.00	20 025.00	189 542.00
山　东	9 239.64	6 753.70	1 020.37	723.47	296.90	1 465.57
河　南	37 238.69	14 843.06	13 867.06	13 683.28	183.78	8 528.57
湖　北	4 890 440.00	273 359.00	3 865 277.00	3 563 274.00	302 003.00	751 804.00
湖　南	881 525.78	107 265.38	449 871.00	397 840.00	52 031.00	324 389.40
广　东	767 208.97	216 614.11	366 175.36	338 091.49	28 083.87	184 419.50
广　西	1 594 093.00	127 805.00	1 267 627.00	1 149 911.00	117 716.00	198 563.00
海　南						
重　庆	88 012.00	2 071.00	32 353.00	32 353.00		53 588.00
四　川	592.93	－184.77	270.00	270.00		507.70
贵　州	6 674.36	1 295.80	3 119.92	3 119.92		2 258.64
云　南	145 841.00	42 520.00	10 767.00	8 940.00	1 827.00	92 554.00
陕　西	－3 977.06	3 115.14	－3 325.80	－3 345.80	20.00	－3 766.40
甘　肃	36 347.96	11 113.91	21 590.27	21 227.59	362.68	3 643.78
青　海	5 821.44	5 418.44				403.00
宁　夏	72 739.00	32 372.50	23 203.60	19 718.40	3 485.20	17 162.90
新疆(兵团)	6 249 817.00	1 181 592.00	2 359 490.00	2 138 084.00	221 406.00	2 708 735.00
新疆(农业)	92 866.16	75 616.32	2 624.83	2 549.83	75.00	14 625.01
新疆(畜牧)	40 402.30	22 779.59	8 851.47	7 879.30	972.17	8 771.24
热科院	11.89					11.89
广　州	102 044.00	633.00	1 571.00	1 571.00		99 840.00
南　京	650.44	－16.84	－161.00	－230.00	69.00	828.28

1-16续表1

地区	第三产业					
	农、林、牧、渔专业及辅助性活动	开采专业及辅助性活动	金属制品、机械和设备修理业	批发和零售业	交通运输、仓储和邮政业	住宿和餐饮业
全国农垦	**250 069.54**	**14 578.70**	**45 529.05**	**2 082 070.85**	**668 938.36**	**485 385.39**
北京	−2 172.00			51 351.06	17 087.46	1 053.70
天津				1 322.80	19 116.40	−745.40
河北	30 144.50	1 040.00	27 170.00	182 316.50	118 684.00	98 748.20
山西	17.00			5 281.37	70.02	630.41
内蒙古	2 224.58	181.70	77.01	8 479.49	9 602.44	10 853.62
辽宁	51 470.40	13 235.00	15 519.00	61 749.00	32 809.80	26 169.00
吉林	230.00			3 084.90	686.58	676.86
黑龙江	52 081.00			23 809.80	2 645.10	−2 176.90
上海	−1 144.00			298 332.00	18 934.00	−7 063.00
江苏				55 262.00	9 209.00	9 747.00
浙江	263.00			184.52	22.69	176.20
安徽	142.48		40.00	4 701.11	1 226.50	1 478.20
福建	59.00		650.00	17 619.54	2 377.88	2 390.10
江西	266.00			56 952.00	21 575.00	16 531.00
山东				783.77		57.62
河南	1 091.70			2 784.46	36.00	265.00
湖北	11 616.00			235 480.00	89 887.00	37 627.00
湖南	15 005.40	1.00	766.00	98 143.00	22 779.00	33 935.00
广东	−412.46			56 124.10	14 749.94	21 713.89
广西	72.00			38 453.00	13 239.00	21 567.00
海南						
重庆				290.00	701.00	496.00
四川	413.30					33.36
贵州	1 730.64			265.00		
云南	9 487.00			29 405.00	16 597.00	14 738.00
陕西				240.20		117.00
甘肃	1 179.06			1 333.75	130.83	−5.00
青海						
宁夏				1 924.40	1 978.00	1 229.00
新疆(兵团)	75 476.00	121.00	1 307.00	831 363.00	252 163.00	190 748.00
新疆(农业)	849.00			10 765.42	473.00	3 179.60
新疆(畜牧)	−20.06		0.04	2 592.94	2 144.72	1 215.06
热科院						
广州				1 480.00		
南京				196.72	13.00	−0.13

1-16续表2

地区	第三产业					
	信息传输、软件和信息技术服务业	金融业	房地产业	租赁和商务服务业	科学研究和技术服务业	水利、环境和公共设施管理业
全国农垦	**143 494.93**	**878 424.26**	**1 240 066.32**	**565 594.79**	**184 422.99**	**58 916.00**
北京		10 543.56	31 241.28	71 238.78	68 936.00	
天津		9 777.00	58 786.00	57 881.20	—333.00	
河北	37 103.00	94 778.50	58 598.00	11 475.00	1 911.00	4 765.50
山西	0.50			350.68		
内蒙古	2 074.01	3 305.19	3 083.30	2 187.77	—149.00	
辽宁	2 003.00	3 543.00	33 732.66	6 372.50	243.00	2 218.00
吉林						
黑龙江	—1 615.20	2 306.30	—1 648.70	10 250.30	2 286.10	4 163.50
上海	—236.00	32 363.00	434 875.00	153 475.00	—1 699.00	—1 668.00
江苏		872.00	27 831.00	3 129.00	376.00	1.00
浙江				359.14		
安徽		285.00	2 673.12	—124.40	20.00	
福建	57.50	67.45		—70.22	32.00	2.00
江西	4 486.00	13 728.00	36 008.00	21 051.00	634.00	38.00
山东			600.68	9.47		
河南		21.81	—2.59	4.00		
湖北	27 576.00	81 221.00	111 658.00	30 033.00	31 284.00	20 922.00
湖南	9 034.00	11 614.00	21 572.00	11 448.00	3 561.00	1 475.00
广东	573.00	2 059.95	11 045.33	10 871.31		51.00
广西	1 981.00		100 878.00	6 776.00	498.00	
海南						
重庆		10 763.00	34 326.00	7 012.00		
四川				45.04		
贵州				263.00		
云南					184.00	21.00
陕西			—4 437.00	5.40		
甘肃			485.70	36.68		65.00
青海				403.00		
宁夏	13.00	357.50		84.00		
新疆(兵团)	60 329.00	600 818.00	178 787.00	160 964.00	76 627.00	26 862.00
新疆(农业)			—225.10	—468.91		
新疆(畜牧)	116.12		1 831.00			
热科院					11.89	
广州			98 360.00			
南京			7.64	533.05		

1-16 续表 3

地　　区	第三产业					
	居民服务、修理和其他服务业	教育	卫生和社会工作	文化、体育和娱乐业	公共管理、社会保障和社会组织	国际组织
全国农垦	**339 667.99**	**78 354.04**	**78 231.93**	**70 487.70**	**110 157.39**	
北　　京	5 351.89	50.00		−516.50		
天　　津	−4 760.50					
河　　北	39 245.00	1 052.00	8 069.90	390.00	4 386.10	
山　　西	20.46	10.00	12.00			
内 蒙 古	2 773.17		100.00	475.30	−13 603.50	
辽　　宁	8 587.00	614.00	2 572.00	639.00	1 139.00	
吉　　林	198.10		3.50			
黑 龙 江	144.40	129.60	2 259.00	−246.30	1 812.00	
上　　海	8 891.00	3 100.00	1 564.00	−2 245.00		
江　　苏	29 762.00	5.00	1 339.00	9.00		
浙　　江	38.98	3.80	32.60		5.08	
安　　徽	4 489.23	1.20	227.40		2 606.00	
福　　建	2 231.00	1.00	29.00	12.00	344.30	
江　　西	5 966.00	3 232.00	393.00	1 364.00	7 318.00	
山　　东	6.31			7.72		
河　　南	37.00	4.00	−4.30		4 291.49	
湖　　北	38 839.00	8 705.00	7 705.00	5 190.00	14 061.00	
湖　　南	45 779.00	4 843.00	18 577.00	7 148.00	18 709.00	
广　　东	23 475.25	109.44	10 565.83		33 492.92	
广　　西	7 600.00	6 540.00	500.00		459.00	
海　　南						
重　　庆						
四　　川	11.00				5.00	
贵　　州						
云　　南	17 517.00		271.00	4 334.00		
陕　　西	354.00		30.00		−76.00	
甘　　肃	411.28			6.48		
青　　海						
宁　　夏	6 094.00				5 483.00	
新疆(兵团)	95 585.00	49 954.00	23 986.00	53 920.00	29 725.00	
新疆(农业)	52.00					
新疆(畜牧)	891.42					
热 科 院						
广　　州						
南　　京	78.00					

农业部分

2－1 农场基本情况

地　　区	农场个数（个）	小城镇情况		
		小城镇个数（个）	小城镇人口（人）	小城镇占地面积（米²）
全国农垦	**1 843**	**603**	**4 895 628**	**11 803 116 208**
北　　京	13			
天　　津	9			
河　　北	33	49	252 363	233 896 800
山　　西	25	3	11 034	2 184 230
内 蒙 古	104	20	78 766	65 452 800
辽　　宁	103	40	372 814	177 525 094
吉　　林	88	3	10 059	21 000 000
黑 龙 江	113	113	1 382 175	376 580 000
上　　海	21			
江　　苏	17	27	135 705	28 350 000
浙　　江	96	1	3 030	80 000
安　　徽	20	10	56 496	10 456 000
福　　建	110	13	57 457	166 648 800
江　　西	156	86	538 521	168 744 400
山　　东	12			
河　　南	91	1	4 589	180 000
湖　　北	65	52	424 048	97 570 000
湖　　南	65	19	329 628	116 734 450
广　　东	47	42	147 232	63 834 400
广　　西	47	32	240 924	40 702 664
海　　南	26			
重　　庆	18			
四　　川	92			
贵　　州	37	3	6 275	1 171 620
云　　南	43	15	72 714	29 476 900
陕　　西	12	7	26 440	52 960 360
甘　　肃	24	2	5 430	1 460 000
青　　海	19			
宁　　夏	14	14	57 281	8 790 000
新疆（兵团）	179	37	602 784	10 127 480 000
新疆（农业）	38	8	47 772	10 967 690
新疆（畜牧）	101	6	32 091	870 000
热 科 院	1			
广　　州	3			
南　　京	1			

2-1续表

地　　区	农场人口情况				居民人均可支配收入（元）	年末实有住房面积（米²）
	农垦年末总人口（人）	#农场人口（人）	少数民族人口（人）	农垦年内平均人口（人）		
全国农垦	**14 384 255**	**11 677 240**	**1 258 802**	**14 005 176**	**21 213**	**422 925 631**
北　　京	95 928	23 596	540	95 479	53 498	427 153
天　　津	34 791	6 780		6 888	55 505	934 000
河　　北	421 230	355 019	8 145	418 843	20 948	16 201 445
山　　西	32 025	31 413	17	31 278	11 680	556 187
内 蒙 古	466 304	420 186	115 856	462 961	16 170	16 326 127
辽　　宁	893 221	773 886	51 876	886 108	17 817	33 575 823
吉　　林	177 217	174 078	6 226	176 986	16 344	3 869 399
黑 龙 江	1 622 608	1 430 074	35 724	1 639 252	25 985	48 744 057
上　　海	105 959	9 908	35	106 750	90 803	535 171
江　　苏	185 204	15 825		186 508	32 869	9 400 000
浙　　江	44 550	29 527	117	40 186	30 534	2 931 933
安　　徽	124 125	103 432	2 355	123 325	37 468	5 501 543
福　　建	186 427	154 919	1 620	184 727	14 606	8 129 080
江　　西	1 447 690	1 447 359	3 082	1 419 496	16 643	41 337 844
山　　东	18 641	18 406	29	18 699	25 668	848 230
河　　南	72 482	66 811	300	74 036	21 250	2 468 630
湖　　北	1 508 598	1 336 995	7 834	1 497 997	24 750	56 730 000
湖　　南	790 355	614 317	18 114	700 503	14 960	53 672 336
广　　东	391 906	337 439	7 530	389 585	27 378	13 969 860
广　　西	342 317	294 810	106 120	336 982	24 856	11 880 518
海　　南	836 510	679 459		775 238	17 428	25 033 000
重　　庆	21 417	3 561	190	22 419	15 896	700 000
四　　川	15 307	14 258	6 959	11 857	13 856	415 473
贵　　州	26 622	20 461	3 458	23 711	11 598	1 057 683
云　　南	374 841	356 030	10 399	374 319	22 560	9 973 428
陕　　西	27 376	26 649	76	27 675	11 500	2 066 557
甘　　肃	73 715	49 096	3 149	76 239	18 333	2 525 232
青　　海	46 230	35 942	8 667	19 161	13 108	860 259
宁　　夏	135 926	124 080	36 519	135 205	23 532	5 300 000
新疆（兵团）	3 248 441	2 168 985	483 899	3 177 004	33 403	
新疆（农业）	216 333	195 521	74 525	206 674	11 867	36 908 091
新疆（畜牧）	343 820	346 124	262 852	342 467	12 311	9 400 358
热 科 院	12 190	9 746	2 573	12 176	39 155	509 850
广　　州	1 715			1 713	82 825	23 166
南　　京	2 734	2 548	16	2 729	56 000	113 200

2－2　土地利用面积和耕地变动情况

计量单位：公顷

地　　区	土地总面积	耕地面积			牧草地面积
			＃水田	＃高标准农田面积	
全国农垦	**34 431 555**	**6 483 736**	**2 102 231**	**2 370 454**	**14 764 347**
北　　京	7 761	1 389		6	269
天　　津	7 427	2 956	792	1 045	
河　　北	382 819	99 269	30 417	3 002	93 582
山　　西	22 687	6 434			4 423
内 蒙 古	3 376 937	741 032	5 726	121 485	2 227 131
辽　　宁	499 206	160 717	89 296	21 249	9 118
吉　　林	271 656	108 385	29 722	7 707	70 121
黑 龙 江	5 537 167	2 965 537	1 582 649	1 810 000	337 786
上　　海	65 605	38 140	35 602	9 568	
江　　苏	119 501	64 343	61 319	54 890	
浙　　江	17 459	4 236	2 047	279	12
安　　徽	63 138	29 620	13 374	14 244	198
福　　建	86 079	8 101	3 841	1 818	838
江　　西	700 902	78 533	64 881	15 078	10 500
山　　东	21 050	13 019	3 988	4 434	187
河　　南	37 069	24 802	1 499	3 598	60
湖　　北	367 226	141 977	61 799	80 178	482
湖　　南	166 568	77 888	36 901	24 266	1 360
广　　东	223 102	38 206	3 278	22 893	39
广　　西	134 243	33 832	1 042	13 675	761
海　　南	912 326	34 279	10 955		
重　　庆	2 881	306		80	
四　　川	1 455 199	3 279	55	66	889 887
贵　　州	11 892	1 020	162	35	1 297
云　　南	229 922	12 079	4 055	615	
陕　　西	19 104	11 095	380	2 898	1 188
甘　　肃	517 244	69 286	8 658	30 012	268 571
青　　海	435 655	40 227	2 286	1 885	244 053
宁　　夏	120 601	41 313	8 494	5 408	24 450
新疆(兵团)	7 009 922	1 280 981	7 524		1 718 938
新疆(农业)	759 487	125 042	2 110	30 173	331 858
新疆(畜牧)	10 844 579	226 052	29 266	89 832	8 527 234
热 科 院	4 528	361	115	34	6
广　　州	213				
南　　京	402				

2-2续表1

地　　区	林地面积	#橡胶面积	水面面积	#可养殖水面	茶果桑园
全国农垦	**4 265 188**	**406 496**	**809 284**	**202 068**	**396 991**
北　　京	1 353		41	26	442
天　　津	590		1 232	822	267
河　　北	76 364		29 634	18 480	1 448
山　　西	8 075		10	3	234
内 蒙 古	220 425		43 004	5 595	1 452
辽　　宁	74 968		46 356	30 412	11 294
吉　　林	47 356		3 929	311	1 324
黑 龙 江	908 161		258 829	24 796	3 436
上　　海	4 892		7 455	3 931	1 393
江　　苏	19 132		14 280	3 843	221
浙　　江	5 326		2 079	488	2 569
安　　徽	11 488	95	4 875	935	3 581
福　　建	39 901		2 994	1 633	15 325
江　　西	487 234		29 071	15 218	17 264
山　　东	1 233		1 874	569	368
河　　南	2 936		1 564	538	1 640
湖　　北	44 927		72 017	57 663	9 153
湖　　南	30 648		27 148	16 579	7 071
广　　东	81 907	47 856	6 011	3 953	34 638
广　　西	32 063	1 383	1 783	1 243	13 787
海　　南	305 238	235 126	3 541	3 541	43 142
重　　庆	27		1 235	1 235	227
四　　川	465 691		94	86	2 008
贵　　州	2 325		279	93	3 510
云　　南	130 651	120 509	3 432	1 091	20 031
陕　　西	2 403		103	43	1 040
甘　　肃	46 544		6 975	470	1 927
青　　海	75 095		38		
宁　　夏	6 511		8 727	4 169	5 973
新疆(兵团)	908 303		90 276		150 741
新疆(农业)	75 328		3 120	3 120	35 398
新疆(畜牧)	145 846		137 218	1 147	5 723
热 科 院	1 941	1 527	60	35	326
广　　州					
南　　京	306				38

2-2续表2

地区	可垦荒地面积	宜林地面积		居民点及工矿用地面积	其他面积
			#宜植橡胶面积		
全国农垦	**508 717**	**85 852**	**3 252**	**800 249**	**6 317 191**
北京				1 232	3 035
天津				502	1 879
河北	1 826	356		40 707	39 631
山西	340	336		1 138	1 697
内蒙古	14 615	8 040		48 583	72 656
辽宁	1 818	4 835		45 629	144 471
吉林	1 294	468		14 440	24 338
黑龙江	136 599	16 157		225 510	685 152
上海					13 725
江苏				5 964	15 561
浙江	183	10		521	2 524
安徽	1 357	687		4 616	6 715
福建	1 327	4 198		3 754	9 643
江西	7 537	5 547		30 347	34 868
山东	518			1 473	2 379
河南	53	178		3 020	2 815
湖北	3 947	4 139		50 916	39 668
湖南	1 015	894		9 121	11 422
广东	1 831	3 245	1 286	10 981	46 243
广西	3 580	9 776	1 693	10 523	28 176
海南				18 739	507 387
重庆				170	916
四川	15	12		6 503	87 711
贵州	883	272		463	1 843
云南	183	62	62	11 715	51 769
陕西	10	504		1 237	1 523
甘肃	15 075	1 703		5 252	101 911
青海	625	6 798		1 509	67 311
宁夏	5 291	7 604		2 936	17 796
新疆(兵团)				171 284	2 689 399
新疆(农业)	29 802	6 887		10 013	142 041
新疆(畜牧)	278 914	2 676		60 857	1 460 058
热科院	79	469	211	369	916
广州				213	
南京				48	10

2－2续表3

地　　区	农业产业园区情况		耕地变动情况			
	农业产业园区个数（个）	农业产业园区占地面积	年初实有耕地面积	当年增加的耕地面积	当年减少的耕地面积	#国家基建占地
全国农垦	**175**	**402 061**	**6 416 168**	**105 850**	**38 281**	**1 180**
北　　京	3	195	1 388	6	4	4
天　　津			2 727	354	124	
河　　北	6	40 800	98 000	1 421	152	1
山　　西	2	164	6 497	24	87	
内 蒙 古	1	1 234	694 576	52 629	6 173	130
辽　　宁	3	1 619	157 778	3 897	957	
吉　　林	4	222	103 752	5 864	1 231	
黑 龙 江	20	248 493	2 956 354	11 012	1 829	242
上　　海			38 238		98	
江　　苏			64 577		234	36
浙　　江	3	186	4 277		42	4
安　　徽			30 215	36	631	13
福　　建	2	35	8 109	20	28	
江　　西	12	7 639	84 384	8 177	14 028	2
山　　东	2	5 010	12 951	99	31	
河　　南	3	851	24 328	559	84	30
湖　　北	2	2 283	139 768	2 842	633	63
湖　　南	54	3 403	78 049	652	813	141
广　　东	3	25 906	38 052	318	164	56
广　　西	21	8 890	33 624	1 179	972	362
海　　南	2	7 913	34 337	19	77	65
重　　庆			306			
四　　川	10	832	3 082	197		
贵　　州	1	147	1 036		16	
云　　南			12 104		25	14
陕　　西	3	604	11 025	70		
甘　　肃	5	9 095	65 398	4 253	365	
青　　海	2	31 596	39 365	862		
宁　　夏	5	3 893	41 201	418	306	15
新疆(兵团)			1 277 317	4 619	955	
新疆(农业)	3	699	126 924	865	2 747	
新疆(畜牧)	3	351	226 139	5 386	5 386	
热 科 院			292	71	2	1
广　　州						
南　　京						

2－3　农作物播种面积情况

计量单位：公顷

地　区	农作物播种面积总计	粮食作物	＃夏收作物	谷物合计		
					稻谷	＃早稻
全国农垦	**6 789 119.17**	**4 794 794.74**	**218 433.90**	**3 766 113.28**	**2 104 654.97**	**75 370.27**
北　京	1 280.84	104.53	13.33	104.53		
天　津	2 136.10	2 012.20	321.60	1 958.90	778.80	
河　北	85 815.81	69 981.51	7 609.38	59 761.90	27 308.71	
山　西	6 275.50	4 841.35	603.00	4 594.61		
内 蒙 古	674 103.58	487 179.21		337 601.81	6 758.50	317.00
辽　宁	160 506.45	144 282.68	6 060.13	140 969.88	93 710.76	6.00
吉　林	107 082.31	103 530.71		91 676.94	30 683.86	25.00
黑 龙 江	2 900 685.31	2 877 831.15		2 094 152.83	1 527 674.87	
上　海	47 462.94	29 926.47	8 503.53	29 736.54	21 528.67	
江　苏	152 656.00	147 309.00	73 893.00	147 146.00	73 232.00	
浙　江	3 481.40	1 226.49	37.60	973.91	482.68	71.60
安　徽	50 769.65	47 832.39	18 169.50	39 304.87	17 473.51	292.50
福　建	14 172.06	7 473.27	2 142.40	5 502.90	4 935.20	1 865.40
江　西	143 190.37	110 555.06		104 933.11	102 984.29	36 687.34
山　东	14 751.69	13 936.46	1 600.65	13 181.13	3 961.33	
河　南	41 710.78	36 128.55	15 453.23	31 076.98	776.30	
湖　北	240 892.00	142 340.00	49 530.00	129 976.00	57 809.00	1 171.00
湖　南	154 476.59	83 527.87	9 338.99	81 142.31	69 693.84	23 387.99
广　东	47 717.29	7 397.55	2 754.66	5 050.86	4 107.37	1 946.23
广　西	28 346.23	1 864.82	1 439.14	1 762.95	284.76	152.78
海　南	31 985.00	19 267.00	9 118.00	15 732.00	15 129.00	7 877.00
重　庆	233.00	233.00		233.00	203.00	
四　川	2 065.11	287.49	107.69	175.17	59.50	23.61
贵　州	251.25	139.25	35.25	138.25	90.25	
云　南	16 934.00	8 584.00		8 039.00	3 095.00	1 374.00
陕　西	15 890.19	13 564.52		12 562.95	75.30	
甘　肃	65 901.62	23 424.74	1 403.71	17 559.92		
青　海	32 839.64	23 032.50		23 027.50		
宁　夏	51 272.00	40 928.00	996.00	40 887.00	19 950.00	
新疆(兵团)	1 384 886.99	230 666.00		218 215.07	16 804.80	
新疆(农业)	110 529.89	25 912.43	2 622.03	25 753.40	781.29	
新疆(畜牧)	198 699.50	89 429.93	6 652.56	83 140.57	4 246.89	146.00
热 科 院	118.08	44.61	28.52	40.49	35.49	26.82
广　州						
南　京						

2－3续表1

地　　区	谷物合计					
	小麦	#春小麦	玉米	谷子	高粱	其他谷物
全国农垦	**452 131.43**	**204 838.06**	**1 111 194.03**	**4 544.56**	**20 700.67**	**72 887.62**
北　　京	49.20	13.33	52.33			3.00
天　　津	321.60		850.90			7.60
河　　北	12 011.08	3 601.60	16 432.21	54.00	727.00	3 228.90
山　　西	298.34		4 084.06	29.79	85.82	96.60
内 蒙 古	120 601.11	120 601.11	164 420.72	761.97	4 554.52	40 504.99
辽　　宁	30.70	30.70	43 313.48	2 880.07	665.87	369.00
吉　　林	35.00		57 783.08	277.00	2 507.00	391.00
黑 龙 江	3 703.25	3 703.25	554 686.91	244.19	7 831.54	12.07
上　　海	7 701.20	7 701.20				506.67
江　　苏	72 740.00		3.00		17.00	1 154.00
浙　　江	373.56	126.77	70.47			47.20
安　　徽	20 124.56	1 749.80	953.40		753.40	
福　　建			518.70			49.00
江　　西	750.14		990.12			208.56
山　　东	4 605.65	269.60	3 869.62	53.00	691.53	
河　　南	19 863.73	1 472.12	10 133.48	66.47	237.00	
湖　　北	47 875.00		24 261.00		31.00	
湖　　南	4 128.00		7 197.50		18.00	104.97
广　　东			901.49			42.00
广　　西			1 478.19			
海　　南			603.00			
重　　庆			30.00			
四　　川	12.68	9.27	69.32		1.33	32.34
贵　　州	2.00		46.00			
云　　南	24.00		4 920.00			
陕　　西	5 833.28		6 587.37	30.00		37.00
甘　　肃	3 844.36	1 753.26	13 212.15		58.53	444.88
青　　海	559.67	295.00				22 467.83
宁　　夏	996.00	461.00	19 936.00		5.00	
新疆(兵团)	90 535.20	49 213.13	105 790.07	148.07	2 502.80	2 434.13
新疆(农业)	5 871.15	2 035.67	19 087.63		13.33	
新疆(畜牧)	29 240.97	11 801.25	489 06.83			745.88
热 科 院			5.00			
广　　州						
南　　京						

2－3续表2

地　区	豆类合计			薯类	油料合计	
		大豆	杂豆			花生
全国农垦	**967 863.63**	**937 917.93**	**20 920.22**	**60 817.83**	**309 694.65**	**25 767.58**
北　京						
天　津	20.00	20.00		33.30		
河　北	111.33	91.33	20.00	10 108.28	3 088.69	133.62
山　西	80.34	4.33	66.00	166.40	23.06	
内蒙古	133 887.76	131 811.45	2 070.61	15 689.64	119 029.55	865.34
辽　宁	2 965.00	2 478.37	408.20	347.80	5 132.88	4 720.95
吉　林	11 850.77	9 691.77	2 023.00	3.00	2 545.43	1 924.43
黑龙江	771 407.88	758 365.08	13 042.80	12 270.44	788.59	122.15
上　海	189.93	189.93			1 723.87	
江　苏	163.00	163.00			26.00	
浙　江	237.72	164.03	73.69	14.86	29.05	1.20
安　徽	8 426.51	8 420.98	5.53	101.01	563.30	241.80
福　建	756.90	612.67	144.13	1 213.47	1 270.06	1 132.56
江　西	3 190.75	2 495.05	695.70	2 431.20	13 434.74	3 648.33
山　东	755.33	755.33			67.07	67.07
河　南	5 010.97	4 548.97		40.60	3 993.52	3 709.35
湖　北	10 929.00	10 846.00	83.00	1 435.00	23 457.00	5 625.00
湖　南	1 625.33	1 262.48	361.85	760.23	30 357.08	520.35
广　东	191.73	144.93	46.80	2 154.96	2 133.60	2 065.60
广　西	61.94	37.13	24.81	39.93	507.75	502.41
海　南	477.00	179.00	298.00	3 058.00		
重　庆						
四　川	15.41	15.41		96.91	56.47	3.33
贵　州				1.00	21.00	1.00
云　南	84.00		84.00	461.00	43.00	26.00
陕　西	573.00	572.30	0.70	428.57	110.73	33.73
甘　肃	320.27	6.67	313.60	5 544.55	3 193.98	
青　海				5.00	4 287.03	
宁　夏	41.00	41.00			561.00	
新疆(兵团)	8 248.20	3 605.20		4 202.73	68 681.40	399.33
新疆(农业)	126.29	22.66		32.74	758.90	
新疆(畜牧)	6 116.20	1 372.79	1 157.80	173.16	23 799.87	14.00
热科院	0.07	0.07		4.05	10.03	10.03
广　州						
南　京						

2－3续表3

地区	油料合计				棉花	
	油菜籽	芝麻	胡麻子	向日葵		长绒棉
全国农垦	**178 638.17**	**4 035.30**	**681.93**	**93 359.90**	**1 006 595.91**	**3 781.59**
北京						
天津						
河北	2 300.33		397.73	256.00	1 658.40	
山西				22.70	3.33	
内蒙古	89 857.39			28 124.82		
辽宁		1.40		409.93		
吉林				621.00		
黑龙江	28.00	1.80		192.36		
上海	1 723.87					
江苏	26.00					
浙江	27.29	0.06			16.50	
安徽	300.43	21.07			42.13	
福建	110.50	27.00				
江西	9 008.30	778.11			1 069.46	
山东					183.10	3.73
河南	278.17	6.00			221.70	
湖北	15 333.00	2 449.00	50.00		6 458.00	
湖南	29 222.40	607.53		2.00	10 142.00	810.00
广东		38.00				
广西	3.34	2.00				
海南						
重庆						
四川	52.14					
贵州	11.00					
云南	15.00					
陕西				77.00		
甘肃	674.80		33.33	2 485.85	4 067.79	139.00
青海	4 287.03					
宁夏				561.00		
新疆(兵团)	18 595.80	3.33	100.87	45 251.87	868 773.33	353.67
新疆(农业)	389.03			368.99	66 487.69	1 509.13
新疆(畜牧)	6 394.35	100.00	100.00	14 986.38	47 472.48	966.06
热科院						
广州						
南京						

2-3续表4

地　　区	麻类合计	黄红麻	苎麻	大麻（线麻）	亚麻
全国农垦	**6 993.58**	**45.00**	**118.00**	**1 355.00**	**1 794.79**
北　　京					
天　　津					
河　　北					
山　　西					
内 蒙 古					
辽　　宁					
吉　　林					
黑 龙 江	2 186.98			1 355.00	833.00
上　　海					
江　　苏					
浙　　江					
安　　徽					
福　　建					
江　　西					
山　　东					
河　　南					
湖　　北	36.00		36.00		
湖　　南	127.00	45.00	82.00		
广　　东	3 688.81				
广　　西					
海　　南					
重　　庆					
四　　川					
贵　　州					
云　　南					
陕　　西					
甘　　肃					
青　　海					
宁　　夏					
新疆(兵团)	692.53				692.53
新疆(农业)					
新疆(畜牧)	262.26				269.26
热 科 院					
广　　州					
南　　京					

2－3续表5

地　　区	糖料合计	甘蔗	甜菜	烟叶合计	烤烟叶	药材类合计
全国农垦	**97 255.34**	**54 486.53**	**42 768.71**	**1 199.04**	**1 198.44**	**48 564.91**
北　　京						13.00
天　　津						
河　　北	509.00		509.00			17.00
山　　西						3.50
内 蒙 古	20 362.20		20 362.20	20.00	20.00	15 729.09
辽　　宁	162.33		162.33	80.67	80.67	246.67
吉　　林						187.60
黑 龙 江	136.10		136.10	106.67	106.67	1 576.97
上　　海						108.00
江　　苏						
浙　　江						8.07
安　　徽	3.33		3.33			554.33
福　　建	97.20	97.20		272.50	267.50	224.80
江　　西	274.25	274.25		110.60	110.60	984.96
山　　东						
河　　南						15.00
湖　　北	43.00	43.00		26.00		741.00
湖　　南	61.90	61.80		478.00	498.00	1 085.40
广　　东	26 439.82	26 439.82				353.26
广　　西	20 737.46	20 737.46				131.93
海　　南	2 474.00	2 474.00				
重　　庆						
四　　川				0.67	20.00	8.60
贵　　州	1.00	1.00		16.00	16.00	
云　　南	4 354.00	4 354.00		79.00	79.00	53.00
陕　　西						104.00
甘　　肃	147.26		147.26			4 854.20
青　　海	10.00		10.00			3 460.93
宁　　夏						816.00
新疆(兵团)	17 895.80		17 895.80			13 294.67
新疆(农业)	1 168.85		1 168.85			2 065.83
新疆(畜牧)	2 373.84		2 373.84			1 926.86
热 科 院	4.00	4.00		8.93		0.24
广　　州						
南　　京						

2－3续表6

地　　区	蔬菜、瓜类			其他作物		
		蔬菜	瓜类		啤酒花	青饲料
全国农垦	**272 869.33**	**210 270.88**	**58 515.82**	**251 151.67**	**2 344.75**	**87 343.65**
北　　京	87.20	86.20	1.00	1 076.11	65.30	1 010.81
天　　津	51.90	40.10	11.80	72.00		45.30
河　　北	5 895.21	4 580.51	1 314.70	4 666.00		4 657.00
山　　西	634.33	518.80	115.53	769.93		769.93
内 蒙 古	6 274.06	2 793.74	3 165.36	25 509.47		13 265.81
辽　　宁	10 242.22	9 098.88	636.34	359.00		209.00
吉　　林	207.90	22.00	109.20	610.67		300.00
黑 龙 江	5 335.13	1 675.64	3 659.49	12 723.72		8 538.08
上　　海	4 842.06	3 937.93	904.13	10 862.54		2 171.33
江　　苏	4 721.00	2 081.00	2 640.00	600.00		565.00
浙　　江	1 560.64	942.40	596.24	640.65		
安　　徽	950.07	596.87	313.00	824.10		
福　　建	4 459.93	3 757.03	523.90	374.30	2.00	126.30
江　　西	12 329.69	9 894.14	2 435.55	4 431.61		1 413.97
山　　东	565.06	173.13	157.93			
河　　南	1 255.01	782.83	426.60	97.00		97.00
湖　　北	58 513.00	49 292.00	9 221.00	9 278.00		6 006.00
湖　　南	27 676.11	24 207.11	3 390.33	1 021.23		825.23
广　　东	7 268.65	6 492.51	776.14	435.60		105.10
广　　西	4 906.27	2 666.75	2 238.52	198.00		40.00
海　　南	10 244.00	10 154.00	90.00			
重　　庆						
四　　川	136.59	98.62	17.64	1 575.29		1 575.29
贵　　州	73.00	26.00	47.00	1.00		1.00
云　　南	3 326.00	1 662.00	1 664.00	495.00		94.00
陕　　西	1 913.94	1 435.07	465.87	197.00		197.00
甘　　肃	9 060.54	6 002.82	1 966.99	21 153.11	668.00	7 250.34
青　　海	354.35	343.69	10.66	1 694.83		1 662.83
宁　　夏	1 575.00	1 326.00	249.00	7 392.00		7 151.00
新疆（兵团）	78 435.13	60 480.26	17 954.87	106 448.13	1 221.93	10 469.13
新疆（农业）	4 340.48	4 052.20	286.61	9 795.71	49.52	4 664.18
新疆（畜牧）	5 601.33	1 018.35	3 125.19	27 832.93	338.00	14 126.87
热 科 院	33.53	32.30	1.23	16.74		6.15
广　　州						
南　　京						

2－4 农作物产量情况

计量单位：吨

地区	粮食作物		谷物合计				
		夏收作物		稻谷	＃早稻	小麦	＃春小麦
全国农垦	**34 410 673.68**	**1 412 434.74**	**31 577 190.63**	**18 312 824.75**	**480 446.90**	**2 434 090.88**	**811 622.48**
北京	573.82	164.27	573.82			213.85	77.85
天津	14 901.00	1 553.00	13 988.00	7 370.00		1 553.00	
河北	600 841.47	36 986.35	379 910.57	216 543.00		54 035.56	13 507.00
山西	37 197.41	4 490.00	36 323.73			1 956.69	
内蒙古	2 312 120.73		1 890 742.73	61 594.00	2 579.00	312 164.32	312 164.32
辽宁	1 297 360.07	35 864.00	1 288 224.67	900 190.07	24.00	157.00	157.00
吉林	709 295.61		688 161.66	246 665.79	155.00	87.00	
黑龙江	20 270 302.63		18 452 151.46	13 338 055.99		12 911.19	12 911.19
上海	230 824.99	50 955.14	230 386.99	181 656.00		45 837.33	45 837.33
江苏	1 336 723.00	576 470.00	1 336 423.00	759 920.00		567 173.00	
浙江	6 715.90	199.00	5 940.82	3 961.37	508.80	1 440.70	544.03
安徽	350 358.59	130 122.28	328 264.32	182 521.97	2 376.00	135 861.35	15 420.00
福建	42 071.73	11 927.13	35 465.73	32 913.33	10 660.63		
江西	750 192.52		730 333.55	722 015.16	244 061.12	2 399.34	
山东	67 873.80	10 246.00	66 666.00	21 435.00		29 313.00	1 253.00
河南	268 747.75	127 681.07	256 123.31	6 615.00		159 049.67	12 297.40
湖北	920 333.00	201 743.00	868 477.00	522 658.00	7 565.00	195 345.00	
湖南	689 719.79	58 148.10	682 254.40	624 382.84	135 435.00	14 681.00	
广东	53 367.03	15 897.50	33 240.41	26 417.82	11 175.20		
广西	11 997.01	8 355.00	11 610.01	1 974.01	1 046.01		
海南	111 078.00	56 560.00	95 172.00	92 679.00	50 928.00		
重庆	2 300.00		2 300.00	1 900.00			
四川	1 621.03	482.99	1 108.02	384.69	182.50	53.23	43.50
贵州	727.56	188.56	724.56	471.56		6.00	
云南	51 911.00		48 650.00	24 704.00	12 428.00	41.00	
陕西	99 442.91		95 924.01	608.00		36 142.56	
甘肃	261 077.62	8 262.80	186 468.33			22 090.40	9 319.73
青海	85 345.60		85 320.60			2 740.30	1 220.00
宁夏	372 703.00	6 714.00	372 156.00	101 843.00		6 714.00	3 151.00
新疆（兵团）	2 304 840.00		2 221 403.00	185 457.00		632 523.00	307 587.00
新疆（农业）	287 330.12	15 630.25	286 777.32	5 145.30		35 530.06	11 928.92
新疆（畜牧）	860 538.73	53 604.61	845 697.47	42 529.21	1 138.00	164 071.21	64 203.21
热科院	240.26	189.69	227.14	213.64	184.64		
广州							
南京							

2－4续表1

地区	谷物合计				豆类合计		
	玉米	谷子	高粱	其他谷物		大豆	杂豆
全国农垦	**10 462 981.83**	**17 870.70**	**127 504.24**	**221 918.23**	**2 166 973.54**	**2 100 870.69**	**39 613.30**
北京	357.67			2.30			
天津	5 028.00			37.00	38.00	38.00	
河北	102 903.74	160.00	2 393.00	3 875.27	255.00	237.00	18.00
山西	33 142.14	167.13	832.52	225.25	201.03	17.00	159.00
内蒙古	1 390 413.59	3 508.37	25 802.78	97 259.67	245 474.29	243 195.30	2 256.71
辽宁	371 857.60	10 395.00	4 623.00	1 002.00	7 537.40	6 719.40	621.50
吉林	429 367.77	677.10	10 893.00	471.00	21 120.95	17 157.75	3 827.20
黑龙江	5 048 056.77	1 275.60	51 821.65	30.26	1 759 357.74	1 734 311.03	25 046.71
上海				2 893.66	438.00	438.00	
江苏	13.00		20.00	9 297.00	300.00	300.00	
浙江	327.75			211.00	727.92	524.93	202.99
安徽	5 701.00		4 180.00		21 620.92	21 605.82	13.10
福建	2 369.40			183.00	1 690.50	1 354.50	321.50
江西	5 225.63			693.42	7 897.72	6 391.65	1 506.07
山东	14 602.00	60.00	1 256.00		1 207.80	1 207.80	
河南	88 806.14	356.50	1 296.00		12 333.84	11 496.84	
湖北	150 320.00		154.00		30 455.00	30 222.00	233.00
湖南	42 825.52		98.19	266.85	4 592.77	3 687.37	905.30
广东	6 693.59			129.00	536.32	330.95	205.37
广西	9 636.00				224.00	152.00	72.00
海南	2 493.00				1 221.00	500.00	721.00
重庆	400.00						
四川	535.15		4.70	130.25	34.36	34.32	
贵州	247.00						
云南	23 905.00				207.00		207.00
陕西	58 770.95	270.00		132.50	1 690.50	1 688.50	2.00
甘肃	161 393.79		621.40	2 362.74	672.10	3.50	668.60
青海				82 580.30			
宁夏	263 583.00		16.00		547.00	547.00	
新疆(兵团)	1 361 989.00	1 001.00	23 452.00	16 981.00	32 192.00	13 803.00	
新疆(农业)	246 061.96		40.00		413.09	74.89	
新疆(畜牧)	635 942.17			3 154.76	13 986.90	4 831.75	2 626.25
热科院	13.50				0.39	0.39	
广州							
南京							

2－4 续表 2

地区	薯类	油料合计					
			花生	油菜籽	芝麻	胡麻子	向日葵
全国农垦	**666 509.51**	**756 835.02**	**99 831.64**	**304 606.02**	**7 936.30**	**2 911.00**	**322 505.53**
北京							
天津	875.00						
河北	220 675.90	4 703.15	550.79	2 972.66		283.00	352.70
山西	672.65	43.00					42.50
内蒙古	175 903.71	185 626.50	2 101.36	98 919.70			84 450.02
辽宁	1 598.00	16 988.50	15 505.00		2.00		1 480.00
吉林	13.00	9 422.00	7 405.50				2 016.50
黑龙江	58 793.43	1 708.00	356.00	42.00	5.00		270.00
上海		5 234.81		5 234.81			
江苏		48.00		48.00			
浙江	47.16	58.53	4.00	54.47	0.06		
安徽	473.35	1 779.45	682.95	1 071.90	24.60		
福建	4 915.50	2 847.70	2 641.10	160.60	46.00		
江西	11 961.25	29 672.55	11 318.25	16 915.46	1 438.84		
山东		199.50	199.50				
河南	290.60	15 919.82	15 139.87	770.35	9.20		
湖北	21 401.00	73 283.00	31 405.00	36 839.00	4 919.00	120.00	
湖南	2 872.62	51 719.25	1 062.18	48 660.97	1 191.60		3.00
广东	19 590.30	6 060.44	5 823.44		93.00		
广西	163.00	1 977.00	1 952.00	18.00	3.00		
海南	14 685.00						
重庆							
四川	478.65	94.61	7.00	85.48			
贵州	3.00	38.00	2.00	15.30			
云南	3 054.00	85.00	53.00	32.00			
陕西	1 828.40	460.97	150.37				310.60
甘肃	73 937.19	9 116.98		1 413.20		40.00	7 663.78
青海	25.00	5 972.07		5 972.07			
宁夏		1 620.00					1 620.00
新疆(兵团)	51 245.00	261 968.00	2 605.00	66 185.00	4.00	468.00	177 835.00
新疆(农业)	139.71	1 675.93		359.16			1 315.79
新疆(畜牧)	854.36	68 486.93	842.00	18 835.89	200.00	2 000.00	45 145.64
热科院	12.73	25.33	25.33				
广州							
南京							

2－4续表3

地　区	棉花		麻类合计				
		长绒棉		黄红麻	苎麻	大麻（线麻）	亚麻
全国农垦	**2 447 487.39**	**7 666.25**	**101 623.35**	**101.00**	**223.35**	**7 005.00**	**14 817.85**
北　京							
天　津							
河　北	3 771.00						
山　西	30.00						
内蒙古							
辽　宁							
吉　林							
黑龙江			11 295.00			7 005.00	4 290.00
上　海							
江　苏							
浙　江	20.20						
安　徽	94.20						
福　建							
江　西	2 786.77						
山　东	80.00	4.00					
河　南	303.00						
湖　北	8 208.00		30.00		30.00		
湖　南	56 898.59	1 554.25	294.35	101.00	193.35		
广　东			79 483.00				
广　西							
海　南							
重　庆							
四　川							
贵　州							
云　南							
陕　西							
甘　肃	5 196.00	270.00					
青　海							
宁　夏							
新疆(兵团)	2 027 992.00	791.00	6 427.00				6 427.00
新疆(农业)	127 245.74	2 753.00					
新疆(畜牧)	214 861.89	2 294.00	4 094.00				4 100.85
热科院							
广　州							
南　京							

2－4续表4

地区	糖料合计	甘蔗	甜菜	烟叶合计	烤烟叶	药材类合计
全国农垦	**7 465 000.68**	**4 964 043.75**	**2 500 916.93**	**2 684.22**	**2 798.69**	**358 833.84**
北京						
天津						
河北	19 923.00		19 923.00			378.00
山西						7.88
内蒙古	715 016.46		715 016.46	72.00	72.00	11 850.00
辽宁	9 936.00		9 936.00	252.00	252.00	1 302.50
吉林						10 818.85
黑龙江	4 957.00		4 957.00	264.00	264.00	1 778.76
上海						238.52
江苏						
浙江						121.00
安徽	67.50		67.50			65 000.00
福建	2 509.75	2 509.75		549.00	552.00	1 902.00
江西	8 954.84	8 954.84		162.42	162.42	5 388.94
山东						
河南						45.00
湖北	4 053.00	4 053.00		30.00		1 986.00
湖南	3 211.90	3 171.90		1 074.47	1 109.47	7 543.00
广东	2 167 852.26	2 167 852.26				1 716.44
广西	2 205 707.00	2 205 707.00				806.00
海南	176 208.00	176 208.00				
重庆						
四川				1.60	120.00	3.20
贵州	75.00	75.00		36.80	36.80	
云南	395 202.00	395 202.00		230.00	230.00	10.00
陕西						1 036.00
甘肃	30 999.86		30 999.86			17 032.61
青海	680.00		680.00			7 722.00
宁夏						2 154.00
新疆(兵团)	1 483 251.00		1 483 251.00			192 954.00
新疆(农业)	71 493.00		71 493.00			2 642.62
新疆(畜牧)	164 593.11		164 593.11			24 396.44
热科院	310.00	310.00		11.93		0.08
广州						
南京						

2－4续表5

地区	蔬菜、瓜类			其他作物	
		蔬菜	瓜类	啤酒花	青饲料
全国农垦	**12 083 161.24**	**9 766 994.10**	**2 193 725.65**	**11 565.00**	**2 863 792.30**
北京	1 294.10	1 286.10	8.00	2 200.00	23 622.41
天津	1 478.00	962.00	516.00		1 360.00
河北	318 460.89	280 249.71	37 629.68		155 993.50
山西	12 265.90	10 698.40	1 567.50		30 143.62
内蒙古	190 653.66	92 425.16	95 056.70		293 690.57
辽宁	459 128.09	397 901.61	22 166.88		9 410.00
吉林	5 221.00	226.00	4 759.00		8 513.00
黑龙江	133 170.00	79 492.00	53 010.00		380 973.00
上海	206 992.26	153 475.45	53 516.81		60 756.00
江苏	237 898.00	40 039.00	197 859.00		
浙江	40 035.00	24 648.50	14 972.50		
安徽	31 800.55	20 780.95	10 289.00		
福建	72 792.93	57 532.85	12 870.35	2.00	1 924.00
江西	241 453.23	199 928.02	41 525.21		16 179.17
山东	21 427.50	10 395.00	5 922.50		
河南	29 974.90	14 609.30	13 725.60		1 900.00
湖北	2 025 808.00	1 717 449.00	308 359.00		
湖南	1 031 441.10	938 537.60	92 724.50		16 939.00
广东	159 826.30	144 054.37	15 771.93		2 057.65
广西	240 886.00	156 720.00	84 166.00		3 840.00
海南	207 839.00	204 413.00	3 426.00		
重庆					
四川	113 087.96	111 781.10	317.80		4 076.00
贵州	198.00	91.00	107.00		15.00
云南	82 265.00	35 018.00	47 247.00		1 914.00
陕西	47 593.40	33 064.86	14 646.54		5 690.00
甘肃	629 956.93	532 989.89	36 182.54	2 034.00	175 279.41
青海	22 969.40	22 881.80	87.60		9 383.50
宁夏	83 722.00	70 112.00	13 610.00		213 525.00
新疆(兵团)	5 139 300.00	4 171 852.00	967 448.00	5 813.00	834 564.00
新疆(农业)	210 579.70	201 413.60	11 770.10	470.00	43 605.95
新疆(畜牧)	83 241.77	41 580.49	32 451.58	1 046.00	568 027.52
热科院	400.67	385.34	15.33		410.00
广州					
南京					

2－5　农作物公顷产量

计量单位：千克/公顷

地　区	粮食作物	夏收作物	谷物合计	稻谷	＃早稻	小麦	＃春小麦
全国农垦	**7 177**	**6 466**	**8 385**	**8 701**	**6 374**	**5 384**	**3 962**
北　京	5 490	12 323	5 490			4 347	5 840
天　津	7 405	4 829	7 141	9 463		4 829	
河　北	8 586	4 861	6 357	7 929		4 499	3 750
山　西	7 683	7 446	7 906			6 559	
内蒙古	4 746		5 601	9 114	8 136	2 588	2 588
辽　宁	8 992	5 918	9 138	9 606	4 000	5 114	5 114
吉　林	6 851		7 506	8 039	6 200	2 486	
黑龙江	7 044		8 811	8 731		3 486	3 486
上　海	7 713	5 992	7 748	8 438		5 952	5 952
江　苏	9 074	7 801	9 082	10 377		7 797	
浙　江	5 476	5 293	6 100	8 207	7 106	3 857	4 291
安　徽	7 325	7 162	8 352	10 446	8 123	6 751	8 812
福　建	5 630	5 567	6 445	6 669	5 715		
江　西	6 786		6 960	7 011	6 652	3 199	
山　东	4 870	6 401	5 058	5 411		6 365	4 648
河　南	7 439	8 262	8 242	8 521		8 007	8 354
湖　北	6 466	4 073	6 682	9 041	6 460	4 080	
湖　南	8 257	6 226	8 408	8 959	5 791	3 556	
广　东	7 214	5 771	6 581	6 432	5 742		
广　西	6 433	5 806	6 586	6 932	6 847		
海　南	5 765	6 203	6 050	6 126	6 465		
重　庆	9 871		9 871	9 360			
四　川	5 639	4 485	6 325	6 465	7 730	4 198	4 693
贵　州	5 225	5 349	5 241	5 225		3 000	
云　南	6 047		6 052	7 982	9 045	1 708	
陕　西	7 331		7 635	8 074		6 196	
甘　肃	11 145	5 886	10 619			5 746	5 316
青　海	3 705		3 705			4 896	4 136
宁　夏	9 106	6 741	9 102	5 105		6 741	6 835
新疆（兵团）	9 992		10 180	11 036		6 986	6 250
新疆（农业）	11 089	5 961	11 136	6 586		6 052	5 860
新疆（畜牧）	9 622	8 058	10 172	10 014	7 795	5 611	5 440
热科院	5 386	6 651	5 610	6 020	6 884		
广　州							
南　京							

2－4续表1

地　区	谷物合计				豆类合计		
	玉米	谷子	高粱	其他谷物		大豆	杂豆
全国农垦	**9 416**	**3 932**	**6 159**	**3 045**	**2 239**	**2 240**	**1 894**
北　京	6 835			767			
天　津	5 909			4 868	1 900	1 900	
河　北	6 262	2 963	3 292	1 200	2 290	2 595	900
山　西	8 115	5 610	9 701	2 332	2 502	3 926	2 409
内蒙古	8 456	4 604	5 665	2 401	1 833	1 845	1 090
辽　宁	8 585	3 609	6 943	2 715	2 542	2 711	1 523
吉　林	7 431	2 444	4 345	1 205	1 782	1 770	1 892
黑龙江	9 101	5 224	6 617	2 507	2 281	2 287	1 920
上　海				5 711	2 306	2 306	
江　苏	4 333		1 176	8 056	1 840	1 840	
浙　江	4 651			4 470	3 062	3 200	2 755
安　徽	5 980		5 548		2 566	2 566	2 369
福　建	4 568			3 735	2 233	2 211	2 231
江　西	5 278			3 325	2 475	2 562	2 165
山　东	3 774	1 132	1 816		1 599	1 599	
河　南	8 764	5 363	5 468		2 461	2 527	
湖　北	6 196		4 968		2 787	2 786	2 807
湖　南	5 950		5 455	2 542	2 826	2 921	2 502
广　东	7 425			3 071	2 797	2 284	4 388
广　西	6 519				3 616	4 094	2 902
海　南	4 134				2 560	2 793	2 419
重　庆	13 333						
四　川	7 720		3 534	4 028	2 230	2 227	
贵　州	5 370						
云　南	4 859				2 464		2 464
陕　西	8 922	9 000		3 581	2 950	2 950	2 857
甘　肃	12 216		10 617	5 311	2 099	525	2 132
青　海				3 675			
宁　夏	13 221		3 200		13 341	13 341	
新疆(兵团)	12 874	6 760	9 370	6 976	3 903	3 829	
新疆(农业)	12 891		3 001		3 271	3 305	
新疆(畜牧)	13 003			4 230	2 287	3 520	2 268
热科院	2 700				5 571	5 571	
广　州							
南　京							

2-4续表2

地　　区	薯类	油料合计					
			花生	油菜籽	芝麻	胡麻子	向日葵
全国农垦	**10 959**	**2 444**	**3 730**	**1 705**	**1 967**	**4 269**	**3 454**
北　　京							
天　　津	26 276						
河　　北	21 831	1 523	4 122	1 292		712	1 378
山　　西	4 042	1 865					1 872
内 蒙 古	11 211	1 560	2 428	1 101			3 003
辽　　宁	4 595	3 310	3 284		1 429		3 610
吉　　林	4 333	3 702	3 848				3 247
黑 龙 江	4 791	2 166	2 914	1 500	2 778		1 404
上　　海		3 037		3 037			
江　　苏		1 846		1 846			
浙　　江	3 174	2 015	3 333	1 996	1 000		
安　　徽	4 686	3 159	2 824	3 568	1 168		
福　　建	4 051	2 242	2 332	1 453	1 704		
江　　西	4 920	2 209	3 102	1 878	1 849		
山　　东		2 974	2 974				
河　　南	7 158	3 986	4 082	2 769	1 533		
湖　　北	14 914	3 124	5 583	2 403	2 009	2 400	
湖　　南	3 779	1 704	2 041	1 665	1 961		1 500
广　　东	9 091	2 840	2 819		2 447		
广　　西	4 082	3 894	3 885	5 389	1 500		
海　　南	4 802						
重　　庆							
四　　川	4 939	1 675	2 102	1 639			
贵　　州	3 000	1 810	2 000	1 391			
云　　南	6 625	1 977	2 038	2 133			
陕　　西	4 266	4 163	4 458				4 034
甘　　肃	13 335	2 854		2 094		1 200	3 083
青　　海	5 000	1 393		1 393			
宁　　夏		2 888					2 888
新疆(兵团)	12 193	3 814	6 523	3 559	1 201	4 640	3 930
新疆(农业)	4 267	2 208		923			3 566
新疆(畜牧)	4 934	2 878	830	2 946	2 000	20 000	3 012
热 科 院	3 143	2 525	2 525				
广　　州							
南　　京							

2－4续表3

地　　区	棉花		麻类合计				
		长绒棉		黄红麻	苎麻	大麻（线麻）	亚麻
全国农垦	**2 431**	**2 027**	**14 531**	**2 244**	**1 893**	**5 170**	**8 256**
北　　京							
天　　津							
河　　北	2 274						
山　　西	9 009						
内 蒙 古							
辽　　宁							
吉　　林							
黑 龙 江			5 165			5 170	5 150
上　　海							
江　　苏							
浙　　江	1 224						
安　　徽	2 236						
福　　建							
江　　西	2 606						
山　　东	437	1 072					
河　　南	1 367						
湖　　北	1 271		833		833		
湖　　南	5 610	1 919	2 318	2 244	2 358		
广　　东			21 547				
广　　西							
海　　南							
重　　庆							
四　　川							
贵　　州							
云　　南							
陕　　西							
甘　　肃	1 277	1 942					
青　　海							
宁　　夏							
新疆（兵团）	2 334	2 237	9 280				9 280
新疆（农业）	1 914	1 824					
新疆（畜牧）	4 526	2 375	15 610				15 230
热 科 院							
广　　州							
南　　京							

2－4续表4

地　　区	糖料合计			烟叶合计		啤酒花
		甘蔗	甜菜		烤烟叶	
全国农垦	**76 757**	**91 106**	**58 475**	**2 239**	**2 335**	**4 932**
北　　京						33 691
天　　津						
河　　北	39 141		39 141			
山　　西						
内 蒙 古	35 115		35 115	3 600	3 600	
辽　　宁	61 209		61 209	3 124	3 124	
吉　　林						
黑 龙 江	36 422		36 422	2 475	2 475	
上　　海						
江　　苏						
浙　　江						
安　　徽	20 270		20 270			
福　　建	25 820	25 820		2 015	2 064	1 000
江　　西	32 652	32 652		1 469	1 469	
山　　东						
河　　南						
湖　　北	94 256	94 256		1 154		
湖　　南	51 889	51 325		2 248	2 228	
广　　东	81 992	81 992				
广　　西	106 363	106 363				
海　　南	71 224	71 224				
重　　庆						
四　　川				2 388	6 000	
贵　　州	75 000	75 000		2 300	2 300	
云　　南	90 768	90 768		2 911	2 911	
陕　　西						
甘　　肃	210 511		210 511			3 045
青　　海	68 000		68 000			
宁　　夏						
新疆（兵团）	82 883		82 883			4 757
新疆（农业）	61 165		61 165			9 491
新疆（畜牧）	69 336		69 336			3 095
热 科 院	77 500	77 500		1 336		
广　　州						
南　　京						

2－6 茶、果和桑年末实有面积

计量单位：公顷

地区	茶叶	水果	香蕉	苹果	柑、橘、橙、柚	梨	桃
全国农垦	**31 893**	**404 195**	**20 093**	**50 502**	**26 241**	**36 341**	**15 805**
北京		157		80		6	18
天津		248		38		63	12
河北		1 501		148		408	342
山西		164		58		24	58
内蒙古		1 392		177		101	7
辽宁		10 417		5 969		1 566	1 002
吉林		2 716		533		1 803	6
黑龙江		816		227		116	
上海	103	61				8	17
江苏		152			1	101	4
浙江	1 246	743			447	14	21
安徽	2 237	1 316			4	752	382
福建	4 624	13 484	1 477		2 422	109	173
江西	8 387	8 707		5	6 180	1 028	655
山东		216		4			201
河南	32	1 617		280	30	426	304
湖北	812	9 106		33	1 808	584	4 733
湖南	2 029	5 883			4 906	137	133
广东	654	33 691	6 423		975		
广西	621	11 112	2 014		5 296	4	11
海南	1 478	38 685	3 329		1 534		
重庆							
四川	1 354	557		5	360	21	6
贵州	3 784	646		1	251	17	13
云南	4 491	15 980	6 820		2 025		
陕西		991		1		41	88
甘肃		4 110		449		1 284	
青海		3					
宁夏		5 270		901		245	44
新疆(兵团)		197 069		23 810		19 348	6 175
新疆(农业)		32 311		16 617		7 848	538
新疆(畜牧)		4 953		1 169		289	863
热科院		121	30		3		
广州							
南京	38						

2－6续表1

地　　区	葡萄	菠萝	红枣	柿子	荔枝	龙眼	芒果
全国农垦	**53 022**	**14 949**	**105 032**	**384**	**18 609**	**9 865**	**22 675**
北　京	3						
天　津	128						
河　北	189		361				
山　西	22						
内蒙古	279		3	3			
辽　宁	303		17				
吉　林	32						
黑龙江	107						
上　海	18						
江　苏	17			2			
浙　江	83						
安　徽	115			17			
福　建	50	81		69	3 110	2 759	37
江　西	279						
山　东	11						
河　南	103		20				
湖　北	1 183		17	124			
湖　南	222		3	5			
广　东	5	11 448			7 069	3 381	118
广　西	88	8			1 075	952	992
海　南		2 094			7 120	2 542	19 879
重　庆							
四　川	15			3	12	49	
贵　州	339			2			
云　南	1 741	1 316			214	179	1 640
陕　西	90		6	159			
甘　肃	1 060		156				
青　海							
宁　夏	3 571		371				
新疆(兵团)	38 699		100 365				
新疆(农业)	2 546		3 114				
新疆(畜牧)	1 723		599				
热科院	2	2			9	4	8
广　州							
南　京							

2-6续表2

地　区	杨桃	火龙果	番石榴	红毛丹	西番莲	其他	桑园
全国农垦	**345**	**1 564**	**773**	**575**	**297**	**27 123**	**1 284**
北　京						50	
天　津						7	
河　北						53	
山　西						2	
内蒙古						823	
辽　宁						1 561	
吉　林						342	22
黑龙江						367	
上　海						18	
江　苏						27	73
浙　江						178	53
安　徽						45	
福　建	26	42	13		290	2 827	
江　西	1	9				550	170
山　东							
河　南						455	
湖　北						624	
湖　南		1				475	25
广　东	212	936	670			2 455	394
广　西	1	28	5		7	631	
海　南	104	376	82	575		1 050	
重　庆							
四　川						86	536
贵　州						24	
云　南		166				1 879	
陕　西						607	
甘　肃						1 161	
青　海						3	
宁　夏						138	
新疆（兵团）						8 672	
新疆（农业）						1 648	
新疆（畜牧）						311	
热科院		5	4			52	12
广　州							
南　京							

2－7 茶、果和桑收获面积

计量单位：公顷

地　　区	茶叶	水果	香蕉	苹果	柑、橘、橙、柚	梨	桃
全国农垦	**28 081**	**343 705**	**18 435**	**38 480**	**21 732**	**30 415**	**8 465**
北　　京		152		80		6	18
天　　津		248		38		63	12
河　　北		1 377		139		336	325
山　　西		144		48		21	58
内 蒙 古		846		167		94	5
辽　　宁		8 921		5 102		1 514	856
吉　　林		2 649		477		1 798	6
黑 龙 江		816		227		116	
上　　海	103	49				8	17
江　　苏		152			1	101	4
浙　　江	1 192	663			383	13	21
安　　徽	2 169	1 313			4	752	380
福　　建	4 251	12 187	1 391		2 240	92	139
江　　西	8 387	8 707		5	6 180	1 028	655
山　　东		88		4			73
河　　南	27	1 569		279	30	417	274
湖　　北							
湖　　南	1 980	5 727			4 815	135	100
广　　东	571	27 425	5 783		606		
广　　西	473	10 907	1 975		5 206	4	11
海　　南	612	33 843	3 310		1 037		
重　　庆							
四　　川	1 197	513		5	353	21	6
贵　　州	2 782	576		1	195	17	13
云　　南	4 299	12 166	5 953		683		
陕　　西		871		1		41	87
甘　　肃		3 716		449		890	
青　　海		3					
宁　　夏		5 081		901		245	44
新疆(兵团)		173 303		17 459		16 652	4 140
新疆(农业)		25 246		12 186		5 963	448
新疆(畜牧)		4 381		915		91	773
热 科 院		67	23				
广　　州							
南　　京	38						

2－7 续表 1

地　　区	葡萄	菠萝	红枣	柿子	荔枝	龙眼	芒果
全国农垦	**48 927**	**12 435**	**97 492**	**155**	**15 632**	**8 417**	**20 212**
北　　京	1						
天　　津	128						
河　　北	186		353				
山　　西	15						
内 蒙 古	205		3	3			
辽　　宁	302		9				
吉　　林	32						
黑 龙 江	107						
上　　海	18						
江　　苏	17			2			
浙　　江	82						
安　　徽	115			17			
福　　建	50	81		52	3 033	2 145	31
江　　西	279						
山　　东	11						
河　　南	103		20				
湖　　北							
湖　　南	212		3	5			
广　　东		9 248			5 451	2 740	97
广　　西	88	8			1 070	919	985
海　　南		1 958			5 864	2 389	17 694
重　　庆							
四　　川	12			3	10	47	
贵　　州	339			2			
云　　南	1 738	1 138			202	173	1 397
陕　　西	65		4	72			
甘　　肃	1 060		156				
青　　海							
宁　　夏	3 470		283				
新疆（兵团）	36 088		93 064				
新疆（农业）	2 511		2 999				
新疆（畜牧）	1 692		599				
热 科 院	1	2			2	3	8
广　　州							
南　　京							

2－7 续表 2

地　区	杨桃	火龙果	番石榴	红毛丹	西番莲	其他	桑园
全国农垦	**316**	**1 090**	**744**	**497**	**301**	**19 961**	**1 154**
北　京						47	
天　津						7	
河　北						38	
山　西						2	
内蒙古						370	
辽　宁						1 138	
吉　林						336	22
黑龙江						367	
上　海						6	
江　苏						27	73
浙　江						165	32
安　徽						45	
福　建	26	41	13		294	2 559	
江　西	1	9				550	170
山　东							
河　南						447	
湖　北							
湖　南		1				455	25
广　东	188	662	650			2 000	367
广　西	1	28	3		7	601	
海　南	99	185	75	497		735	
重　庆							
四　川						57	461
贵　州						10	
云　南		159				723	
陕　西						602	
甘　肃						1 161	
青　海						3	
宁　夏						138	
新疆（兵团）						5 901	
新疆（农业）						1 140	
新疆（畜牧）						311	
热科院		5	3			20	4
广　州							
南　京							

2-8 茶、果和桑产量

计量单位：吨

地　区	茶叶	水果	香蕉	苹果	柑、橘、橙、柚	梨	桃
全国农垦	**53 074**	**7 842 441**	**665 759**	**1 124 704**	**456 561**	**724 811**	**249 617**
北　京		710		556		52	48
天　津		2 323		513		1 421	194
河　北		39 596		5 154		11 944	14 578
山　西		3 481		499		96	2 321
内 蒙 古		7 529		1 228		2 506	28
辽　宁		145 567		96 238		17 111	15 938
吉　林		23 670		1 701		18 558	50
黑 龙 江		15 387		3 436		1 873	
上　海	70	268				52	121
江　苏		2 946			16	2 580	13
浙　江	3 575	12 863			9 731	195	185
安　徽	14 891	35 335			200	25 146	7 880
福　建	6 987	143 119	12 805		36 404	566	1 169
江　西	4 377	91 932		2	71 461	6 951	4 458
山　东		890		90			631
河　南	7	39 552		6 800	360	11 802	4 696
湖　北	513	135 411		165	28 419	11 245	59 790
湖　南	5 757	78 995			60 969	2 050	1 855
广　东	820	938 931	289 477		10 244		
广　西	736	333 277	103 860		193 760	138	315
海　南	428	606 246	104 026		18 014		
重　庆							
四　川	3 760	5 383		8	3 584	671	169
贵　州	1 539	9 891		2	1 805	208	305
云　南	9 611	258 364	155 019		21 595		
陕　西		10 877		38		602	1 754
甘　肃		75 435		16 082		36 328	
青　海		125					
宁　夏		56 759		16 836		2 415	629
新疆(兵团)		4 252 875		687 201		507 561	110 838
新疆(农业)		440 736		272 121		60 303	11 187
新疆(畜牧)		73 265		16 036		2 438	10 468
热 科 院		705	571				
广　州							
南　京	5						

2－8续表1

地　　区	葡萄	菠萝	红枣	柿子	荔枝	龙眼	芒果
全国农垦	**1 071 899**	**634 712**	**2 051 137**	**1 671**	**107 684**	**49 052**	**318 429**
北　　京	5						
天　　津	134						
河　　北	5 571		2 055				
山　　西	520		3				
内 蒙 古	1 544		7	2			
辽　　宁	3 022		510				
吉　　林	193						
黑 龙 江	2 387						
上　　海	85						
江　　苏	313			13			
浙　　江	2 470						
安　　徽	2 025			57			
福　　建	349	1 383		160	4 017	5 700	311
江　　西	3 791						
山　　东	169						
河　　南	1 663		132				
湖　　北	28 954		24	1 209			
湖　　南	1 586	1	14	85			
广　　东		535 857			28 298	10 886	632
广　　西	2 110	95			3 686	4 699	9 717
海　　南		72 761			70 963	24 573	296 262
重　　庆							
四　　川	9			20	66	289	
贵　　州	7 482			10			
云　　南	29 805	24 612			652	2 904	11 497
陕　　西	930		5	115			
甘　　肃	2 820		466				
青　　海							
宁　　夏	33 971		2 230				
新疆（兵团）	845 315		2 003 297				
新疆（农业）	57 057		36 702				
新疆（畜牧）	37 617		5 692				
热 科 院	2	3			2	1	10
广　　州							
南　　京							

2-8续表2

地　　区	杨桃	火龙果	番石榴	红毛丹	西番莲	其他	桑园
全国农垦	**4 097**	**43 629**	**20 072**	**3 143**	**45 449**	**270 014**	**17 615**
北　　京						49	
天　　津						62	
河　　北						295	
山　　西						43	
内 蒙 古						2 214	
辽　　宁						12 747	
吉　　林						3 168	8
黑 龙 江						7 691	
上　　海						10	
江　　苏						11	150
浙　　江						283	72
安　　徽						27	
福　　建	490	1 087	100		45 415	33 162	
江　　西	2	222				5 045	1 038
山　　东							
河　　南						14 099	
湖　　北						5 605	
湖　　南		15				12 421	19
广　　东	2 389	31 909	18 087			11 152	15 453
广　　西	36	1 180	105		34	13 542	
海　　南	1 177	5 518	1 735	3 143		8 074	
重　　庆							
四　　川						567	857
贵　　州						80	
云　　南		3 642				8 638	
陕　　西						7 434	
甘　　肃						19 740	
青　　海						125	
宁　　夏						678	
新疆(兵团)						98 663	
新疆(农业)		20				3 345	
新疆(畜牧)						1 013	
热 科 院	3	36	45			32	19
广　　州							
南　　京							

2－9　林业生产情况

地　　区	营林情况（公顷）					
	当年造林面积	用材林	经济林	防护林	薪炭林	特种用材林
全国农垦	**108 121**	**8 573**	**26 723**	**69 622**	**2 713**	**490**
北　　京	20					20
天　　津	3	3				
河　　北	4 411	311	947	3 154		
山　　西	20		20			
内 蒙 古	4 500	286	1 268	2 946		
辽　　宁	3 553	744	828	1 895	86	
吉　　林	411	70	209	132		
黑 龙 江	1 478		573	801	41	63
上　　海	15			15		
江　　苏	359	236	82	41		
浙　　江	253	18		35		200
安　　徽	211	13	28	2	167	
福　　建	1 498	630	555	300		13
江　　西	6 390	2 083	1 530	417	2 194	166
山　　东						
河　　南	838	21	19	798		
湖　　北	3 913	2 181	1 323	405		4
湖　　南	3 198	1 273	474	1 450		
广　　东	898	187	323	148	225	16
广　　西	447	138	309			
海　　南	115	21	93	1		
重　　庆						
四　　川	130			130		
贵　　州	578	28	223	328		
云　　南	46	22	23	1		
陕　　西	345		345			
甘　　肃	385			385		
青　　海	2 603		1 009	1 594		
宁　　夏	215		162	53		
新疆(兵团)	11 527	15	1 481	10 024		7
新疆(农业)	3 108	15	2 133	958		1
新疆(畜牧)	56 585	279	12 699	43 608		
热 科 院	55		54	1		
广　　州						
南　　京	13		13			

2－9续表1

地　区	营林情况（公顷）					
	当年零星植树（株）	年末实有育苗面积	当年新育面积	幼林抚育面积	成林抚育面积	森林覆盖率
全国农垦	**55 266 615**	**18 394**	**2 523**	**56 756**	**124 886**	**28.5**
北　　京				11	403	5.6
天　　津	39 300					7.9
河　　北	21 773	310		203	2 409	19.8
山　　西	10 500	543		3	7	68.7
内 蒙 古	735 379	826	23	1 009	3 675	6.5
辽　　宁	491 171	947	92	1 090	1 978	17.4
吉　　林	84 600	10	10	98	141	38.0
黑 龙 江	4 448 700	2 940	1 051	9 126	20 542	16.8
上　　海	1 500	746		5	3 269	15.0
江　　苏	1 060 000	1 230	118	1 180	687	16.0
浙　　江	8 510 050	423	4	2 004	2 146	44.1
安　　徽	221 554	93	10	3 063	5 059	30.0
福　　建	8 000 618	809	2	1 169	3 966	46.3
江　　西	4 276 500	390	111	8 650	11 031	75.0
山　　东				228	748	11.3
河　　南	65 195	591	480	58	443	8.0
湖　　北	4 280 000	2 159	246	5 939	11 065	23.0
湖　　南	878 255	487	73	3 918	1 692	51.0
广　　东	180 852	3	3	11 300	27 590	36.7
广　　西	4 500	273		1 859	6 575	22.1
海　　南	10 000			884	1 739	56.0
重　　庆					160	12.0
四　　川	250	4		11	2 226	10.2
贵　　州	155 500			64	416	41.0
云　　南	6 800	3	3	129	444	57.3
陕　　西	10 000			257	608	2.7
甘　　肃	164 561	225	33	424	3 831	35.9
青　　海	75 000				1 068	20.0
宁　　夏	99 000	203	32	2 438	1 357	0.7
新疆（兵团）	17 777 300	4 640	171			19.4
新疆（农业）	363 000	72	46	1 070	5 014	21.0
新疆（畜牧）	3 294 757	466	14	157	2 875	72.7
热 科 院				410	1 288	
广　　州						2.0
南　　京					434	58.9

2-9续表2

地　　区	林产品产量（吨）					
	生漆	油茶籽	乌桕籽	五倍子	棕片	松脂
全国农垦	**20**	**5 314**	**22**	**6**	**167**	**1 285**
北　京						
天　津						
河　北						
山　西						
内蒙古						
辽　宁						
吉　林						
黑龙江						
上　海						
江　苏						
浙　江						
安　徽						
福　建		62			9	15
江　西	20	4 493		4	156	575
山　东						
河　南						
湖　北		121	22			
湖　南		343		2	2	220
广　东		272				434
广　西						41
海　南		20				
重　庆						
四　川		3				
贵　州						
云　南						
陕　西						
甘　肃						
青　海						
宁　夏						
新疆（兵团）						
新疆（农业）						
新疆（畜牧）						
热科院						
广　州						
南　京						

2－9续表3

地　区	林产品产量（吨）			竹木采伐	
	竹笋干	核桃	板栗	木材（米^3）	毛竹（根）
全国农垦	**1 763**	**62 528**	**1 540**	**9 774 598**	**224 341 110**
北　京					
天　津					
河　北		180		1 174	
山　西		13			
内蒙古				30	
辽　宁				29 488	
吉　林				159	
黑龙江				34 858	
上　海					
江　苏				13 600	
浙　江				1 400	30 000
安　徽			240	9 616	98 023 950
福　建	858		49	44 906	2 340 440
江　西	713		227	109 273	11 816 800
山　东					
河　南			5	3 875	
湖　北	6	4	884	8 965 501	920 000
湖　南	27	2	136	46 394	605 502
广　东				134 864	666 618
广　西	69			110 511	6 230 000
海　南	84			45 313	103 670 000
重　庆					
四　川		1		110	
贵　州					23 000
云　南	6			178 621	14 800
陕　西		40			
甘　肃					
青　海					
宁　夏		80			
新疆(兵团)		45 927		21	
新疆(农业)		8 253		39 888	
新疆(畜牧)		8 028		1 443	
热科院				3 554	
广　州					
南　京					

2－10　牧业生产情况（饲养情况）

计量单位：头

地　区	年末数合计					
	大牲畜总头数	#从事农事劳役的牲畜	牛	黄牛	良种及改良种乳牛	水牛
全国农垦	**2 990 108**	**78 839**	**2 439 065**	**512 919**	**985 368**	**43 083**
北　京	84 310		84 310	1 387	82 923	
天　津	38 244		36 073		36 059	
河　北	179 308		175 224	23 982	149 939	
山　西	11 654	33	11 606	2 570	8 696	
内蒙古	384 757	21 558	330 920	63 132	150 618	
辽　宁	61 327	387	56 148	45 805	6 160	
吉　林	28 946	510	27 390	21 688	4 836	
黑龙江	197 265		178 635	72 348	106 287	
上　海	73 457		73 457		73 457	
江　苏	6 640	6 000	6 640	540	6 100	
浙　江						
安　徽	2 897		2 897	1 644	666	387
福　建	4 979	2 831	4 733	2 340	1 781	466
江　西	35 175	7 875	35 175	20 428	3 820	10 927
山　东	11 810		11 810			
河　南	6 574	50	6 574	1 142	5 034	100
湖　北	33 225	8 452	33 225	21 083	7 454	4 688
湖　南	50 953	6 638	45 162	31 382	940	8 690
广　东	25 127	4 763	23 103	7 192	13 235	2 672
广　西	7 905	2 385	7 905	4 925	2 511	469
海　南	40 353	6 176	40 353	26 444	51	13 858
重　庆	305 40		305 40		305 40	
四　川	126 975	2 302	122 450	16 580	9 290	
贵　州	9 388	5	9 380		9 140	8
云　南	7 054	262	6 950	5 395	760	795
陕　西	7 836	139	7 836	1 247	6 589	
甘　肃	16 427		16 287	2 109	11 256	
青　海	53 437		20 054	9 748	6 372	
宁　夏	73 043		73 019	13 607	59 412	
新疆（兵团）	583 600	1 500	524 900			
新疆（农业）	44 441	280	38 790	4 205	18 769	
新疆（畜牧）	746 540	1 142	391 598	111 649	167 122	
热科院	370		370	347		23
广　州	5 551	5 551	5 551		5 551	
南　京						

2－10续表1

地　　区	年末数合计						
	猪（头）	羊（只）				家禽（只）	兔（只）
			山羊	#绒山羊	绵羊		
全国农垦	**7 283 523**	**11 184 956**	**2 018 295**	**273 156**	**9 166 661**	**105 239 859**	**1 289 129**
北　　京	358 191					6 316 748	1
天　　津	2 710	16 836			16 836	1 043 190	
河　　北	272 408	69 329	3 206	238	66 123	2 792 170	40 560
山　　西	1 992	28 544	2 386		26 158	127 097	236
内 蒙 古	266 173	2 354 434	251 453	72 493	2 102 981	1 025 918	4 621
辽　　宁	328 391	144 907	52 551	10 101	92 356	17 454 686	368
吉　　林	50 376	191 133	42 684	32 000	148 449	783 412	3 937
黑 龙 江	582 554	188 716	31 171	15 895	157 545	4 672 094	739
上　　海	323 472					1 132 547	
江　　苏	52 431	10 087	10 087			3 704 600	314 000
浙　　江	65 452	1 494	100		1 394	16 810	
安　　徽	13 233	11 585	10 875	200	710	2 589 889	2 100
福　　建	212 366	15 052	15 052	300		1 621 895	46 580
江　　西	296 999	18 231	18 231			2 821 683	3 434
山　　东	39 332	512	390		122	890 380	
河　　南	116 261	4 806	4 208	800	598	316 612	
湖　　北	700 036	597 943	597 943			8 580 000	17 831
湖　　南	321 396	35 903	35 903	4 300		4 669 227	6 618
广　　东	465 813	8 888	8 888			4 805 090	31 833
广　　西	513 584	1 404	1 404	185		3 581 196	
海　　南	214 712	85 948	85 948			16 260 000	347 560
重　　庆	80 647					1 166 300	
四　　川	5 658	17 388	9 196		8 192	3 334	
贵　　州	843	940	80		860	3 368	
云　　南	57 896	5 416	5 416			1 925 338	1 383
陕　　西	5 956	20 412	16 779	3 930	3 633	104 441	
甘　　肃	7 992	142 899	16 701	5 394	126 198	189 132	59
青　　海	4 116	230 965	8 732	805	222 233		
宁　　夏	23 754	79 260	22 729	2 320	56 531	637 800	31
新疆(兵团)	1 773 200	4 061 500	380 800		3 680 700	14 404 600	461 200
新疆(农业)	92 089	317 038	38 911	3 576	278 127	865 140	5 689
新疆(畜牧)	32 177	2 522 268	345 354	120 619	2 176 915	638 582	349
热 科 院	1 313	1 117	1 117			26 581	
广　　州							
南　　京						70 000	

2－10续表2

地区	能繁殖的母畜（头、只）					
	牛	黄牛	良种及改良种乳牛	水牛	猪	羊
全国农垦	**1 256 452**	**227 258**	**518 656**	**16 226**	**1 001 542**	**5 638 559**
北京	56 330		56 330		16 049	
天津	29 116		29 102		2 628	
河北	105 984	18 683	61 301		29 204	30 572
山西	5 464	129	5 122		506	3 935
内蒙古	200 991	40 442	87 767		55 369	1 107 352
辽宁	18 486	12 806	3 592		57 683	65 553
吉林	16 851	12 365	4 298		7 916	22 231
黑龙江	91 891	33 290	58 601		70 429	82 827
上海					44 851	
江苏	3 089		3 089		9 749	2 072
浙江					8 745	5
安徽	382	193	100	89	1 717	1 923
福建	511	387		124	13 092	199
江西	13 062	8 607	551	3 904	35 364	3 657
山东	11 500				2 817	50
河南	1 207	472	670	40	12 369	400
湖北	17 210	7 054	7 347	2 809	166 029	25 629
湖南	11 263	5 359	100	3 525	37 409	4 956
广东	11 113	1 534	9 290	216	57 442	300
广西	3 199	1 228	1 914	57	60 301	185
海南	14 728	9 512	10	5 206	26 910	
重庆	27 105		27 105		8 964	
四川	23 100	7 915	3 080		640	3 500
贵州	5 395		5 395		703	180
云南	3 254	2 428	582	244	6 147	2 338
陕西	2 298	490	1 808		766	6 234
甘肃	13 773	544	11 029		1 472	39 019
青海	5 810	544	3 312		409	46 069
宁夏	38 068	5 913	32 155		2 652	
新疆（兵团）	306 600				251 100	3 069 600
新疆（农业）	19 118	1 420	9 842		8 644	89 537
新疆（畜牧）	194 688	55 924	90 439		3 221	1 029 794
热科院	141	19		12	245	442
广州	4 725		4 725			
南京						

2－10续表3

地　　区	当年生仔畜（头、只）			
	牛	黄牛	良种及改良种乳牛	水牛
全国农垦	**511 031**	**155 296**	**263 895**	**8 071**
北　　京	34 036		34 036	
天　　津	6 971		6 957	
河　　北	46 037	5 206	34 831	
山　　西	3 267	102	2 984	
内 蒙 古	105 946	23 311	50 763	
辽　　宁	24 493	21 218	1 517	
吉　　林	10 764	8 710	2 004	
黑 龙 江	36 708	15 010	21 698	
上　　海				
江　　苏	2 020		2 020	
浙　　江				
安　　徽	300	135	141	24
福　　建	295	267		28
江　　西	6 445	4 198	455	1 792
山　　东				
河　　南	910	330	535	40
湖　　北	6 970	4 479	648	1 843
湖　　南	5 074	3 206		1 586
广　　东	4 994	901	3 957	84
广　　西	1 260	378	206	39
海　　南	8 490	6 007	4	2 479
重　　庆	11 095		11 095	
四　　川	7 548	2 256	1 140	
贵　　州	4 041		4 041	
云　　南	936	490	291	155
陕　　西	1 728	263	1 465	
甘　　肃	1 155	324	217	
青　　海	4 487	2 030	1 244	
宁　　夏	19 276	799	18 477	
新疆（兵团）				
新疆（农业）	10 644	1 102	6 024	
新疆（畜牧）	143 257	54 497	55 339	
热 科 院	78	77		1
广　　州	1 806		1 806	
南　　京				

2－10续表4

地　　区	规模化养殖场（个）			
	大牲畜总头数	牛	黄牛	良种及改良种乳牛
全国农垦	**425**	**394**	**47**	**341**
北　　京	31	31	1	30
天　　津		14		14
河　　北	39	37	1	36
山　　西	2	13	1	12
内 蒙 古	42	42	4	39
辽　　宁	5	4	1	3
吉　　林	2	4		4
黑 龙 江	125	125	16	109
上　　海		27		27
江　　苏	3	3		
浙　　江				
安　　徽	1	1	1	
福　　建	1	3	3	
江　　西	7	7	2	2
山　　东		2		
河　　南	1	1		1
湖　　北	13	13	7	3
湖　　南	5	1		2
广　　东		3		3
广　　西	99	5	3	2
海　　南				
重　　庆	7	7		7
四　　川	2	2		2
贵　　州	3	3		3
云　　南		7	5	2
陕　　西				
甘　　肃	1	1		1
青　　海	1	1		1
宁　　夏		4	1	13
新疆（兵团）				
新疆（农业）	6	7		1
新疆（畜牧）	27	24	1	22
热 科 院				
广　　州	2	2		2
南　　京				

2－10续表6

地　　区	规模化养殖场（个）						
	猪	羊				家禽	兔
			山羊	＃绒山羊	绵羊		
全国农垦	**719**	**141**	**48**	**1**	**93**	**413**	**2**
北　　京	8					43	
天　　津	2	4			4	1	
河　　北	28	2	1		1	6	
山　　西		5	1		4	4	
内 蒙 古	7	19			19		
辽　　宁	23	5	1		4	38	
吉　　林		4			4		
黑 龙 江	77	5	1		4	60	
上　　海	37					6	
江　　苏							
浙　　江	6						
安　　徽		2	2			4	
福　　建	39	2	2			5	
江　　西	34					13	1
山　　东	2					5	
河　　南	10						
湖　　北	132	18	18			87	
湖　　南	30	3	3			6	
广　　东	96					27	
广　　西	134					56	
海　　南	10						
重　　庆	12					10	
四　　川	1	18	16		2		
贵　　州		1			1		
云　　南	11					25	
陕　　西							
甘　　肃	1	1	1				
青　　海	1	1			1		
宁　　夏	8						
新疆（兵团）							
新疆（农业）	4	1			1	3	1
新疆（畜牧）	6	50	2	1	48	14	
热 科 院							
广　　州							
南　　京							

2－10续表7

地　　区	规模化养殖量（头、只）			
	大牲畜总头数	牛	黄牛	良种及改良种乳牛
全国农垦	**1 135 929**	**770 658**	**40 609**	**576 500**
北　　京	84 310	84 310	1 387	82 923
天　　津		36 442		36 442
河　　北	99 174	99 174	264	98 910
山　　西	2 271	9 451	2 000	7 113
内　蒙　古	41 006	34 988	11 300	27 875
辽　　宁	2 977	2 282	200	2 729
吉　　林	480	930		930
黑　龙　江	94 940	94 940	5 626	89 314
上　　海		73 457		73 457
江　　苏	6 000	6 000		
浙　　江				
安　　徽	200	200	200	
福　　建	550	975	975	
江　　西	5 646	5 646	821	3 949
山　　东		9 800		
河　　南	550	550		350
湖　　北	13 362	133 623	5 728	7 471
湖　　南	8 531	926	86	840
广　　东		7 000		7 000
广　　西	694 843	5 280	3 111	2 169
海　　南				
重　　庆	27 105	27 105		27 105
四　　川	892	892		892
贵　　州	9 140	9 140		9 140
云　　南		1 736	1 216	520
陕　　西				
甘　　肃	1 992	1 992		10 000
青　　海	1 200	1 200		1 200
宁　　夏		59 637	7 193	52 444
新疆（兵团）				
新疆（农业）	1 400	1 600		200
新疆（畜牧）	33 809	55 831	502	27 976
热　科　院				
广　　州	5 551	5 551		5 551
南　　京				

2－10续表 8

地　　区	规模化养殖量						
	猪	羊				家禽	兔
			山羊	＃绒山羊	绵羊		
全国农垦	**5 294 269**	**410 184**	**40 952**	**5 640**	**369 232**	**33 781 214**	**22 860**
北　　京	349 184					6 415 663	
天　　津	2 710	33 000			33 000	1 043 190	
河　　北	36 469	4 100	1 000		3 100	905 741	
山　　西		102 981	543		102 438	95 983	
内 蒙 古	50 655	25 982			25 982	2 000	
辽　　宁	148 748	8 820	2 840		5 980	3 577 385	
吉　　林		3 500			3 500		
黑 龙 江	227 248	2 954	300		2 654	5 665 916	
上　　海	1 186 586					1 623 516	
江　　苏							
浙　　江	47 488						
安　　徽		2 000	2 000			415 000	
福　　建	159 826	2 100	2 100			233 776	
江　　西	125 353					1 288 463	2 860
山　　东	40 500					890 380	
河　　南	144 470						
湖　　北	865 971	11 751	11 751			2 620 000	
湖　　南	49 046	1 715	1 715			125 412	
广　　东	392 540					3 326 587	
广　　西	1 143 119					2 892 034	
海　　南	185 361						
重　　庆	75 642					1 166 300	
四　　川	600	10 300	8 300		2 000		
贵　　州	6 000	860			860		
云　　南	5 665					993 868	
陕　　西							
甘　　肃	3 822	2 763	2 763				
青　　海	3 000	32 800			32 800		
宁　　夏	5 846						
新疆(兵团)							
新疆(农业)	14 220	1 600			1 600	150 000	20 000
新疆(畜牧)	24 200	162 958	7 640	5 640	155 318	280 000	
热 科 院							
广　　州							
南　　京						70 000	

2－10续表9

地　　区	带动农户个数（个）					
	大牲畜总头数	＃从事农事劳役的牲畜	牛	黄牛	良种及改良种乳牛	水牛
全国农垦	**13 243**	**1 611**	**17 100**	**1 137**	**15 401**	**41**
北　　京	56					
天　　津						
河　　北	8 082		8 082	52	8 030	
山　　西	77		187	10	177	
内 蒙 古	62		82		32	
辽　　宁	89	76	26	8	18	
吉　　林			18		18	
黑 龙 江	625		625	80	545	
上　　海						
江　　苏	80		80			
浙　　江						
安　　徽	12		12	12		
福　　建	348	40	286	286		
江　　西						
山　　东						
河　　南						
湖　　北						
湖　　南	358	265	172	22	150	
广　　东			4 000		4 000	
广　　西	662		584	43	500	41
海　　南						
重　　庆						
四　　川						
贵　　州						
云　　南			10	7	3	
陕　　西	30	30	30	30		
甘　　肃	101		101			
青　　海	438		58		58	
宁　　夏						
新疆（兵团）						
新疆（农业）	27		313	160	136	
新疆（畜牧）	996		1 234	427	534	
热 科 院						
广　　州	1 200	1 200	1 200		1 200	
南　　京						

2-10续表10

地区	带动农户个数（个）						
	猪	羊				家禽	兔
			山羊	#绒山羊	绵羊		
全国农垦	**16 418**	**1 922**	**534**	**71**	**1 388**	**40 444**	**200**
北京	252					25 604	
天津							
河北	4	52			52	1	
山西		94	1		93	9	
内蒙古	11	7			7		
辽宁	152	5	2		3	41	
吉林		5			5		
黑龙江	385	25	5		20	300	
上海							
江苏							
浙江	2 530						
安徽						2	
福建	164	20	20			1 078	150
江西							
山东							
河南	1 904					90	
湖北							
湖南	9 398	164	164	31		12 334	
广东	395					210	
广西	930	9	9			72	
海南							
重庆							
四川	110	395	245		150		
贵州	30	5			5	15	
云南	25					50	
陕西	6						
甘肃							
青海		89			89		
宁夏							
新疆（兵团）							
新疆（农业）	51	195	38		157	608	50
新疆（畜牧）	71	857	50	40	807	30	
热科院							
广州							
南京							

2－11 牧业生产情况（畜产品）

地区	肉类总产量（吨）	当年出栏肉猪（头）	猪肉产量（吨）	当年出售和自宰的肉用牛（头）	牛肉产量（吨）
全国农垦	**2 005 669**	**12 771 401**	**1 020 711**	**1 094 142**	**172 670**
北京	109 688	239 188	23 711	2 321	1 064
天津	3 822	12 965	996	6 432	1 318
河北	68 256	515 119	38 863	18 163	3 022
山西	3 060	1 555	197	2 135	721
内蒙古	90 957	304 069	31 793	113 320	19 505
辽宁	108 684	434 520	34 296	53 147	11 768
吉林	9 271	28 739	2 955	6 153	1 591
黑龙江	246 039	980 322	75 887	80 344	14 451
上海	66 103	859 963	64 497	1 860	671
江苏	36 678	139 384	11 292	593	125
浙江	6 730	95 527	6 673		
安徽	11 648	38 650	3 365	2 214	314
福建	22 134	198 903	16 107	4 312	586
江西	54 898	519 472	48 047	20 255	2 535
山东	12 186	57 121	4 215	220	46
河南	14 352	161 199	13 582	784	125
湖北	128 702	1 160 282	92 823	21 760	4 352
湖南	124 391	1 130 167	93 894	19 007	4 394
广东	97 323	782 498	66 467	3 806	722
广西	72 028	874 270	61 198	4 415	1 104
海南	70 473	477 360	46 508	5 765	1 614
重庆	33 025	278 400	31 754		
四川	4 324	4 070	423	22 818	2 849
贵州	159	154	34	30	11
云南	10 563	76 177	6 084	4 904	649
陕西	881	5 554	563	277	55
甘肃	3 834	11 082	1 119	2 402	325
青海	3 531	3 430	262	7 620	937
宁夏	11 635	44 345	2 853	21 582	4 494
新疆（兵团）	491 764	3 226 000	230 805	440 900	67 012
新疆（农业）	15 824	85 803	7 395	17 800	2 132
新疆（畜牧）	72 347	22 596	1 841	208 654	24 167
热科院	296	2 517	215	149	13
广州					
南京	63				

2－11续表1

地　　区	当年出售和自宰的肉用羊（只）	羊肉产量（吨）	兔肉产量（吨）	禽肉产量（吨）	牛奶产量（吨）
全国农垦	**11 074 974**	**197 002**	**8 973**	**543 450**	**4 182 370**
北　　京				84 913	474 325
天　　津	8 162	301		437	204 454
河　　北	43 511	712	2 003	21 191	594 958
山　　西	84 266	2 058		8	30 840
内 蒙 古	1 949 120	31 136	14	2 209	241 916
辽　　宁	168 561	2 460		58 380	28 793
吉　　林	79 526	1 561	5	2 252	8 745
黑 龙 江	320 272	5 600	4	149 884	369 425
上　　海				746	472 464
江　　苏	9 627	296	35	24 930	30 178
浙　　江	456	26		31	
安　　徽	12 165	303	34	7 232	1 960
福　　建	10 656	178	99	5 143	3 049
江　　西	17 192	271	63	3 982	13 429
山　　东	520	15		7 910	59 500
河　　南	4 504	58	1	547	13 784
湖　　北	62 657	1 253	2 117	28 157	30 633
湖　　南	40 214	682	28	5 192	2 600
广　　东	17 935	373	120	28 909	64 116
广　　西	1 062	32		9 694	6 058
海　　南	109 155	1 942	116	20 293	65
重　　庆					151 400
四　　川	11 098	258		26	7 334
贵　　州	750	42		6	38 455
云　　南	4 660	127	2	3 700	2 005
陕　　西	12 589	186		8	31 250
甘　　肃	117 218	2 046	1	107	52 841
青　　海	78 755	2 112			233
宁　　夏	52 677	828		3 452	277 103
新疆(兵团)	5 791 900	112 061	4 322	70 889	775 668
新疆(农业)	164 081	3 403	9	2 292	6 152
新疆(畜牧)	1 900 598	26 671		813	165 527
热 科 院	1 087	10		58	
广　　州					23 110
南　　京				63	

2－11续表2

地　　区	山羊毛产量（吨）	绵羊毛产量（吨）			羊绒产量（吨）
			细羊毛（吨）	半细羊毛（吨）	
全国农垦	**1 573**	**30 224**	**9 585**	**11 079**	**501**
北　　京					
天　　津					
河　　北		224	70	143	
山　　西	14	14	4		
内 蒙 古	114	5 312	1 183	2 593	352
辽　　宁	33	2 373	5	2 331	3
吉　　林	3	190	33	96	8
黑 龙 江	2	371	64	307	18
上　　海					
江　　苏					
浙　　江					
安　　徽					
福　　建					
江　　西					
山　　东					
河　　南					
湖　　北					
湖　　南					
广　　东					
广　　西	9				
海　　南					
重　　庆					
四　　川	9	3		2	
贵　　州		4		4	
云　　南					
陕　　西	1	1		1	3
甘　　肃	8	138	2	119	1
青　　海	4	303	149	104	3
宁　　夏	15	64	48	11	10
新疆（兵团）	952	16 869	7 221	4 576	6
新疆（农业）	19	589	21	111	6
新疆（畜牧）	390	3 769	785	680	91
热 科 院					
广　　州					
南　　京					

2－11续表3

地区	蜂蜜产量（吨）	禽蛋产量（吨）	蚕茧产量（吨）	
				桑蚕茧（吨）
全国农垦	**14 139**	**480 601**	**1 457**	**1 182**
北京		55 680		
天津		13 459		
河北		17 447		
山西		2 073		
内蒙古	1 138	3 414	102	
辽宁	74	23 966		
吉林	20	4 934		
黑龙江	281	26 353		
上海		12 007		
江苏	28	19 235	150	
浙江		17	17	17
安徽	60	3 081		
福建	126	3 974		
江西	659	19 776	200	200
山东		13		
河南		1 609		
湖北	762	58 332		
湖南	523	16 987	8	8
广东	40	3 415	919	919
广西	172	2 027		
海南	62	3 183		
重庆		14 888		
四川		8	51	38
贵州		46		
云南		5 837		
陕西		19		
甘肃		846		
青海				
宁夏		1 464		
新疆（兵团）	9 119	142 220		
新疆（农业）	53	9 935		
新疆（畜牧）	1 022	13 359	10	
热科院		1		
广州				
南京		995		

2－12 渔业生产情况

计量单位：吨

地区	水产品总产量	#养殖产量	鱼类	虾蟹类	#对虾	贝类
全国农垦	**1 614 442**	**1 239 327**	**1 114 841**	**299 391**	**51 997**	**100 972**
北京	6 649		6 582			
天津	7 413	7 413	7 070	328		
河北	163 468	148 411	79 239	35 080	27 741	8 606
山西	6		6			
内蒙古	3 799	2 297	3 595	203		
辽宁	351 505	116 357	177 987	57 897	7 595	91 243
吉林	477	319	477			
黑龙江	20 865	15 724	20 028	837		
上海	54 416	54 416	52 652	1 740		
江苏	57 850	56 765	54 613	3 076	2 747	
浙江	2 481	1 445	987	839	277	614
安徽	12 015	4 195	5 584	6 383		
福建	18 353	10 178	16 452	1 336	1 294	180
江西	66 584	54 508	51 179			
山东	1 276	518	798	478	8	
河南	7 012	4 339	7 012			
湖北	490 890	490 890	360 501	117 978		52
湖南	136 476	111 364	110 028	20 718	919	277
广东	42 184	42 154	29 205	12 964	10 087	
广西	15 452	15 452	14 926	424	424	
海南	74 371	37 197	37 197	37 034	23	
重庆						
四川	2 148	70	2 148			
贵州	161	21	161			
云南	12 132		12 029			
陕西	5			5		
甘肃	42	12	42			
青海						
宁夏	8 149	8 149	8 119	30		
新疆(兵团)	53 837	53 659	51 836	2 001	847	
新疆(农业)	3 871	3 218	3 836	35	35	
新疆(畜牧)	443	149	439	4		
热科院	108	108	108			
广州						
南京	6		6			

2－12续表1

地　　区	藻类	其他	养殖面积（公顷）	＃对虾（公顷）	海水	
					水产品总产量	＃养殖产量
全国农垦	**88**	**99 151**	**301 402**	**17 915**	**257 737**	**142 440**
北　　京		67			6 649	
天　　津		15	822	315	96	96
河　　北		40 543	16 748	10 751	75 597	60 700
山　　西			10			
内 蒙 古			5 154			
辽　　宁		24 378	100 441	3 564	162 690	68 977
吉　　林			429	87		
黑 龙 江			24 796			
上　　海		24	4 573			
江　　苏		161	3 858	1 298		
浙　　江		41	2 272	596	865	865
安　　徽		48	586			
福　　建		385	1 296	177	492	462
江　　西		15 405	18 690			
山　　东			722	60	8	
河　　南			527			
湖　　北		12 359	57 663			
湖　　南		5 453	12 588	9		
广　　东		15	3 673	963	10 882	10 882
广　　西	88	14	1 250	62	455	455
海　　南		140				
重　　庆						
四　　川			13			
贵　　州			11			
云　　南		103	1 424			
陕　　西			23	23		
甘　　肃			427			
青　　海						
宁　　夏			4 169			
新疆（兵团）			34 997			
新疆（农业）			2 984	10	3	3
新疆（畜牧）			1 220			
热 科 院			30	1		
广　　州						
南　　京			6			

2-12续表2

地　区	海水					
	鱼类	虾蟹类	#对虾	贝类	藻类	其他
全国农垦	**49 399**	**42 662**	**23 366**	**100 610**	**88**	**64 978**
北　京	6 582					67
天　津	45	51				
河　北	10 889	15 559	13 707	8 606		40 543
山　西						
内蒙古						
辽　宁	28 819	18 292	2 617	91 211		24 368
吉　林						
黑龙江						
上　海						
江　苏						
浙　江	23	228	95	614		
安　徽						
福　建	305	8		179		
江　西						
山　东		8	8			
河　南						
湖　北						
湖　南						
广　东	2 718	8 164	6 587			
广　西	15	352	352		88	
海　南						
重　庆						
四　川						
贵　州						
云　南						
陕　西						
甘　肃						
青　海						
宁　夏						
新疆(兵团)						
新疆(农业)	3					
新疆(畜牧)						
热科院						
广　州						
南　京						

2－12续表3

地区	海水		淡水			
	养殖面积（公顷）	#对虾（公顷）	水产品总产量	#养殖产量	鱼类	虾蟹类
全国农垦	**26 890**	**10 030**	**1 356 705**	**1 096 887**	**1 065 442**	**256 728**
北京						
天津	68	68	7 318	7 318	7 025	278
河北	8 618	5 873	87 871	87 711	68 350	19 521
山西			6		6	
内蒙古			3 798	2 297	3 595	203
辽宁	15 211	3 296	188 815	47 380	149 168	39 605
吉林			477	319	477	
黑龙江			20 865	15 724	20 028	837
上海			54 416	54 416	52 652	1 740
江苏			57 850	56 765	54 613	3 076
浙江	1 288	70	1 616	580	964	611
安徽			12 015	4 195	5 584	6 383
福建	235	50	17 861	9 716	16 147	1 328
江西			66 584	54 508	51 179	
山东	60	60	1 268	518	798	470
河南			7 012	4 339	7 012	
湖北			490 890	490 890	360 501	117 978
湖南			136 476	111 364	110 028	20 718
广东	1 333	563	31 302	31 272	26 487	4 800
广西	57	50	14 997	14 997	14 911	72
海南			74 371	37 197	37 197	37 034
重庆						
四川			2 148	70	2 148	
贵州			161	21	161	
云南			12 132		12 029	
陕西			5			5
甘肃			42	12	42	
青海						
宁夏			8 149	8 149	8 119	30
新疆（兵团）			53 837	53 659	51 836	2 001
新疆（农业）	20		3 868	3 215	3 833	35
新疆（畜牧）			443	149	439	4
热科院			108	108	108	
广州						
南京			6		6	

2－12 续表 4

地　区	淡水					
	#对虾	贝类	藻类	其他	养殖面积（公顷）	#对虾（公顷）
全国农垦	**28 631**	**362**		**34 173**	**274 513**	**7 886**
北　京						
天　津				15	754	248
河　北	14 034				8 130	4 878
山　西					10	
内蒙古					5 154	
辽　宁	4 978	32		10	85 230	268
吉　林					429	87
黑龙江					24 796	
上　海				24	4 573	
江　苏	2 747			161	3 858	1 298
浙　江	182			41	984	526
安　徽				48	586	
福　建	1 294	1		385	1 061	127
江　西				15 405	18 690	
山　东					662	
河　南					527	
湖　北		52		12 359	57 663	
湖　南	919	277		5 453	12 588	9
广　东	3 500			15	2 340	400
广　西	72			14	1 194	12
海　南	23			140		
重　庆						
四　川					13	
贵　州					11	
云　南				103	1 424	
陕　西					23	23
甘　肃					427	
青　海						
宁　夏					4 169	
新疆（兵团）	847				34 997	
新疆（农业）	35				2 964	10
新疆（畜牧）					1 220	
热科院					30	1
广　州						
南　京					6	

2－13 热带、亚热带作物年末实有面积

计量单位：公顷

地　区	全国农垦	福建	广东	广西	海南	云南	热科院
总面积合计	49 610	1	4 248	4 543	35 325	5 140	353
1. 剑麻（按纤维计算）	6 475		3 689	2 777			9
2. 香辛料	7 213		79	768	6 278	83	5
＃胡椒（按籽计算）	6 367		79		6 278	4	5
肉桂（按干皮计算）	195			116		79	
八角（按干果计算）	652			652			
3. 咖啡（按干豆计产量）	1 282				437	841	4
4. 椰子（按果计产量）	2 738				2 614		124
5. 油棕（按油计产量）	55		6				49
7. 可可（按豆计产量）	11						11
8. 南药	24 598	1	154		23 480	825	138
＃槟榔（按果计产量）	23 269				23 131		138
砂仁（干果）	659		2			657	
益智（干果）	382		126		256		
其他	288	1	26		93	168	
9. 澳洲坚果（按干果计产量）	3 914		30	534		3 343	7
10. 木薯（按干薯产量）	3 324		291	464	2 516	48	6

2-14 热带、亚热带作物当年新植面积

计量单位：公顷

地区	全国农垦	福建	广东	广西	海南	云南	热科院
总面积合计	4 948		642	260	2 981	1 019	46
1. 剑麻（按纤维计算）	577		390	188			
2. 香辛料	151				151		
＃胡椒（按籽计算）	151				151		
肉桂（按干皮计算）							
八角（按干果计算）							
3. 咖啡（按干豆计产量）	10					10	
4. 椰子（按果计产量）	964				938		26
5. 油棕（按油计产量）	2						2
7. 可可（按豆计产量）							
8. 南药	1 912		59		1 388	449	16
＃槟榔（按果计产量）	1 397				1 381		16
砂仁（干果）	444					444	
益智（干果）	48		46		2		
其他	23		13		5	5	
9. 澳洲坚果（按干果计产量）	573		30	31		512	
10. 木薯（按干薯产量）	759		163	41	504	48	2

2-15　热带、亚热带作物收获面积

计量单位：公顷

地　　区	全国农垦	福建	广东	广西	海南	云南	热科院
总面积合计	36 111	1	2 347	3 771	27 644	2 237	111
1. 剑麻（按纤维计算）	4 325		1 980	2 341			4
2. 香辛料	6 339		71	618	5 644	3	3
＃胡椒（按籽计算）	5 722		71		5 644	3	3
肉桂（按干皮计算）	99			99			
八角（按干果计算）	519			519			
3. 咖啡（按干豆计产量）	881				61	817	3
4. 椰子（按果计产量）	1 275				1 208		67
5. 油棕（按油计产量）	1		1				
7. 可可（按豆计产量）	10						10
8. 南药	18 407	1	8		18 219	162	17
＃槟榔（按果计产量）	17 906				17 889		17
砂仁（干果）	51					51	
益智（干果）	254				254		
其他	196	1	8		76	111	
9. 澳洲坚果（按干果计产量）	1 558			349		1 207	2
10. 木薯（按干薯产量）	3 314		286	464	2 512	48	4

2－16 热带、亚热带作物公顷产量

计量单位：千克

地　　区	全国农垦	福建	广东	广西	海南	云南	热科院
1. 剑麻（按纤维计算）	2 864		1 673	3 877			
2. 香辛料	2 202		1 577	562	2 129	495 333	848
＃胡椒（按籽计算）	2 121		1 577		2 129	1 667	848
肉桂（按干皮计算）	1 751			1 751			
八角（按干果计算）	336			336			
3. 咖啡（按干豆计产量）	1 802				1 689	1 813	1 106
4. 椰子（按果计产量）	9 362				9 577		5 502
5. 油棕（按油计产量）	3 077		3 077				
7. 可可（按豆计产量）	1 674						1 674
8. 南药	2 499	769	21 688		2 513	62	1 649
＃槟榔（按果计产量）	2 522				2 523		1 649
砂仁（干果）	196					196	
益智（干果）	1 488				1 488		
其他	2 290	769	21 688		3 618		
9. 澳洲坚果（按干果计产量）	1 214			929		1 298	
10. 木薯（按干薯产量）	86 718		888 483	11 770	10 648	19 500	14 299

2－17　热带、亚热带作物总产量

计量单位：公顷

地　　区	全国农垦	福建	广东	广西	海南	云南	热科院
1. 剑麻（按纤维计算）	12 387		3 312	9 075			
2. 香辛料	13 962		112	347	12 014	1 486	3
＃胡椒（按籽计算）	12 134		112		12 014	5	3
肉桂（按干皮计算）	173			173			
八角（按干果计算）	174			174			
3. 咖啡（按干豆计产量）	1 588				103	1 481	4
4. 椰子（按果计产量）	11 939 731				11 569 400		370 331
5. 油棕（按油计产量）	4		4				
7. 可可（按豆计产量）	16						16
8. 南药	45 995	1	174		45 783	10	28
＃槟榔（按果计产量）	45 158				45 130		28
砂仁（干果）	10					10	
益智（干果）	378				378		
其他	450	1	174		275		
9. 澳洲坚果（按干果计产量）	1 891			324		1 567	
10. 木薯（按干薯产量）	287 399		254 195	5 459	26 748	936	61

2－18 农业机械拥有量

地区	农业机械总动力（千瓦）				
	总动力合计	柴油发动机动力	汽油发动机动力	电动机动力	其他机械动力
全国农垦	**31 191 713**	**24 880 378**	**1 712 342**	**4 345 228**	**253 764**
北京	43 777	21 015	14 652	8 074	36
天津	23 033	16 799	40	6 194	
河北	1 065 920	673 054	12 179	380 502	185
山西	27 935	12 858	5 508	8 458	1 111
内蒙古	2 290 278	1 791 210	187 907	307 339	3 823
辽宁	1 020 143	802 509	47 239	136 092	34 302
吉林	595 836	538 286	26 024	30 806	720
黑龙江	11 365 120	9 886 836	651 595	761 860	64 829
上海	284 810	239 182	3 862	40 763	1 003
江苏	567 406	511 808	12 318	43 280	
浙江	11 226	3 545	1 033	5 464	1 185
安徽	473 499	364 389	37 406	65 184	6 520
福建	43 000	23 726	3 586	13 973	1 715
江西	446 107	313 505	35 247	88 605	8 750
山东	33 423	28 244	15	4 968	196
河南	243 318	185 421	16 956	40 719	221
湖北	1 767 959	1 267 902	108 862	374 691	16 504
湖南	1 465 849	1 096 328	121 538	186 620	61 363
广东	464 516	260 454	55 994	138 405	9 664
广西	331 714	227 566	42 623	61 525	
海南	329 575	235 992	55 053	24 286	14 244
重庆	7 419	7 419			
四川	58 806	1 090	152	57 432	133
贵州	6 504	2 140	216	4 028	121
云南	259 802	124 985	74 300	60 517	
陕西	37 335	24 533	360	12 441	
甘肃	353 468	287 725	4 068	56 425	5 251
青海	38 662	36 495	984	769	414
宁夏	330 323	280 054	2 102	48 072	95
新疆（兵团）	5 787 261	4 486 160	51 011	1 250 090	
新疆（农业）	486 778	367 728	38 611	67 692	12 747
新疆（畜牧）	926 886	758 166	100 740	59 376	8 604
热科院	2 640	2 100	161	379	
广州	1 385	1 155		200	30
南京					

2－18续表1

地　　区	拖拉机及配套机械			
	大中型拖拉机（台）	小型及手扶拖拉机（台）	大中型拖拉机配套农具（部）	小型及手扶拖拉机配套农具（部）
全国农垦	**227 716**	**290 758**	**415 212**	**268 095**
北　京	105	51	49	29
天　津	90	63	12	11
河　北	3 589	17 979	4 618	16 290
山　西	44	1 175	77	486
内蒙古	13 692	51 544	18 583	42 018
辽　宁	5 479	8 999	7 358	5 912
吉　林	4 836	16 432	4 484	14 930
黑龙江	89 704	35 371	202 760	50 319
上　海	1 321	386	1 086	
江　苏	5 155	342	13 828	553
浙　江	35	22	3	21
安　徽	2 882	4 991	5 180	5 705
福　建	37	536	147	198
江　西	1 776	7 619	1 022	4 242
山　东	466	530	157	166
河　南	1 164	6 040	1 737	2 786
湖　北	8 899	45 319	12 530	46 357
湖　南	5 248	5 825	3 925	5 366
广　东	750	3 481	1 012	471
广　西	1 561	4 806	1 973	4 866
海　南	376	9 424	3 528	921
重　庆	7	3	6	2
四　川	15	100	3	8
贵　州	6	15		10
云　南	668	1 816	102	1 415
陕　西	223	1 562	384	1 399
甘　肃	5 758	3 665	6 774	8 531
青　海	289	2 522	1 050	6 106
宁　夏	2 693	1 506	4 936	1 200
新疆(兵团)	54 980	27 766	82 031	25 140
新疆(农业)	8 261	7 877	26 678	12 897
新疆(畜牧)	7 578	22 895	9 145	9 740
热科院	18	96	31	
广　州	11		3	
南　京				

2－18续表2

地区	种植业机械				
	耕整地及种植机械				
	播种机（台）	#精量半精量播种机（台）	机动水稻插秧机（台）	化肥深施机（台）	机引铺膜机（台）
全国农垦	**111 851**	**69 106**	**101 379**	**19 311**	**21 380**
北京	20	6		3	
天津	30		4	4	
河北	2 174	938	1 337	57	719
山西	84	58		2	36
内蒙古	26 230	17 803	36	4 433	2 347
辽宁	3 094	2 216	4 851	145	172
吉林	8 028	3 254	2 654	251	48
黑龙江	32 507	21 798	86 382	4 739	389
上海	654	367	75	135	
江苏	1 681	602	1 764	171	4
浙江			9		3
安徽	1 757	894	563	181	
福建			12		
江西	34	15	287	139	950
山东	377	142	100	1	
河南	2 551	1 393	2	110	3
湖北	3 836	2 069	566	2 612	4 944
湖南	64	32	1 624	232	47
广东	84		4	74	17
广西				1 134	
海南					
重庆					
四川	1				
贵州					
云南	80				
陕西	718	41	3	32	32
甘肃	3 323	1 695	15	276	2 266
青海	228	27			
宁夏	562	258	3	79	56
新疆（兵团）	14 130	10 943	659	2 191	5 208
新疆（农业）	6 381	2 597		1 630	3 296
新疆（畜牧）	3 221	1 958	429	680	843
热科院	2				
广州					
南京					

2－18续表3

地　区	种植业机械					
	农用排灌机械					植保机械
	排灌动力机械（台）	＃柴油机（台）	电动机（台）	农用水泵（台）	滴喷灌溉机械（套）	机动喷雾（粉）机（台）
全国农垦	**391 828**	**124 332**	**157 173**	**279 073**	**52 038**	**130 406**
北　京	52	4	47	79	192	6
天　津	85		85	78	6	9
河　北	11 321	7 941	3 322	11 929	928	344
山　西	587	24	563	77	218	14
内蒙古	11 068	2 207	6 670	14 993	5 633	5 322
辽　宁	13 577	9 741	3 665	17 131	725	909
吉　林	5 922	2 301	3 043	10 084	517	122
黑龙江	101 945	48 115	53 830	94 463	12 003	27 053
上　海	737	3	688	689	48	1 070
江　苏	1 827	12	1 815	947	175	930
浙　江	490	44	445	131	137	542
安　徽	6 191	4 229	1 212	2 195	5 465	5 414
福　建	2 921	609	2 309	1 073	37	974
江　西	10 030	3 059	6 627	6 236	308	2 302
山　东	773	375	396	718	78	287
河　南	5 088	643	4 059	5 942	349	975
湖　北	25 631	11 905	11 988	29 482	3 053	27 639
湖　南	28 879	13 254	14 076	29 957	471	19 765
广　东	9 404	6 707	1 531	4 569	152	6 602
广　西	7 107	956	2 660	3 368	2 750	3 224
海　南	104 444	6 862	2 572	8 421		7 017
重　庆	6	1	3	3	3	
四　川	86	24	39	76	6	108
贵　州	23	13	8	2 046		47
云　南	1 313	747	566	5 703	198	3 707
陕　西	469	46	413	934	113	543
甘　肃	334	2	332	616	1 045	722
青　海	14		9	375	5	12
宁　夏	1 556	78	1 383	1 312	92	253
新疆(兵团)	33 767	2 721	31 046	20 158	13 165	10 739
新疆(农业)	4 856	1 495	855	3 819	3 061	2 688
新疆(畜牧)	1 316	210	910	1 427	1 097	982
热科院	10	4	6	42	8	85
广　州						
南　京						

2－18续表4

地　区	种植业机械					
	收获机械					
	联合收获机		＃自走式		机动割晒机	
	（台）	（千瓦）	（台）	（千瓦）	（台）	（千瓦）
全国农垦	**64 913**	**6 273 836**	**53 793**	**5 172 884**	**4 951**	**188 072**
北　京	16	3 660	15	3 468	1	4
天　津	6	847	4	497		
河　北	857	58 159	574	33 287	244	3 361
山　西	17	2 534	8	986		
内蒙古	2 433	275 016	2 150	238 478	825	34 756
辽　宁	1 115	114 305	663	47 033	113	3 250
吉　林	798	47 595	558	28 041	5	1 080
黑龙江	42 423	3 181 582	39 424	2 954 639	3 041	101 411
上　海	174	22 129	127	20 160		
江　苏	2 088	179 268	1 944	165 492	5	360
浙　江	6	267				
安　徽	1 314	100 315	992	75 174	76	1 355
福　建	45	769	41	733	11	215
江　西	1 432	55 880	350	18 166	22	181
山　东	93	5 604	31	1 555		
河　南	595	43 130	295	22 440	12	320
湖　北	3 639	181 274	2 279	119 201	29	270
湖　南	3 079	126 241	1 526	59 054		
广　东	62	4 983			1	3
广　西	24	5 139	24	5 139		
海　南					86	2 124
重　庆						
四　川	7	11	2	11		
贵　州					1	110
云　南	36	1 473				
陕　西	62	5 099	34	1 987		
甘　肃	143	11 368	57	6 395	15	961
青　海	161	18 053	101	12 210	58	7 921
宁　夏	521	46 057	521	46 057	249	24 495
新疆（兵团）	3 111	582 245	1 595	133 952	140	5 303
新疆（农业）	217	29 849	123	14 496		
新疆（畜牧）	439	1 170 984	355	1 164 234	17	592
热科院						
广　州						
南　京						

2－18续表5

地区	种植业机械					
	收获机械		脱粒烘干机械		种子加工设备	
	其他作物收获机械		机动脱粒机（台）	谷物烘干机（台）	种子包衣机（台）	种子清选机（台）
	（台）	（千瓦）				
全国农垦	**10 638**	**727 350**	**18 377**	**2 004**	**794**	**1 123**
北京			2			
天津						
河北	188	3 819	2 024	12	3	4
山西	2	120	14			
内蒙古	126	9 884	1 229	56	277	142
辽宁	842	19 313	1 466	59	12	6
吉林	163	6 665	391	6		1
黑龙江	745	56 167	1 898	429	339	354
上海	163	6 978	12	32	7	
江苏	1 000	1 428	908	76	24	48
浙江			6	4		2
安徽			126	238	17	151
福建	525	642	2 079	2		
江西	315	1 215	689	174	21	8
山东			22	6	10	11
河南	168	2 097	23	4	29	128
湖北	972	7 442	1 220	307	2	17
湖南	1 180	6 403	1 865	385	10	
广东	6	51	459	8		1
广西	137	4 944	268	20		
海南			406			
重庆	5	1 532	4		3	20
四川	2	220				
贵州	10	30	2			
云南	42	157	888			
陕西	28	1 069	122	2	1	2
甘肃	114	5 277	737	4	11	15
青海					5	57
宁夏	35	886	200	33	12	51
新疆(兵团)	2 500	560 950	1 133	101		
新疆(农业)	306	10 166	121	10	3	13
新疆(畜牧)	1 064	19 895	62	32	8	92
热科院			1	4		
广州						
南京						

2－18 续表 6

地　区	种植业机械			
	设施农业设备			
	水稻工厂化育秧设备（套）	温室（米²）	大棚（米²）	田园管理机（台）
全国农垦	**995**	**27 831 919**	**311 594 218**	**7 156**
北　京		265 384	288 614	
天　津		13 196	296 306	
河　北		4 862 647	6 255 188	5
山　西		408 187	213 720	
内蒙古		1 511 890	1 932 706	60
辽　宁	228	4 866 019	4 772 322	41
吉　林	5	119 192	1 474 026	9
黑龙江	145	2 228 200	217 196 200	7
上　海		1 129 543	2 659 433	2 223
江　苏	316	1 102 360	231 240	13
浙　江		117 969	706 611	1
安　徽	25	15 298	4 263 831	
福　建		254 200	548 759	4
江　西	7	33 757	601 794	4
山　东	1	78 507	590 700	
河　南		324 595	434 673	5
湖　北	136	332 334	45 024 445	1 065
湖　南	130	220 826	2 285 785	188
广　东		101 975	457 742	21
广　西		80 960	740 136	2
海　南				
重　庆		21 000		
四　川		1 700	101 821	19
贵　州			2 000	2
云　南		924 374	946 103	
陕　西		264 669	1 084 367	160
甘　肃		141 743	384 105	
青　海		710 320	901 410	
宁　夏		2 990 953		717
新疆(兵团)		3 770 634	15 082 474	1 776
新疆(农业)		350 280	1 815 597	834
新疆(畜牧)	2	579 913	237 672	
热科院		9 294	64 438	
广　州				
南　京				

2－18 续表 7

地　　区	农副产品加工机械				畜牧业机械	
	粮食加工机械（台）	棉花加工机械（台）	油料加工机械（台）	橡胶粗加工机械（台）	牧草播种机（台）	牧草收割机（台）
全国农垦	**9 291**	**2 084**	**2 936**	**7 376**	**1 483**	**16 158**
北　　京			1		4	8
天　　津						
河　　北	511	125	52		83	229
山　　西	19		6		3	2
内 蒙 古	517		98		562	12 476
辽　　宁	807	38	66		6	4
吉　　林	58		9		1	32
黑 龙 江	380		24		527	280
上　　海	11					28
江　　苏	86		8			
浙　　江	1					
安　　徽	47	6	20			1
福　　建	111	2	7			
江　　西	1 465	170	706		34	176
山　　东	2		1			
河　　南	20		10		4	5
湖　　北	1 401	581	611	22	4	221
湖　　南	2 320	640	832		12	339
广　　东	95		80	2 123		9
广　　西	191		14	81	9	36
海　　南	624		106	1 348		
重　　庆						2
四　　川						7
贵　　州	19		1			1
云　　南				3 802		
陕　　西						1
甘　　肃	8	4	4		1	233
青　　海			1		76	188
宁　　夏	83		34		38	166
新疆（兵团）	321	328	201			704
新疆（农业）	167	176	20		37	65
新疆（畜牧）	27	14	24		81	945
热 科 院					1	
广　　州						
南　　京						

2－18续表8

地区	畜牧业机械			林业机械	
	牧草打捆机（台）	机动剪毛机（把）	机动挤奶器（套）	挖坑机（台）	植树机（台）
全国农垦	**3 106**	**1 129**	**6 326**	**1 759**	**119**
北京	5		99		
天津					
河北	56		396	40	2
山西	1		109		
内蒙古	1 625	210	836	106	26
辽宁	7		206	2	
吉林	9	2	8	3	2
黑龙江	137	338	2 831	27	11
上海	4		119		
江苏			32		
浙江					
安徽				1	
福建					
江西	87			20	60
山东				1	2
河南	4			3	2
湖北	1		1	24	2
湖南	3		3	73	
广东			4	843	6
广西	5		30	14	1
海南				128	
重庆	12		220		
四川	4		31		
贵州			9		
云南					
陕西	3				
甘肃	36		3		
青海	61	60		1	
宁夏	101	1	174	17	1
新疆（兵团）	583	397	873		
新疆（农业）	110	18	59	426	3
新疆（畜牧）	250	103	279	27	1
热科院	2			3	
广州			4		
南京					

2－18 续表 9

地区	渔业机械	运输机械		农田基本建设机械	
	渔用机动船（艘）	农用运输车		推土机	
		（辆）	（千瓦）	（台）	（千瓦）
全国农垦	**4 166**	**76 629**	**2 166 345**	**3 429**	**292 727**
北　　京	14	74	4 934	5	700
天　　津		104	1 709	7	290
河　　北	230	3 519	112 496	130	7 208
山　　西		184	4 967	4	2 040
内 蒙 古	8	5 933	238 076	401	39 280
辽　　宁	590	12 283	256 627	138	14 978
吉　　林	4	1 572	70 571	58	3 393
黑 龙 江		4 813	147 666	268	26 385
上　　海	75	22	510	6	704
江　　苏	3	668	36 809	121	11 772
浙　　江		19	274		
安　　徽	8	829	19 673	49	3 814
福　　建	6	416	11 745	21	1 519
江　　西	334	1 925	77 481	224	13 495
山　　东	27	74	1 661	6	430
河　　南		941	19 426	27	2 619
湖　　北	431	9 126	213 410	902	63 175
湖　　南	2 165	1 689	44 740	414	25 229
广　　东	7	2 019	88 646	119	7 155
广　　西	17	1 398	48 371	37	3 333
海　　南	76	2 371	88 757	134	12 712
重　　庆	19	5	380		
四　　川		3	97	1	50
贵　　州		4	96	2	242
云　　南		2 083	104 990	31	2 426
陕　　西		136	2 978	2	188
甘　　肃		732	18 399	28	843
青　　海		669	19 566	8	890
宁　　夏	8	1 781	34 390	84	6 611
新疆（兵团）	139	17 843	293 756		
新疆（农业）		1 441	118 614	82	26 273
新疆（畜牧）	5	1 919	83 535	119	14 835
热 科 院		28	580	1	140
广　　州		6	416		
南　　京					

2－18 续表 10

地　　区	农田基本建设机械			
	挖掘机		开沟机	
	（台）	（千瓦）	（台）	（千瓦）
全国农垦	**2 520**	**243 274**	**1 794**	**38 689**
北　　京	8	632		
天　　津	12	698	4	72
河　　北	64	6 794	1	30
山　　西	4	723		
内 蒙 古	185	16 663	30	3 569
辽　　宁	261	31 297	29	3 826
吉　　林	27	2 690	3	255
黑 龙 江	123	14 197	5	322
上　　海	8	585	4	
江　　苏	151	2 018	1 227	4 939
浙　　江			1	5
安　　徽	24	1 611	129	8 229
福　　建	63	4 075	10	919
江　　西	94	4 974	9	258
山　　东	5	443	17	233
河　　南	13	863	12	857
湖　　北	810	82 380	155	9 082
湖　　南	119	8 847	58	1 829
广　　东	69	4 024	7	90
广　　西	83	7 140	10	500
海　　南	122	799	35	799
重　　庆				
四　　川	1	50	1	1
贵　　州	1	110		
云　　南	51	10 579		
陕　　西	4	329	1	100
甘　　肃	4	417	23	1 278
青　　海	1	150	2	51
宁　　夏	60	9 494		
新疆（兵团）				
新疆（农业）	81	19 547	10	627
新疆（畜牧）	63	5 533	11	818
热 科 院	9	5 613		
广　　州				
南　　京				

2－19 农业机械化、用电、化肥、水利情况

地　区	当年实际机耕面积（按耕地面积）（公顷）	当年实际机播面积（按播种面积）（公顷）	#机械插秧面积（按插秧面积）（公顷）	当年机械收割面积（按收获面积）（公顷）	飞机播种面积（公顷）	飞机施肥面积（公顷）
全国农垦	**6 335 560**	**6 116 785**	**1 941 379**	**5 783 700**	**1 566 607**	**1 369 610**
北　京	685	795	62	883		
天　津	2 956	2 956	792	2 956		
河　北	79 450	75 598	29 588	71 089		
山　西	5 518	5 011	737	2 424		
内蒙古	698 437	647 619	16 696	591 114		6 016
辽　宁	142 310	129 655	78 521	114 631	6 667	3 301
吉　林	103 229	100 814	28 015	90 490		580
黑龙江	2 893 966	2 851 933	1 520 850	2 812 953	1 551 827	1 329 589
上　海	35 253	41 746	30 032	41 746		9 177
江　苏	64 171	135 968	55 940	143 124		
浙　江	885	82	68	457		
安　徽	29 682	41 280	8 637	43 425		
福　建	4 803	3 667	1	3 106		
江　西	59 637	31 835	3 075	58 559	740	
山　东	10 338	12 149	639	11 812		
河　南	24 499	33 316	1 641	36 474		352
湖　北	163 421	84 868	24 161	140 773		5 934
湖　南	123 979	59 201	37 087	104 205	3 008	11 908
广　东	36 453	8 403	13	4 995		303
广　西	20 475	284		87		
海　南	10 985	688	216	4 413		
重　庆	140	69				
四　川	1 639	1 548	34	89		
贵　州	1 487	385		214		
云　南	4 985	1 439	15	2 328		
陕　西	14 357	13 107	175	11 890		
甘　肃	61 460	52 297	3 385	43 419		
青　海	30 759	30 041		29 511		
宁　夏	39 990	40 100		40 302		
新疆（兵团）	1 332 094	1 384 886	7 103	1 121 750		
新疆（农业）	104 551	107 048	26 503	49 708		
新疆（畜牧）	232 853	217 996	67 394	204 769	4 365	2 450
热科院	112			5		
广　州						
南　京						

2-19续表1

地　　区	飞机病虫害防治面积（公顷）	自有农用飞机（架）	农场用电量（千瓦时）	农药施用量（吨）	农用化肥施用总量（实物量）（吨）
全国农垦	**1 476 065**	**230**	**13 363 363 368**	**89 149**	**5 451 449**
北　　京			49 077 974	14	952
天　　津			66 218 000	126	1 749
河　　北	30		1 498 482 966	1 079	63 009
山　　西			25 315 255	18	6 852
内 蒙 古	5 211	9	264 984 497	5 854	262 194
辽　　宁	5 393		616 224 544	2 476	132 671
吉　　林	2 309	7	190 994 989	560	67 063
黑 龙 江	1 390 784	77	1 346 220 000	16 530	1 206 811
上　　海			7 676	560	33 553
江　　苏	3 967		417 800 000	1 948	172 639
浙　　江	12		201 033 588	218	3 624
安　　徽	1 155	3	107 126 809	631	56 788
福　　建			88 032 627	591	27 931
江　　西	6 676	14	890 280 000	5 878	57 288
山　　东	582	1	166 990 800	153	9 684
河　　南	222		54 842 428	929	37 476
湖　　北	9 922	14	463 020 000	4 798	350 442
湖　　南	20 103	42	568 438 678	3 023	123 152
广　　东	5 294	6	403 347 204	3 835	217 687
广　　西			472 270 000	2 350	110 517
海　　南			626 450	9 465	187 295
重　　庆			5 960 540		40
四　　川	320		1 732 979	39	1 981
贵　　州			13 084 145	64	983
云　　南			236 757 300	1 712	56 221
陕　　西	733	1	16 078 741	63	15 481
甘　　肃	800		148 293 002	838	83 299
青　　海	15		4 139 610	17	11 281
宁　　夏			113 290 000	401	73 886
新疆（兵团）		35	4 088 360 000	12 085	1 712 158
新疆（农业）	6 303	21	462 768 994	2 058	224 095
新疆（畜牧）	16 233		347 918 127	10 824	141 198
热 科 院			5 166 200	11	1 439
广　　州			7 479 244		
南　　京			21 000 000	2	12

2－19续表2

地　区	农用化肥施用总量（折纯量）（吨）	#施用于农作物的数量（吨）	生物肥施用量（实物量）（吨）	有机肥施用量（实物量）（吨）	测土配方施肥面积（公顷）	农用塑料薄膜使用量（吨）
全国农垦	**2 523 146**	**1 398 532**	**306 404**	**1 662 738**	**2 867 438**	**160 459**
北　京	507	154		10 938		3
天　津	821	611	1 450			10
河　北	27 398	11 417	297	8 964	16 489	763
山　西	3 818	3 145	371	41 259	80	186
内蒙古	157 656	139 202	3 478	221 975	36 566	2 278
辽　宁	79 477	41 174	4 765	48 998	62 093	3 986
吉　林	38 479	30 968	4 401	9 652	29 142	361
黑龙江	589 447	589 447	7 915	215 250	2 375 370	13 764
上　海	14 619	14 619	2 826	86 210	12 921	269
江　苏	76 748	76 748	8 968	16 341		2 779
浙　江	2 036	1 072	35	1 537		92
安　徽	26 740	22 310	92	22 005	17 041	293
福　建	21 021	11 935	3 977	20 506	277	862
江　西	28 961		4 843	13 857	34 583	2 658
山　东	4 971	4 525		398	841	35
河　南	18 386	15 482	2 195	16 392	15 649	369
湖　北	137 116	105 865	139 056	169 875	53 639	3 051
湖　南	58 948	40 564	7 202	19 193	12 648	2 463
广　东	57 371	45 409	30 513	169 759	44 081	767
广　西	48 116	30 591	13 986	173 941	10 159	676
海　南	55 449	32 142				
重　庆	40	40		1 109		
四　川	965	451	1 070	2 143	146	631
贵　州	579	80	445	1 680	147	8
云　南	22 814	22 814		37 706	9 091	591
陕　西	7 104	2 446	5 353	6 248		104
甘　肃	38 045	29 782	10 336	85 962	62 909	3 002
青　海	5 985	4 491	5 348	37 165	210	38
宁　夏	34 395	34 395	22 828	13 019	16 018	135
新疆(兵团)	789 499					82 542
新疆(农业)	101 000	33 627	6 833	168 806	35 375	20 690
新疆(畜牧)	73 881	52 529	16 977	35 919	21 963	17 049
热科院	746	499	845	5 873		5
广　州						
南　京	8			60		

2－19 续表 3

地　区	＃地膜使用量（吨）	地膜覆盖面积（公顷）	沼气池（个）	沼气池体积（米^3）	有效灌溉面积（公顷）	＃机灌面积（包括水轮泵提水灌溉）（公顷）
全国农垦	**108 375**	**1 588 593**	**25 412**	**765 606**	**4 281 027**	**1 946 381**
北　京			3	1 290	1 295	149
天　津	1	46			2 910	2 801
河　北	501	8 264	12	3 090	53 043	37 667
山　西	183	2 629	2	32	4 181	1 278
内 蒙 古	1 948	46 080	153	1 450	207 590	58 142
辽　宁	2 020	9 540	1 947	29 773	122 723	80 911
吉　林	165	2 358			49 554	21 279
黑 龙 江	1 670	12 147	5	6 420	1 595 708	542 153
上　海	38	444	6	2 700	22 126	
江　苏	680	3 396			64 171	4 136
浙　江	38	4 702	8	7 700	856	318
安　徽	87	543			26 224	10 956
福　建	83	2 376	2 666	26 616	3 447	1 226
江　西	2 606	3 938	2 131	32 098	41 837	4 499
山　东	33	319			11 204	6 228
河　南	338	1 235	119	3 437	24 087	8 199
湖　北	1 811	28 132	9 039	103 414	112 701	25 478
湖　南	1 907	18 433	4 459	223 055	55 765	24 715
广　东	711	15 399	356	261 416	24 154	6 482
广　西	506	8 531	996	14 042	14 278	6 990
海　南			2 236	28 964	12 120	3 858
重　庆			5	620	80	80
四　川	613	534	47	1 928	755	190
贵　州	5	46	32	8 900	926	869
云　南	360	4 148	322	1 846	10 150	3 230
陕　西	69	1 780			10 626	2 817
甘　肃	2 806	50 555			69 429	9 164
青　海	17	172			12 459	370
宁　夏	52	1 049	609	4 672	34 887	14 031
新疆（兵团）	78 006	1 068 400			1 379 204	964 505
新疆（农业）	5 577	88 636	142	852	133 057	38 150
新疆（畜牧）	5 537	204 728			179 393	65 422
热 科 院	5	32	116	979	90	90
广　州			1	312		
南　京						

2－19续表4

地　区	电灌面积（公顷）	漫灌面积（自流灌溉面积）（公顷）	＃节水灌溉面积（公顷）	喷灌面积（公顷）	滴灌面积（公顷）	机电井数量（眼）
全国农垦	**1 494 791**	**340 765**	**2 136 024**	**439 652**	**453 636**	**178 692**
北　京	367	47	732	632	100	84
天　津						55
河　北	5 953	173	37 527	10 046	3 059	3 569
山　西	2 420	483	103	63		285
内蒙古	82 083	33 221	101 971	70 013	18 402	21 337
辽　宁	35 977	17 171	20 661	2 144	7 407	3 770
吉　林	15 844	7 376	11 834	2 712	2 837	5 670
黑龙江	984 351		506 896	304 138	202 758	93 362
上　海	22 126	13 749	72	72		
江　苏	57 899	2 136	9 533	2 980	3 726	80
浙　江	361		110	13	97	12
安　徽	11 652	2 660	6 196	1 973	1 515	661
福　建	385	1 338	190	24	38	266
江　西	18 062	19 276	4 722	3 083	590	2 205
山　东	1 261		1 200	541	105	700
河　南	16 044	667	11 266	7 897	1 408	6 875
湖　北	86 898	84 275	20 156	7 832	2 394	1 502
湖　南	25 989	5 110	2 469	428	334	4 570
广　东	11 747	4 995	6 024	5 367	396	2 472
广　西	7 287	5 008	6 759	6 752	7	575
海　南	1 947	5 130	383	383		606
重　庆			22			
四　川	508	43	85	11	36	66
贵　州	51	6	800	800		3
云　南	1 215	5 705	1 073	610	463	7
陕　西	2 635	2 033	2 538	1 200	350	1 268
甘　肃	5 439	24 016	51 007	5 825	34 621	2 091
青　海		12 089	3 266			24
宁　夏	10 876	1 679	5 285	1 060	4 225	1 218
新疆(兵团)			1 129 439			21 337
新疆(农业)	61 976	34 118	83 751	760	80 831	2 681
新疆(畜牧)	23 435	58 261	109 865	2 283	87 858	1 315
热科院			90	10	80	18
广　州						8
南　京						

2－20 无公害农产品、绿色、有机食品生产情况（一）

项　　目	认证个数（个）	带动农户数量（户）	已认证无公害农产品	
			面积（公顷）	产量（吨）
一、种植业				
（一）主要农作物	928	181 012	281 303.87	1 933 805.00
1. 水稻	228	68 566	77 761.70	670 029.00
2. 小麦	45	9 601	19 563.00	121 074.00
3. 玉米	117	26 389	72 985.97	594 098.00
4. 大豆	125	24 718	85 898.00	193 054.00
5. 油料	9	2 073	8 300.00	9 655.00
6. 糖料	11	21 921		
7. 药材	2	100		
8. 蔬菜	313	21 582	5 345.90	276 416.00
9. 其他	78	6 062	11 449.30	69 479.00
（二）茶叶	53	47 744	5 371.68	24 325.90
（三）水果	214	54 188	13 238.19	303 611.46
1. 香蕉	2	165	600.00	4 000.00
2. 苹果	37	3 793	469.00	10 263.00
3. 柑橘、橙、柚	33	17 915	1 604.30	48 170.00
4. 梨	17	19 253	385.63	4 406.00
5. 桃	12	1 172	540.00	4 050.60
6. 葡萄	32	2 126	731.93	7 168.36
7. 菠萝	1	210		
8. 荔枝	3	1 500		
9. 龙眼	3	316	14.00	200.00
10. 芒果	3	1 524	633.33	5 000.00
11. 西瓜	17	2 530	7 010.00	212 328.00
12. 其他水果	54	3 684	1 250.00	8 025.50
（四）食用菌	15	240	621.72	23 118.20
二、渔业				
1. 淡水鱼	54	10 621	6 832.00	40 852.00
2. 海水鱼	3	85	450.20	516.00
3. 虾	12	875	4 520.80	6 323.90
4. 蟹	6	2 892	2 593.00	2 765.00
5. 甲鱼	2	500	4.00	
6. 贝				
7. 其他水产品	10	3 093	1 000.00	7 632.00

2－20续表

项　　目	已认证绿色食品				已认证有机食品	
	A级		AA级		面积（公顷）	产量（吨）
	面积（公顷）	产量（吨）	面积（公顷）	产量（吨）		
一、种植业						
（一）主要农作物	972 883.99	5 587 881.52	477.00	2 715.00	150 147.90	780 159.95
1. 水稻	367 715.55	2 154 133.38	425.00	1 778.00	55 819.80	251 871.61
2. 小麦	52 785.37	266 848.86			6 153.78	24 062.09
3. 玉米	242 659.39	1 805 083.10			33 983.06	275 785.75
4. 大豆	216 386.53	528 899.18			38 490.24	87 540.40
5. 油料	12 805.00	8 004.00				
6. 糖料	40 958.00	334 019.00			1.00	4 251.00
7. 药材	633.00	1 593.00			20.00	1 498.00
8. 蔬菜	10 974.76	315 352.00	48.00	807.00	6 886.74	103 207.30
9. 其他	27 966.39	173 949.00	4.00	130.00	8 793.28	31 943.80
（二）茶叶	2 179.07	2 291.40	213.00	20.00	971.03	1 183.00
（三）水果	55 246.70	809 888.37	826.00	24 093.00	2 642.39	53 115.52
1. 香蕉					666.66	750.00
2. 苹果	7 374.95	117 500.56			392.84	12 826.97
3. 柑橘、橙、柚	4 551.50	145 104.00	800.00	24 000.00	285.00	8 340.00
4. 梨	9 827.02	95 513.01			208.66	5 144.85
5. 桃	2 630.80	31 502.50	26.00	93.00	3.00	0.82
6. 葡萄	15 286.85	243 774.00			222.36	3 016.00
7. 菠萝	500.00	21 250.00				
8. 荔枝	280.00	4 100.00				
9. 龙眼					103.00	0.50
10. 芒果	533.33	8 000.00			5.00	
11. 西瓜	1 020.00	64 102.00			186.00	7 000.00
12. 其他水果	13 242.25	79 042.30			569.87	16 036.38
（四）食用菌	137.03	11 171.00			13.00	50.00
二、渔业						
1. 淡水鱼	2 371.00	18 530.00	3 162.00	1 162.00	1 432.00	16 999.00
2. 海水鱼						
3. 虾			245.00	7 104.00		
4. 蟹	335.00	221.00	53.00	12.00	270.00	260.00
5. 甲鱼			12.00	120.00		
6. 贝						
7. 其他水产品	51.00	1 338.00	4.00	40.00	2.00	30.00

说明：面积和产量请按已认证的“三品”证书的面积产量填写。没有证书的不能统计在内。

2-21　无公害农产品、绿色、有机食品生产情况（二）

项　　目	认证个数（个）	带动农户数（户）	已认证无公害农产品	
			数量（头、只）	产量（吨）
三、畜牧业				
（一）家畜类	1 942	4 423	1 044 448.23	184 100.10
1. 生猪	39	2 637	1 023 121.00	159 072.00
2. 肉牛	2	4	167.00	6 015.00
3. 奶牛	1 897	1 509	5 160.23	18 709.10
4. 羊	4	273	16 000.00	304.00
5. 其他家畜				
（二）禽类	23	1 293	11 420 658.00	86 695.03
1. 肉鸡	7	747	602 132.00	53 385.00
2. 蛋鸡	10	35	2 255 558.00	11 774.00
3. 鸭	6	511	8 562 968.00	21 536.03
4. 其他禽类				
四、加工品				
1. 面粉加工类	32	413	—	
2. 蔬菜加工类	8	4	—	2 358.00
3. 饮品类	40	1 348	—	4 080.00
4. 乳制品	8	84	—	98 616.00
5. 果脯类	5	100	—	
6. 酒类	38	4 186	—	

2－21续表

项　　目	已认证绿色食品				已认证有机食品	
	A级		AA级			
	数量（头、只）	产量（吨）	数量（头、只）	产量（吨）	数量（头、只）	产量（吨）
三、畜牧业						
（一）家畜类	147 066	469 160	500	1 000	15 785	26 720
1. 生猪	6 800	850	500	1 000	1 001	1 081
2. 肉牛	4 821	1 564			300	45
3. 奶牛	81 445	465 995			5 092	24 344
4. 羊	54 000	750			9 392	1 250
5. 其他家畜						
（二）禽类	2 000 030	15 480			279 581	1 899 503
1. 肉鸡					7 830	608 879
2. 蛋鸡	2 000 030	15 480			271 449	1 284 224
3. 鸭					302	6 400
4. 其他禽类						
四、加工品						
1. 面粉加工类	—	39 910	—		—	7 356
2. 蔬菜加工类	—	27 260	—		—	3 600
3. 饮品类	—	96 954	—		—	1 071
4. 乳制品	—	74 822	—		—	4 602
5. 果脯类	—	1 864	—		—	
6. 酒类	—	1 436	—		—	510

说明：数量和产量请按已认证的“三品”证书的数量产量填写。没有证书的不能统计在内。

2－22 农作物种业基本情况

地区	种子播种面积合计（公顷）	＃原种播种面积（公顷）	良种播种面积（公顷）	种子生产量合计（吨）
全国农垦	**250 716**	**51 647**	**187 395**	**1 335 047**
北京				
天津				
河北	1 702	202	1 500	10 925
山西				
内蒙古	1 046	960	86	261
辽宁	8 754	1 050	3 474	63 730
吉林	50		50	110
黑龙江	30 922	3 214	27 708	167 162
上海	1 955	48	1 907	16 786
江苏	26 955	12 422	14 533	189 734
浙江	108	25	84	111
安徽	13 354	2 513	10 841	29 916
福建				
江西	87	87		450
山东	2 200	1 298	902	10 490
河南	7 875	3 140	4 735	50 727
湖北	568	23	545	1 884
湖南	4 950	9	4 940	460
广东	53		53	95
广西				
海南				
重庆				
四川	51	3	48	1 046
贵州	227	196	31	99
云南				
陕西	10 446	6 466	1 280	79 865
甘肃	12 666	2 289	10 075	27 247
青海	2 063	890	605	1 323
宁夏	477	57	420	1 316
新疆（兵团）	53 999	5 727	48 272	229 576
新疆（农业）	93	7	87	314
新疆（畜牧）	70 115	11 023	55 218	451 421
热科院				
广州				
南京				

2-22续表1

地区	种子生产量合计（吨）					
	＃原种生产量	良种生产量	水稻	小麦	玉米	大豆
全国农垦	**119 384**	**1 814 761**	**256 270**	**476 987**	**830 856**	**27 297**
北京						
天津						
河北	3 789	10 706	2 250	6 872	1 584	
山西						
内蒙古	1	260		80	110	14
辽宁		63 730	63 535		195	
吉林		110				110
黑龙江	10 703	156 459	94 987	140	36 136	25 196
上海	901	15 885	5 455	4 524	778	
江苏	40 238	149 496	78 303	71 193		
浙江	117	732	492	240		
安徽		33 172	2 694	30 382		96
福建		5				5
江西	450	450	448			2
山东	1 270	15 452		15 452		
河南	22 077	61 961		52 130	9 529	252
湖北	17	2 037	360	1 677		
湖南	120	7 938	6 285	200	235	33
广东		95	95			
广西						
海南						
重庆						
四川	105	738	639	24	62	13
贵州	96	199	96		103	
云南						
陕西	135	79 532		31 892	42 482	1 577
甘肃		27 247		792	26 456	
青海	1 323	3 751		3 751		
宁夏	384	1 316	394		922	
新疆（兵团）	5 003	224 573	117	2 424	17 331	
新疆（农业）	44	270		270		
新疆（畜牧）	32 612	958 647	120	254 944	694 934	
热科院						
广州						
南京						

2－22 续表 2

地　区	新品种更新更换				加工厂情况	
	总面积（公顷）	＃更新面积（公顷）	更换面积（公顷）	更新更换品种数量（个）	加工厂数量（个）	加工厂生产能力（吨）
全国农垦	**366 380**	**143 662**	**222 946**	**202**	**260**	**1 697 978**
北　京						
天　津						
河　北	144		144	5	7	50 500
山　西						
内蒙古					2	10
辽　宁	33			9	10	12 307
吉　林					2	5 000
黑龙江	64		64	9	63	271 365
上　海	8		8	4	5	48 406
江　苏	4 533	4 533	533	18	25	320 000
浙　江						
安　徽	500	500		5	12	106 500
福　建						
江　西	334	206	206	6	1	
山　东					2	7 618
河　南	3 282	1 584	1 427	36	18	511 491
湖　北	14 559	5 465	8 158	8	5	5 561
湖　南	1 550	510	1 040		39	186 400
广　东						
广　西						
海　南						
重　庆						
四　川	2					500
贵　州					1	9 000
云　南						
陕　西	20		20		2	10
甘　肃	2 120		2 120	16	4	37 000
青　海					1	
宁　夏	3 724	2 664	1 919	11	8	180
新疆（兵团）	335 507	128 200	207 307	75	53	126 130
新疆（农业）						
新疆（畜牧）						
热科院						
广　州						
南　京						

2-22续表3

地　　区	精选单机		包衣机		加工精选总量（吨）
	精选单机数量（个）	单机加工能力（吨）	包衣机数量（个）	包衣能力（吨）	
全国农垦	**704**	**135 647**	**277**	**440 880**	**1 041 368**
北　　京					
天　　津					
河　　北	8	10 984	6	54	32 844
山　　西					
内 蒙 古	4	5	5	8 000	5 000
辽　　宁	5	704	3	1	1 000
吉　　林		5 000			1 200
黑 龙 江	159	80 731	70	124 049	233 678
上　　海	7	24	2	2	158 169
江　　苏	124	1 007	20	139 800	332 040
浙　　江					
安　　徽	143	22	16	97	76 027
福　　建					
江　　西					
山　　东	6	600	3	2 400	1 485
河　　南	68	33 619	25	36 130	55 337
湖　　北	10	1 139	1	10	2 886
湖　　南					
广　　东					
广　　西					
海　　南					
重　　庆					
四　　川	5	100	5	500	500
贵　　州					
云　　南					
陕　　西	10	6	7	12	5 500
甘　　肃	28	1 040	6	3 630	9 258
青　　海	12		1		
宁　　夏	51	302	12	67	
新疆(兵团)	63	4	95	126 128	126 130
新疆(农业)	1	360			314
新疆(畜牧)					
热 科 院					
广　　州					
南　　京					

2－22 续表 4

地　区	生产包衣量（吨）	晒场面积（米²）	仓储面积（米²）	库存能力（吨）	种子公司个数（个）
全国农垦	**283 862**	**4 587 081**	**746 179**	**590 192**	**228**
北　京					
天　津					
河　北	6 113	100 704	20 939	16 589	7
山　西					
内蒙古	5 000	68 267	21 278	30 000	3
辽　宁	1 080	44 900	18 300	6 700	3
吉　林		2 000	2 500	2 000	
黑龙江	195 879	43 564	34 033	162 757	84
上　海	20	20 643	6 535	8 500	2
江　苏	9 433	1 617 750	168 486		3
浙　江		2 900	13 500		
安　徽	4 692	134 139	55 479	102 150	13
福　建					
江　西					
山　东	800	54 600	11 180	11 100	3
河　南	17 034	509 960	97 906	85 245	19
湖　北	300	36 925	13 726	13 726	5
湖　南		21 200	3 387	12 900	1
广　东		8 000	1 000	100	2
广　西					
海　南					
重　庆					
四　川	500	7 500	1 100	900	1
贵　州		2 010	3 605	300	
云　南					
陕　西		104 182	38 859	63 084	2
甘　肃	1 728	188 467	27 098	16 520	3
青　海		75 600	9 551	600	
宁　夏	38	1 047 524	51 098	32 021	4
新疆(兵团)	41 245	482 906	142 520		72
新疆(农业)			900	5 000	1
新疆(畜牧)		13 340	3 200	20 000	
热科院					
广　州					
南　京					

2－22续表5

地　区	年末从业人数（人）	#技术人员人数（人）	种子质量检验室个数（个）	种子检验人员（人）
全国农垦	**8 621**	**2 271**	**187**	**843**
北　京				
天　津				
河　北	165	28	5	12
山　西				
内蒙古	763	9	2	2
辽　宁	97	29	4	11
吉　林	23	8		
黑龙江	1 262	554		230
上　海	65	16	2	7
江　苏	660	86	23	91
浙　江	44	14	1	1
安　徽	295	52	13	30
福　建				
江　西				
山　东	258	57	4	18
河　南	674	133	25	92
湖　北	87	42	6	18
湖　南	1 152	79		
广　东	28	7		
广　西				
海　南				
重　庆				
四　川	86	32	3	14
贵　州	59	12		
云　南				
陕　西	65	22	2	16
甘　肃	475	54	3	11
青　海	306		1	6
宁　夏	320	30	4	10
新疆(兵团)	1 699	998	89	274
新疆(农业)	2	1		
新疆(畜牧)	36	8		
热科院				
广　州				
南　京				

2－23　农林牧渔业总产值

计量单位：万元

地　　区	农林牧渔业总产值	种植业产值	林业产值	＃橡胶产值
全国农垦	**38 620 474.43**	**23 655 997.48**	**985 792.14**	**362 263.87**
北　　京	933 117.83	6 140.34	2 007.56	
天　　津	152 565.00	9 417.00	24.00	
河　　北	1 250 871.01	298 000.30	13 196.00	6 036.00
山　　西	33 535.34	15 577.04	451.20	
内 蒙 古	1 291 766.56	716 175.19	11 618.13	
辽　　宁	1 765 873.93	872 248.62	23 825.83	
吉　　林	335 979.40	287 455.31	2 441.91	
黑 龙 江	6 318 576.50	5 062 190.00	63 141.10	
上　　海	880 055.70	149 788.00	4 421.70	
江　　苏	415 734.00	209 906.00	13 219.00	
浙　　江	64 381.18	23 255.83	3 228.40	
安　　徽	241 583.92	174 354.30	3 218.39	
福　　建	241 177.20	110 233.28	9 086.67	
江　　西	677 208.32	330 193.56	68 036.37	
山　　东	67 651.52	21 327.91	1 255.95	
河　　南	164 505.13	100 797.55	1 018.74	
湖　　北	2 436 647.00	1 088 306.00	46 964.00	
湖　　南	1 579 381.30	1 061 022.17	24 122.00	
广　　东	1 139 021.33	654 869.80	67 094.90	34 217.62
广　　西	690 184.00	365 600.00	19 942.00	2.00
海　　南	1 553 566.00	936 701.00	202 844.00	195 407.00
重　　庆	151 657.00	23 950.00		
四　　川	35 665.43	14 283.35	47.10	
贵　　州	56 086.80	16 461.92	851.00	
云　　南	651 565.00	194 987.00	136 752.00	125 687.00
陕　　西	58 978.00	43 623.00	125.00	
甘　　肃	276 470.96	222 985.71	583.33	
青　　海	74 298.50	49 234.77	12 694.60	
宁　　夏	333 744.00	165 896.00	5 469.00	
新疆（兵团）	13 348 951.00	9 529 063.00	175 931.00	
新疆（农业）	553 704.89	433 103.23	66 765.94	
新疆（畜牧）	828 187.52	468 087.51	4 050.32	
热 科 院	3 675.68	630.79	1 365.00	914.25
广　　州	12 762.48			
南　　京	1 345.00	132.00		

2－23 续表

地区	农林牧渔业总产值（万元）			农林牧渔业商品总产值
	牧业产值	渔业产值	农林牧渔服务业产值	
全国农垦	**8 895 090.42**	**2 738 309.42**	**2 345 284.53**	**16 836 834.32**
北京	733 777.31	50 207.00	140 985.62	664 711.79
天津	134 705.00	8 419.00		
河北	428 748.71	402 816.00	108 110.00	583 244.18
山西	15 499.10	13.00	1 995.00	25 732.29
内蒙古	520 427.90	8 498.00	35 047.34	806 741.50
辽宁	334 046.40	458 823.25	76 929.83	1 283 715.33
吉林	39 323.48	1 949.80	4 808.90	249 500.84
黑龙江	749 305.50	39 907.90	404 032.00	5 656 362.40
上海	419 571.00	283 796.00	22 479.00	835 509.00
江苏	114 484.00	78 125.00		404 959.00
浙江	24 960.84	9 267.00	3 669.11	11 019.48
安徽	39 103.14	23 131.85	1 776.24	194 641.01
福建	85 141.19	29 671.06	7 045.00	136 588.79
江西	138 087.81	93 805.08	47 085.50	435 084.58
山东	40 672.00	3 729.70	665.96	30 087.75
河南	50 487.61	7 450.80	4 750.43	123 824.30
湖北	491 499.00	762 101.00	47 777.00	1 668 727.00
湖南	268 625.53	168 976.60	56 635.00	582 619.37
广东	301 036.38	103 538.35	12 481.90	988 973.42
广西	280 709.00	23 299.00	634.00	628 242.00
海南	239 970.00	39 058.00	134 993.00	
重庆	122 934.00	4 773.00		14 563.00
四川	10 972.89	109.20	10 252.89	2 954.17
贵州	37 815.82	499.00	459.06	3 102.00
云南	49 043.00	17 080.00	253 703.00	603 841.00
陕西	10 871.00	5.00	4 354.00	22 212.00
甘肃	39 816.01	126.00	12 959.91	98 738.76
青海	7 119.97		5 249.16	33 460.00
宁夏	143 288.00	8 685.00	10 406.00	320 799.60
新疆（兵团）	2 639 835.00	100 638.00	903 484.00	
新疆（农业）	36 332.53	5 637.10	11 866.09	204 625.21
新疆（畜牧）	331 581.71	4 102.13	20 365.85	206 831.14
热科院	1 331.55	64.60	283.74	2 660.93
广州	12 762.48			12 762.48
南京	1 206.00	7.00		

2－24 农场按经济总量排序

垦 区	农场名称	生产总值（现价）（万元）	排序	工业增加值（万元）	排序	农业增加值（万元）	排序	耕地面积（公顷）	排序	年平均职工人数（人）	排序
湖 北	湖北省东西湖农管局	9 435 667	1	5 679 490	1	150 041	4	15 380	89	354 396	1
河 北	河北省国营柏各庄农场	1 985 475	2	641 126	6	401 416	1	28 483	51	30 395	7
湖 北	湖北省汉南农管局	1 639 655	3	847 041	3	152 030	3	7 126	139	69 337	2
江 西	九江市-共青垦殖场	1 370 001	4	795 494	4	64 619	16	8 627	120	45 866	4
河 北	南大港农场	1 123 824	5	586 498	7	352 013	2	10 180	108	8 157	66
广 西	广西农垦新兴农场有限公司	1 079 114	6	1 022 361	2	9 446	274	3 990	179	273	359
河 北	中捷友谊农场	917 015	7	703 813	5	32 008	76	6 375	146	10 112	47
河 北	河北省芦台农场	632 892	8	468 294	8	54 942	26	9 073	118	2 290	199
湖 北	湖北省国有武湖农场	429 814	9	226 338	9	12 919	198	582	304	25 333	11
湖 南	湖南省常德市西洞庭农场	355 668	10	179 073	11	43 532	52	6 900	142	26 608	10
河 北	河北省汉沽农场	313 198	11	105 453	17	40 398	60	7 952	126	2 445	191
辽 宁	辽宁省盘锦市大洼区东风农场	308 646	12	114 434	13	40 030	62	5 979	149	3 540	158
湖 北	湖北省国有总口农场	269 510	13	199 582	10	41 994	55	5 723	152	16 380	21
辽 宁	唐家农场	248 221	14	70 912	21	13 978	182	6 047	148	4 438	129
湖 北	湖北省国有五三农场	231 097	15	67 915	25	44 729	47	9 300	117	33 995	6
辽 宁	国营前进农场	210 100	16	36 700	42	41 900	56	2 726	222	3 197	167
湖 北	湖北省国有龙感湖农场	209 789	17	100 636	18	44 060	48	4 102	178	20 587	16
湖 北	湖北省国有后湖农场	201 175	18	143 810	12	40 267	61	3 008	216	16 402	20
辽 宁	锦州市果树农场	188 000	19	21 200	60	10 800	241	200	336	465	327
江 苏	东辛农场有限公司	187 190	20	51 845	28	20 125	120			3 191	168
广 西	广西农垦九曲湾农场有限公司	177 522	21	4 871	152	5 726	338	188	339	366	340
河 北	河北省国营察北牧场	176 326	22	69 703	23	61 562	18	9 713	113	1 101	258
广 西	广西农垦西江农场有限公司	173 321	23	106 449	16	16 361	160	4 145	177	946	269
内蒙古	贺斯格乌拉牧场	170 916	24	109 961	14	26 934	93	5 502	154	1 174	257
上 海	光明食品集团上海崇明农场有限公司	166 725	25	15 678	76	12 113	213	12 176	102	2 040	218
辽 宁	辽宁省盘锦市盘山县国营坝墙子农场	150 057	26	9 111	107	70 473	14	3 546	196	10 076	49
河 南	国营孟州市农场	150 000	27	5 000	149	132	414	120	354	320	347
上 海	光明食品集团上海农场有限公司	147 252	28	1 262	232	17 017	153	14 454	95	1 589	234
辽 宁	国营清水农场	141 529	29	69 063	24	56 662	23	4 365	173	2 860	175
辽 宁	大洼区城郊农场	141 435	30	40 294	35	19 996	122	1 051	277	2 423	192
河 北	河北省国营沽源牧场	141 121	31	20 107	64	48 284	35	9 933	110	2 350	196
上 海	上海花卉园艺（集团）有限公司	140 201	32	6 621	127	7 499	305	402	319	1 558	236
辽 宁	国营盖州市西海农场	135 344	33	48 455	31	17 741	141	695	299	2 066	213
黑龙江	黑龙江省友谊农场	132 740	34			119 899	5	111 056	1	29 793	8
广 西	广西农垦山圩农场有限公司	128 273	35	91 895	19	4 321	363	1 146	275	283	356
辽 宁	辽宁省盘锦市盘山县国有太平农场	126 845	36	51 100	30	38 591	66	3 332	206	4 862	119

2－24 续表 1

垦　区	农场名称	生产总值（现价）（万元）	排序	工业增加值（万元）	排序	农业增加值（万元）	排序	耕地面积（公顷）	排序	年平均职工人数（人）	排序
湖　北	湖北省国有沙市农场	126 303	37	108 365	15	8 564	287	956	281	15 256	26
广　西	广西农垦明阳农场有限公司	121 611	38	67 705	26	3 830	370	1 050	278	524	317
湖　南	湖南省国营洋淘湖农场	120 403	39	255	296	450	406	2 580	226	15 932	22
湖　南	洞口县茶铺茶场	120 000	40	2 243	189	386	409	272	328	1 675	230
江　西	江西云山集团有限责任公司	117 452	41	91 857	20	12 930	197	1 764	251	12 910	32
黑龙江	黑龙江省七星农场	115 699	42	－947	350	102 417	6	81 672	4	10 112	47
湖　北	湖北省国有草埠湖农场	114 101	43	40 600	34	38 883	65	4 600	165	15 515	24
辽　宁	阜新市农场	113 600	44	800	254	50 600	30	291	326	23 836	14
黑龙江	黑龙江省前锋农场	102 260	45	19	339	92 907	7	77 452	7	11 056	41
内蒙古	巴音胡硕镇人民政府	100 189	46	42 211	33	16 054	162	7 352	135	2 191	207
江　西	新余市-南英垦殖场	97 862	47	38 940	38	49 322	33	6 395	145	48 826	3
湖　北	湖北省国有运粮湖农场	94 963	48	60 881	27	28 461	88	3 386	203	7 339	76
江　苏	岗埠农场有限公司	92 656	49	32 894	44	7 856	298			521	320
黑龙江	黑龙江省勤得利农场	91 449	50	617	260	79 203	9	68 334	8	8 006	67
河　北	河北省国营御道口牧场	90 381	51	70 737	22	5 946	332	2 120	241	1 252	254
海　南	金江农场公司	89 205	52	1 547	218	43 662	50	7 371	134	183	381
黑龙江	黑龙江省八五六农场	88 078	53	137	310	77 997	10	78 867	6	10 585	43
辽　宁	抚顺市高湾种畜农场	87 594	54	6 400	131	5 510	342	721	297	1 382	245
湖　北	湖北省国有熊口农场	87 308	55	51 541	29	31 243	79	3 461	199	7 895	70
黑龙江	黑龙江省八五三农场	85 807	56	53	328	83 455	8	68 310	9	11 486	37
黑龙江	黑龙江省五九七农场	84 256	57	37	332	73 306	12	50 729	15	13 800	30
湖　北	湖北省国有张集农场	83 965	58	14 894	79	58 358	19	10 742	107	27 585	9
北　京	北京市西郊农场有限公司	83 753	59			18 870	129	160	345	2 232	202
辽　宁	辽宁省盘锦市大洼区西安农场	83 000	60	1 600	215	51 000	29	4 564	166	3 431	162
黑龙江	黑龙江省八五九农场	81 053	61	321	284	75 540	11	86 740	2	10 252	46
黑龙江	黑龙江省八五四农场	78 197	62	1 700	210	66 115	15	67 927	10	8 275	65
辽　宁	大洼区新兴农场	78 117	63	10 905	95	29 657	81	3 071	214	12 051	35
辽　宁	平安农场	75 819	64	37 134	41	33 285	73	3 772	185	3 910	146
黑龙江	黑龙江省宝泉岭农场	72 033	65		342	70 832	13	38 775	30	8 389	63
黑龙江	黑龙江省军川农场	70 794	66	19	339	57 380	20	41 460	22	4 835	122
江　西	南昌市桑海农场	70 465	67	40 076	36	1 446	392	1 382	264	4 858	120
湖　北	湖北省国有太湖农场	69 321	68	17 808	70	19 557	126	4 355	174	24 090	13
黑龙江	黑龙江省前进农场	69 177	69			62 563	17	53 067	13	10 500	44
四　川	四川省凉山州木里藏族自治县鸭嘴牧场	68 005	70					233	331	54	415
湖　北	湖北省国有朱湖农场	66 669	71	15 445	77	41 058	58	2 241	237	12 405	34
海　南	荣光农场公司	65 838	72	115	314	39 227	64	5 674	153	428	331

2－24续表2

垦　区	农场名称	生产总值（现价）（万元）	排序	工业增加值（万元）	排序	农业增加值（万元）	排序	耕地面积（公顷）	排序	年平均职工人数（人）	排序
广　西	广西柳州绿达实业有限责任公司	65 112	73	22 395	57	8 831	280	138	351	309	348
黑龙江	黑龙江省共青农场	64 770	74	102	317	57 156	21	32 686	42	3 956	145
湖　北	湖北省国有阳新综合农场	64 217	75	9 022	109	8 326	288	454	314	14 041	29
广　东	广东省华海糖业发展有限公司	64 078	76			57 103	22	5 139	156	889	271
辽　宁	辽宁省盘锦市大洼区榆树农场	63 747	77	3 197	171	42 916	54	4 402	172	6 750	83
湖　北	湖北省国有周矶农场	62 776	78	42 725	32	13 569	190	1 254	270	6 986	79
北　京	北京市南郊农场有限公司	61 820	79	25 572	51	9 487	273	488	312	2 042	217
黑龙江	黑龙江省洪河农场	61 395	80			56 004	25	48 333	17	10 324	45
江　西	新余市-国营分宜县介桥垦殖场	61 141	81	3 599	167	1 302	393	729	296	18 600	17
黑龙江	黑龙江省八五二农场	60 609	82			56 407	24	79 967	5	24 729	12
湖　北	湖北省国有人民大垸农场	58 832	83	15 874	75	30 210	80	7 400	133	18 268	18
黑龙江	黑龙江省普阳农场	58 730	84	564	264	50 292	31	30 558	46	6 173	92
广　东	广东省广前糖业发展有限公司	57 833	85	280	292	54 609	27	6 599	144	1 392	244
黑龙江	黑龙江省胜利农场	57 439	86	1 173	237	49 359	32	47 813	18	7 933	68
湖　北	湖北省国有白鹭湖农场	57 431	87	34 478	43	18 698	131	2 887	220	7 648	72
海　南	西培农场公司	57 414	88	1 915	199	13 177	195	84 981	3	369	339
广　东	广东省铜锣湖农场	57 315	89	30 530	48	10 527	247	774	293	176	384
湖　北	湖北省国有大同湖农场	57 035	90	6 426	130	33 430	72	2 224	238	15 798	23
黑龙江	黑龙江省创业农场	56 787	91	363	283	48 802	34	38 559	32	8 918	57
黑龙江	黑龙江省北兴农场	56 073	92			52 969	28	36 642	34	8 315	64
湖　北	湖北省国有蒋湖农场	55 723	93	16 700	72	16 811	157	3 646	194	8 857	59
黑龙江	黑龙江省二九〇农场	55 634	94	—452	349	43 062	53	41 111	24	8 738	60
黑龙江	黑龙江省大兴农场	55 430	95	—302	348	47 789	37	51 523	14	5 082	113
内蒙古	锡林郭勒盟乌拉盖管理区哈拉盖图农牧场	55 297	96	32 180	47	12 894	199	12 828	101	605	307
黑龙江	黑龙江省红卫农场	54 942	97	478	273	47 956	36	40 723	25	9 355	54
湖　北	湖北省国有华严农场	54 624	98	39 950	37	6 851	315	919	282	11 162	40
海　南	西达农场公司	54 614	99		342	28 370	89	45 113	19	327	346
黑龙江	黑龙江省绥滨农场	54 497	100	42	330	45 030	45	35 800	37	8 885	58
海　南	东新农场公司	53 974	101	240	297	26 122	95	8 307	122	365	341
黑龙江	黑龙江省兴凯湖农场	53 960	102			45 213	43	39 090	29	4 243	136
黑龙江	黑龙江省八五八农场	53 566	103	950	246	45 522	42	40 267	26	5 617	102
湖　北	湖北省国有中洲垸农场	53 383	104	6 207	133	16 932	154	3 606	195	11 283	39
黑龙江	黑龙江省二道河农场	53 375	105	236	298	46 873	40	40 152	27	5 687	99
江　苏	滨淮农场有限公司	53 166	106	294	289	2 735	382			955	266
江　苏	黄海农场有限公司	52 618	107	651	259	8 744	281			3 553	154

2－24续表3

垦　区	农场名称	生产总值（现价）（万元）	排序	工业增加值（万元）	排序	农业增加值（万元）	排序	耕地面积（公顷）	排序	年平均职工人数（人）	排序
黑龙江	黑龙江省浓江农场	52 147	108	320	285	47 549	38	39 767	28	3 662	151
黑龙江	黑龙江省新华农场	51 946	109	1 204	235	46 962	39	32 669	43	6 227	90
黑龙江	黑龙江省饶河农场	51 753	110	62	323	44 764	46	36 412	35	6 596	84
辽　宁	大洼区高家农场	51 727	111	32 619	45	2 850	379	1 801	248	1 775	224
黑龙江	黑龙江省八五七农场	50 657	112	391	282	41 792	57	36 063	36	6 121	93
辽　宁	锦州市小东种畜场	50 054	113	4 877	151	36 432	67	13 444	99	524	317
黑龙江	黑龙江省庆丰农场	49 628	114			45 031	44	44 431	21	7 925	69
江　苏	江心沙农场有限公司	49 135	115	38 124	40	438	407			704	292
湖　北	湖北省国有王集农场	49 095	116	9 037	108	32 379	75	4 351	175	23 276	15
黑龙江	黑龙江省二九一农场	48 466	117	24	337	46 033	41	38 635	31	5 538	104
江　苏	新曹农场有限公司	48 392	118	6 461	129	11 497	225			246	366
黑龙江	黑龙江省青龙山农场	48 130	119	261	295	43 675	49	37 333	33	6 317	88
辽　宁	大洼区赵圈河苇场	47 900	120	1 562	217	34 260	68	1 846	246	2 450	190
辽　宁	辽阳市首山农场	47 600	121	28 170	49	19 430	128	791	292	1 358	246
海　南	西联农场公司	47 537	122	1 065	241	16 624	158	20 792	69	398	334
黑龙江	黑龙江省查哈阳农场	47 394	123	481	272	40 822	59	63 777	11	13 269	31
广　西	广西农垦良丰农场有限公司	47 332	124	1 152	239	6 430	322	38	371	279	358
黑龙江	黑龙江省前哨农场	47 279	125	952	245	43 561	51	49 729	16	4 953	116
海　南	龙江农场公司	47 228	126	616	261	16 871	155	20 465	70	206	372
海　南	乌石农场公司	47 105	127	846	252	19 890	125	7 011	141	112	401
湖　北	湖北省国有三湖农场	47 007	128	12 350	87	28 704	87	3 126	213	8 408	61
云　南	西双版纳景洪工业园区曼沙农场	46 907	129	402	279	3 592	372	7	387	710	289
海　南	红昇农场公司	46 841	130	1 795	205	17 320	150	6 191	147	550	314
江　苏	白马湖农场有限公司	46 389	131	10 533	99	6 214	326			1 911	222
广　东	广东省丰收糖发展有限公司	45 765	132	2 416	182	27 084	92	3 384	204	982	265
黑龙江	黑龙江省鸭绿河农场	45 128	133		342	39 749	63	32 735	41	4 869	118
辽　宁	辽宁省盘锦市盘山县国营胡家农场	45 012	134	3 727	165	28 080	90	7 499	132	4 680	125
广　东	广东省湖光农场	44 814	135	3 819	163	24 886	99	2 468	228	1 201	256
江　西	宜春市-黄岗山垦殖场	44 494	136	38 275	39	4 500	359	1 400	263	5 035	114
广　西	广西农垦龙北农场有限公司	44 282	137	5 889	137	28 784	86	8 170	124	488	324
黑龙江	黑龙江省赵光农场	43 532	138	1 167	238	28 918	84	34 020	38	4 024	143
辽　宁	大洼区荣兴农场	43 095	139	10 666	98	6 000	331	3 190	211	2 226	203
海　南	东太农场公司	42 567	140	399	280	21 509	107	7 623	131	250	365
广　西	广西农垦金光农场有限公司	42 133	141	22 167	58	3 198	374	4 545	168	707	290
云　南	国营景洪农场	42 005	142	1 895	201	25 822	96	17	382	9 850	50

2－24续表4

垦　区	农场名称	生产总值（现价）（万元）	排序	工业增加值（万元）	排序	农业增加值（万元）	排序	耕地面积（公顷）	排序	年平均职工人数（人）	排序
辽　宁	辽宁省盘锦市盘山县大荒农场	41 708	143	25 338	53	8 600	285	4 550	167	8 390	62
湖　北	湖北省国有大沙湖农场	41 348	144	12 479	86	17 495	145	3 028	215	15 478	25
云　南	云南省国营弥勒东风农场	40 995	145	2 180	190	29 307	83	461	313	738	285
广　东	广东省平岗农场	40 714	146			33 863	70			349	344
云　南	国营思茅农场	40 675	147	1 346	225	33	416	7	387	299	352
海　南	南金农场公司	40 442	148	73	321	18 314	135	27 088	55	402	333
新疆农业	库车市二八台农场	40 316	149			577	402	12 033	103	816	277
湖　北	湖北省国有长港农场	39 329	150	10 230	101	17 871	139	1 292	268	9 619	51
湖　北	湖北省国有南湖农场	39 220	151	32 528	46	3 530	373	386	320	3 550	156
安　徽	安徽省皖河农场	39 089	152	2 980	175	27 219	91	3 682	191	2 924	174
云　南	国营勐捧农场	38 995	153			21 238	114	37	373	10 814	42
黑龙江	黑龙江省八五〇农场	38 624	154			31 684	77	33 445	40	4 853	121
海　南	八一农场公司	38 621	155	7 462	121	11 831	216	28 195	52	116	399
湖　北	湖北省国有军垦农场	38 405	156	4 397	160	26 398	94	1 699	253	4 382	131
新疆农业	巴州清不河农场	37 812	157	105	315	12 241	211	4 473	169	756	283
黑龙江	黑龙江省江滨农场	37 719	158	307	286	32 750	74	22 684	65	4 225	138
江　西	九江市-恒丰垦殖场	37 450	159	27 620	50	9 830	263	1 260	269	5 425	108
广　东	广东省胜利农场	37 431	160	4 684	158	15 957	164			676	294
湖　北	湖北省国有荒湖农场	37 380	161	6 075	135	17 619	143	3 700	190	11 716	36
新疆农业	乌苏市哈图布呼农场	37 074	162			7 785	301	9 931	111	12 630	33
广　西	广西农垦黔江农场有限公司	36 761	163	10 739	97	14 062	181	1 860	245	377	337
黑龙江	黑龙江省鹤山农场	36 225	164	288	290	33 883	69	33 970	39	4 743	123
海　南	东兴农场公司	36 137	165	435	277	13 674	185	7 147	138	162	388
江　苏	三河农场有限公司	35 657	166	11 556	91	6 514	321			157	390
北　京	北京市东郊农场有限公司	35 656	167					20	381	133	396
辽　宁	阜新市阿尔乡畜牧场	35 505	168	9 272	106	13 782	183	3 889	181	270	361
黑龙江	黑龙江省延军农场	35 441	169	205	301	33 699	71	16 813	81	4 252	134
黑龙江	黑龙江省嫩北农场	35 364	170	406	278	20 144	119	26 851	56	3 579	153
湖　南	岳阳市黄盖湖农场	35 027	171	7 880	117	20 868	117	2 021	243	5 211	112
云　南	国营东风农场	34 785	172	547	265	21 179	115	131	352	11 433	38
北　京	北京市双桥农场有限公司	34 765	173	17 812	69	3 151	375	149	350	870	274
湖　北	湖北省国有万福店农场	34 636	174	8 285	114	10 619	245	1 978	244	15 130	27
黑龙江	黑龙江省尖山农场	34 267	175	505	269	21 431	109	23 376	62	4 895	117
重　庆	中垦天宁牧业有限公司	34 078	176	8 292	113	8 019	293	100	359	220	369
广　西	广西农垦东风农场有限公司	33 869	177	4 759	156	15 576	168	277	327	667	297

2-24续表5

垦区	农场名称	生产总值（现价）（万元）	排序	工业增加值（万元）	排序	农业增加值（万元）	排序	耕地面积（公顷）	排序	年平均职工人数（人）	排序
云南	国营黎明农场	33 846	178	295	288	25 702	97	2 766	221	7 437	74
广西	广西农垦沙塘农场有限公司	33 497	179	14 933	78	14 375	179	204	334	184	380
广西	广西农垦五星农场有限公司	33 414	180	25 377	52	4 165	365			62	412
广东	广东省曙光农场	33 163	181	1 668	211	19 931	124	23	377	484	325
江西	宜春市-阁山垦殖场	33 039	182	24 355	54	5 199	349	73	363	2 359	195
辽宁	盘锦辽东湾新区国营二界沟农场	32 805	183	1 271	231	31 416	78			2 200	204
海南	东路农场公司	32 735	184			17 294	151	3 130	212	97	405
江苏	宝应湖农场有限公司	32 506	185	14 656	80	2 752	381			759	281
福建	国营福建省漳浦大南坂农场	32 328	186			7 693	303	525	308	4 176	140
江苏	临海农场有限公司	32 035	187	16 366	73	5 937	333			1 347	247
广西	广西农垦滨海农场有限公司	31 972	188	4 194	161	9 936	259	913	283	133	396
河南	河南省博农实业集团有限公司	31 931	189	23 314	56	1 286	394	815	290	2 052	215
江苏	新洋农场有限公司	31 663	190	10 929	94	1 753	386			1 524	237
北京	北京市北郊农场有限公司	31 278	191	673	257	3 926	369			823	276
黑龙江	黑龙江省江川农场	31 117	192	55	327	29 568	82	19 483	75	9 330	55
黑龙江	黑龙江省云山农场	31 009	193	495	270	24 564	100	31 480	45	5 583	103
广西	广西农垦立新农场有限公司	31 005	194	12 991	85	8 735	282	103	358	232	367
江苏	弶港农场有限公司	30 594	195	7 356	123	5 355	343			1 303	248
广东	广东省红峰农场	30 150	196	5 243	143	11 214	229			601	308
广东	广东省团结农场	29 748	197	2 787	179	11 500	224	14	385	706	291
黑龙江	黑龙江省七星泡农场	29 691	198			21 316	111	32 353	44	4 351	132
湖南	回龙圩管理区	29 668	199	1 215	234	2 808	380	1 777	249	4 305	133
广西	广西农垦红河农场有限公司	29 480	200	1 281	230	14 733	176	1 299	267	196	375
新疆农业	库尔勒市普惠农场	28 980	201			28 900	85	7 769	130	1 968	220
黑龙江	黑龙江省逊克农场	28 859	202			23 696	101	44 870	20	7 409	75
广东	广东省南华农场	28 836	203	2 404	183	21 246	113	1 677	256	758	282
新疆畜牧	博乐市阿热勒托海牧场	28 621	204					9 688	114	9 510	53
黑龙江	黑龙江省克山农场	28 617	205	91	318	23 649	102	29 607	50	8 991	56
辽宁	国营抚顺兰山种畜农场	28 599	206	17 920	68	1 067	396	515	310	910	270
黑龙江	黑龙江省嫩江农场	28 453	207			22 937	104	30 105	48	3 547	157
黑龙江	黑龙江省梧桐河农场	28 357	208	465	275	22 036	105	18 803	76	3 989	144
安徽	安徽省农垦集团寿西湖农场有限公司	27 861	209	10 389	100	9 572	272	3 720	188	2 545	184
广东	湛江农垦东方红农场	27 526	210	811	253	25 558	98	563	306	598	310
湖北	湖北省国有桐湖农场	27 097	211	7 752	118	9 710	267	518	309	2 721	180
安徽	安徽省农垦集团华阳河农场有限公司	26 973	212	1 332	227	19 505	127	7 228	137	1 762	226

2－24续表 6

垦 区	农场名称	生产总值（现价）（万元）	排序	工业增加值（万元）	排序	农业增加值（万元）	排序	耕地面积（公顷）	排序	年平均职工人数（人）	排序
新疆农业	新疆巴州乌拉斯台农场	26 933	213			21 494	108	4 211	176		
海 南	中坤农场公司	26 879	214	84	319	8 018	294	3 854	182	183	381
辽 宁	台安县新华农场	26 849	215	2 611	180	10 869	239	2 989	217	660	299
内 蒙 古	巴彦淖尔市磴口县乌兰布和农场	26 782	216	5 200	146	18 270	136	4 939	160	393	335
广 西	广西农垦垌美农场有限公司	26 752	217	21 361	59	3 019	376	443	315	671	296
黑 龙 江	黑龙江省八五一〇农场	26 685	218	122	312	18 112	137	21 629	67	2 374	193
新疆畜牧	新疆呼图壁种牛场有限公司	26 665	219	5 227	144	18 819	130	11 206	105	2 046	216
黑 龙 江	黑龙江省长水河农场	26 616	220	1 880	202	21 279	112	24 271	61	2 456	189
广 东	广东省火星农场	26 347	221	936	248	11 643	221			524	317
江 西	九江市-国营赛湖农场	26 154	222	18 752	67	7 402	311	730	295	14 700	28
湖 北	湖北省国有菱角湖农场	26 133	223	5 635	139	14 205	180	2 266	236	5 459	106
新疆农业	新疆巴州阿瓦提农场	26 087	224			15 237	170	4 674	164	142	394
广 东	广东省新时代农场	26 044	225	2 124	192	10 223	254	15	384	476	326
江 西	鹰潭市-刘家站垦殖场	26 039	226	7 959	116	11 800	218	1 152	274	6 970	80
湖 北	湖北省国有江北农场	25 860	227	20 520	63	968	399			2 308	198
云 南	国营橄榄坝农场	25 661	228	1 542	219	17 479	146	151	348	7 245	77
广 西	广西农垦良圻农场有限公司	25 497	229	5 223	145	12 677	203	2 627	224	775	278
黑 龙 江	黑龙江省八五五农场	25 421	230			18 342	133	30 014	49	4 218	139
福 建	福建省邵武吴家塘农场	25 383	231	6 672	126	11 430	226	438	316	365	341
黑 龙 江	黑龙江省八五一一农场	25 236	232	1 640	212	17 425	148	22 993	63	5 809	97
海 南	东昌农场公司	25 039	233			12 472	207	11 650	104	97	405
湖 北	湖北省国有车河农场	25 021	234	7 545	120	11 190	230	1 168	273	3 275	165
江 西	宜春市-墨山垦殖场	24 975	235	20 785	61	2 059	385	550	307	5 905	95
黑 龙 江	黑龙江省名山农场	24 927	236	50	329	17 574	144	18 076	78	2 795	177
湖 北	湖北省国有清河农场	24 777	237	5 360	141	13 595	189	2 086	242	6 485	86
江 西	九江市-芙蓉农场	24 742	238	20 616	62	4 126	366	854	289	5 630	101
湖 北	湖北省国有六合垸农场	24 657	239	7 191	125	10 688	244	2 270	232	4 243	136
黑 龙 江	黑龙江省哈拉海农场	24 585	240	193	305	18 354	132	11 153	106	2 175	208
内 蒙 古	白音锡勒牧场	24 396	241	−188	347	20 000	121	14 493	94	2 098	211
江 西	景德镇市-罗家垦殖场	24 366	242	24 051	55	315	410	105	357	3 246	166
湖 北	湖北省国有龙王咀农场	24 326	243	14 157	82	4 688	358	408	318	5 805	98
江 西	萍乡市-五陂下垦殖场	24 010	244	16 086	74	2 921	378	233	330	2 567	182
辽 宁	盘山县东郭苇场	23 981	245	11 890	90	9 745	266	2 169	239	433	329
黑 龙 江	黑龙江省大西江农场	23 782	246	150	308	17 146	152	20 428	71	5 820	96
吉 林	四平辽河农垦管理区辽河农场	23 646	247			23 246	103	7 051	140	1 682	228

2－24续表7

垦 区	农场名称	生产总值（现价）（万元）	排序	工业增加值（万元）	排序	农业增加值（万元）	排序	耕地面积（公顷）	排序	年平均职工人数（人）	排序
内蒙古	内蒙古自治区国营甘河农场	23 622	248			21 114	116	30 350	47	1 585	235
内蒙古	巴彦淖尔市临河农场	23 422	249	6 250	132	15 080	172	1 685	254	1 418	240
广 东	广东省五一农场	23 300	250	868	250	19 972	123	1 729	252	571	313
黑龙江	黑龙江省齐齐哈尔种畜场	23 106	251			18 331	134	5 000	159	2 774	179
黑龙江	黑龙江省红旗岭农场	23 082	252			21 401	110	20 028	73	2 539	186
海 南	立才农场公司	22 952	253	160	307	10 453	249	10 000	109	196	375
辽 宁	昌图县宝力农场有限公司	22 861	254	8 780	110	5 213	348	2 270	232	2 237	201
内蒙古	海拉尔农牧场管理局谢尔塔利农牧场	22 678	255			21 993	106	22 065	66	1 002	264
内蒙古	乌拉盖管理区乌拉盖牧场	22 601	256	13 015	84	5 564	340	3 835	183	611	306
云 南	国营瑞丽农场	22 513	257			10 892	238	183	340	2 846	176
黑龙江	黑龙江省二龙山农场	22 431	258	103	316	16 831	156	27 326	54	4 616	126
黑龙江	黑龙江省红星农场	22 407	259	1 925	198	17 457	147	27 333	53	3 508	159
福 建	福建省程溪农场	22 398	260	14 356	81	4 330	362	83	361	256	364
云 南	国营勐腊农场	22 079	261	940	247	14 441	178	181	341	6 348	87
湖 北	湖北省国有万丈湖农场	22 010	262	11 289	93	9 904	261	1 557	258	7 639	73
广 东	广东省幸福农场	21 979	263	1 635	213	16 587	159	2 909	218	765	280
广 西	广西农垦火光场农有限公司	21 523	264	2 884	178	5 260	346	74	362	300	351
广 东	广东省建设农场	21 493	265	2 545	181	11 558	223	3	390	282	357
广 西	广西农垦桂北农场有限公司	21 447	266	12 072	89	4 423	360	46	369	104	402
吉 林	四平市双辽种羊场	21 400	267			15 960	163	5 789	150	6 210	91
江 西	九江市-上十岭垦殖场	21 330	268	19 022	65	1 497	391	203	335	1 771	225
陕 西	华阴农场	21 187	269			7 728	302	1 123	276	506	322
广 东	广东省新华农场	21 143	270	1 958	197	10 793	242	36	374	433	329
云 南	云南农垦陇川农场	21 072	271	4 739	157	12 571	205	3 415	202	4 109	142
云 南	江城新元农场（江城橡胶公司）	20 983	272			17 916	138			37 688	5
湖 北	湖北省国有小港农场	20 766	273	8 111	115	5 000	353	741	294	9 530	52
辽 宁	大洼区新立农场	20 724	274	10 000	103	6 736	318	3 672	193	146	392
黑龙江	黑龙江省山河农场	20 656	275		342	16 345	161	24 800	59	6 827	81
新疆畜牧	温泉县呼和托哈种畜场管理委员会	20 584	276		342	20 579	118	8 482	121	5 657	100
黑龙江	黑龙江省双鸭山农场	20 327	277	399	280	17 820	140	14 845	92	6 020	94
云 南	西双版纳旅游度假区南联山农场	20 315	278	905	249	2 390	384	15	383	435	328
广 东	广东省火炬农场	20 263	279	5 107	148	10 822	240	2 134	240	576	312
海 南	阳江农场公司	20 165	280	1 605	214	6 267	324	21 167	68	343	345
内蒙古	赤峰市阿鲁科尔沁旗国营巴彦包特农场	20 106	281	6 083	134	11 736	219	4 814	161	5 383	109
江 西	景德镇市-梅岩场	19 995	282	18 950	66	395	408	65	365	1 648	232

2－24 续表 8

垦　区	农场名称	生产总值（现价）（万元）	排序	工业增加值（万元）	排序	农业增加值（万元）	排序	耕地面积（公顷）	排序	年平均职工人数（人）	排序
河　北	河北省国营海兴农场	19 800	283	13 700	83	5 245	347	2 268	234	1 255	253
广　西	广西农垦东湖农场有限公司	19 729	284	1 705	209	9 933	260	385	321	185	379
广　西	广西农垦北耀农场有限公司	19 624	285	1 223	233	7 229	312	6 653	143	145	393
海　南	广坝农场公司	19 619	286	860	251	7 816	299	8 125	125	177	383
湖　南	城步苗族自治县土桥农场管理区	19 600	287	5 500	140	13 200	194	58	367	1 820	223
广　西	广西农垦珠光农场有限公司	19 596	288	3 162	172	5 720	339	421	317	98	404
辽　宁	盘山县羊圈子苇场	19 353	289	5 152	147	12 348	208	3 508	198	303	350
海　南	中建农场公司	19 065	290	1 435	223	7 488	307	7 951	127	104	402
黑龙江	黑龙江省龙镇农场	19 048	291	288	290	17 336	149	24 596	60	4 615	127
黑龙江	黑龙江省建设农场	18 885	292	205	301	14 879	174	20 111	72	7 772	71
江　西	南昌市-扬子洲农场-扬农管理处	18 860	293	−62	345	800	401				
新疆农业	沙依东园艺场	18 817	294	−85	346					658	300
辽　宁	凌海市大有农场	18 593	295	17 265	71	529	404	2 712	223	3 827	148
广　西	广西农垦昌菱农场有限公司	18 472	296	78	320	11 819	217	2 414	229	637	302
安　徽	安徽省龙亢农场	18 151	297	7 235	124	10 903	237	1 840	247	5 428	107
吉　林	前郭灌区国营红光农场	18 134	298	668	258	15 645	166	3 371	205	2 334	197
广　西	广西农垦三合口农场有限公司	18 089	299	1 539	220	5 302	345	2 267	235	295	353
内蒙古	陈巴尔虎旗特泥河农牧场	17 955	300	205	301	17 735	142	25 944	57	1 038	261
黑龙江	黑龙江省富裕牧场	17 954	301			15 465	169	13 409	100	3 464	161
辽　宁	庄河市兰店农场	17 910	302	9 700	105	5 890	335	311	325	13	420
广　东	广东省和平农场	17 842	303	221	299	10 043	256	152	347	373	338
广　东	广东省红阳农场	17 833	304	1 765	206	9 611	270			212	371
广　东	湛江农垦金星农场	17 798	305	537	266	10 358	251	2 341	231	591	311
黑龙江	黑龙江省建边农场	17 798	305	198	304	11 285	228	17 446	79	4 687	124
辽　宁	东港市五四农场	17 773	307	2 377	185	13 776	184	1 323	266	540	316
湖　北	湖北省国有八里湖农场	17 745	308	4 129	162	6 654	320	1 010	279	7 006	78
江　西	抚州市-红星垦殖场	17 537	309	12 076	88	5 027	351	882	286	3 350	163
江　苏	淮海农场有限公司	17 462	310	267	293	1 561	390			947	268
黑龙江	黑龙江省尾山农场	17 384	311	749	255	12 170	212	16 018	85	1 294	250
宁　夏	宁夏农垦前进农场有限公司	17 228	312	2 906	176	12 509	206	4 746	162	642	301
重　庆	中垦华山牧乳业有限公司	17 166	313	6 025	136	6 002	330	865	287	200	374
江　西	萍乡市-万龙山垦殖场	17 049	314	9 795	104	3 959	368	812	291	270	361
云　南	国营勐满农场	16 942	315			13 344	192	60	366	6 787	82
广　西	广西农垦源头农场有限公司	16 821	316	1 428	224	12 244	210	13	386	364	343
新疆农业	塔城市地方国营博孜达克农场	16 815	317					9 333	116	1 094	259

2－24 续表 9

垦　区	农场名称	生产总值（现价）（万元）	排序	工业增加值（万元）	排序	农业增加值（万元）	排序	耕地面积（公顷）	排序	年平均职工人数（人）	排序
广　东	广东省红星农场	16 808	318	21	338	15 612	167	1 251	271	677	293
黑龙江	黑龙江省铁力农场	16 654	319			15 895	165	15 054	90	4 986	115
广　东	广东省友好农场	16 639	320	614	262	14 664	177	1 201	272	626	305
广　东	广东省梅陇农场	16 633	321	1 718	208	9 337	275	605	302	415	332
黑龙江	黑龙江省荣军农场	16 610	322	169	306	13 606	188	15 784	87	2 964	173
内蒙古	阿荣旗国有格尼河农场	16 601	323			15 213	171	14 193	97	1 737	227
江　西	新余市-九龙山垦殖场	16 545	324	8 545	111	8 000	295	600	303	2 500	187
江　苏	海安农场有限公司	16 533	325	1 341	226	463	405			25	419
宁　夏	宁夏农垦平吉堡农场有限公司	16 450	326	444	276	12 788	201	3 453	200	544	315
黑龙江	黑龙江省红五月农场	16 330	327			13 446	191	15 846	86	2 374	193
黑龙江	黑龙江省襄河农场	16 175	328	61	324	13 668	186	19 948	74	3 110	170
山　西	临汾市尧都区奶牛场	15 987	329	31	335	104	415			195	377
黑龙江	黑龙江省锦河农场	15 964	330	466	274	11 140	231	16 391	82	3 500	160
江　西	上饶市-怀玉山垦殖场	15 790	331	6 500	128	210	412	162	344	1 431	239
内蒙古	阿荣旗国营那吉屯农场	15 784	332	147	309	14 999	173	22 767	64	174	385
海　南	长征农场公司	15 761	333	1 048	242	6 840	316			195	377
黑龙江	黑龙江省红色边疆农场	15 728	334			10 095	255	15 728	88	4 418	130
广　东	广东省红湖农场	15 646	335	1 575	216	11 561	222	169	342	153	391
湖　北	湖北省国有金水农场	15 584	336	2 080	194	9 144	277	855	288	2 573	181
湖　北	湖北省国有涨渡湖农场	15 299	337	3 374	168	8 251	290	1 685	255	4 245	135
湖　北	湖北省国有黄盖湖农场	15 145	338	4 996	150	7 934	297	911	284	3 639	152
内蒙古	巴彦淖尔市狼山农场	15 123	339	1 970	196	11 355	227	4 676	163	2 059	214
云　南	国营坝洒农场	15 099	340			10 251	252			666	298
海　南	红华农场公司	14 924	341			6 233	325	60 683	12	495	323
海　南	母瑞山农场公司	14 895	342			7 494	306	1 517	259	62	412
辽　宁	辽宁省盘锦市盘山县国营甜水农场	14 871	343	2 130	191	7 465	308	3 710	189	1 290	252
吉　林	国营吉林省通榆同发畜牧场	14 737	344			14 737	175	8 758	119	1 291	251
广　东	广东省红五月农场	14 681	345	493	271	11 105	233	40	370	272	360
江　西	九江市-八角岭垦殖场	14 665	346	3 733	164	6 025	329	491	311	2 984	172
辽　宁	国营新开农场	14 608	347	2 020	195	12 588	204	3 299	207	3 019	171
辽　宁	国营建平县八家农场	14 535	348	2 349	187	9 652	269	3 759	186	2 200	204
江　苏	云台农场有限公司	14 461	349	1 871	203	818	400			601	308
辽　宁	铁岭市两家子农垦有限公司	14 372	350	986	243	9 806	265	3 450	201	5 280	111
吉　林	吉林省前郭灌区国营红旗农场	14 369	351	2 386	184	10 011	257	3 267	210	2 546	183
广　西	广西农垦新光农场公司	14 345	352	7 430	122	4 878	354	6	389	135	395

2－24续表10

垦　区	农场名称	生产总值（现价）（万元）	排序	工业增加值（万元）	排序	农业增加值（万元）	排序	耕地面积（公顷）	排序	年平均职工人数（人）	排序
山　东	国营黄河农场	14 344	353			11 016	234	4 422	170	877	272
云　南	国营大渡岗茶场	14 296	354			13 216	193	194	337	6 570	85
云　南	国营孟定农场	14 215	355	722	256	6 067	328	193	338	2 542	185
黑龙江	黑龙江省依安农场	14 181	356	132	311	10 239	253	5 744	151	1 999	219
广　西	广西农垦荣光农场有限公司	14 152	357	3 345	169	5 346	344	38	371	215	370
湖　北	湖北省国有官庄湖农场	14 099	358	2 350	186	8 194	292	3 269	209	5 498	105
广　西	广西农垦马坡农场有限公司	14 066	359	8 451	112	2 555	383	117	355	31	417
黑龙江	黑龙江省汤原农场	14 061	360	56	326	8 236	291	9 839	112	1 642	233
江　西	景德镇市-十里岗垦殖场	13 866	361			10 363	250	1 440	261	1 295	249
河　南	河南省正阳种猪场	13 855	362			13 160	196	686	300	510	321
广　西	广西农垦华山农场公司	13 834	363	1 444	222	4 771	357	22	378	49	416
辽　宁	国营朝阳县贾家店农场	13 809	364	264	294	9 823	264	1 431	262	1 021	262
黑龙江	黑龙江省引龙河农场	13 757	365			12 107	214	25 122	58	4 477	128
广　东	广东省红江农场	13 710	366			10 782	243	651	301	115	400
江　西	上饶市-康山垦殖场	13 701	367	3 144	173	9 673	268	2 601	225	1 679	229
黑龙江	黑龙江省嘉荫农场	13 637	368			12 337	209	18 377	77	6 255	89
辽　宁	铁岭市种畜场	13 626	369			13 626	187	1 477	260	18 091	19
黑龙江	黑龙江省海伦农场	13 578	370			12 838	200	16 171	83	3 551	155
广　东	广东省水丰农场	13 446	371	958	244	6 144	327			205	373
广　东	三叶农场	13 432	372	1 913	200	7 057	313	92	360	628	304
宁　夏	宁夏农垦贺兰山农牧场（有限公司）	13 420	373	3 058	174	7 964	296	3 676	192	288	354
黑龙江	黑龙江省曙光农场	13 419	374			12 772	202	13 659	98	3 785	149
广　西	广西农垦前卫农场有限公司	13 339	375	4 859	154	5 798	337	705	298	159	389
甘　肃	甘肃黄羊河农工商（集团）有限责任公司	13 234	376	5 772	138	7 462	309	5 459	155	1 045	260
黑龙江	黑龙江省绥棱农场	13 089	377			11 663	220	16 091	84	2 094	212
宁　夏	宁夏农垦连湖农场有限公司	13 031	378	117	313	7 801	300	1 765	250	767	279
湖　北	湖北省国有随阳农场	12 850	379	2 332	188	5 533	341	887	285	5 325	110
云　南	国营勐底农场	12 786	380	1 200	236	5 015	352	566	305	2 196	206
云　南	国营勐醒农场	12 782	381			9 580	271	26	376	3 829	147
山　西	太原市果树场	12 572	382	10 869	96	1 656	389	167	343	170	386
海　南	毛公山农场公司	12 523	383			6 832	317	8 211	123	168	387
黑龙江	黑龙江省格球山农场	12 457	384	38	331	9 997	258	14 400	96	3 286	164
江　西	鹰潭市-河潭垦殖场	12 385	385	68	322	1 138	395	151	349	951	267
宁　夏	宁夏农垦暖泉农场有限公司	12 334	386	215	300	10 979	236	5 135	157	734	287
宁　夏	宁夏农垦灵武农场有限公司	12 301	387	35	333	8 935	279	3 519	197	873	273

2－24 续表 11

垦 区	农场名称	生产总值（现价）（万元）	排序	工业增加值（万元）	排序	农业增加值（万元）	排序	耕地面积（公顷）	排序	年平均职工人数（人）	排序
海 南	岭门农场公司	12 300	388			4 183	364	9 600	115	84	409
内蒙古	内蒙古上库力农场	12 031	389			12 031	215	41 361	23	1 393	243
广 东	广东省大池农场	11 986	390	1 328	228	4 104	367	230	332	75	410
内蒙古	内蒙古自治区国营巴彦农场	11 977	391			10 985	235	14 680	93	1 401	242
内蒙古	巴彦淖尔市磴口县哈腾套海农场	11 933	392	26	336	975	398	3 754	187	754	284
黑龙江	黑龙江省龙门农场	11 793	393	33	334	8 596	286	16 828	80	2 788	178
山 西	山西省浑源农牧场	11 671	394	11 500	92	171	413	67	364	27	418
江 西	宜春市-石花尖垦殖场	11 637	395	5 338	142	1 672	388	131	352	88	407
黑龙江	黑龙江省宝山农场	11 493	396	16	341	11 140	231	7 946	128	1 952	221
广 西	广西农垦星星农场有限公司	11 482	397			10 461	248	3 279	208	384	336
黑龙江	黑龙江省绿色草原牧场	11 439	398			10 613	246	7 333	136	2 139	209
广 东	广东省红旗农场	11 303	399	1 848	204	4 775	356	21	379	260	363
海 南	南平农场公司	11 132	400	60	325	2 999	377	3 895	180	87	408
北 京	北京市东风农场有限公司	11 089	401							286	355
福 建	长泰县古农农场	11 056	402			7 056	314	1 371	265	2 100	210
福 建	武夷山市茶场	11 041	403	7 663	119	1 716	387	57	368	636	303
宁 夏	宁夏农垦渠口农场有限公司	11 004	404	510	268	7 606	304	2 890	219	308	349
广 东	广东省马鞍山农场	10 990	405	3 722	166	4 355	361	251	329	67	411
辽 宁	台安县洪家农场	10 988	406	3 202	170	5 932	334	3 801	184	1 229	255
广 西	广西农垦茂青农场有限公司	10 958	407	4 631	159	5 104	350	20	380	55	414
辽 宁	本溪市张其寨畜牧场	10 957	408	4 811	155	3 826	371	1 668	257	1 472	238
江 西	南昌市-万埠垦殖场	10 920	409	10 190	102	530	403	220	333	1 412	241
云 南	国营双江农场	10 847	410	516	267	7 407	310	337	323	738	285
湖 北	湖北省国有头墩农场	10 751	411	1 730	207	6 664	319	990	280	4 129	141
云 南	国营勐撒农场	10 725	412	1 524	221	5 805	336	382	322	2 265	200
甘 肃	甘肃条山农工商（集团）有限责任公司	10 680	413	304	287	9 069	278	2 396	230	734	287
江 西	上饶市-莲花山垦殖场	10 626	414	4 870	153	995	397	324	324	3 703	150
甘 肃	甘肃省国营黄花农场	10 568	415			8 657	283	5 067	158	1 663	231
内蒙古	巴彦淖尔市磴口县包尔盖农场	10 471	416	1 287	229	8 615	284	4 411	171	1 010	263
黑龙江	黑龙江省和平牧场	10 454	417			9 866	262	7 858	129	3 150	169
广 东	广东省葵潭农场	10 440	418	1 142	240	6 287	323	153	346	222	368
江 西	景德镇市-西郊垦殖场	10 350	419	2 900	177	258	411	29	375	2 478	188
宁 夏	宁夏农垦巴浪湖农场有限公司	10 274	420	604	263	8 308	289	2 487	227	834	275
广 东	广东省大坪农场	10 116	421	2 096	193	4 862	355	112	356	119	398
内蒙古	大兴安岭农场管理局宜里农场	10 046	422			9 325	276	15 017	91	674	295

工业部分

3－1 规模以上非国有工业企业及国有工业企业合计情况

地　区	企业个数（个）	＃亏损企业数（个）	工业总产值（现价）（万元）	工业销售产值（现价）（万元）	主营业务收入（万元）
全国农垦	**4 809**	**1 029**	**55 815 965.56**	**83 124 275.72**	**89 991 037.86**
北　京	96	23	3 156 691.81	3 233 286.96	5 137 080.55
天　津	29	19	251 305.60	306 910.00	286 635.00
河　北	220	10	8 017 369.45	5 835 463.15	8 703 296.34
山　西	43	1	31 251.16	22 460.21	21 918.74
内蒙古	45	9	397 203.68	390 556.94	391 056.94
辽　宁	174	27	2 441 012.10	2 890 004.60	2 626 313.47
吉　林	18	1	63 359.49	71 597.35	67 044.42
黑龙江	133	70	2 702 820.00	3 134 623.00	4 840 505.00
上　海	137	51	3 294 529.00	3 329 744.00	4 841 878.00
江　苏	304	14	2 902 589.00	3 861 395.00	3 825 420.00
浙　江	3	1	14 587.00	14 328.50	14 311.00
安　徽	35	1	98 981.51	90 146.39	86 587.62
福　建	67	6	316 996.32	319 420.32	307 284.32
江　西	711	309		6 913 902.00	6 171 284.00
山　东	3		1 822.84	1 822.84	1 822.84
河　南	9	1	235 217.83	234 967.16	894 675.39
湖　北	898	86		21 532 429.00	17 948 265.00
湖　南	171	7	2 865 720.08	2 780 278.35	2 647 167.37
广　东	83	24	2 255 625.34	2 218 944.92	2 396 179.68
广　西	358	40	5 114 599.00	4 733 732.00	5 029 922.00
海　南	98	16			485 553.00
重　庆	9	1	1 043 601.00	1 037 762.00	1 016 301.00
四　川	13	1	4 807.19	4 462.88	36 339.88
贵　州	4	1	114 776.00	112 952.00	112 892.00
云　南	81	25	252 012.00	230 486.00	283 803.00
陕　西	2	1	18 080.42	17 888.42	17 735.32
甘　肃	32	16	150 003.27	136 637.60	144 348.84
青　海	2		520.00	467.00	1 947.56
宁　夏	50	12	114 617.80	117 336.60	122 615.00
新疆（兵团）	846	185	19 641 882.00	19 240 446.72	21 221 636.10
新疆（农业）	92	60	100 739.17	99 604.17	100 739.17
新疆（畜牧）	37	8	120 110.50	118 667.64	117 370.31
热科院					
广　州	3	1	86 375.00	84 942.00	84 499.00
南　京	3	2	6 760.00	6 610.00	6 610.00

3－1续表1

地　　区	主营业务成本（万元）	主营业务费用（万元）	主营业务税金及附加（万元）	主营业务利润（万元）	从业人员年末人数（人）
全国农垦	**74 421 876.19**	**7 590 555.09**	**964 539.78**	**5 497 024.82**	**691 154**
北　　京	4 599 994.38	504 366.03	15 984.73	315 106.70	22 440
天　　津	253 685.00	44 990.00	2 612.00	－12 351.00	3 166
河　　北	7 624 683.71	602 471.35	134 576.04	313 039.72	29 998
山　　西	15 030.50	196.62	1 917.25	4 896.40	1 722
内 蒙 古	223 779.87	57 908.42	39 414.76	72 130.63	3 098
辽　　宁	2 282 181.62	243 454.00	28 702.32	100 477.92	15 450
吉　　林	54 884.98	6 681.08	135.64	4 374.72	510
黑 龙 江	4 803 324.00	314 110.00	10 451.00	－40 044.00	13 661
上　　海	4 074 487.00	447 293.00	18 946.00	211 271.00	31 387
江　　苏	1 767 270.00	1 101 946.00	33 621.00	522 583.00	27 783
浙　　江	12 488.40	1 212.00	100.60	382.50	329
安　　徽	67 756.04	6 452.81	983.58	1 977.72	1 531
福　　建	243 794.36	23 320.70	14 220.22	19 228.34	7 218
江　　西	5 302 235.00	350 445.00	78 637.00	589 066.00	74 835
山　　东	95.21	3.19	0.97	156.57	10
河　　南	210 455.87	13 786.80	1 373.13	8 945.47	2 365
湖　　北	14 801 473.00	1 135 974.00	236 292.00	1 774 526.00	151 568
湖　　南	2 422 375.96	109 500.99	21 459.87	63 428.88	35 387
广　　东	1 839 842.74	148 016.74	65 305.07	295 397.10	20 324
广　　西	3 360 153.00	338 801.00	27 765.00	288 553.00	49 401
海　　南	457 336.00	25 267.00	2 660.00	290.00	33 480
重　　庆	907 430.00	78 265.00	9 560.00	32 197.00	9 501
四　　川	27 068.12	5 125.75	747.38	3 349.41	569
贵　　州	88 749.00	16 782.00	433.00	5 697.00	1 644
云　　南	244 936.00	20 033.00	2 311.00	19 228.00	4 801
陕　　西	10 134.66	8 694.86	1 767.28	－3 229.07	499
甘　　肃	93 277.40	41 334.07	2 085.75	6 784.37	2 379
青　　海	3 806.09	588.76	66.57	－1 969.97	80
宁　　夏	81 089.70	15 257.00	7 345.80	15 514.60	2 055
新疆（兵团）	18 286 717.80	1 887 824.20	204 361.70	879 893.50	138 300
新疆（农业）	94 768.34	3 620.00	19.00	1 253.83	1 479
新疆（畜牧）	102 893.44	10 675.72	140.12	4 140.48	2 553
热 科 院					
广　　州	57 649.00	25 538.00	522.00	791.00	1 521
南　　京	6 030.00	620.00	22.00	－62.00	110

3－1续表2

地　　区	从业人员年平均人数（人）	从业人员年报酬总额（万元）	利润总额（万元）	＃亏损企业亏损额（万元）
全国农垦	**686 212**	**6 549 943.14**	**4 750 982.78**	**952 689.09**
北　京	22 824	187 033.43	82 724.56	20 468.21
天　津	3 253	24 968.90	9 880.00	7 484.00
河　北	29 801	138 906.09	312 713.73	5 515.40
山　西	1 521	5 335.24	4 549.92	12.08
内蒙古	3 145	12 101.98	71 122.63	14 623.37
辽　宁	17 742	56 865.41	106 166.12	22 681.60
吉　林	490	1 882.97	6 939.75	268.00
黑龙江	13 994	97 249.00	－50 542.00	73 051.00
上　海	30 044	2 730 782.00	213 512.00	57 163.00
江　苏	27 734	253 062.00	618 270.00	3 097.00
浙　江	330	1 946.56	671.00	85.00
安　徽	1 543	6 102.53	2 181.02	222.58
福　建	7 045	26 239.30	21 621.34	2 000.00
江　西	71 994	240 060.00	503 003.00	
山　东	10	60.00	156.57	
河　南	2 370	11 748.82	9 698.72	472.00
湖　北	148 673	771 080.00	1 158 272.00	49 235.00
湖　南	35 115	86 516.80	98 304.77	2 368.00
广　东	19 786	163 508.11	314 601.82	21 475.74
广　西	47 334	222 779.00	231 799.00	65 421.00
海　南	35 270	170 737.00	689.00	5 587.00
重　庆	9 524	66 720.00	32 642.00	3 020.00
四　川	489	1 958.28	3 378.53	144.00
贵　州	1 573	9 587.00	5 697.00	171.00
云　南	4 551	26 327.00	4 857.00	3 766.00
陕　西	499	1 704.00	3 360.53	
甘　肃	2 349	14 365.01	8 286.39	5 397.50
青　海	80	297.19	－1 134.55	
宁　夏	2 038	9 419.50	15 905.40	1 575.00
新疆（兵团）	137 900	1 168 169.00	949 969.90	585 151.80
新疆（农业）	1 479	2 742.00	1 253.83	220.00
新疆（畜牧）	4 065	24 262.18	9 061.02	1 951.19
热科院				
广　州	1 532	14 805.00	1 548.00	63.00
南　京	115	621.84	－177.22	23.78

3－1续表3

地　　区	应缴税金（万元）	固定资产原值（万元）	#生产经营用（万元）	固定资产净值（万元）
全国农垦	**1 707 911.71**	**50 154 926.93**	**18 360 128.43**	**32 851 609.15**
北　京	76 891.54	1 171 310.87	700 499.38	731 440.24
天　津	12 951.00	205 604.00	205 604.00	100 613.00
河　北	80 539.02	1 888 489.54	1 852 693.64	1 000 511.22
山　西	3 234.00	18 831.20	2 525.62	13 410.92
内蒙古	49 674.96	1 001 807.04	923 838.00	896 147.48
辽　宁	14 723.44	1 462 859.51	271 165.22	782 022.56
吉　林	1 611.39	37 536.59	36 928.59	25 067.92
黑龙江	59 463.80	1 235 608.00	1 220 552.00	987 760.00
上　海	115 188.00	2 140 602.00	2 140 602.00	1 161 158.00
江　苏	243 470.00	1 118 099.00	1 097 588.00	624 053.00
浙　江	429.00	12 776.51	280.00	6 350.63
安　徽	1 656.70	32 650.03	25 691.31	20 617.07
福　建	11 229.98	108 298.60	87 453.60	64 980.60
江　西	122 846.00	529 918.00	368 273.00	345 924.00
山　东	10.00	158.98		112.35
河　南	8 024.01	103 229.17	97 955.17	69 622.48
湖　北		5 704 687.00	4 694 221.00	3 983 356.00
湖　南	241.50	385 275.80	234 007.08	330 663.88
广　东	54 303.31	584 672.49	546 859.35	377 835.20
广　西	112 627.00	3 107 330.00	2 884 124.00	1 361 182.00
海　南	8 445.00	213 775.00	201 880.00	105 653.00
重　庆		251 446.00	163 317.00	123 151.00
四　川	66.07	86 010.46	3 847.50	3 328.59
贵　州	3 884.00	49 519.15	39 430.00	41 710.72
云　南	7 200.00	212 233.00	95 017.00	94 356.00
陕　西	3 487.80	16 753.39	11 582.00	6 132.57
甘　肃	10 986.32	273 488.39	238 788.90	191 016.89
青　海	102.11	2 329.20	225.00	911.51
宁　夏	7 345.80	133 133.10	86 010.30	86 052.40
新疆（兵团）	683 408.00	26 646 468.10		18 048 541.20
新疆（农业）	8 965.00	32 030.00	23 620.00	22 580.00
新疆（畜牧）	1 712.96	1 348 454.27	70 693.77	1 221 547.49
热科院		4 021.00		2 066.53
广　州	2 944.00	33 627.00	33 627.00	20 662.00
南　京	250.00	1 894.54	1 229.00	1 070.70

3－2　国有工业企业基本情况

地　　区	企业个数（个）	#亏损企业数（个）	工业总产值（现价）（万元）	工业销售产值（现价）（万元）	主营业务收入（万元）
全国农垦	**898**	**314**	**17 752 861.43**	**20 988 490.16**	**27 166 382.61**
北　　京	96	23	3 156 691.81	3 233 286.96	5 137 080.55
天　　津	29	19	251 305.60	306 910.00	286 635.00
河　　北	10	1	1 824 277.93	1 681 169.23	1 823 513.73
山　　西	2	1	84.16	83.21	94.74
内 蒙 古	15	8	301 799.62	303 842.33	303 991.33
辽　　宁	5	2	9 648.20	9 946.20	9 946.20
吉　　林	1		210.36	1 864.52	1 864.52
黑 龙 江	133	70	2 702 820.00	3 134 623.00	4 840 505.00
上　　海	137	51	3 294 529.00	3 329 744.00	4 841 878.00
江　　苏	16	4	2 060 951.00	3 003 174.00	2 976 091.00
浙　　江					
安　　徽	8	1	27 680.94	28 006.68	29 564.11
福　　建	16		70 420.32	70 207.32	69 937.32
江　　西	60	16		346 094.00	315 835.00
山　　东					
河　　南	5	1	83 167.83	82 917.16	742 500.87
湖　　北	74	6		1 667 402.00	1 198 310.00
湖　　南	13	1	178 083.00	177 252.00	162 416.00
广　　东	66	24	1 291 753.43	1 257 388.75	1 443 498.92
广　　西	67	27	876 373.00	792 738.00	1 154 432.00
海　　南	32	9			404 754.00
重　　庆	4	1	603 092.00	596 247.00	596 247.00
四　　川	4	1	708.00	695.00	1 126.00
贵　　州	2		113 008.00	111 199.00	111 138.00
云　　南	28	14	178 526.00	158 410.00	215 927.00
陕　　西	2	1	13 452.42	13 452.42	13 821.32
甘　　肃	32	16	148 498.08	135 531.31	143 242.55
青　　海	1				1 480.56
宁　　夏	13	6	10 865.70	8 717.90	9 451.20
新疆（兵团）	13	4	349 334.30	334 860.90	126 123.10
新疆（农业）	2	2	7 500.00	7 500.00	7 500.00
新疆（畜牧）	9	4	115 829.73	114 315.27	116 793.59
热 科 院					
广　　州	3	1	82 251.00	80 912.00	80 684.00
南　　京					

3－2续表1

地　　区	主营业务成本 （万元）	主营业务费用 （万元）	主营业务税金及附加 （万元）	主营业务利润 （万元）	从业人员年末人数 （人）
全国农垦	**21 801 326.09**	**2 959 679.69**	**199 835.97**	**1 359 812.60**	**181 099**
北　　京	4 599 994.38	504 316.03	15 984.73	315 106.70	22 440
天　　津	253 685.00	44 990.00	2 612.00	－12 351.00	3 165
河　　北	1 627 419.84	106 295.31	4 165.97	77 545.05	1 923
山　　西	61.50	50.62	0.25	－14.60	27
内 蒙 古	161 010.77	43 043.81	36 256.06	64 755.68	1 678
辽　　宁	6 842.00	541.00	841.70	1 400.50	102
吉　　林	1 162.35	132.65		210.23	18
黑 龙 江	4 803 324.00	314 110.00	10 451.00	－40 044.00	13 661
上　　海	4 074 487.00	447 293.00	18 946.00	211 271.00	31 387
江　　苏	1 068 036.00	1 044 433.00	30 695.00	432 927.00	11 734
浙　　江					
安　　徽	26 053.79	2 133.88	229.43	652.49	395
福　　建	48 823.36	5 776.70	7 227.22	5 908.34	1 131
江　　西	207 886.00	42 227.00	9 264.00	29 761.00	5 340
山　　东					
河　　南	66 210.87	9 431.80	583.13	6 940.47	1 755
湖　　北	917 325.00	51 294.00	14 534.00	215 157.00	11 915
湖　　南	154 276.00	1 454.00	1 719.00	4 898.00	2 561
广　　东	1 334 197.77	58 555.20	28 907.67	22 818.22	12 380
广　　西	873 533.00	68 390.00	5 838.00	－22 439.00	11 966
海　　南	389 234.00	23 082.00	1 567.00	－9 129.00	30 677
重　　庆	520 030.00	56 546.00	1 287.00	29 537.00	4 012
四　　川	899.00	205.90	16.10	－67.00	97
贵　　州	87 277.00	16 334.00	428.00	5 868.00	1 573
云　　南	189 611.00	17 759.00	1 653.00	12 881.00	3 054
陕　　西	6 925.66	5 204.26	1 411.28	－87.47	287
甘　　肃	91 584.13	40 696.44	2 076.15	8 762.26	2 259
青　　海	1 750.41	44.87	13.15	－328.17	30
宁　　夏	8 606.40	3 910.40	420.00	410.00	450
新疆（兵团）	116 152.80	15 737.10	2 080.30	－7 076.20	1 300
新疆（农业）	7 600.00	120.00		－220.00	32
新疆（畜牧）	102 421.06	10 664.72	138.83	4 378.10	2 229
热 科 院					
广　　州	54 906.00	24 907.00	490.00	381.00	1 521
南　　京					

3-2续表2

地　　区	从业人员年平均人数(人)	从业人员年报酬总额(万元)	利润总额(万元)	#亏损企业亏损额(万元)
全国农垦	**183 248**	**3 748 159.74**	**1 160 227.84**	**285 411.41**
北　京	22 824	187 033.43	82 724.56	20 468.21
天　津	3 253	24 968.90	9 880.00	7 484.00
河　北	2 059	21 964.40	79 733.06	37.40
山　西	27	49.60	−10.08	12.08
内蒙古	1 657	6 381.04	63 740.68	12 760.32
辽　宁	100	399.00	3 254.50	1.00
吉　林	18	31.16	242.25	
黑龙江	13 994	97 249.00	−50 542.00	73 051.00
上　海	30 044	2 730 782.00	213 512.00	57 163.00
江　苏	11 627	143 271.00	562 999.00	1 366.00
浙　江				
安　徽	406	1 847.99	694.39	222.58
福　建	1 088	5 272.90	6 617.34	
江　西	6 636	28 271.00	22 793.00	956.00
山　东				
河　南	1 757	9 894.82	7 193.72	472.00
湖　北	11 393	71 952.00	141 332.00	7 859.00
湖　南	2 660	6 130.00	4 929.00	
广　东	11 740	66 278.11	22 780.64	12 657.74
广　西	11 017	55 236.00	−60 043.00	55 727.00
海　南	32 649	161 532.00	−762.00	5 038.00
重　庆	4 012	33 370.00	30 065.00	3 020.00
四　川	97	442.70	−67.00	144.00
贵　州	1 503	9 342.00	5 868.00	
云　南	3 058	20 717.00	−370.00	3 762.00
陕　西	287	1 602.00	−87.47	
甘　肃	2 248	14 017.48	10 257.82	3 426.07
青　海	30	148.78	−328.17	
宁　夏	470	2 183.50	750.00	4 616.20
新疆(兵团)	1 400	11 194.30	−5 248.90	13 250.00
新疆(农业)	32	93.00	−220.00	220.00
新疆(畜牧)	3 630	22 411.63	7 433.50	1 634.81
热科院				
广　州	1 532	14 093.00	1 106.00	63.00
南　京				

3－2续表3

地　　区	应缴税金（万元）	固定资产原值（万元）	＃生产经营用（万元）	固定资产净值（万元）
全国农垦	**648 725.36**	**10 739 927.30**	**9 547 197.74**	**6 719 877.88**
北　　京	76 891.54	1 171 310.87	700 499.38	731 440.24
天　　津	12 951.00	205 604.00	205 604.00	100 613.00
河　　北	851.02	1 014 999.55	1 010 415.55	421 361.93
山　　西		186.20	50.62	66.92
内 蒙 古	46 596.00	839 489.41	836 905.00	793 607.54
辽　　宁	161.70	50 044.05	777.00	1 456.00
吉　　林		416.00	402.32	350.26
黑 龙 江	59 463.80	1 235 608.00	1 220 552.00	987 760.00
上　　海	115 188.00	2 140 602.00	2 140 602.00	1 161 158.00
江　　苏	223 119.00	784 208.00	783 958.00	416 936.00
浙　　江				
安　　徽	234.15	17 256.76	14 729.73	11 073.75
福　　建	7 529.90	7 785.60	6 692.60	4 453.20
江　　西	21 667.00	62 336.00	46 251.00	38 099.00
山　　东				
河　　南	7 314.01	24 808.17	24 808.17	11 772.48
湖　　北		545 997.00	442 640.00	404 486.00
湖　　南	97.00	12 421.00	10 106.00	10 034.00
广　　东	21 253.41	510 229.49	479 355.35	315 582.97
广　　西	15 029.00	854 496.00	821 194.00	538 473.00
海　　南	5 398.00	172 969.00	168 195.00	84 850.00
重　　庆		152 815.00	130 040.00	78 352.00
四　　川	64.90	3 920.50	3 524.50	3 169.70
贵　　州	3 816.00	38 512.00	37 064.00	33 657.00
云　　南	5 762.00	165 035.00	58 552.00	75 966.00
陕　　西	2 817.80	5 171.39		1 573.57
甘　　肃	10 976.49	270 090.64	235 391.15	190 749.85
青　　海		225.00	225.00	122.61
宁　　夏	423.80	74 103.80	72 489.60	51 409.90
新疆（兵团）	5 976.70	281 301.60		194 882.70
新疆（农业）	675.00	2 300.00	1 350.00	910.00
新疆（畜牧）	1 697.14	62 224.27	65 383.77	35 678.73
热 科 院		4 021.00		2 066.53
广　　州	2 771.00	29 440.00	29 440.00	17 765.00
南　　京				

3－3 工业总产值

计量单位：万元

地区	总计		在总计中：国有		在总计中：战略性新兴工业	
	企业数（个）	工业总产值（现价）（万元）	企业数（个）	工业总产值（现价）（万元）	企业数（个）	工业总产值（现价）（万元）
全国农垦	**12 822**	**96 188 684.24**	**1 199**	**27 776 809.58**	**321**	**5 196 530.90**
北京	93	3 162 449.55	89	2 838 648.55		
天津	29	251 305.60	29	251 305.60		
河北	1 178	8 310 482.45	12	2 240 987.93	47	1 513 624.20
山西	81	42 139.16	2	84.16		
内蒙古	1 318	431 964.82	10	295 226.00		
辽宁	1 016	6 158 494.16	7	21 778.47	1	1 313.20
吉林	18	63 995.07	1	245.00		
黑龙江	215	2 705 284.00	215	2 705 284.00	11	296 472.00
上海	137	3 294 529.00	137	3 294 529.00		
江苏	304	3 936 715.00	16	3 066 677.00		
浙江	14	350 520.39				
安徽	137	331 310.48	8	18 670.29		
福建	383	410 484.08	23	73 059.32	20	350.00
江西	804	7 129 131.00	82	493 442.00	31	285 758.00
山东	6	12 430.84	1	99.84	1	2 008.00
河南	14	237 616.83	5	83 167.83		
湖北	2 464	24 365 955.00	67	1 737 031.00	54	1 836 699.00
湖南	539	4 952 602.13	15	198 868.20	4	155 352.00
广东	591	2 491 561.20	66	1 291 753.43		
广西	687	5 416 834.00	67	876 373.00		
海南	110	378 576.00	29	293 864.00		
重庆	11	1 112 196.00	8	643 208.00		
四川	5	5 353.19	2	708.00		
贵州	8	114 797.00	4	15 488.00	2	371.00
云南	81	252 012.00	28	178 526.00		
陕西	3	18 097.74	2	4 996.70		
甘肃	29	152 669.61	14	71 537.33		
青海	1	2 001.26				
宁夏	50	114 617.80	13	10 865.70		
新疆（兵团）	846	19 641 882.00	233	6 871 650.50	149	1 094 569.50
新疆（农业）	103	108 007.00	2	7 500.00		
新疆（畜牧）	1 539	136 734.88	9	104 859.73	1	10 014.00
热科院						
广州	3	86 375.00	3	86 375.00		
南京	5	9 560.00				

3－4 按工业主要行业分的工业总产值

计量单位：万元

地区	煤炭开采和洗选业		石油和天然气开采业		黑色金属矿采选业	
	企业数（个）	工业总产值（现价）（万元）	企业数（个）	工业总产值（现价）（万元）	企业数（个）	工业总产值（现价）（万元）
全国农垦	**35**	**540 390.21**	**6**	**46 218**	**21**	**94 507.00**
北京						
天津						
河北						
山西						
内蒙古	2	246 559.00			1	912.00
辽宁	4	12 130.27	6	46 218		
吉林						
黑龙江						
上海						
江苏						
浙江						
安徽						
福建						
江西	9	82 127.00			9	40 750.00
山东						
河南						
湖北					5	21 064.00
湖南						
广东						
广西					5	28 642.00
海南						
重庆						
四川						
贵州						
云南						
陕西	2	17 729.04				
甘肃						
青海						
宁夏	4					
新疆（兵团）	14	181 844.90			1	3 139.00
新疆（农业）						
新疆（畜牧）						
热科院						
广州						
南京						

3－4续表1

地　　区	有色金属矿采选业		非金属矿采选业		开采专业及辅助性活动	
	企业数（个）	工业总产值（现价）（万元）	企业数（个）	工业总产值（现价）（万元）	企业数（个）	工业总产值（现价）（万元）
全国农垦	**10**	**60 142.70**	**66**	**175 099.77**	**10**	**16 808.53**
北　　京						
天　　津						
河　　北	1	1 066.00	1	488.00		
山　　西						
内 蒙 古			7	458.00		
辽　　宁			6	5 844.00	1	5 000.00
吉　　林						
黑 龙 江						
上　　海						
江　　苏						
浙　　江						
安　　徽						
福　　建			5	6 723.00		
江　　西	3	43 668.00	10	4 612.00		
山　　东						
河　　南						
湖　　北						
湖　　南			2	42.00		
广　　东			6	8 419.00	9	11 808.53
广　　西	4	1 894.00	22	102 676.00		
海　　南						
重　　庆						
四　　川						
贵　　州						
云　　南						
陕　　西						
甘　　肃						
青　　海				520.00		
宁　　夏			2			
新疆（兵团）	2	13 514.70	4	44 979.80		
新疆（农业）						
新疆（畜牧）			1	337.97		
热 科 院						
广　　州						
南　　京						

3－4续表2

地　区	其他采矿业		农副食品加工业		食品制造业	
	企业数（个）	工业总产值（现价）（万元）	企业数（个）	工业总产值（现价）（万元）	企业数（个）	工业总产值（现价）（万元）
全国农垦	**56**	**142 636.60**	**1 672**	**17 486 759.28**	**3 257**	**8 752 622.97**
北　京			46	2 227 881.23	35	899 634.51
天　津			7	79 185.80	10	129 785.20
河　北			98	398 908.60	29	334 757.00
山　西			2	5 334.16	2	590.00
内蒙古	11	14 771.00	82	44 055.10	1 115	38 312.62
辽　宁	11	17 900.00	92	981 493.17	107	64 467.60
吉　林			13	15 266.00		
黑龙江			83	2 213 648.00	23	371 294.00
上　海			50	1 362 262.00	38	1 556 111.00
江　苏			34	558 717.00	10	235 312.00
浙　江					1	5 010.00
安　徽			28	63 141.22	10	94 552.54
福　建	3	7 849.00	68	21 483.00	38	12 431.00
江　西	9	37 818.00	78	283 073.00	29	231 280.00
山　东			1	3 500.00	1	2 300.00
河　南			3	21 899.00	2	78 236.00
湖　北	5	46 461.00	417	3 499 440.00	152	2 130 297.00
湖　南	3	1 060.00	127	1 786 415.73	46	417 855.00
广　东	7	14 015.00	74	325 768.00	34	168 892.90
广　西			74	1 032 293.00	14	107 015.00
海　南	3	2 685.00	30	18 495.00	3	1 858.00
重　庆			4	354 790.00	4	482 939.00
四　川				10.00		
贵　州	1	21.00	3	15 348.00	2	99 288.00
云　南			9	91 821.00	1	4 720.00
陕　西					1	368.70
甘　肃	1	56.60	5	47 367.94	1	300.00
青　海						
宁　夏	2		13	24 980.20	1	3 724.10
新疆（兵团）			163	1 881 630.70	39	1 109 094.80
新疆（农业）			56	101 572.20	4	160.00
新疆（畜牧）			11	26 160.23	1 502	85 662.00
热科院						
广　州					3	86 375.00
南　京			1	820.00		

3-4续表3

地　区	酒饮料和精制茶制造业		烟草制品业		纺织业	
	企业数（个）	工业总产值（现价）（万元）	企业数（个）	工业总产值（现价）（万元）	企业数（个）	工业总产值（现价）（万元）
全国农垦	**499**	**3 144 821.26**	**3**	**1 722 313.00**	**391**	**4 248 297.83**
北　京	2	9 998.99				
天　津	3	17 521.20			1	7 019.10
河　北	5	1 534.00			17	40 171.00
山　西	2	1 187.00				
内蒙古	4	65.00				
辽　宁	11	26 019.00			3	20 198.00
吉　林						
黑龙江	4	325.00				
上　海	10	146 576.00				
江　苏	7	3 004.00			3	134 517.00
浙　江	2	1 605.30				1 197.00
安　徽	16	15 817.63			6	53 949.40
福　建	42	35 879.28			3	18 014.00
江　西	29	156 419.00	2	256.00	41	686 791.00
山　东						
河　南	1	112 050.00			2	200.00
湖　北	133	1 599 391.00	1	1 722 057.00	188	1 063 048.00
湖　南	61	293 573.00			24	458 993.00
广　东	24	9 859.00			18	26 905.13
广　西	54	24 003.00			21	53 265.00
海　南	13	5 827.00				
重　庆						
四　川	3	4 728.19				
贵　州	1	120.00				
云　南	22	43 356.00				
陕　西						
甘　肃	3	13 826.67				
青　海						
宁　夏	13	79 845.00				
新疆（兵团）	33	542 111.00			60	1 682 320.20
新疆（农业）	1	180.00			2	610.00
新疆（畜牧）					2	1 100.00
热科院						
广　州						
南　京						

3－4续表4

地区	纺织服装服饰业		皮革毛皮羽毛及其制品和制鞋业		木材加工和木竹藤棕草制品业	
	企业数（个）	工业总产值（现价）（万元）	企业数（个）	工业总产值（现价）（万元）	企业数（个）	工业总产值（现价）（万元）
全国农垦	**410**	**3 080 248.94**	**69**	**303 176.00**	**442**	**1 217 729.01**
北京						
天津						
河北	25	32 740.60	6	1 776.00	15	22 842.00
山西						
内蒙古					2	775.40
辽宁	3	541.00	3	4 396.00	24	23 761.00
吉林			1	11 862.00		
黑龙江						
上海						
江苏	44	27 934.00				
浙江		103 057.00				
安徽	13	16 515.34			7	2 528.00
福建	5	6 351.00	2	670.00	48	46 830.80
江西	105	1 850 013.00	8	108 652.00	80	239 553.00
山东						
河南						
湖北	116	747 262.00	10	117 040.00	44	157 926.00
湖南	7	115 404.00	3	26 286.00	11	31 673.00
广东	80	31 113.00	29	13 030.00	52	31 109.31
广西	7	63 360.00	6	19 464.00	104	590 066.00
海南					27	30 594.00
重庆						
四川						
贵州						
云南					15	10 032.00
陕西						
甘肃						
青海						
宁夏						
新疆（兵团）	5	85 958.00	1		4	28 978.50
新疆（农业）					9	1 060.00
新疆（畜牧）						
热科院						
广州						
南京						

3－4 续表 5

地区	家具制造业		造纸和纸制品业		印刷和记录媒介复制业	
	企业数（个）	工业总产值（现价）（万元）	企业数（个）	工业总产值（现价）（万元）	企业数（个）	工业总产值（现价）（万元）
全国农垦	**440**	**2 051 604.84**	**164**	**1 181 022.32**	**109**	**1 089 628.52**
北京						
天津			2	9 759.20		
河北	64	463 847.00	39	186 073.00	27	12 800.00
山西	1	2 200.00	1			
内蒙古	1	11.00	1	12 800.00		
辽宁	11	25 368.00	3	58 619.00	3	741.00
吉林						
黑龙江						
上海			1	15 532.00	3	23 946.00
江苏	2	998.00	6	26 043.00	6	1 122.00
浙江	3	5 985.30	2	646.20		
安徽	1	385.00	1	1 212.08	3	218.32
福建	13	19 701.50	6	2 451.00	3	574.00
江西	25	112 996.00	16	112 455.00	12	224 850.00
山东						
河南			1	888.66		
湖北	270	969 437.00	37	441 066.00	30	648 399.00
湖南	11	108 486.00	9	130 163.00	11	70 054.00
广东	18	63 079.04	8	9 813.98	2	400.00
广西	13	11 782.00	21	114 387.00	6	92 558.00
海南	2	2 950.00				
重庆	1	253 684.00				
四川						
贵州						
云南						
陕西						
甘肃						
青海						
宁夏						
新疆（兵团）	2	10 625.00	9	58 877.80	3	13 966.20
新疆（农业）	2	70.00				
新疆（畜牧）			1	235.40		
热科院						
广州						
南京						

3-4 续表 6

地区	文教工美体育和娱乐用品制造业		石油加工炼焦和核燃料加工业		化学原料和化学制品制造业	
	企业数（个）	工业总产值（现价）（万元）	企业数（个）	工业总产值（现价）（万元）	企业数（个）	工业总产值（现价）（万元）
全国农垦	**63**	**186 910.95**	**163**	**9 084 605.50**	**369**	**5 178 312.97**
北京					2	290.00
天津	2					
河北	12	32 328.00	84	4 006 417.00	54	574 750.00
山西					3	820.00
内蒙古						
辽宁			35	3 934 284.50	55	212 193.60
吉林						
黑龙江						
上海					10	39 793.00
江苏	8	13 709.00			3	3 704.00
浙江					1	1 560.00
安徽	2	24.95				
福建	6	2 540.00			5	40 928.00
江西	4	90 911.00	1	2 602.00	51	430 083.00
山东					2	4 523.00
河南						
湖北	19	33 632.00	6	72 676.00	72	747 245.00
湖南	5	2 788.00	1	168.00	9	215 786.00
广东					14	748 009.00
广西	4	9 678.00	10	20 535.00	26	125 084.00
海南	1	1 300.00			2	1 200.00
重庆						
四川						
贵州						
云南					2	3 334.00
陕西						
甘肃					3	3 028.67
青海						
宁夏					3	1 348.30
新疆（兵团）			26	1 047 923.00	52	2 024 633.40
新疆（农业）						
新疆（畜牧）						
热科院						
广州						
南京						

3－4 续表 7

地 区	医药制造业		化学纤维制造业		橡胶和塑料制品业	
	企业数（个）	工业总产值（现价）（万元）	企业数（个）	工业总产值（现价）（万元）	企业数（个）	工业总产值（现价）（万元）
全国农垦	**126**	**4 173 955.62**	**18**	**426 329.90**	**292**	**2 306 956.51**
北 京	3	6 842.76				
天 津					1	6 976.40
河 北	1	125.00	3	2 627.00	56	96 582.60
山 西	1	2 280.00				
内 蒙 古	1	376.00			1	630.00
辽 宁	8	78 247.00	3	5 599.60	6	5 536.00
吉 林	1	6 500.00			1	105.00
黑 龙 江	4	28 354.00				
上 海	3	7 396.00			5	40 150.00
江 苏	5	2 462 705.00	2	462.00		
浙 江		4 662.00			1	2 475.20
安 徽	1	2 780.36			1	798.34
福 建	1	180.00	1	1 550.00	9	4 893.00
江 西	20	323 858.00	2	48 433.00	14	60 689.00
山 东						
河 南	1	20 000.00				
湖 北	39	857 529.00	4	26 439.00	69	955 712.00
湖 南	13	123 155.00			11	122 590.00
广 东	1	107.00			12	118 309.00
广 西	6	24 392.00			32	208 748.00
海 南					1	275 548.00
重 庆	1	1 324.00			1	19 459.00
四 川						
贵 州						
云 南					4	720.00
陕 西						
甘 肃	4	55 940.20	1		1	4 387.00
青 海						
宁 夏						
新疆（兵团）	12	167 202.30	2	341 219.30	50	380 360.60
新疆（农业）					13	1 340.00
新疆（畜牧）					3	947.37
热 科 院						
广 州						
南 京						

3－4续表8

地　　区	非金属矿物制品业		黑色金属冶炼和压延加工业		有色金属冶炼和压延加工业	
	企业数（个）	工业总产值（现价）（万元）	企业数（个）	工业总产值（现价）（万元）	企业数（个）	工业总产值（现价）（万元）
全国农垦	**714**	**4 619 377.29**	**44**	**903 007.50**	**84**	**4 661 748.99**
北　　京	1	2 071.06			1	
天　　津	1					
河　　北	43	258 787.30	11	4 087.00	3	4 997.00
山　　西	42	24 240.00				
内 蒙 古	11	44 767.70				
辽　　宁	28	118 735.00	2	14 145.00	1	178 459.00
吉　　林	1	29 580.07	1	682.00		
黑 龙 江						
上　　海						
江　　苏	26	49 331.00				
浙　　江	1	238.50		78 106.00	2	104 439.89
安　　徽	19	10 665.24				
福　　建	49	69 727.00	1	971.00	8	2 000.00
江　　西	63	512 889.00	4	7 418.00	7	125 966.00
山　　东						
河　　南						
湖　　北	148	996 297.00	10	56 161.00	11	49 050.00
湖　　南	43	185 947.00	1	8 035.00	12	26 335.00
广　　东	15	6 218.00			10	2 305.00
广　　西	52	132 267.00	6	74 397.00	4	49 143.00
海　　南	15	30 845.00				
重　　庆						
四　　川						
贵　　州	1	20.00				
云　　南	7	23 745.00				
陕　　西						
甘　　肃	3	13 220.12				
青　　海						
宁　　夏	5	644.80				
新疆（兵团）	138	2 098 593.20	8	659 005.50	25	4 119 054.10
新疆（农业）						
新疆（畜牧）	2	10 548.30				
热 科 院						
广　　州						
南　　京						

3－4 续表 9

地　　区	金属制品业		通用设备制造业		专用设备制造业	
	企业数（个）	工业总产值（现价）（万元）	企业数（个）	工业总产值（现价）（万元）	企业数（个）	工业总产值（现价）（万元）
全国农垦	**508**	**2 391 843.02**	**183**	**1 039 988.10**	**207**	**1 618 559.73**
北　　京						
天　　津			1	860.70	1	198.00
河　　北	153	244 486.00	55	91 791.00	29	100 531.50
山　　西	3	2 866.00				
内 蒙 古	1	127.00				
辽　　宁	18	16 480.00	4	2 385.00	24	45 523.00
吉　　林						
黑 龙 江					3	768.00
上　　海	10	47 070.00	2	49 898.00	1	
江　　苏			35	55 328.00	13	29 248.00
浙　　江	1	21 845.00				13 962.00
安　　徽	6	26 385.92	3	6 863.40	3	3 104.03
福　　建	17	37 475.50			1	8.00
江　　西	14	77 621.00	8	329 188.00	11	59 122.00
山　　东						
河　　南			1	3 896.00		
湖　　北	165	1 277 611.00	41	370 511.00	50	345 707.00
湖　　南	15	124 653.00	9	43 223.00	13	82 414.00
广　　东	30	108 904.00			5	7 661.00
广　　西	51	249 843.00	11	51 441.00	38	855 059.00
海　　南					1	258.00
重　　庆						
四　　川	1	15.00				
贵　　州						
云　　南	1	10 964.00			1	3 290.00
陕　　西						
甘　　肃						
青　　海						
宁　　夏						
新疆（兵团）	22	145 496.60	5	24 416.20	13	71 706.20
新疆（农业）			4	1 446.80		
新疆（畜牧）						
热 科 院						
广　　州						
南　　京			4	8 740.00		

3－4续表10

地区	汽车制造业		铁路船舶航空航天和其他运输设备制造业		电气机械和器材制造业	
	企业数（个）	工业总产值（现价）（万元）	企业数（个）	工业总产值（现价）（万元）	企业数（个）	工业总产值（现价）（万元）
全国农垦	**149**	**3 129 021.30**	**126**	**821 918.64**	**115**	**2 663 935.83**
北京						
天津						
河北	14	74 203.00	73	469 193.00	13	71 259.50
山西						
内蒙古						
辽宁	5	90.00	1	252.00	3	4 668.00
吉林						
黑龙江						
上海					1	
江苏						
浙江						5 731.00
安徽	1	2 880.00	1	386.64	2	7 108.63
福建	1	2 719.00			5	5 933.30
江西			4	113 446.00	14	198 104.00
山东						
河南						
湖北	77	2 058 559.00	30	126 010.00	50	1 901 446.00
湖南	3	43 632.00	5	72 048.00	9	54 310.00
广东			6	471.00		
广西	46	939 808.00	6	40 112.00	11	322 624.00
海南						
重庆						
四川						
贵州						
云南	1	2 107.00				
陕西						
甘肃						
青海						
宁夏						
新疆（兵团）	1	5 023.30			7	92 751.40
新疆（农业）						
新疆（畜牧）						
热科院						
广州						
南京						

3－4 续表 11

地　　区	计算机通信和其他电子设备制造业		仪器仪表制造业		其他制造业	
	企业数（个）	工业总产值（现价）（万元）	企业数（个）	工业总产值（现价）（万元）	企业数（个）	工业总产值（现价）（万元）
全国农垦	**257**	**775 165.16**	**17**	**35 059.00**	**1 010**	**1 879 604.21**
北　　京					2	15 458.00
天　　津						
河　　北	175	35 942.00	1	980.00	12	6 819.00
山　　西					24	2 622.00
内 蒙 古					6	3 649.00
辽　　宁			8	5 846.00	497	168 056.80
吉　　林						
黑 龙 江					3	172.00
上　　海	1					
江　　苏	25	25 505.00			75	309 076.00
浙　　江						
安　　徽					7	17 692.05
福　　建			1	1 687.00	22	41 147.70
江　　西	15	288 467.00	1	90.00	48	137 345.00
山　　东					2	2 107.84
河　　南					2	300.00
湖　　北	11	312 220.00	4	23 449.00	169	309 737.00
湖　　南	14	21 635.00	2	3 007.00	21	76 827.00
广　　东	4	16 475.16			85	746 067.53
广　　西	5	10 851.00			2	1 538.00
海　　南						
重　　庆						
四　　川					1	600.00
贵　　州						
云　　南					10	21 272.00
陕　　西						
甘　　肃					5	8 167.41
青　　海						
宁　　夏					7	4 075.40
新疆（兵团）	7	64 070.00				
新疆（农业）					3	800.00
新疆（畜牧）					7	6 074.48
热 科 院						
广　　州						
南　　京						

3-4 续表 12

地区	废弃资源综合利用业		金属制品机械和设备修理业		电力热力生产和供应业	
	企业数（个）	工业总产值（现价）（万元）	企业数（个）	工业总产值（现价）（万元）	企业数（个）	工业总产值（现价）（万元）
全国农垦	**45**	**549 007.60**	**131**	**318 146.00**	**338**	**3 389 409.00**
北京						
天津						
河北	13	250 833.50	5	10 098.90	28	203 739.95
山西						
内蒙古			66	4 676.00	4	18 216.00
辽宁	4	135.00	6	175.00	9	27 658.00
吉林						
黑龙江					39	77 280.00
上海			1	3 017.00	1	2 778.00
江苏						
浙江						
安徽					1	3 450.00
福建	3	4 034.00	2	1 251.00	12	10 027.00
江西	3	2 828.00			42	69 914.00
山东						
河南						
湖北	10	259 911.00	2	285 031.00	16	53 549.00
湖南	3	16 706.00	3	1 033.00	24	253 863.40
广东	1	156.00	35	8 486.00	9	11 984.62
广西	5	7 243.00			13	40 387.00
海南					12	7 016.00
重庆						
四川						
贵州						
云南					8	36 651.00
陕西						
甘肃					1	6 197.00
青海					1	1 480.56
宁夏						
新疆（兵团）	3	7 161.10	1	2 000.10	115	2 561 162.70
新疆（农业）			6	78.00	1	690.00
新疆（畜牧）			4	2 300.00	2	3 364.77
热科院						
广州						
南京						

3－4续表13

地区	燃气生产和供应业		水的生产和供应业	
	企业数（个）	工业总产值（现价）（万元）	企业数（个）	工业总产值（现价）（万元）
全国农垦	**51**	**451 709.90**	**152**	**230 082.78**
北京			1	273.00
天津				
河北	8	220 454.60	5	52 446.40
山西				
内蒙古			2	804.00
辽宁	4	45 621.00	7	1 708.62
吉林				
黑龙江			56	13 443.00
上海				
江苏				
浙江				
安徽			5	851.39
福建	1	3 710.00	2	745.00
江西	4	19 311.00	9	15 533.00
山东				
河南			1	147.17
湖北	16	8 204.00	37	76 381.00
湖南	2	21 268.00	6	13 174.00
广东	1	1 238.00	2	957.00
广西	4	7 124.00	4	5 155.00
海南				
重庆				
四川				
贵州				
云南				
陕西				
甘肃	1	178.00		
青海				
宁夏				
新疆(兵团)	9	124 601.30	10	48 461.10
新疆(农业)	1		1	
新疆(畜牧)			4	3.10
热科院				
广州				
南京				

3－5 主要工业产品产量

地　区	原煤（吨）	铁矿石原矿（吨）	原盐（吨）	小麦粉（吨）	大米（吨）
全国农垦	**23 525 725**	**1 258 000**	**43 993**	**989 181**	**6 078 452**
北　京				250 907	43 948
天　津					11 720
河　北			30 223		239 007
山　西					
内蒙古	14 298 100			11 634	7 376
辽　宁					423 196
吉　林					59 368
黑龙江	115 121			14 842	255 911
上　海				294 776	200 760
江　苏				64 246	423 256
浙　江					
安　徽				55 472	85 145
福　建					14 838
江　西	796 062	1 258 000		2 149	162 571
山　东			2 000		
河　南				9 518	
湖　北				102 920	714 614
湖　南			11 200		3 121 526
广　东					23 166
广　西					116 774
海　南					9 207
重　庆					
四　川					
贵　州					182
云　南					
陕　西	560 000				
甘　肃			570	35	
青　海					
宁　夏					9 310
新疆（兵团）	7 756 442			182 434	141 036
新疆（农业）					
新疆（畜牧）				248	15 541
热科院					
广　州					
南　京					

3－5 续表 1

地　　区	饲料（吨）	其中：配合饲料（吨）	混合饲料（吨）	精制食用植物油（吨）	成品糖（吨）
全国农垦	**7 601 070**	**4 711 852**	**2 889 218**	**2 769 491**	**3 809 338**
北　京	253 400	230 218	23 182	168 292	74 891
天　津	27 413	27 413			
河　北	241 181	192 657	48 524	1 059	
山　西	20 090	20 090			
内蒙古	25 362	4 873	20 489	24 614	6 609
辽　宁	143 399	54 518	88 881	196 533	
吉　林					
黑龙江				1 366 458	
上　海	251 926	171 086	80 840	90 640	1 716 681
江　苏	103 231	61 208	42 023	8 419	
浙　江					
安　徽	46 247	32 460	13 787	11 955	
福　建	27 542	26 315	1 227		
江　西	32 100	20 927	11 173	30 837	
山　东	3 270	3 270			
河　南	150 000		150 000		
湖　北	1 646 217	1 135 649	510 568	447 305	81 547
湖　南	139 990	38 044	101 946	8 723	
广　东	75 721	73 513	2 208	33 977	387 500
广　西	706 930	585 566	121 364	113	1 118 057
海　南					20 063
重　庆	406 329	406 329			
四　川					
贵　州	47 000	47 000			
云　南	29 445	29 445			161 223
陕　西					
甘　肃				11	190
青　海					
宁　夏	47 116		47 116		
新疆（兵团）	3 111 702	1 550 557	1 561 146	380 453	242 577
新疆（农业）	10	5	5		
新疆（畜牧）	62 429	710	61 719	103	
热科院					
广　州					
南　京	3 020		3 020		

3－5 续表 2

地　区	鲜、冷藏肉（吨）	乳制品（吨）			罐头（吨）	
			其中：液体乳（吨）	乳粉（吨）		其中：番茄酱罐头（吨）
全国农垦	**1 057 687**	**3 529 141**	**3 295 490**	**80 594**	**536 670**	**321 491**
北　京	750 338	688 977	535 346	7 790		
天　津		61 850	61 279	571		
河　北	25 203	298 379	263 956	34 423		
山　西		258	258			
内蒙古	16 828				520	520
辽　宁	2 604	9 910	9 910			
吉　林						
黑龙江		270 469	246 890	23 172		
上　海	96 039	1 111 045	1 104 085	2 461	60 423	
江　苏						
浙　江						
安　徽						
福　建		405	405		30	15
江　西	1 106	229			3 900	
山　东		2 500	1 500	1 000		
河　南		15 140	15 140			
湖　北	81 547					
湖　南	2 285	2 600	2 600		95 917	322
广　东		163 750	163 750		1 864	
广　西	1 175	3 484	3 484			
海　南						
重　庆	1 162	272 399	270 223	2 176	12 638	
四　川						
贵　州		107 672	107 672			
云　南						
陕　西		503	503			
甘　肃						
青　海						
宁　夏	1 273	65 989	65 989			
新疆（兵团）	78 098	274 146	263 343	8 722	360 558	320 634
新疆（农业）						
新疆（畜牧）	29	87 168	86 889	279	820	
热科院						
广　州		92 268	92 268			
南　京						

3－5 续表 3

地　区	饮料酒（千升）	其中：白酒（折 65 度，商品量）（千升）	啤酒（千升）	葡萄酒（千升）
全国农垦	**1 484 007**	**905 232**	**409 653**	**67 920**
北　京	1 077	1 077		
天　津	8 059			8 059
河　北	4 758	4 758		
山　西	800 000	800 000		
内蒙古	108	108		
辽　宁	57 880	1 307	56 558	15
吉　林				
黑龙江				
上　海	98 992	5 426		
江　苏				
浙　江				
安　徽	5 120	2 004		
福　建	6 908	4 259		2 649
江　西	82 196	3 167	78 919	
山　东				
河　南	2 315			2 315
湖　北				
湖　南	3 934	3 866		
广　东	1 454	1 425		
广　西	1 239	1 239		
海　南				
重　庆				
四　川	4 015	4 015		
贵　州				
云　南	4 530	4 530		
陕　西				
甘　肃	26 100	23 280		2 820
青　海				
宁　夏	214 678	582	210 869	3 177
新疆（兵团）	160 554	44 098	63 307	48 884
新疆（农业）	90	90		
新疆（畜牧）				
热科院				
广　州				
南　京				

3-5续表4

地　　区	软饮料（吨）	其中：碳酸饮料类（汽水）（吨）	包装饮用水类（吨）	果汁和蔬菜汁饮料类（吨）
全国农垦	**863 851**	**53 390**	**599 982**	**91 441**
北　　京	8 338		3 997	4 341
天　　津	3 481		3 481	
河　　北				
山　　西				
内 蒙 古	8 191		8 191	
辽　　宁	300		300	
吉　　林				
黑 龙 江	42 790		9 801	9 311
上　　海	291 663	11 730	187 962	1 407
江　　苏				
浙　　江	2 125			2 125
安　　徽				
福　　建	10		4	6
江　　西	146 599		116 034	30 565
山　　东				
河　　南				
湖　　北				
湖　　南				
广　　东	294			208
广　　西	130 987		125 650	1 390
海　　南	456		456	
重　　庆				
四　　川				
贵　　州				
云　　南				
陕　　西				
甘　　肃				
青　　海				
宁　　夏				
新疆（兵团）	228 617	41 660	144 106	42 087
新疆（农业）				
新疆（畜牧）				
热 科 院				
广　　州				
南　　京				

3－5 续表 5

地　区	精制茶（吨）	纱（吨）	布（米）	服装（件）	皮革鞋靴（双）	家具（件）
全国农垦	**27 485**	**907 981**	**365 018 720**	**125 897 391**	**16 343 460**	**10 982 125**
北　京						
天　津						
河　北			1 200 000	293 057	580 000	3 458 167
山　西						6 000
内蒙古						20 000
辽　宁		4 854	8 729 600	1 319 900	90 000	1 645 070
吉　林						
黑龙江						
上　海	57					
江　苏		26 002		2 040 000		
浙　江	25			276 500		1 712
安　徽	4 124	19 500		3 700 009		
福　建	4 742		13 200 000	61 200	5 600 000	317 040
江　西	1 048	52 223	107 340 000	97 680 000	1 950 000	94 007
山　东						
河　南						
湖　北						
湖　南	4 505	158 934	60 222 120	1 135 055	2 462 200	40 921
广　东	629	5 422		11 219 970	5 381 260	2 712 082
广　西	1 603			4 176 200	280 000	102 210
海　南	475					4 000
重　庆						2 473 038
四　川	677					
贵　州	232					
云　南	9 363					
陕　西						
甘　肃						
青　海						
宁　夏						
新疆（兵团）		641 046	174 327 000	3 995 500		107 878
新疆（农业）						
新疆（畜牧）						
热科院						
广　州						
南　京	5					

3－5续表6

地　区	机制纸及纸板（外购原纸加工除外）（吨）	农用氮、磷、钾化学肥料总计（折纯）（吨）			
			其中：氮肥（折含N 100%）（吨）	磷肥（折五氧化二磷100%）（吨）	钾肥（折氧化钾100%）（吨）
全国农垦	**683 166**	**576 524**	**495 253**	**23 821**	**57 450**
北　京					
天　津	6 575				
河　北	19 209				
山　西					
内蒙古					
辽　宁	235 537	25 723	2 035	1 560	22 128
吉　林					
黑龙江					
上　海					
江　苏		970	130	650	190
浙　江					
安　徽		1 155	1 155		
福　建	5 521				
江　西	76 961	1 938	1 780	38	120
山　东					
河　南					
湖　北					
湖　南	79 886	1 888	1 052	550	286
广　东	15 592				
广　西	117 258	72 051	51 060	10 950	10 041
海　南		23 047	13 444	3 560	6 043
重　庆					
四　川					
贵　州					
云　南		7 889	7 889		
陕　西					
甘　肃		6 372	2 451	3 100	821
青　海					
宁　夏					
新疆（兵团）	125 787	423 874	409 959		13 915
新疆（农业）		8 586	2 540	2 321	3 725
新疆（畜牧）	840	3 031	1 758	1 092	181
热科院					
广　州					
南　京					

3－5 续表 7

地　　区	化学农药原药（折有效成分100%）（吨）	其中：杀虫剂原药（吨）	杀菌剂原药（吨）	除草剂原药（吨）	化学药品原药（吨）	中成药（吨）
全国农垦	**3 268**	**2 345**	**296**	**627**	**30 871**	**38 740**
北　京						10 084
天　津						
河　北						
山　西	260			260		
内蒙古						111
辽　宁	13	1	6	6		20
吉　林						520
黑龙江					799	
上　海					300	
江　苏	2 926	2 285	286	355	14 469	460
浙　江						
安　徽	7	2	3	2		482
福　建						93
江　西	50	50			10 085	17 618
山　东						
河　南						
湖　北						
湖　南					5 200	85
广　东						7
广　西						1 710
海　南						
重　庆						
四　川						
贵　州						
云　南						
陕　西						
甘　肃						2 751
青　海						
宁　夏						
新疆（兵团）					18	4 799
新疆（农业）						
新疆（畜牧）	12	7	1	4		
热科院						
广　州						
南　京						

3-5续表8

地　　区	塑料制品（吨）	水泥（吨）	砖（块）	瓦（片）	发电量（千瓦时）	自来水生产量（米³）
全国农垦	**703 895**	**15 126 433**	**3 004 180 790**	**82 322 000**	**89 572 033 743**	**92 310 703**
北　京						
天　津	3 220					
河　北	6 539	43 376			2 657 482 866	2 510 687
山　西						
内蒙古	900	536 827	160 697 368		129 245 578	2 399 000
辽　宁	306	43 147	96 500 000	2 410 000		3 510 000
吉　林	53	975 582				
黑龙江					330 370 000	37 600 000
上　海	8 607				62 680 000	
江　苏	2 108		254 600 000			
浙　江	412					
安　徽	1 011		2 200 000			5 163 500
福　建	782		68 280 100	152 000	106 740 500	1 750 000
江　西	29 826	164 670	369 400 000	19 700 000	857 570 300	2 725 000
山　东						
河　南						647 500
湖　北						
湖　南	36 409		286 126 468	43 560 000	321 995 000	7 200 000
广　东	38 012	130 855	440 073 200	16 500 000	215 140 139	602 000
广　西	232 978	95 000	777 480 000		601 088 000	27 820 000
海　南		742 000	118 100 000		180 030 000	
重　庆						
四　川						
贵　州			853 654			
云　南	399	541 093	34 150 000		299 022 000	
陕　西						
甘　肃	5 090	308 023			290 946 600	
青　海						
宁　夏			2 360 000			
新疆（兵团）	331 968	11 545 859	384 110 000		83 418 670 600	18 016
新疆（农业）	4 672		2 000 000			365 000
新疆（畜牧）	603		7 250 000		101 052 160	
热科院						
广　州						
南　京						

3－6 大中型工业

垦　　区	企业名称	大型或中型	行业类型
上　　海	光明乳业股份有限公司	大型	液体乳制造
江　　苏	江苏正大天晴药业公司	大型	中成药生产
上　　海	上海梅林正广和（绵阳）有限公司	中型	肉、禽类罐头制造
河　　北	中海石油中捷石化有限公司	中型	原油加工及石油制品制造
上　　海	云南德宏英茂糖业有限公司	大型	制糖业
新疆兵团	新疆生产建设兵团农八师天山铝业有限公司	大型	铝冶炼
上　　海	江苏淮安苏食肉品有限公司	中型	牲畜屠宰
上　　海	黑龙江省光明松鹤乳品有限责任公司	中型	液体乳制造
上　　海	上海石库门酿酒有限公司	中型	黄酒制造
黑 龙 江	九三粮油工业集团有限公司	大型	食用植物油加工
新疆兵团	新疆农六师煤电有限公司	中型	热电联产
广　　东	广东广垦糖业集团有限公司	大型	制糖业
河　　北	河北新启元能源技术开发股份有限公司	中型	原油加工及石油制品制造
湖　　北	TCL 空调器（武汉）有限公司	大型	家用空气调节器制造
上　　海	光明乳业（德州）有限公司	中型	液体乳制造
上　　海	武汉光明乳品有限公司	中型	液体乳制造
上　　海	广西凤糖生化股份有限公司	大型	制糖业
上　　海	上海乳品四厂有限公司	中型	液体乳制造
江　　苏	南京正大天晴药业公司	中型	中成药生产
内 蒙 古	内蒙古锡林河煤化工有限责任公司	中型	褐煤开采洗选
新疆兵团	新疆梅花氨基酸有限责任公司	大型	其他调味品、发酵制品制造
新疆兵团	新疆伊力特实业股份有限公司	大型	白酒制造
上　　海	广西上上糖业有限公司	中型	制糖业
上　　海	上海联豪食品有限公司	中型	牲畜屠宰
上　　海	上海梅林食品有限公司	中型	肉、禽类罐头制造
上　　海	天津光明梦得乳品有限公司	中型	液体乳制造
湖　　北	凌云科技集团有限责任公司	大型	金属门窗制造
上　　海	卡洛斯·阿尔博的孩子们股份有限公司（Hijos de Carlos Albo，S.L.）	中型	水产品罐头制造
上　　海	广州光明乳品有限公司	大型	液体乳制造
新疆兵团	天能化工有限公司	大型	初级形态塑料及合成树脂制造
广　　西	中国重汽集团柳州运力专用汽车有限公司	中型	建筑工程用机械制造
新疆兵团	天伟化工有限公司	大型	初级形态塑料及合成树脂制造
上　　海	南京光明乳品有限公司	中型	液体乳制造
湖　　北	湖北达能食品饮料有限公司	大型	茶饮料及其他饮料制造
上　　海	云南西双版纳英茂糖业有限公司	中型	制糖业
新疆兵团	新疆大全新能源股份有限公司	大型	其他非金属矿物制品制造

企业一览表

增加值（万元）	排序	总产值（万元）	排序	销售产值（万元）	排序	年末资产总额（万元）	排序	所有者权益（万元）	排序	固定资产原值年末数（万元）	排序	年平均从业人员（人）	排序
1 176 044	1	574 192	9	573 389	9	1 122 185	8	521 396	6	221 288	26	2 941	12
723 689	2	1 317 460	5	1 310 286	5	1 392 716	5	102 596	41	512 930	13	4 689	4
433 958	3	32 966	216	40 418	185	35 602	222	20 503	158	14 761	238	376	231
388 003	4	1 695 816	3	1 695 816	3	460 490	30					1 211	48
349 042	5	173 469	51	179 631	47	214 970	53	75 207	59	131 627	46	2 206	21
345 542	6	1 385 970	4	1 384 396	4	3 798 719	1	1 171 662	1	2 394 390	1	4 853	3
300 684	7	184 956	45	176 059	50	69 432	149	29 657	128	30 852	154	690	95
245 749	8	83 495	112	89 646	98	104 916	104	78 220	56	47 312	115	792	84
240 141	9	73 000	125	70 513	124	150 936	73	138 821	26	99 900	59	414	194
193 649	10	2 038 238	1	2 285 452	1	2 169 490	2	281 046	18	534 545	12	3 057	11
190 125	11	456 848	14	456 848	13	1 138 420	7	759 972	2	996 056	4	581	129
185 623	12	493 071	12	227 663	36	893 475	10	609 671	4	661 827	8	6 225	1
182 483	13	483 528	13	490 739	12	285 808	40					593	125
181 156	14	1 142 223	6	900 873	6	241 646	45	15 090	188	12 488	250	2 149	22
176 051	15	74 383	122	76 317	117	31 210	237	14 609	191	30 366	157	664	106
166 176	16	86 139	104	86 025	102	57 792	170	37 379	109	21 530	199	321	272
165 340	17	127 225	75	128 373	73	118 988	93	76 363	58	64 498	92	1 711	30
163 152	18	65 549	138	65 544	133	29 834	241	15 704	183	18 409	221	545	139
159 679	19	396 431	17	359 674	19	245 999	44	130 219	29	93 598	63	3 087	10
152 233	20	241 639	36	241 843	34	749 059	15	293 813	15	182 014	31	800	82
151 092	21	560 205	10	514 935	11	672 380	18	306 282	13	883 310	5	3 615	7
148 152	22	228 250	38	228 250	35	344 392	33	276 182	19	44 189	126	1 801	28
143 517	23	80 523	118	76 608	116	52 052	179	42 835	99	60 378	98	798	83
142 934	24	54 363	156	62 514	138	19 627	272	12 040	204	2 346	330	337	255
131 870	25	69 504	130	63 516	136	57 465	172	19 741	162	20 474	208	386	221
128 509	26	71 177	127	74 107	118	54 857	178	17 264	177	49 734	112	458	175
121 993	27	575 712	8	576 751	8	646 681	20	118 265	33	211 771	27	2 356	19
118 476	28	70 515	128	73 227	120	43 316	203	36 654	113	14 416	241	307	288
117 085	29	58 129	149	57 616	148	34 881	223	4 803	258	25 215	180	1 254	45
113 034	30	405 503	16	404 597	15	476 549	27	335 786	11	558 410	11	2 674	17
99 468	31	280 621	29	266 601	29	102 091	106	80 652	53	21 300	202	671	102
98 121	32	311 900	25	310 543	23	557 811	24	299 384	14	587 976	10	2 875	13
97 297	33	36 253	203	37 122	195	17 018	283	11 696	207	14 892	237	399	208
96 858	34	384 051	18	384 051	16	68 566	151	43 630	97	45 158	124	191	318
95 682	35	53 357	158	60 610	146	55 033	177	17 224	178	52 467	110	604	120
88 952	36	273 193	33	242 619	33	801 583	11	339 452	10	754 739	6	1 645	34

垦　区	企业名称	大型或中型	行业类型
新疆兵团	新疆农六师铝业有限公司	大型	铝压延加工
湖　北	益海嘉里（武汉）粮油工业有限公司	中型	食用植物油加工
湖　北	湖北良品铺子食品工业有限公司	中型	蜜饯制作
广　东	广东省广垦橡胶集团有限公司	大型	农产品初加工活动
广　西	柳州市威鹏汽车配件制造有限公司	中型	汽车零部件及配件制造
新疆兵团	新疆天富能源股份有限公司	大型	热电联产
上　海	无锡市振太酒业有限公司	中型	黄酒制造
湖　北	武汉娃哈哈恒枫饮料有限公司	中型	含乳饮料和植物蛋白饮料制造
湖　北	武汉航达航空科技发展有限公司	中型	航空航天器修理
黑龙江	黑龙江省完达山乳业股份有限公司	大型	乳粉制造
广　西	柳州双飞电器汽车配件制造有限公司	中型	汽车零部件及配件制造
湖　北	东风（武汉）实业有限公司	中型	汽车零部件及配件制造
上　海	上海思乐得不锈钢制品有限公司	中型	金属制餐具和器皿制造
北　京	北京市华都峪口禽业有限责任公司	大型	鸡的饲养
湖　北	华润雪花啤酒（武汉）有限公司	大型	啤酒制造
新疆兵团	新疆宣力环保能源有限公司	中型	其他原油制造
广　东	广东燕塘乳业股份有限公司	中型	液体乳制造
广　西	柳州市动力宝电源科技有限公司	中型	铅蓄电池制造
上　海	广西凤糖鹿寨纸业有限公司	中型	非木竹浆制造
辽　宁	阜新鲁花浓香花生油有限公司	中型	食用植物油加工
湖　北	武汉统一企业食品有限公司	大型	茶饮料及其他饮料制造
上　海	上海向明轴承股份有限公司	中型	滚动轴承制造
上　海	广西凤糖六塘制糖有限责任公司	中型	制糖业
新疆兵团	奎屯锦疆化工有限公司	中型	氮肥制造
新疆兵团	新疆农六师碳素有限公司	中型	石墨及碳素制品制造
湖　北	湖北武汉双汇食品有限公司	中型	肉制品及副产品加工
湖　北	武汉虹之彩包装印刷有限公司	中型	包装装潢及其他印刷
北　京	浙江小王子食品有限公司	大型	其他方便食品制造
湖　北	伟福科技工业（武汉）有限公司	中型	汽车零部件及配件制造
湖　北	武汉斯坦雷电气有限公司	中型	汽车零部件及配件制造
新疆兵团	新疆西部合盛硅业有限公司	大型	硅冶炼
河　北	河北新欣园能源股份有限公司	中型	原油加工及石油制品制造
湖　北	联塑科技发展（武汉）有限公司	中型	塑料板、管、型材制造
湖　北	蒙牛乳制品武汉有限责任公司	中型	液体乳制造
江　苏	江苏正大丰海药业公司	中型	中成药生产
新疆兵团	新疆新越丝路有限公司	大型	毛巾类制品制造

3－6续表1

增加值（万元）	排序	总产值（万元）	排序	销售产值（万元）	排序	年末资产总额（万元）	排序	所有者权益（万元）	排序	固定资产原值年末数（万元）	排序	年平均从业人员（人）	排序
86 822	37	1 964 354	2	1 943 247	2	1 550 091	4	88 854	46	1 090 186	3	2 086	23
84 989	38	433 397	15	428 092	14	238 659	47	106 658	35	91 366	64	839	78
77 884	39	382 161	19	382 161	17	211 326	54	19 864	161	20 567	207	380	228
76 960	40	763 820	7	753 189	7	1 191 748	6	399 283	8	201 719	30	6 037	2
76 072	41	212 391	39	201 771	42	50 492	186	39 889	103	20 277	211	714	91
74 449	42	532 045	11	532 045	10	1 866 945	3	630 893	3	1 401 805	2	1 884	26
73 728	43	16 219	290	15 906	286	15 077	289	10 808	213	6 590	282	319	275
70 824	44	280 826	28	223 840	38	32 284	232	29 533	130	42 985	129	219	312
68 854	45	232 851	37	226 163	37	157 199	71	60 924	77	24 226	186	454	177
65 889	46	365 708	20	378 932	18	331 750	35	204 866	23	290 671	19	4 393	5
65 320	47	165 203	53	156 943	54	80 310	132	63 445	72	6 400	286	3 250	9
63 482	48	252 515	34	252 515	30	121 327	91	59 895	78	30 321	158	266	303
62 714	49	32 807	218	35 127	202	13 146	304	6 320	244	5 633	293	401	206
61 370	50	206 346	41	206 346	40	173 604	65	61 393	75	152 843	37	3 443	8
58 546	51	142 831	68	144 487	60	184 061	59	80 337	54	137 827	43	1 390	37
56 658	52	144 136	67	136 884	66	208 579	56	126 252	30	99 674	61	388	217
56 378	53	155 209	59	154 004	56	133 326	83	102 870	39	107 290	54	1 652	33
53 552	54	149 006	62	141 556	63	14 226	298	11 239	211	9 900	262	686	98
50 564	55	15 532	293	15 581	289	17 998	280	11 654	208	21 488	200	448	179
50 267	56	140 558	69	188 515	44	135 605	80	34 276	117	22 168	194	417	191
49 032	57	194 416	43	194 416	43	126 950	88	82 005	49	90 171	69	2 386	18
48 033	58	11 298	308	11 435	305	11 103	315	5 394	250	2 701	323	326	265
47 123	59	31 802	224	30 218	224	32 299	231	25 618	140	17 719	224	498	155
46 968	60	124 000	77	122 776	74	364 513	31	104 724	36	409 418	16	861	74
46 397	61	277 686	31	248 719	31	467 714	28	104 036	37	260 188	22	407	201
46 273	62	210 524	40	209 341	39	83 943	129	69 116	65	45 650	122	1 276	44
44 004	63	174 550	50	205 369	41	255 392	42	216 392	21	34 100	145	580	130
41 304	64	83 842	109	84 841	103	86 802	124	72 391	62	46 153	119	1 984	25
41 169	65	163 757	56	163 757	52	100 980	108	54 984	83	77 954	78	930	63
40 982	66	163 014	57	163 014	53	121 184	92	69 453	63	72 993	83	384	224
40 699	67	328 346	22	295 511	25	476 634	26	101 357	42	150 177	39	2 034	24
40 323	68	176 235	49	164 581	51	147 224	76					213	313
39 529	69	171 492	52	184 220	45	142 027	79	51 682	88	46 180	118	870	70
39 165	70	243 112	35	243 112	32	37 135	216	12 532	201	33 492	147	382	227
38 786	71	90 283	101	90 020	97	82 520	130	45 261	96	30 408	155	1 294	43
37 759	72	83 841	110	77 576	114	239 287	46	124 884	31	122 098	51	1 867	27

垦　　区	企业名称	大型或中型	行业类型
新疆兵团	天辰化工有限公司	大型	初级形态塑料及合成树脂制造
北　　京	河北三元食品有限公司	大型	液体乳制造
湖　　北	武汉长兴电器发展有限公司	中型	配电开关控制设备制造
湖　　北	武汉百事可乐饮料有限公司	大型	碳酸饮料制造
宁　　夏	宁夏西夏嘉酿啤酒有限公司	大型	啤酒制造
新疆兵团	库尔勒金川矿业有限公司	大型	烟煤和无烟煤开采洗选
新疆兵团	石河子市国能能源投资有限公司	中型	热电联产
河　　北	蒙牛乳业（察北）有限公司	中型	液体乳制造
新疆兵团	天康生物股份有限公司	中型	生物药品制造
江　　西	九江市一共青场一鸭鸭股份公司	大型	羽毛（绒）制品加工
北　　京	北京艾莱发喜食品有限公司	中型	冷冻饮品及食用冰制造
湖　　北	湖北周黑鸭食品工业园有限公司	中型	肉制品及副产品加工
广　　西	柳州市永兴赛福机械制造有限公司	中型	汽车零部件及配件制造
新疆兵团	新疆天富能源售电有限公司	中型	火力发电
湖　　北	武汉森六汽车配件有限公司	中型	汽车零部件及配件制造
北　　京	北京二商大红门肉类食品有限公司	中型	牲畜屠宰
新疆兵团	新疆西部天富合盛热电有限公司	中型	热电联产
新疆兵团	新疆生产建设兵团第四师电力有限责任公司	大型	电力供应
湖　　北	武汉采之韵服饰有限公司	中型	其他机织服装制造
上　　海	上海正广和饮用水有限公司	中型	瓶（罐）装饮用水制造
湖　　北	湖北友芝友乳业有限责任公司	中型	液体乳制造
新疆兵团	新疆和兴恒石新型建材股份有限公司	中型	水泥制品制造
新疆兵团	新疆锦龙电力有限责任公司	中型	热电联产
湖　　北	本田制锁（武汉）有限公司	中型	智能车载设备制造
北　　京	北京三元食品股份有限公司	大型	液体乳制造
新疆兵团	新疆大安特种钢有限责任公司	中型	钢压延加工
贵　　州	贵阳三联乳业有限公司	大型	液体乳制造
新疆兵团	石河子市西部宁新碳素有限公司	中型	石墨及碳素制品制造
湖　　北	建华建材（湖北）有限公司	中型	水泥制品制造
河　　北	建投新能源电力发展有限公司	大型	风力发电
广　　西	广西扶绥春江木材市场投资有限公司	中型	其他木材加工
湖　　北	际华三五零六纺织服装有限公司	中型	其他机织服装制造
新疆兵团	新疆如意纺织服装有限公司	大型	棉纺纱加工
江　　西	南昌双汇食品有限公司	中型	其他未列明农副食品加工
新疆兵团	新疆天润生物科技股份有限公司	中型	液体乳制造
上　　海	广西凤糖罗城制糖有限责任公司	中型	制糖业

3－6续表2

增加值（万元）	排序	总产值（万元）	排序	销售产值（万元）	排序	年末资产总额（万元）	排序	所有者权益（万元）	排序	固定资产原值年末数（万元）	排序	年平均从业人员（人）	排序
37 674	73	347 807	21	349 789	20	462 200	29	293 424	16	710 690	7	2 842	14
37 194	74	139 349	70	139 366	65	265 724	41	213 961	22	113 032	53	1 669	32
37 133	75	165 037	55	135 000	68	42 727	206	37 258	111	3 542	316	310	283
37 010	76	146 747	63	131 599	69	74 829	142	23 728	147	25 854	173	1 124	54
36 507	77	65 618	137	68 925	126	76 174	139	46 339	92	25 287	176	454	177
34 883	78	50 698	166	53 194	153	98 413	110	79 825	55	63 422	94	1 061	57
34 593	79	5 669	332	5 669	331	225 923	50	960	311	268 889	21	1 343	38
33 026	80	195 573	42	99 605	88	32 659	230	17 832	173	23 997	188	300	295
32 969	81	55 016	154	66 401	130	654 326	19	370 767	9	102 166	56	605	119
32 652	82	326 524	23	326 524	22	224 686	51	46 560	91	224 686	24	2 679	16
32 391	83	145 336	66	143 340	62	101 373	107	67 391	67	56 359	103	773	85
32 176	84	146 387	64	146 387	59	123 089	90	103 533	38	43 216	128	849	77
31 366	85	83 722	111	79 537	112	57 744	171	45 618	94	8 408	274	387	218
31 262	86	80 721	117	80 721	109	164 375	68	130 607	27	223 359	25	337	255
30 347	87	120 713	78	120 713	75	85 848	126	66 217	69	73 153	82	324	267
30 237	88	146 313	65	144 098	61	487 662	25	110 546	34	31 121	153	1 181	51
29 623	89	118 111	79	108 259	78	310 187	37	192 127	24	210 883	28	360	239
29 440	90	93 777	95	93 777	92	234 772	48	90 589	45	203 649	29	1 010	60
28 909	91	107 788	85	107 788	79	39 006	211	5 430	249	22 169	193	462	168
28 849	92	17 588	280	17 319	278	17 079	282	6 724	240	8 732	269	317	277
28 526	93	177 072	48	177 072	49	60 383	166	22 577	153	39 571	133	640	113
28 105	94	79 868	119	79 868	111	107 605	101	43 355	98	20 453	210	403	204
27 421	95	81 913	114	81 913	108	756 301	14	221 279	20	434 851	15	879	66
27 244	96	65 950	134	72 658	121	43 914	199	11 481	210	19 423	214	873	67
26 261	97	278 105	30	285 190	26	783 894	12	591 302	5	123 826	49	2 717	15
25 833	98	275 083	32	282 297	27	324 160	36	56 431	81	154 657	36	871	69
25 781	99	97 520	92	95 199	91	218 640	52	29 778	127	37 064	140	1 406	36
25 773	100	31 555	226	31 525	220	68 379	152	66 548	68	38 595	135	462	168
25 363	101	114 146	82	114 146	76	36 427	218	16 029	181	16 458	229	591	128
25 220	102	31 832	223	31 832	218	253 708	43	90 952	44	170 368	33	20	353
25 202	103	131 202	73	12 716	301	14 580	294	8 782	222	8 266	275	1 036	58
24 911	104	92 880	98	80 590	110	96 106	112	40 878	100	25 817	174	865	73
24 765	105	165 128	54	151 688	58	738 459	17	332 688	12	287 503	20	3 950	6
24 532	106	93 132	97	92 892	94	60 292	167	50 882	89	35 155	144	1 207	49
24 374	107	132 591	72	129 119	71	73 957	143	37 309	110	41 909	131	505	152
24 283	108	31 423	227	34 564	206	25 448	252	10 482	215	27 609	162	574	134

垦　　区	企业名称	大型或中型	行业类型
湖　　北	武汉艾帕克汽车配件有限公司	中型	汽车零部件及配件制造
广　　西	广西糖业集团昌菱制糖有限公司	中型	制糖业
新疆兵团	石河子天域新实化工有限公司	中型	初级形态塑料及合成树脂制造
湖　　北	武汉径河化工有限公司	中型	合成橡胶制造
湖　　北	武汉塞力斯生物技术有限公司	中型	生物药品制造
新疆兵团	新疆生产建设兵团第一师电力有限责任公司	中型	电力供应
新疆兵团	新疆昆仑钢铁有限公司	中型	钢压延加工
湖　　北	武汉龙发包装有限公司	中型	包装装潢及其他印刷
湖　　北	湖北纽兰药业有限公司	中型	中成药生产
广　　西	广西糖业集团红河制糖有限公司	中型	制糖业
湖　　南	汇美农业科技有限公司	大型	蔬菜、水果罐头制造
河　　北	唐山市蓝欣玻璃有限公司	中型	平板玻璃制造
新疆兵团	伊犁青松南岗建材有限责任公司	中型	水泥制造
新疆兵团	新疆鑫立植物蛋白科技有限公司	中型	其他饲料加工
上　　海	云南文山英茂糖业有限公司	中型	制糖业
北　　京	北京二商王致和食品有限公司	中型	豆制品制造
新疆兵团	图木舒克市东恒兴纺织科技有限公司	大型	棉纺纱加工
河　　北	华润风能电力发展有限公司	大型	风力发电
新疆兵团	新疆东纯兴纺织有限公司	大型	棉纺纱加工
河　　南	焦作市方便面厂	大型	方便面制造
新疆兵团	天伟水泥有限公司	中型	水泥制造
上　　海	广西凤糖融水和睦制糖有限责任公司	中型	制糖业
广　　西	广西糖业集团柳兴制糖有限公司	中型	制糖业
新疆兵团	新疆天山盈达碳素有限公司	中型	石墨及碳素制品制造
湖　　北	武汉富拉司特汽车零部件有限公司	中型	汽车零部件及配件制造
新疆兵团	新疆生产建设兵团农五师电力公司	中型	电力供应
广　　州	广州风行乳业股份有限公司	大型	液体乳制造
湖　　北	荷贝克电源系统（武汉）有限公司	中型	铅蓄电池制造
新疆兵团	新疆新业能源化工有限责任公司	大型	煤制液体燃料生产
新疆兵团	新疆屯南煤业有限责任公司	中型	烟煤和无烟煤开采洗选
新疆兵团	天能水泥有限公司	中型	水泥制造
湖　　北	武汉钧安制药有限公司	中型	中成药生产
广　　西	广西糖业集团金光制糖有限公司	中型	制糖业
新疆兵团	新疆锦泰电力有限责任公司	中型	电力供应
河　　北	华能承德风力发电有限公司	大型	风力发电
河　　北	雪川农业发展股份有限公司	中型	薯类种植

3－6续表3

增加值（万元）	排序	总产值（万元）	排序	销售产值（万元）	排序	年末资产总额（万元）	排序	所有者权益（万元）	排序	固定资产原值年末数（万元）	排序	年平均从业人员（人）	排序
24 200	109	96 260	93	96 260	90	79 710	133	40 254	102	87 334	71	592	127
24 128	110	60 321	147	62 006	141	123 697	89	29 644	129	91 029	66	690	95
23 561	111	151 928	60	152 344	57	60 585	164	16 152	180	149 113	40	867	71
23 553	112	99 462	91	99 391	89	28 952	244	18 847	165	4 253	304	307	288
23 505	113	84 460	106	84 460	104	111 911	98	65 193	70	25 229	179	100	333
23 253	114	93 288	96	93 288	93	293 276	39	45 391	95	298 885	17	652	109
23 092	115	313 642	24	332 842	21	302 099	38	181 232	25	90 798	68	981	61
23 075	116	91 532	100	91 532	96	29 277	243	5 077	254	6 111	289	336	257
22 869	117	73 018	124	60 895	144	13 366	303	839	314	11 564	253	276	302
22 187	118	65 638	136	62 011	140	73 947	144	27 073	136	53 302	107	594	124
21 829	119	83 855	108	8 040	323	39 071	210	451	316	26 871	164	829	81
21 645	120	66 011	133	61 043	143	75 547	140	14 998	189	54 346	106	578	132
21 585	121	34 883	210	35 099	203	114 820	95	－49 922	353	66 904	91	461	171
21 256	122	129 084	74	129 598	70	26 316	249	14 018	194	15 028	235	350	249
20 689	123	19 999	272	20 316	265	43 304	204	－7 212	332	37 070	139	301	293
20 274	124	94 227	94	102 856	84	77 554	138	57 731	80	2 454	328	387	218
20 248	125	105 855	86	73 866	119	105 632	103	54 294	84	67 784	90	1 324	39
20 159	126	23 245	255	23 245	249	115 548	94	80 666	52	88 617	70	78	340
20 137	127	105 435	87	82 530	106	144 704	77	58 390	79	98 844	62	1 182	50
19 898	128	68 603	131	68 923	127	41 300	208	34 606	116	11 232	255	1 319	42
19 769	129	38 661	195	39 205	190	87 997	122	15 735	182	100 917	57	412	196
19 423	130	19 353	275	19 923	267	31 103	238	11 072	212	16 753	226	462	168
19 264	131	56 323	152	49 118	165	97 182	111	31 185	124	57 303	102	677	100
19 042	132	104 144	88	104 518	82	227 905	49	102 635	40	68 900	89	393	214
18 498	133	73 580	123	70 387	125	51 104	183	21 888	154	27 174	163	550	136
18 239	134	27 807	237	27 807	233	112 610	96	－449	323	57 625	100	531	142
18 076	135	77 861	120	76 623	115	112 222	97	85 289	47	22 866	192	1 323	41
18 076	136	84 465	105	83 824	105	42 196	207	20 630	157	25 547	175	529	144
17 936	137	117 613	80	139 876	64	761 512	13	292 336	17	509 100	14	1 222	47
17 799	138	25 917	243	25 719	240	55 397	176	30 492	125	57 442	101	668	103
17 508	139	36 970	199	35 694	200	88 048	121	81 308	51	79 926	77	399	208
16 594	140	52 982	159	52 550	155	18 437	277	7 846	233	621	349	196	317
16 553	141	49 936	168	45 694	170	99 918	109	26 970	137	45 494	123	644	112
16 504	142	70 189	129	63 958	134	193 866	57	68 059	66	165 456	34	357	242
16 173	143	19 920	273	19 920	268	129 720	86	45 633	93	105 366	55	44	346
16 108	144	82 279	113	82 279	107	154 197	72	81 948	50	71 912	87	650	110

垦　区	企业名称	大型或中型	行业类型
广　东	广东广垦调丰糖业有限公司	中型	制糖业
湖　北	武汉艾特纸塑包装有限公司	中型	包装装潢及其他印刷
黑龙江	北大荒丰缘集团有限公司	中型	小麦加工
新疆兵团	新疆联众商品混凝土有限公司	中型	水泥制品制造
江　西	南昌济生制药公司	中型	中成药生产
广　西	广西农垦明阳生化集团股份有限公司	大型	淀粉及淀粉制品制造
湖　北	湖北航达科技有限公司	中型	航空航天器修理
湖　北	武汉市科达云石护理材料有限公司	中型	密封用填料及类似品制造
新疆兵团	新疆青松建材化工（集团）股份有限公司	中型	水泥制造
湖　北	武汉光明乳品有限公司	中型	液体乳制造
江　西	上饶市大茅山场金山金矿	中型	金矿采选
北　京	北京古船食品有限公司	中型	米、面制品制造
新疆兵团	新疆蒙鑫水泥有限公司	中型	水泥制造
湖　北	湖北天济中药饮片有限公司	中型	中药饮片加工
新疆兵团	奎屯天北矿业投资有限责任公司	中型	烟煤和无烟煤开采洗选
新疆兵团	新疆叶河源果业股份有限公司	中型	水果和坚果加工
湖　北	武汉菱电汽车电控系统股份有限公司	中型	汽车车身、挂车制造
上　海	广西凤糖鹿寨制糖有限责任公司	中型	制糖业
新疆兵团	新疆华世丹药业股份有限公司	中型	化学药品制剂制造
新疆兵团	新疆天富天源燃气有限公司	中型	天然气生产和供应业
江　西	江西省亚华电子材料有限公司	中型	电子元器件与机电组件设备制造
湖　北	三叶士林电机（武汉）有限公司	中型	汽车零部件及配件制造
新疆兵团	新疆庆回归化肥有限公司	中型	复混肥料制造
新疆兵团	伊犁南岗化工有限责任公司	中型	初级形态塑料及合成树脂制造
北　京	京粮（天津）粮油工业有限公司	中型	食用植物油加工
上　海	广西凤糖雒容制糖有限责任公司	中型	制糖业
新疆兵团	图木舒克市东湖兴纺织有限公司	大型	棉纺纱加工
辽　宁	辽宁振兴生态造纸有限公司	中型	机制纸及纸板制造
河　北	唐山三元食品有限公司	中型	乳粉制造
广　西	广西糖业集团防城精制糖有限公司	中型	制糖业
湖　北	武汉祥恒包装有限公司	中型	纸和纸板容器制造
广　东	广东广垦华丰糖业有限公司	中型	制糖业
北　京	北京二商大红门五肉联食品有限公司	中型	牲畜屠宰
河　北	旗帜婴儿乳品股份有限公司	中型	乳粉制造
河　北	蒙牛塞北乳业有限公司	中型	液体乳制造
云　南	云南农垦集团电力公司	中型	水力发电

3－6续表4

增加值（万元）	排序	总产值（万元）	排序	销售产值（万元）	排序	年末资产总额（万元）	排序	所有者权益（万元）	排序	固定资产原值年末数（万元）	排序	年平均从业人员（人）	排序
16 064	145	62 750	143	51 708	158	21 838	264	2 870	276	7 958	278	580	130
15 948	146	63 261	141	63 261	137	42 948	205	21 001	155	7 810	279	411	198
15 842	147	160 026	58	156 199	55	636 171	21	－13 099	338	151 218	38	967	62
15 665	148	42 565	183	42 565	181	50 705	184	23 685	148	13 608	244	322	270
15 628	149	50 595	167	52 557	154	51 239	182	37 721	107	10 161	258	667	104
15 447	150	57 901	150	66 050	131	631 137	22	－11 399	337	133 536	45	1 027	59
15 430	151	52 181	160	38 605	191	75 190	141	12 912	199	9 939	260	414	194
15 324	152	62 065	144	62 065	139	14 308	297	8 372	230	1 958	332	510	150
15 082	153	45 469	178	45 295	173	932 340	9	496 227	7	90 946	67	701	93
14 846	154	92 157	99	92 056	95	64 425	154	38 471	105	20 859	204	349	251
14 282	155	42 364	184	42 300	182	175 344	62	98 886	43	47 872	114	773	85
14 269	156	89 441	102	89 368	99	94 643	116	55 416	82	62 638	97	749	90
14 155	157	42 997	182	42 841	180	87 697	123	20 716	156	80 144	76	310	283
14 056	158	63 921	139	63 921	135	93 938	117	62 383	73	3 622	314	377	230
13 995	159	25 163	247	17 662	275	175 206	63	12 941	198	83 450	75	667	104
13 917	160	59 707	148	22 717	253	56 200	173	－3 801	328	28 138	161	650	110
13 879	161	61 221	145	61 221	142	31 430	235	17 343	175	8 145	277	400	207
13 835	162	22 810	258	23 769	248	25 789	251	18 005	170	24 803	184	534	140
13 778	163	27 559	239	26 551	238	34 037	225	4 625	261	15 823	231	487	159
13 676	164	49 919	169	49 919	164	86 058	125	28 799	132	84 337	73	466	166
13 650	165	136 491	71	136 491	67	9 486	318	2 750	277	3 862	310	1 250	46
13 610	166	54 137	157	55 495	150	31 374	236	18 151	169	9 897	263	308	287
13 443	167	100 610	90	100 586	86	31 887	234	19 500	164	23 530	189	340	254
13 430	168	84 042	107	86 932	101	128 238	87	－24 731	347	125 638	47	861	74
13 348	169	287 454	26	306 784	24	147 774	75	85 000	48	99 827	60	265	305
13 251	170	10 167	317	10 712	309	19 723	270	17 296	176	12 872	248	359	240
13 153	171	62 947	142	45 275	174	130 165	84	36 359	114	72 876	84	1 324	39
13 023	172	52 091	162	52 347	157	177 392	61	46 933	90	133 651	44	653	108
12 900	173	48 442	172	48 323	166	19 297	273	3 729	269	18 290	222	495	157
12 736	174	108 267	84	107 406	81	71 717	146	6 144	246	33 680	146	770	87
12 735	175	52 107	161	50 047	163	43 565	200	6 976	237	24 055	187	330	263
12 668	176	48 724	171	43 813	178	12 172	311	1 305	304	5 435	295	313	280
12 464	177	103 426	89	102 053	85	89 727	120	31 791	123	19 747	213	600	122
12 429	178	124 604	76	128 407	72	183 155	60	37 847	106	118 719	52	830	80
12 317	179	189 356	44	103 458	83	143 563	78	130 385	28	26 043	170	262	306
11 912	180	32 831	217	27 482	235	102 307	105	24 574	142	46 905	116	546	137

垦　区	企业名称	大型或中型	行业类型
新疆畜牧	新疆呼图壁种牛场有限公司	中型	农产品初加工活动
广　西	广西糖业集团良圻制糖有限公司	中型	制糖业
湖　北	武汉市玫隆皇冠食品有限公司	大型	糕点、面包制造
广　东	湛江华资农垦糖业发展有限公司广丰分公司	中型	制糖业
新疆兵团	天辰水泥有限责任公司	中型	水泥制造
新疆兵团	乌鲁木齐西城热力有限公司	中型	热力生产和供应
湖　北	武汉和盛汽车零部件有限公司	中型	汽车零部件及配件制造
新疆兵团	新疆顶益食品有限公司	中型	方便面制造
江　西	南昌桑海制药公司	中型	中成药生产
江　苏	江苏麦芽有限公司	中型	小麦加工
新疆兵团	新疆天智辰业化工有限公司	大型	合成纤维单（聚合）体制造
甘　肃	甘肃莫高实业发展股份有限公司	中型	葡萄酒制造
天　津	天津海河乳业有限公司	中型	液体乳制造
广　西	柳州商泰机械零部件有限公司	中型	汽车零部件及配件制造
广　东	湛江市金丰糖业有限公司	中型	制糖业
辽　宁	建华建材（营口）有限公司	中型	水泥制品制造
江　西	江西春蕾服饰有限公司	中型	纺织品、针织品及原料批发
新疆兵团	新疆天业节水灌溉股份有限公司	中型	塑料板、管、型材制造
湖　北	武汉东海敏实汽车零部件有限公司	中型	汽车零部件及配件制造
广　西	广西农垦集团华成纸业有限公司	中型	纸和纸板容器制造
广　东	广东半岛糖业有限公司	中型	制糖业
北　京	北京金星鸭业有限公司	中型	鸭的饲养
新疆兵团	库车县科兴煤炭实业有限责任公司	中型	烟煤和无烟煤开采洗选
广　西	广西糖业集团露塘制糖有限公司	中型	制糖业
江　西	九江市芙蓉场振兴纺织	中型	棉纺纱加工
新疆兵团	石河子天富农电有限责任公司	中型	电力供应
湖　北	武汉日特固防音配件有限公司	中型	隔热和隔音材料制造
湖　北	武汉玛丽文化用品有限公司	中型	本册印制
江　西	九江市芙蓉场天祥科技	中型	化学试剂和助剂制造
新疆兵团	新疆一和生物有限责任公司	中型	淀粉及淀粉制品制造
新疆兵团	奎屯锦孚纺织有限公司	大型	棉纺纱加工
新疆兵团	新疆大黄山鸿基焦化有限责任公司	中型	炼焦
广　西	广西糖业集团黔江制糖有限公司	中型	制糖业
黑龙江	黑龙江北大荒药业有限公司	中型	化学药品原料药制造
新疆兵团	哈密十三师水务管理有限公司	中型	电力供应
北　京	北京二商穆香源清真肉类食品有限公司	中型	牲畜屠宰

3－6续表5

增加值（万元）	排序	总产值（万元）	排序	销售产值（万元）	排序	年末资产总额（万元）	排序	所有者权益（万元）	排序	固定资产原值年末数（万元）	排序	年平均从业人员（人）	排序
11 886	181	74 623	121	60 536	147	63 060	157	25 654	139	35 793	141	604	120
11 846	182	33 845	212	34 670	205	45 618	194	17 845	172	21 901	198	501	153
11 797	183	40 861	187	34 302	207	23 675	260	8 391	229	16 641	228	1 474	35
11 788	184	45 340	179	44 305	176	36 375	219	10 507	214	26 746	165	394	213
11 713	185	30 123	230	30 378	223	59 799	168	53 463	85	86 393	72	395	212
11 633	186	20 790	268	20 790	262	90 319	119	39 404	104	77 619	79	314	279
11 488	187	45 695	177	45 695	169	47 642	192	29 352	131	28 248	160	322	270
11 446	188	45 700	176	45 337	171	25 155	253	14 026	193	24 385	185	442	181
11 445	189	35 727	206	36 598	198	45 038	196	30 119	126	5 388	296	469	164
11 313	190	81 153	116	78 873	113	84 872	128	17 422	174	44 897	125	168	322
11 106	191	178 925	47	183 037	46	742 359	16	76 729	57	591 990	9	1 795	29
11 000	192	17 000	283	17 000	280	130 000	85	120 000	32	100 000	58	593	125
10 962	193	41 500	185	42 858	179	24 808	254	－16 732	341	22 140	195	852	76
10 523	194	26 758	241	25 420	241	18 282	279	14 443	192	652	347	672	101
10 522	195	39 708	190	32 245	214	14 380	296	－7 867	334	13 136	246	469	164
10 457	196	37 344	198	45 308	172	32 865	228	32 865	120			384	224
10 336	197	30 056	231	30 056	226	9 045	320	2 332	285	9 045	266	301	293
10 191	198	36 655	201	43 833	177	92 792	118	61 898	74	38 383	136	685	99
10 117	199	40 244	189	40 244	187	32 990	227	23 792	145	15 250	234	424	190
9 997	200	33 324	214	31 528	219	72 675	145	－21 822	345	72 573	85	409	200
9 945	201	36 834	200	31 863	217	18 460	275	13 007	197	8 491	273	441	182
9 935	202	51 794	163	51 032	161	48 566	190	25 336	141	11 826	252	872	68
9 897	203	16 711	286	27 635	234	57 978	169	9 647	218	62 912	96	487	159
9 882	204	30 052	232	30 640	222	20 963	267	8 557	226	26 429	167	332	261
9 842	205	54 678	155	54 678	152	44 430	197	2 460	283	8 218	276	160	323
9 829	206	60 826	146	60 826	145	78 537	134	73 500	60	71 590	88	513	148
9 766	207	35 016	208	33 667	208	37 727	214	27 774	134	26 314	169	383	226
9 571	208	37 964	196	32 607	213	135 414	81	27 846	133	17 099	225	556	135
9 176	209	50 983	165	50 983	162	16 690	284	2 549	280	5 110	297	72	341
9 049	210	28 105	236	26 700	237	32 698	229	19 614	163	23 052	191	325	266
9 005	211	48 000	173	47 793	167	60 787	163	4 754	259	72 500	86	1 180	52
8 731	212	88 061	103	88 061	100	162 865	69	－41 514	352	178 235	32	895	65
8 591	213	26 076	242	26 747	236	11 180	314	－3 413	327	18 488	219	431	185
8 468	214	28 354	235	29 518	227	45 917	193	40 696	101	25 104	182	611	118
8 395	215	23 794	252	23 794	247	208 831	55	23 781	146	53 272	108	480	161
8 339	216	183 858	46	179 470	48	94 975	115	15 587	184	11 530	254	378	229

垦　　区	企业名称	大型或中型	行业类型
新疆兵团	新疆乌鲁木齐正大畜牧有限公司	中型	其他饲料加工
新疆兵团	新疆锦域纺织有限公司	大型	棉纺纱加工
新疆兵团	新疆浙大阳光生物科技有限公司	中型	兽用药品制造
江　　西	鸿奕实业（九江）有限公司	中型	皮鞋制造
上　　海	广西凤糖白沙制糖有限责任公司	中型	制糖业
新疆兵团	新疆六孚纺织工业园有限公司	中型	棉纺纱加工
广　　东	广东省东方剑麻集团有限公司	中型	麻纤维纺前加工和纺纱
湖　　北	武汉林骏汽车饰件有限公司	中型	地毯、挂毯制造
广　　西	南宁市恒丰化肥有限责任公司	中型	氮肥制造
新疆兵团	新疆兵团建工金石商品混凝土有限责任公司	中型	水泥制品制造
天　　津	天津市利民调料有限公司	中型	酱油、食醋及类似制品制造
湖　　北	扬子江汽车集团有限公司	中型	改装汽车制造
新疆兵团	新疆鑫悦盛矿业有限公司	中型	烟煤和无烟煤开采洗选
湖　　北	武汉智迅创源科技发展股份有限公司	中型	卫生材料及医药用品制造
湖　　北	武汉京东方光电科技有限公司	中型	光电子器件制造
新疆兵团	铁门关市新兴纺织有限公司	中型	棉纺纱加工
湖　　北	康地饲料（中国）有限公司	中型	其他饲料加工
湖　　北	武汉旭东食品有限公司	中型	水果和坚果加工
辽　　宁	阜新小东北食品有限公司	中型	速冻食品制造
湖　　北	台玻武汉工程玻璃有限公司	中型	特种玻璃制造
新疆兵团	铁门关市新恒立纺织有限公司	中型	棉纺纱加工
新疆兵团	哈密屹利煤化工有限公司	中型	炼焦
江　　西	江西羽博服饰有限公司	中型	纺织品、针织品及原料批发
广　　西	广西农垦集团天成纸业有限公司	中型	非木竹浆制造
湖　　北	武汉市东西湖自来水公司	中型	自来水生产和供应
江　　西	九江市芙蓉场顺昌塑料包装	中型	纺织品、针织品及原料批发
广　　西	柳州市利威车业橡胶机械制造有限公司	中型	其他专用设备制造
新疆兵团	铁门关市星宇信达纺织有限公司	中型	棉纺纱加工
广　　西	广西扶绥县鑫源木业有限公司	中型	其他木材加工
江　　西	共青城兴龙实业有限公司	中型	羽毛（绒）制品加工
北　　京	北京二商希杰食品有限责任公司	中型	豆制品制造
内蒙古	阿鲁科尔沁旗山水水泥有限公司	中型	水泥制造
新疆兵团	新疆绿华糖业有限责任公司	中型	制糖业
新疆兵团	新疆华兴玻璃有限公司	中型	玻璃包装容器制造
河　　北	海兴华能风电有限公司	中型	风力发电
上　　海	广西凤糖柳江制糖有限责任公司	中型	制糖业

3－6 续表 6

增加值（万元）	排序	总产值（万元）	排序	销售产值（万元）	排序	年末资产总额（万元）	排序	所有者权益（万元）	排序	固定资产原值年末数（万元）	排序	年平均从业人员（人）	排序
8 306	217	35 777	205	51 363	160	19 684	271	9 742	217	2 250	331	303	291
8 259	218	81 328	115	71 855	122	95 747	113	72 483	61	83 886	74	1 159	53
8 233	219	20 233	269	20 463	264	39 162	209	12 662	200	35 490	142	425	189
8 176	220	33 438	213	33 438	210	8 272	323	7 593	235	3 989	309	656	107
8 110	221	11 445	307	9 960	315	7 083	330	−922	324	8 561	272	373	233
8 101	222	43 279	181	29 421	228	106 951	102	69 339	64	42 231	130	1 081	56
8 041	223	23 755	253	14 809	293	81 543	131	17 980	171	20 467	209	699	94
8 023	224	31 194	228	31 149	221	26 037	250	15 566	185	14 330	242	311	282
7 900	225	23 836	251	23 836	246	3 456	347	2 682	278	3 000	320	345	252
7 742	226	40 927	186	39 735	188	60 796	162	9 310	220	18 982	216	352	246
7 741	227	65 743	135	67 641	128	77 728	137	32 267	121	25 930	171	435	184
7 665	228	34 842	211	30 169	225	165 334	67	−8 176	335	31 140	152		
7 559	229	11 022	310	10 772	308	27 301	246	−2 483	326	25 034	183	405	202
7 452	230	29 535	233	28 340	231	27 903	245	23 892	144	13 133	247	598	123
7 438	231	27 407	240	17 670	274							1 690	31
7 358	232	115 114	81	107 725	80	12 748	306	3 364	270	13 253	245	493	158
7 346	233	35 014	209	35 014	204	55 946	174	52 486	86	5 888	291	366	236
7 124	234	32 575	220	35 856	199	20 176	268	6 112	247	9 555	264	323	268
7 107	235	25 488	244	24 474	244	18 470	274	6 864	239	8 713	270	410	199
7 053	236	24 515	248	24 913	243	50 103	189	8 651	223	48 834	113	335	259
6 984	237	47 158	175	47 155	168	44 390	198	22 639	152	39 007	134	516	147
6 963	238	9 498	319	9 498	316	77 771	136	−7 033	331	16 725	227	352	246
6 953	239	17 370	281	17 370	277	15 000	290	1 580	299	15 000	236	90	337
6 886	240	22 954	257	22 954	252	63 999	155	−74 209	354	63 655	93	358	241
6 848	241	16 301	289	16 301	284	359 805	32	35 805	115	56 315	104	373	233
6 795	242	37 753	197	37 753	194	6 605	333	4 530	262	624	348	119	330
6 753	243	17 094	282	16 240	285	8 034	324	6 347	243	800	346	430	186
6 226	244	71 529	126	71 529	123	10 721	316	6 237	245	10 335	257	309	286
6 212	245	22 535	261	21 194	259	10 041	317	2 031	292	2 379	329	455	176
6 206	246	19 303	277	19 303	270	4 956	343	4 625	260	2 500	327	310	283
6 146	247	35 893	204	33 486	209	23 747	258	18 723	166	15 689	232	839	78
6 072	248	39 679	191	33 401	211	71 125	147	3 996	266	46 077	120	304	290
5 964	249	30 549	229	32 074	216	43 366	202	19 938	160	18 531	218	530	143
5 787	250	16 834	284	15 902	287	16 618	285	10 018	216	21 205	203	344	253
5 738	251	5 476	334	5 476	333	70 560	148	13 449	195	32 498	149	14	354
5 530	252	11 533	306	11 049	307	14 748	293	13 348	196	13 877	243	509	151

垦　　区	企业名称	大型或中型	行业类型
河　　北	圣坤仁和光伏发电有限公司	大型	太阳能发电
河　　北	现代牧业（察北）有限公司	中型	牛的饲养
湖　　北	武汉飞鹤线缆有限公司	中型	电线、电缆制造
广　　西	广西糖业集团星星制糖有限公司	中型	制糖业
广　　西	广西送变电铁塔制造有限公司	中型	其他输配电及控制设备制造
新疆兵团	图木舒克市前海棉纺织有限责任公司	中型	棉纺纱加工
辽　　宁	辽阳宁峰木业有限公司	中型	木质家具制造
新疆兵团	哈密市盛镁镁业有限公司	中型	镁冶炼
广　　西	贵港市冠峰制药有限公司	中型	化学药品制剂制造
浙　　江	绍兴御茶村茶业有限公司	中型	茶叶种植
河　　南	孟州市华兴有限责任公司	中型	酒精制造
湖　　北	武汉蓝盾门业有限公司	中型	金属门窗制造
新疆兵团	华芳石河子纺织有限公司	大型	棉纺纱加工
湖　　南	常德市伊康食品有限公司	中型	蔬菜、水果罐头制造
湖　　北	武汉源香食品有限公司	中型	肉制品及副产品加工
湖　　北	武汉昊诚能源科技有限公司	中型	锂离子电池制造
广　　西	广西糖业集团廖平制糖有限公司	中型	制糖业
广　　西	广西糖业集团大新制糖有限公司	中型	制糖业
湖　　北	武汉五景药业有限公司	中型	化学药品制剂制造
新疆兵团	新疆石河子花园乳业有限公司	中型	液体乳制造
新疆兵团	新疆新聚丰特种纱业有限公司	中型	棉纺纱加工
湖　　北	武汉太福制药有限公司	中型	中成药生产
湖　　北	湖北汇东农产品有限公司	中型	蔬菜加工
新疆兵团	巴音郭楞蒙古自治州红山矿业有限公司	中型	石棉、云母矿采选
新疆兵团	新疆华茂阿拉尔纺织有限公司	中型	棉纺纱加工
云　　南	云南农垦陇川糖厂	中型	制糖业
辽　　宁	阜新杰超煤矸石热电有限公司	中型	热力生产和供应
湖　　北	武汉市江汉医疗制药设备有限公司	中型	机械治疗及病房护理设备制造
黑 龙 江	北大荒马铃薯集团有限公司	中型	淀粉及淀粉制品制造
广　　西	黄浦江制衣（贵港）有限公司	中型	服饰制造
江　　苏	江苏金象有限公司	中型	机床功能部件及附件制造
河　　北	围场凤阳卧牛盘光伏发电有限公司	大型	太阳能发电
江　　西	共青城金源服装有限公司	中型	纺织品、针织品及原料批发
北　　京	北京雁栖月盛斋清真食品有限公司	中型	禽类屠宰
新疆兵团	新疆臻泰纺织有限公司	中型	服饰制造
新疆兵团	新疆唐成棉业有限公司	中型	棉纺纱加工

3－6续表7

增加值（万元）	排序	总产值（万元）	排序	销售产值（万元）	排序	年末资产总额（万元）	排序	所有者权益（万元）	排序	固定资产原值年末数（万元）	排序	年平均从业人员（人）	排序
5 512	253	6 326	331	6 326	329	47 877	191	25 877	138	32 520	148	10	356
5 509	254	51 662	164	51 662	159	160 833	70	11 810	206	141 190	42	520	146
5 474	255	22 808	259	22 439	254	37 571	215	33 038	119	23 399	190		
5 468	256	32 684	219	29 170	230	43 433	201	－19 524	343	26 415	168	412	196
5 360	257	45 088	180	45 088	175	38 763	212	16 938	179	35 239	143	498	155
5 350	258	27 729	238	25 414	242	68 640	150	36 894	112	49 779	111	635	115
5 272	259	23 964	250	23 127	251							617	117
5 175	260	20 090	270	20 954	261	5 655	338	1 094	308	1 659	334	398	210
5 162	261	15 217	295	15 217	290	9 000	321	2 050	291	4 715	302	355	243
5 000	262	5 200	335	4 980	336	26 827	248	15 546	186	4 173	306	156	324
5 000	262	150 000	61	14 934	292	95 359	114	61 013	76	57 818	99	320	274
4 923	264	23 231	256	23 231	250	15 708	286	8 535	227	856	344	443	180
4 836	265	63 291	140	65 611	132	85 349	127	27 279	135	77 398	81	1 085	55
4 692	266	22 187	263	22 179	255	5 635	339	1 454	301	5 635	292	350	249
4 645	267	21 133	266	20 668	263	12 686	307	8 605	224	4 923	298	323	268
4 620	268	21 587	264	21 587	258	12 930	305	9 574	219	5 509	294	375	232
4 543	269	39 301	193	38 413	193	24 579	255	11 974	205	31 609	151	290	298
4 520	270	47 583	174	41 462	183	63 512	156	－16 586	340	25 284	177	512	149
4 489	271	11 649	305	8 389	320	23 825	257	23 128	151	8 842	267	295	297
4 486	272	36 604	202	36 974	196	23 695	259	15 177	187	20 827	205	332	261
4 409	273	48 868	170	40 322	186	55 887	175	23 297	150	20 158	212	690	95
4 391	274	14 020	299	15 171	291	30 205	239	5 366	252	3 777	311	255	309
4 382	275	20 036	271	20 036	266	1 583	355	1 152	306	544	350	370	235
4 370	276	16 150	291	16 704	282	12 675	308	7 810	234	18 783	217	470	163
4 230	277	16 756	285	16 864	281	22 037	263	4 841	257	25 107	181	366	236
4 141	278	24 256	249	24 288	245	23 135	261	20 003	159	4 884	299	391	215
4 104	279	18 518	278	18 518	272	108 085	100	－14 409	339	55 157	105	361	238
3 932	280	12 882	302	12 882	299	14 915	291	8 405	228	10 038	259	280	300
3 812	281	31 750	225	52 379	156	171 198	66	64 039	71	77 445	80	636	114
3 707	282	10 591	315	10 591	311	5 340	340	2 100	288	1 258	337	770	87
3 688	283	13 200	301	12 650	302	26 836	247	1 100	307	22 044	196	386	221
3 673	284	2 546	354	2 546	353	21 375	266	5 371	251	14 711	239	6	358
3 563	285	35 630	207	35 630	201	21 546	265	12 153	203	2 622	325	300	295
3 552	286	9 686	318	99 723	87	51 839	181	2 469	282	1 026	341	84	339
3 542	287	55 203	153	55 203	151	51 924	180	14 790	190	445	351	429	188
3 466	288	33 068	215	33 276	212	36 490	217	8 172	231	32 099	150	906	64

垦　　区	企业名称	大型或中型	行业类型
江　　西	江西佰仕通电子科技有限公司	中型	电子元器件与机电组件设备制造
北　　京	承德三元金星鸭业有限责任公司	中型	牲畜屠宰
新疆兵团	克拉玛依市润泰纺织有限公司	中型	棉纺纱加工
湖　　北	武汉新世界制冷工业有限公司	中型	制冷、空调设备制造
江　　西	新余市九龙山场花桥选矿厂	中型	其他常用有色金属矿采选
北　　京	北京二商龙和食品有限公司	中型	酱油、食醋及类似制品制造
广　　州	张家口长城乳业有限公司	中型	液体乳制造
广　　西	广西糖业集团西江制糖有限公司	中型	制糖业
广　　西	广西糖业集团平吉制糖有限公司	中型	制糖业
新疆兵团	新疆华桉纺织有限公司	中型	棉纺纱加工
湖　　南	常德银骏纺织有限公司	中型	化纤织造加工
广　　西	广西杨氏鲜果有限公司	中型	农产品初加工活动
广　　西	广西剑麻庥团山圩剑麻制品有限公司	中型	麻织造加工
新疆兵团	新疆燕京啤酒有限公司	中型	啤酒制造
新疆兵团	阿拉尔新农乳业有限责任公司	中型	液体乳制造
北　　京	北京三元种业科技股份有限公司饲料分公司	中型	其他饲料加工
江　　苏	江苏勤奋药业公司	中型	中成药生产
新疆兵团	阿拉尔青松化工有限责任公司	中型	无机碱制造
河　　北	海兴县江山新能源有限公司	中型	太阳能发电
吉　　林	钓鱼台医药集团吉林天强制药股份有限公司	中型	中成药生产
北　　京	北京王致和（桂林腐乳）食品有限公司	中型	豆制品制造
新疆兵团	新疆生产建设兵团第九师热电有限公司	中型	电力供应
北　　京	北京胜利混凝土建材有限公司	中型	其他建筑材料制造
广　　西	广西糖业集团靖西制糖有限公司	中型	制糖业
新疆兵团	新疆中唐糖业有限责任公司	中型	制糖业
河　　北	小山光伏发电有限公司	中型	太阳能发电
江　　苏	江苏正大清江药业公司	中型	中成药生产
安　　徽	安徽省雁湖面粉有限公司	中型	农产品初加工活动
广　　西	广西糖业集团达华制糖有限公司	中型	制糖业
新疆兵团	新疆农垦现代糖业有限公司	中型	制糖业
新疆兵团	哈密大佳物业有限责任公司	中型	热力生产和供应
江　　西	上饶市莲花山场萤石矿	中型	其他常用有色金属矿采选
江　　西	九江市芙蓉场彭泽县顺盛织造	中型	棉纺纱加工
北　　京	北京二商宫颐府食品有限公司	中型	糕点、面包制造
江　　西	彭泽县安平包装有限责任公司	中型	塑料薄膜制造
北　　京	北京立时达药业有限公司	中型	兽用药品制造

3-6续表8

增加值（万元）	排序	总产值（万元）	排序	销售产值（万元）	排序	年末资产总额（万元）	排序	所有者权益（万元）	排序	固定资产原值年末数（万元）	排序	年平均从业人员（人）	排序
3 435	289	10 605	314	8 716	319	14 204	299			4 800	300	398	210
3 368	290	15 716	292	14 488	295	20 041	269	986	310	12 501	249	333	260
3 363	291	40 400	188	38 531	192	33 228	226	9 154	221	25 245	178	460	172
3 362	292	14 343	298	12 251	304	50 126	188	24 156	143	25 913	172	465	167
3 256	293	2 231	357	3 587	346	4 296	345	2 352	284	3 622	315	28	351
3 176	294	5 140	336	5 140	335	6 058	336	4 920	256	4 202	305	151	325
3 091	295	8 514	322	8 319	322	14 052	300	12 376	202	8 643	271	209	314
3 052	296	23 496	254	22 003	256	17 894	281	7 088	236	15 351	233	354	245
3 041	297	12 795	303	10 029	314	12 631	309	−8 540	336	10 428	256	222	311
3 025	298	32 082	221	21 930	257	18 412	278	4 277	264	6 512	283	415	192
3 022	299	5 105	338	4 078	342	3 420	348	5 212	253	2 693	324	258	308
2 980	300	10 279	316	10 279	313	3 646	346	1 986	293	3 646	312	175	320
2 959	301	9 230	320	8 787	318	15 113	288	3 877	268	9 917	261	285	299
2 910	302	10 667	313	10 574	312	60 579	165	52 296	87	40 540	132	439	183
2 797	303	21 175	265	19 333	269	62 513	159	11 573	209	46 614	117	460	172
2 686	304	57 006	151	57 006	149	36 367	220	−342	322	4 045	308	180	319
2 685	305	4 242	342	4 242	340	5 063	341	3 895	267	3 344	317	119	330
2 648	306	22 255	262	17 386	276	134 060	82	−23 351	346	123 375	50	546	137
2 610	307	2 575	353	2 575	352	22 973	262	3 120	271	18 233	223	5	359
2 600	308	6 500	329	6 500	327	14 846	292	8 577	225	6 400	286	175	320
2 582	309	6 819	327	6 392	328	4 975	342	2 508	281	3 231	318	318	276
2 553	310	19 626	274	19 253	271	78 151	135	37 700	108	63 182	95	387	218
2 482	311	15 410	294	14 271	296	15 252	287	4 049	265	7 640	280	50	344
2 464	312	5 118	337	4 961	337	35 687	221	−38 882	350	21 903	197	227	310
2 410	313	25 414	245	15 802	288	9 223	319	1 359	303			402	205
2 329	314	6 944	326	6 944	326	45 518	195	6 402	241	37 471	137	10	356
2 313	315	66 684	132	66 506	129	62 983	158	31 978	122	14 478	240	634	116
2 243	316	7 004	325	21 190	260	13 596	302	1 219	305	3 635	313	126	328
2 233	317	16 461	288	14 036	297	50 554	185	1 633	298	30 376	156	266	303
2 207	318	21 060	267	16 435	283	23 853	256	5 582	248	15 891	230	327	264
2 038	319	4 933	339		361	11 498	313	1 760	295	12 210	251	705	92
2 000	320	8 420	323	4 350	339	37 850	213	3 050	272	20 750	206	575	133
1 997	321	11 092	309	11 092	306	8 990	322	869	313	2 760	322	146	326
1 969	322	3 355	347	3 112	348	7 871	325	−4 754	329	4 398	303	474	162
1 922	323	10 680	311	10 680	310	7 512	328	1 709	296	879	343	126	328
1 918	324	2 316	356	3 047	349	6 244	335	5 075	255	3 167	319	146	326

垦　区	企业名称	大型或中型	行业类型
新疆兵团	新疆仁和纺织科技有限公司	中型	棉纺纱加工
湖　北	武汉多美丽服饰有限公司	中型	其他机织服装制造
河　南	河南省黄泛区天鹰缸套股份有限公司	中型	船用配套设备制造
北　京	北京北水食品工业有限公司	中型	其他未列明食品制造
新疆兵团	新疆汉帛纺织有限公司	中型	棉纺纱加工
贵　州	贵阳金满船饲料有限公司	中型	其他饲料加工
宁　夏	宁夏西夏王葡萄酒业有限公司	中型	葡萄酒制造
江　西	九江市芙蓉场新恒星抛光材料	中型	窗帘、布艺类产品制造
江　西	共青城众鑫服饰有限公司	中型	羽毛（绒）制品加工
北　京	北京二商（江西大观楼）食品有限公司	中型	其他调味品、发酵制品制造
新疆兵团	阿拉尔盛源热电有限责任公司	中型	热电联产
湖　南	湖南上优食品科技有限公司	中型	液体乳制造
江　西	九江市芙蓉场芳湖米业	中型	米、面制品制造
新疆兵团	新疆嘉和毛纺织有限公司	中型	毛织造加工
新疆兵团	阿拉尔天丰纺织有限责任公司	中型	棉纺纱加工
江　西	江西昌玖服饰有限公司	中型	服饰制造
新疆兵团	哈密市绿康炭业有限公司	中型	其他煤炭加工
江　西	鹰潭市大地蔬菜制品有限公司	中型	蔬菜加工
北　京	三河金狮龙门龙门醋业有限公司	中型	酱油、食醋及类似制品制造
湖　南	湖南德人牧业科技有限责任公司	中型	有机肥料及微生物肥料制造
湖　南	常德市隆源包装有限责任公司	中型	包装装潢及其他印刷
江　西	九江市—芙蓉场—彭泽县德诚纺织	中型	纺织品、针织品及原料批发
湖　南	湖南车霸房车实业有限公司	中型	其他未列明制造业
新疆兵团	新疆天绮纺织有限公司	中型	棉纺纱加工
新疆兵团	燕京啤酒（阿拉尔）有限公司	中型	啤酒制造
上　海	广西田林和平糖业有限公司	中型	制糖业
四　川	四川一枝春茶业有限公司	中型	茶叶种植
四　川	仪陇县原种场	中型	柑橘类种植
新疆兵团	新疆绿翔糖业有限责任公司	中型	制糖业
新疆兵团	新疆屯富热电有限责任公司	中型	热电联产
新疆兵团	阿拉尔市中泰纺织科技有限公司	大型	人造纤维（纤维素纤维）制造
新疆兵团	中煤能源新疆天山煤电有限责任公司	中型	烟煤和无烟煤开采洗选
内蒙古	呼伦贝尔合适佳食品有限公司	中型	食用植物油加工
上　海	广西凤糖融安制糖有限责任公司	中型	制糖业
新疆兵团	新疆农六师大黄山豫新煤业有限公司	中型	烟煤和无烟煤开采洗选
新疆兵团	新疆睿盛纺织有限公司	中型	棉纺纱加工
黑龙江	黑龙江省北大荒米业集团有限公司	中型	稻谷加工

3－6续表9

增加值（万元）	排序	总产值（万元）	排序	销售产值（万元）	排序	年末资产总额（万元）	排序	所有者权益（万元）	排序	固定资产原值年末数（万元）	排序	年平均从业人员（人）	排序
1 795	325	25 236	246	26 373	239	50 261	187	6 873	238	18 994	215	315	278
1 763	326	6 573	328	7 161	325	11 839	312	4 408	263	6 468	285	302	292
1 742	327	3 896	344	3 330	347	7 082	331	2 276	286	7 233	281	203	316
1 648	328	19 318	276	18 087	273	13 922	301	63	321	8 825	268	67	342
1 582	329	16 653	287	17 215	279	6 465	334	89	318	43	354	321	272
1 540	330	15 117	296	14 695	294	7 572	327	1 362	302	1 447	336	95	336
1 499	331	4 771	340	3 735	345	110 439	99	－1 138	325	43 945	127	209	314
1 427	332	7 926	324	7 926	324	6 950	332	1 902	294	6 380	288	41	348
1 366	333	13 661	300	13 661	298	2 817	351	1 511	300	1 784	333	352	246
1 238	334	2 742	352	2 701	351	7 304	329	1 638	297	6 058	290	101	332
1 150	335	39 674	192	39 674	189	191 287	58	18 235	167	248 578	23	415	192
1 121	336	4 371	341	4 371	338	5 675	337	3 013	273	4 120	307	85	338
1 017	337	5 650	333	5 650	332	820	358	79	319	820	345	28	351
973	338	1 158	359	1 481	357	18 448	276	6 348	242	4 794	301	355	243
897	339	10 672	312	8 375	321	14 427	295	－7 600	333	9 354	265	385	223
880	340	8 796	321	8 796	317	883	357	1 080	309	883	342	278	301
874	341	2 488	355	2 488	354	2 604	354	2 099	289	1 113	340	500	154
870	342	2 865	350	329	358	1 248	356	638	315	1 248	338	99	334
787	343	3 802	346	3 811	344	3 037	350	2 602	279	2 810	321	34	349
756	344	3 296	348	2 462	355	7 600	326	2 945	275	6 500	284	50	344
715	345	3 867	345	3 867	343	2 801	352	914	312	1 214	339	30	350
546	346	3 036	349	3 036	350	2 702	353	425	317	2 560	326	98	335
533	347	4 079	343	4 079	341	4 775	344	2 964	274	1 532	335	51	343
373	348	17 697	279	12 718	300	32 046	233	7 854	232	18 458	220	389	216
295	349	6 380	330	6 324	330	29 634	242	18 215	168	26 525	166	336	257
235	350	38 829	194	36 828	197	29 912	240	－39 728	351	37 329	138	533	141
184	351	2 815	351	2 378	356	3 281	349	2 128	287	340	352	42	347
4	352	183	361	37	360	179	359	74	320	54	353	14	354
－69	353	14 362	297	41 435	184	34 363	224	2 087	290	45 837	121	460	172
－1 233	354	29 271	234	29 271	229	174 865	64	34 208	118	147 739	41	312	281
－4 441	355	281 935	27	274 530	28	616 177	23	－6 205	330	298 476	18	2 288	20
－4 641	356	2 093	358	5 336	334	148 587	74	－21 198	344	124 913	48	430	186
－4 644	357	22 670	260	27 921	232	61 347	161	－34 916	349	29 671	159	261	307
－4 699	358	12 426	304	12 274	303	12 345	310	－17 524	342	21 373	201	404	203
－4 727	359	281	360	281	359	61 820	160	－29 083	348	91 313	65	523	145
－5 178	360	31 876	222	32 234	215	64 693	153	23 434	149	52 552	109	765	89
－6 048	361	111 548	83	108 429	77	339 282	34	－193 353	355	156 625	35	867	71

3－7 龙头企业

省　份	企业名称	省级或国家级	行业类型
黑龙江	九三粮油工业集团有限公司	省级	食用植物油加工
广东	广东广垦糖业集团有限公司	省级	制糖业
上海	上海良友（集团）有限公司	国家级	企业总部管理
广西	广西糖业集团有限公司	省级	制糖业
云南	云南农垦集团有限责任公司	国家级	其他林业专业及辅助性活动
湖北	湖北良品铺子食品工业有限公司	国家级	水果和坚果加工
上海	上海蔬菜（集团）有限公司	国家级	企业总部管理
广东	广东省广垦橡胶集团有限公司	国家级	农产品初加工活动
黑龙江	黑龙江省完达山乳业股份有限公司	省级	乳粉制造
广东	广东省华海糖业发展有限公司	省级	糖料种植
北京	北京市华都峪口禽业有限责任公司	国家级	鸡的饲养
广东	广东省广前糖业发展有限公司	省级	糖料种植
广东	广东燕塘乳业股份有限公司	国家级	液体乳制造
辽宁	阜新鲁花浓香花生油有限公司	省级	食用植物油加工
广东	广东省丰收糖业发展有限公司	省级	糖料种植
河北	蒙牛乳业（察北）有限公司	省级	液体乳制造
上海	光明米业（集团）有限公司	国家级	米、面制品及食用油批发
广西	广西农垦永新畜牧集团有限公司	省级	猪的饲养
北京	河北三元食品有限公司	省级	液体乳制造
宁夏	宁夏西夏嘉酿啤酒有限公司	省级	啤酒制造
江苏	江苏省东辛农场有限公司	省级	小麦种植
天津	天津嘉立荷牧业集团有限公司	国家级	牛的饲养
新疆畜牧	新疆呼图壁种牛场有限公司	省级	其他未列明畜牧业
北京	北京三元食品股份有限公司	省级	液体乳制造
贵州	贵阳三联乳业有限公司	省级	液体乳制造
湖北	湖北周黑鸭食品工业园有限公司	国家级	肉制品及副产品加工
江西	南昌双汇食品有限公司	省级	其他未列明农副食品加工
上海	上海市江桥批发市场经营管理有限公司	省级	果品、蔬菜批发
河北	旗帜婴儿乳品股份有限公司	省级	乳粉制造
湖南	汇美农业科技有限公司	省级	蔬菜、水果罐头制造
上海	上海江杨农产品市场经营管理有限公司	省级	果品、蔬菜批发
河南	焦作市方便面厂	省级	方便面制造
广东	广东广垦畜牧集团股份有限公司	国家级	其他畜牧专业及辅助性活动
上海	上海都市农商社有限公司	国家级	其他组织管理服务
甘肃	甘肃农垦天牧乳业有限公司	省级	牛的饲养
广西	广西农垦金光农场有限公司	省级	糖料种植

一览表

增加值（万元）	排序	总产值（万元）	排序	销售产值（万元）	排序	年末资产总额（万元）	排序	所有者权益（万元）	排序	固定资产原值年末数（万元）	排序	年平均从业人员（人）	排序
193 649	1	2 038 238	1	2 285 452	2	2 169 490	2	281 046	8	534 545	4	3 057	8
185 623	2	493 071	4	227 663	13	893 475	5	609 671	2	661 827	1	6 225	4
151 524	3	376 818	8	391 203	6	3 409 834	1	1 612 302	1	658 539	2	6 491	3
146 608	4	607 896	3	578 366	5	865 071	6	130 092	15	576 076	3	6 922	2
142 011	5	425 301	5	2 638 779	1	1 595 939	3	405 209	5	237 559	9	11 437	1
105 980	6	385 327	7	589 562	4	250 559	20	23 099	56	20 980	59	1 064	27
77 556	7					520 738	11	225 921	11	303 969	6	2 040	11
76 960	8	763 820	2	753 189	3	1 191 748	4	399 283	6	201 719	10	6 037	5
65 889	9	365 708	9	378 932	7	331 750	16	204 866	14	290 671	7	4 393	6
64 078	10	120 654	31	21 512	70	272 880	17	242 099	10	266 145	8	889	33
61 370	11	206 346	15	206 346	14	173 604	26	61 393	27	152 843	13	3 443	7
57 833	12	104 553	34	33 715	52	128 134	37	74 560	22	110 027	22	1 558	19
56 378	13	155 209	23	154 004	20	133 326	35	102 870	18	107 290	23	1 652	16
50 267	14	140 558	27	188 515	15	135 605	33	34 276	42	22 168	55	417	59
45 765	15	101 489	35	33 715	53	334 669	15	301 708	7	305 136	5	1 725	14
43 026	16	195 573	16	99 605	30	32 659	82	17 832	61	23 997	53	300	73
38 578	17	131 443	29	138 194	24	422 517	12	207 102	13	186 401	11	1 522	20
37 735	18	76 140	43	76 140	38	122 541	38	69 492	24	46 075	35	526	50
37 194	19	139 349	28	139 366	22	265 724	18	213 961	12	113 032	21	1 669	15
36 507	20	65 618	46	68 925	39	76 174	50	46 339	36	25 287	52	454	55
33 909	21	56 576	48	54 936	43	67 236	52	28 300	48	53 430	31	931	32
31 219	22	112 778	32	95 532	31	166 431	29	98 704	19	92 089	25	1 260	24
26 665	23	170 871	19	156 836	17	168 684	28	60 729	29	116 254	20	2 046	10
26 261	24	278 105	13	285 190	10	783 894	7	591 302	4	123 826	18	2 717	9
25 781	25	97 520	36	95 199	32	218 640	22	29 778	46	37 064	40	1 406	22
24 978	26	150 648	24	131 670	26	134 888	34	118 436	17	50 494	32	948	31
24 532	27	93 132	37	92 892	33	60 292	57	50 882	34	35 155	42	1 207	25
24 191	28	160 203	20	135 819	25	38 100	77	38 100	37	11 283	78	411	60
23 675	29	124 604	30	128 407	27	183 155	25	37 847	38	118 719	19	830	37
21 829	30	83 855	40	8 040	108	39 071	75	451	137	26 871	49	829	38
20 197	31	363 567	10	343 194	8	67 219	53	29 100	47	40 989	37	411	60
19 898	32	68 603	44	68 923	40	41 300	73	34 606	40	11 232	79	1 913	13
19 668	33	92 736	38	88 098	35	195 738	23	57 865	30	216	153	37	141
18 862	34	53 028	49	53 072	44	189 722	24	3 277	109	83 388	26	1 630	17
18 338	35	20 792	69	20 864	72	66 024	54	−298	143	29 338	45	241	81
18 207	36	29 964	60	28 411	59	644 670	8	594 657	3	48 351	33	2 022	12

省份	企业名称	省级或国家级	行业类型
广州	广州风行乳业股份有限公司	国家级	液体乳制造
河北	雪川农业发展股份有限公司	省级	薯类种植
黑龙江	北大荒丰缘集团有限公司	省级	小麦加工
江西	南昌济生制药公司	省级	中成药生产
广西	广西农垦明阳生化集团股份有限公司	国家级	淀粉及淀粉制品制造
北京	北京古船食品有限公司	省级	米、面制品制造
青海	青海省格尔木农垦（集团）有限公司	省级	其他农业
河北	蒙牛塞北乳业有限公司	省级	液体乳制造
江西	南昌桑海制药公司	省级	中成药生产
上海	上海西郊国际农产品交易有限公司	省级	肉、禽、蛋、奶及水产品批发
甘肃	甘肃莫高实业发展股份有限公司	国家级	葡萄酒制造
天津	天津海河乳业有限公司	国家级	液体乳制造
甘肃	甘肃条山农工商（集团）有限责任公司	省级	其他农业
上海	上海跃进现代农业有限公司	省级	稻谷种植
广西	广西农垦源头农场有限公司	省级	柑橘类种植
广东	湛江市金丰糖业有限公司	省级	制糖业
北京	北京金星鸭业有限公司	省级	鸭的饲养
河北	河北犇放牧业有限公司	省级	牛的饲养
广东	广东省东方剑麻集团有限公司	省级	麻纤维纺前加工和纺纱
上海	上海海丰米业有限公司	省级	稻谷加工
天津	天津市利民调料有限公司	省级	酱油、食醋及类似制品制造
广东	广东广垦绿色农产品有限公司	省级	果品、蔬菜零售
浙江	浙江加华种猪有限公司	省级	猪的饲养
北京	湖南颐丰食品有限公司	省级	牲畜屠宰
辽宁	阜新小东北食品有限公司	国家级	速冻食品制造
广东	广东省广垦粮油有限公司	省级	食用植物油加工
上海	上海星辉蔬菜有限公司	省级	蔬菜种植
河北	现代牧业（察北）有限公司	省级	牛的饲养
上海	上海光明长江现代农业有限公司	省级	稻谷种植
北京	河北安平大红门食品有限公司	省级	牲畜屠宰
北京	赤城县大红门科技牧业有限公司	省级	其他未列明畜牧业
浙江	绍兴御茶村茶业有限公司	省级	茶叶种植
河南	孟州市华兴有限责任公司	省级	酒精制造
北京	陕西蒲城大红门肉类食品有限公司	省级	牲畜屠宰
湖南	常德市伊康食品有限公司	省级	蔬菜、水果罐头制造
安徽	安徽皖垦种业股份有限公司	省级	种子种苗培育活动

3－7 续表 1

增加值（万元）	排序	总产值（万元）	排序	销售产值（万元）	排序	年末资产总额（万元）	排序	所有者权益（万元）	排序	固定资产原值年末数（万元）	排序	年平均从业人员（人）	排序
18 076	37	77 861	42	76 623	37	112 222	39	85 289	20	22 866	54	1 323	23
16 108	38	82 279	41	82 279	36	154 197	31	81 948	21	71 912	28	650	45
15 842	39	160 026	21	156 199	18	636 171	9	－13 099	151	151 218	14	967	30
15 628	40	50 595	52	52 557	45	51 239	61	37 721	39	10 161	84	667	44
15 447	41	57 901	47	66 050	42	631 137	10	－11 399	148	133 536	16	1 027	29
14 269	42	89 441	39	89 368	34	94 643	45	55 416	32	62 638	29	749	41
13 308	43	34 154	57	23 831	66	26 028	86	11 445	74	19 499	63	221	85
12 317	44	189 356	17	103 458	29	143 563	32	10 385	79	26 043	50	262	77
11 445	45	35 727	56	36 598	50	45 038	70	30 119	45	5 388	109	469	53
11 190	46	287 299	12	267 912	11	219 935	21	50 258	35	126 118	17	219	87
11 000	47	17 000	78	17 000	77	130 000	36	120 000	16	100 000	24	593	49
10 962	48	41 500	54	42 858	49	24 808	88	－16 732	152	22 140	56	852	36
10 680	49	19 689	72	30 948	57	70 418	51	27 613	50	35 580	41	1 051	28
10 631	50	12 309	91	11 798	92	36 968	78	23 182	55	32 655	43	604	48
10 608	51	26 876	62	26 241	63	256 766	19	246 256	9	20 549	60	1 610	18
10 522	52	39 708	55	32 245	54	14 380	108	－7 867	147	13 136	70	469	53
9 935	53	51 794	50	51 032	48	48 566	66	25 336	53	11 826	75	872	34
8 120	54	15 620	81	15 500	81	22 000	92	8 200	90	5 066	111	230	83
8 041	55	23 755	66	14 809	84	81 543	47	17 980	60	20 467	61	699	42
8 014	56	18 937	73	21 558	69	89 102	46	24 443	54		156	143	104
7 741	57	65 743	45	67 641	41	77 728	48	32 267	44	25 930	51	435	56
7 718	58	10 779	95	10 779	95	23 311	89	11 136	75	739	150	825	39
7 713	59	9 323	97	9 179	102	56 986	60	26 483	52	3 540	118	176	95
7 211	60	261 575	14	256 022	12	61 427	55	7 100	94	14 244	67	431	57
7 107	61	25 488	64	24 474	65	18 470	99	6 864	96	8 713	88	410	62
6 166	62	23 921	65	25 624	64	383 023	13	26 498	51	40 242	38	282	75
5 731	63	15 755	79	15 755	80	45 132	69	33 866	43	47 440	34	328	70
5 509	64	51 662	51	51 662	47	160 833	30	11 810	73	141 190	15	520	52
5 439	65	13 182	88	13 182	89	32 576	83	18 198	59	13 130	71		
5 323	66	157 667	22	149 917	21	26 762	85	11 939	72	11 538	77	406	63
5 049	67	27 013	61	27 630	61	36 526	80	27 699	49	17 151	64	236	82
5 000	68	5 200	124	4 980	127	26 827	84	16 546	62	4 173	115	156	102
5 000	68	150 000	25	14 934	83	95 359	43	61 013	28	57 818	30	320	71
4 693	70	143 571	26	138 980	23	36 931	79	8 272	89	21 304	58	340	66
4 692	71	22 187	68	22 179	68	5 635	136	1 454	125	5 635	107	350	65
4 680	72	5 454	123	27 469	62	41 504	71	34 542	41	21 346	57	308	72

省　份	企业名称	省级或国家级	行业类型
辽　宁	阜新科威生物科技有限公司	省级	宠物饲料加工
浙　江	杭州市种猪试验场	国家级	猪的饲养
广　西	广西农垦明阳农场有限公司	省级	柑橘类种植
黑龙江	北大荒马铃薯集团有限公司	省级	淀粉及淀粉制品制造
北　京	承德三元金星鸭业有限责任公司	省级	牲畜屠宰
河　北	唐山市腾龙畜禽养殖有限公司	省级	鸡的饲养
北　京	北京二商龙和食品有限公司	省级	酱油、食醋及类似制品制造
上　海	上海光明森源生物科技有限公司	省级	食用菌种植
广　州	张家口长城乳业有限公司	省级	液体乳制造
上　海	光明米业集团上海国际贸易有限公司	省级	谷物、豆及薯类批发
广　东	广东省农垦集团进出口有限公司	省级	贸易代理
上　海	上海福新面粉有限公司	省级	小麦加工
贵　州	贵州省清镇农牧场生态发展有限公司	省级	葡萄种植
河　北	北粮农业股份有限公司	省级	鸡的饲养
广　东	广东省梅陇农场	省级	稻谷种植
河　北	沧州临港海益水产养殖有限公司	省级	海水养殖
江　西	江西云山绿海现代农业科技有限公司	省级	农业科学研究和试验发展
吉　林	钓鱼台医药集团吉林天强制药股份有限公司	省级	中成药生产
天　津	天津农垦渤海农业集团有限公司	省级	稻谷种植
上　海	上海大瀛食品有限公司	省级	肉制品及副产品加工
湖　北	武汉市玫隆皇冠食品有限公司	省级	食品及饲料添加剂制造
安　徽	安徽省雁湖面粉有限公司	省级	农产品初加工活动
江　西	九江市云山油茶科技发展有限公司	省级	油料种植
河　北	唐山禾丰饲料有限公司	省级	其他饲料加工
天　津	天津市广源畜禽养殖有限公司	省级	鸡的饲养
广　东	茂名市广垦长晟粮油食品有限公司	省级	食用植物油加工
河　北	唐山兴业奶牛养殖有限公司	省级	牛的饲养
江　西	江西燕山青茶叶有限公司	省级	茶叶种植
广　东	湛江燕塘澳新牧业有限公司	省级	牛的饲养
河　南	河南省黄泛区天鹰缸套股份有限公司	省级	船用配套设备制造
安　徽	安徽省安禽禽业有限公司	省级	鸡的饲养
北　京	北京大红门京深海鲜批发市场有限公司	省级	市场管理服务
河　北	沧州临港渤捷种业有限公司	省级	种子批发
黑龙江	黑龙江省福康生物科技有限公司	省级	乳粉制造
上　海	上海乐惠米业有限公司	省级	稻谷加工
甘　肃	甘肃黄羊河集团种业有限责任公司	省级	玉米种植

3－7 续表 2

增加值（万元）	排序	总产值（万元）	排序	销售产值（万元）	排序	年末资产总额（万元）	排序	所有者权益（万元）	排序	固定资产原值年末数（万元）	排序	年平均从业人员（人）	排序
4 245	73	13 307	86	13 307	87	2 410	153	1 956	120	1 979	131	63	132
4 036	74	9 141	101	8 959	103	8 039	125	2 956	113	3 057	123	76	127
3 830	75	9 300	98	9 300	100	77 162	49	56 448	31	10 944	81	524	51
3 812	76	31 750	58	52 379	46	171 198	27	64 039	26	77 445	27	636	46
3 368	77	15 716	80	14 488	85	20 041	96	986	132	12 501	73	333	69
3 184	78	17 241	77	17 241	76	14 050	111	12 287	70	10 689	82	104	114
3 176	79	5 140	126	5 140	126	6 058	133	4 920	101	4 202	113	151	103
3 098	80	14 096	85	14 096	86	101 508	41	−3 241	146	37 749	39	335	68
3 091	81	8 514	103	8 319	107	14 052	110	12 376	69	8 643	89	209	90
3 000	82	314 616	11	310 038	9	49 611	63	7 101	93	49	155	18	147
2 902	83	4 300	134	155 641	19	38 446	76	−2 440	145	200	154	85	121
2 900	84	30 955	59	31 471	56	39 498	74	11 098	77	13 431	68	140	105
2 881	85	2 881	141	2 881	138	3 024	148	−37	141	1 869	134		
2 790	86	13 200	87	13 200	88	46 531	68	51 500	33	26 945	48	100	116
2 762	87	4 116	136	2 213	142	20 076	95	1 993	119	11 566	76	403	64
2 706	88	5 517	121	5 394	123	7 800	126	1 057	130	962	145	83	123
2 700	89	9 000	102	8 500	105	15 000	104	11 000	78	3 000	124	267	76
2 600	90	6 500	114	6 500	115	14 846	106	8 577	86	6 400	102	175	96
2 425	91	5 770	119	5 770	121	94 923	44	71 106	23	19 799	62	158	101
2 371	92	10 844	94	10 981	94	16 885	101	4 865	102	11 840	74	162	99
2 280	93	408 613	6	34 302	51	21 866	93	8 810	84	17 132	65	1 445	21
2 243	94	7 004	109	21 190	71	13 596	115	1 219	128	3 635	117	126	108
2 070	95	6 900	110	6 900	112	7 000	132	4 800	103	4 800	112	16	148
2 059	96	15 396	82	16 183	78	12 381	118	6 982	95	8 237	90	81	124
2 007	97	13 125	89	13 125	90	21 174	94	15 692	64	13 386	69	122	109
1 973	98	12 847	90	15 328	82	105 463	40	5 713	100	27 733	47	138	107
1 889	99	6 152	117	6 152	117	7 221	129	6 561	97	5 628	108	60	135
1 869	100	6 230	115	6 223	116	5 758	135	2 508	115	1 628	135	72	129
1 744	101	6 539	113	6 531	114	12 608	117	6 558	98	7 048	97	81	124
1 742	102	3 896	137	3 330	135	7 082	131	2 276	117	7 233	95	203	91
1 694	103	6 839	111	5 170	125	3 536	141	1 934	121	1 876	133	70	130
1 678	104	4 882	131	10 642	96	25 628	87	11 123	76	1 193	141	122	109
1 645	105	3 300	140	3 000	137	5 000	139	930	133	1 204	139	75	128
1 640	106	5 466	122	5 466	122	13 654	114	12 176	71	7 582	93	177	94
1 628	107	25 720	63	29 130	58	57 579	59	12 601	68	1 348	137	65	131
1 400	108	4 152	135	4 514	129	10 532	121			2 816	125	29	144

省　份	企业名称	省级或国家级	行业类型
黑龙江	北大荒亲民有机食品有限公司	省级	蔬菜加工
甘　肃	甘肃亚盛绿鑫啤酒原料集团有限责任公司	省级	其他饮料作物种植
北　京	北京二商（江西大观楼）食品有限公司	省级	其他调味品、发酵制品制造
新疆农业	温宿县宏丰农业发展有限责任公司	省级	其他水果种植
辽　宁	阜新德美客食品有限公司	省级	肉制品及副产品加工
河　北	沧州临港金太阳绿色农业有限公司	省级	蔬菜种植
江　西	江西云山集团畜牧水产良种公司	省级	畜牧良种繁殖活动
河　南	河南兆丰种业公司	省级	其他农业
上　海	上海鲜花港企业发展有限公司	省级	花卉种植
辽　宁	北镇市众成禽业有限公司	省级	其他畜牧专业及辅助性活动
贵　州	贵阳金满船饲料有限公司	省级	其他饲料加工
山　西	临汾市尧都区奶牛场	省级	果品、蔬菜批发
甘　肃	甘肃黄羊河集团食品有限公司	省级	其他未列明农副食品加工
甘　肃	甘肃大有农业科技有限公司	省级	薯类种植
河　北	张家口察哈尔乳业有限公司	省级	乳粉制造
安　徽	安徽倮倮米业有限公司	省级	农产品初加工活动
新疆畜牧	新疆天莱养殖有限责任公司	国家级	牛的饲养
广　东	湛江燕塘乳业有限公司	省级	液体乳制造
辽　宁	辽宁实维天食品有限公司	省级	速冻食品制造
新疆农业	温宿永丰农业发展有限责任公司	省级	水果和坚果加工
天　津	天津市黄庄洼米业有限公司	省级	稻谷加工
河　南	河南省诸美种猪育种集团有限公司	省级	猪的饲养
安　徽	安徽省农业服务股份有限公司	省级	农产品初加工活动
甘　肃	甘肃黄羊河集团蔬菜有限责任公司	省级	蔬菜种植
安　徽	安徽省青草湖酒业有限公司	省级	黄酒制造
青　海	青海省牧草良种繁殖场	省级	其他谷物种植
湖　北	武汉市荣发调味食品有限公司	省级	食品及饲料添加剂制造
安　徽	安徽省绿魁茶业有限公司	省级	精制茶加工
湖　北	武汉市金德戈糖业有限公司	省级	制糖业
四　川	四川一枝春茶业有限公司	省级	茶叶种植
吉　林	敦化市东升鹿业有限责任公司	省级	其他牲畜饲养
北　京	北京百年栗园生态农业有限公司	省级	其他家禽饲养
湖　北	武汉中农南方科技有限公司	省级	农产品初加工活动
天　津	天津农垦康嘉生态养殖有限公司	省级	猪的饲养
内蒙古	海拉尔麦福劳有限责任公司	省级	薯类种植
湖　北	武汉供销农资物流股份有限公司	省级	其他农业

3－7 续表 3

增加值（万元）	排序	总产值（万元）	排序	销售产值（万元）	排序	年末资产总额（万元）	排序	所有者权益（万元）	排序	固定资产原值年末数（万元）	排序	年平均从业人员（人）	排序
1 372	109	5 040	129	5 837	120	15 967	102	2 397	116	7 247	94	261	78
1 254	110	6 061	118	533	150	2 991	149	56	140	2 569	126	807	40
1 238	111	2 742	143	2 701	139	7 304	128	1 638	123	6 058	104	101	115
1 223	112	8 469	104	1 221	146	5 978	134	4 191	105	5 759	106	34	143
1 174	113	3 682	138	3 747	131	3 295	145	1 017	131	2 330	127	99	117
1 132	114	2 463	144	2 412	140	3 500	142	1 120	129	875	147	160	100
1 050	115	3 500	139	3 500	133	2 743	151	－65	142	1 085	142	419	58
1 043	116	9 148	100	8 616	104	9 700	123	7 692	91	6 870	100	635	47
1 037	117	9 781	96	9 781	98	50 116	62	18 485	58	3 371	120	56	137
950	118	950	149			1 000	155			1 000	143	14	150
912	119	15 117	83	15 939	79	7 572	127	1 362	126	1 447	136	95	119
835	120	4 332	133	4 126	130	2 815	150	137	139	2 064	130	195	92
810	121	7 178	108	7 153	111	12 700	116	3 139	110	7 113	96	285	74
808	122	5 584	120	4 776	128	5 579	138	3 046	112	2 306	129	37	141
762	123	5 081	127	984	147	17 378	100	12 968	67	27 804	46	230	83
762	124	6 203	116	6 001	118	13 839	112	6 461	99	4 202	114	77	126
754	125	14 173	84	12 241	91	49 400	65	9 462	81	10 018	85	210	89
696	126	18 913	74	22 968	67	11 425	120	8 450	87	7 979	92	336	67
684	127	2 143	145	2 143	143	4 662	140	813	134	2 314	128	61	134
650	128	5 200	124	5 200	124	59 334	58	4 358	104	3 897	116	91	120
645	129	5 078	128	3 718	132	11 909	119	2 612	114	3 214	121	39	139
612	130	18 586	75	9 859	97	35 003	81	20 990	57	12 581	72	165	98
598	131	19 782	71	19 872	74	15 765	103	7 274	92	3 128	122	112	111
564	132	6 570	112	6 552	113	3 046	147	618	136	611	151	15	149
505	133	1 073	147	1 615	145	3 313	144	756	135	1 200	140	62	133
477	134	4 773	132	3 484	134	22 266	90	10 047	80	10 371	83	1 066	26
350	135	19 920	70	19 920	73	18 740	97	15 740	63	6 882	99	175	96
245	136	2 107	146	2 035	144	3 427	143	265	138	1 922	132	29	144
206	137	8 357	106	7 163	110	13 725	113	4 147	106	5 302	110	58	136
184	138	2 815	142	2 378	141	3 281	146	2 128	118	340	152	42	138
50	139	181	152	176	152	958	156	－497	144	919	146	23	146
－259	140	9 183	99	9 183	101	14 623	107	－11 835	149	9 019	86	221	85
－280	141	1 020	148	910	148	2 450	152	1 280	127	1 000	143		
－501	142	700	150	670	149	14 208	109	9 045	83	8 894	87	39	139
－977	143	5 017	130	5 900	119	7 084	130	－12 503	150	6 174	103	189	93
－2 455	144	11 674	92	9 361	99	18 728	98	9 414	82	6 786	101	97	118

省　份	企业名称	省级或国家级	行业类型
上　海	上海市海丰水产养殖有限公司	省级	内陆养殖
上　海	上海光明饲料有限公司	省级	畜牧渔业饲料批发
内蒙古	呼伦贝尔合适佳食品有限公司	省级	食用植物油加工
黑龙江	黑龙江省北大荒米业集团有限公司	省级	稻谷加工
湖　北	蒙牛乳制品武汉有限责任公司	省级	羊的饲养
河　北	海兴牧原农牧有限公司	省级	猪的饲养
辽　宁	盘锦北方农业技术开发有限公司	省级	种子批发
浙　江	松阳县良种繁育场	省级	内陆养殖
湖　北	湖北红杏生态环境科技有限公司	省级	其他农业
湖　北	武汉山绿农产品集团股份有限公司	省级	其他农产品仓储
贵　州	国营丹寨县金钟农场	省级	稻谷种植
新疆农业	吐鲁番市高昌区红柳河园艺场	省级	葡萄种植

3－7续表4

增加值（万元）	排序	总产值（万元）	排序	销售产值（万元）	排序	年末资产总额（万元）	排序	所有者权益（万元）	排序	固定资产原值年末数（万元）	排序	年平均从业人员（人）	排序
－2 485	145	49 115	53	31 606	55	47 017	67	8 649	85	14 876	66	105	113
－3 476	146	18 500	76	17 884	75	49 493	64	3 874	107	5 786	105	108	112
－4 644	147	22 670	67	27 921	60	61 347	56	－34 916	153	29 671	44	261	78
－6 048	148	111 548	33	108 429	28	339 282	14	－ 193 353	154	156 625	12	867	35
－11 622	149	173 316	18	179 331	16	41 469	72	13 010	66	11 041	80	695	43
		8 377	105	8 355	106	14 873	105	8 345	88	3 449	119	242	80
				3 107	136	5 626	137	3 782	108	847	148	9	151
		122	153	122	153	1 808	154	1 625	124	1 296	138	3	152
		11 479	93	11 479	93	22 246	91	15 238	65	741	149	85	121
		8 135	107	7 749	109	96 261	42	68 683	25	41 899	36	139	106
		351	151	269	151	10 162	122	3 057	111	6 967	98	211	88
						8 138	124	1 674	122	8 138	91		

建运服部分

4－1　建筑业基本情况

地　　区	年末单位个数 （个）	年末从业人员 （人）	全年从业人员报酬 （万元）	年末固定资产原值 （万元）
全国农垦	**3 178**	**361 168**	**3 205 036.75**	**5 714 908.87**
北　　京	2	46	570.00	544.00
天　　津	1	62	1 084.10	446.90
河　　北	669	9 571	43 492.20	61 427.14
山　　西				
内 蒙 古	33	758	1 877.00	2 528.00
辽　　宁	190	11 078	35 966.60	73 639.50
吉　　林	13	184	397.59	776.00
黑 龙 江	4	5 621	31 632.70	27 564.00
上　　海	8	567	7 101.00	7 197.00
江　　苏	62	3 204	29 591.00	54 008.00
浙　　江	1	7	8.95	
安　　徽	123	3 918	14 340.94	2 176.66
福　　建	113	1 432	6 212.50	1 883.00
江　　西	73	5 789	17 381.00	22 349.36
山　　东	5	208	237.50	1 031.90
河　　南	4	335	1 196.00	1 072.00
湖　　北	754	151 464	1 053 963.00	315 908.00
湖　　南	51	9 757	34 837.50	21 766.55
广　　东	251	6 245	39 096.45	41 955.64
广　　西	217	10 245	54 991.00	307 212.00
海　　南	235	9 448	54 242.00	187 924.00
重　　庆				
四　　川				
贵　　州				
云　　南	65	740	2 399.00	1 657.00
陕　　西	1	5 230	3 320.00	33.40
甘　　肃	2	627	8 810.00	3 824.00
青　　海				
宁　　夏	18	1 746	4 464.00	1 252.00
新疆（兵团）	245	120 965	1 753 710.40	932 748.30
新疆（农业）	7	593	607.00	537.00
新疆（畜牧）	31	1 328	3 507.32	3 643 447.52
热 科 院				
广　　州				
南　　京				

4－1续表

地　区	年末拥有机械设备总台数（台）	全年施工房屋建筑面积（米^2）	房屋建筑竣工面积（米^2）	建筑业总产值（万元）
全国农垦	**65 782**	**41 615 262**	**16 741 944**	**29 916 311.47**
北　京	3	20 000	6 000	3 639.00
天　津	12	80 052	79 697	25 132.30
河　北	4 052	242 280	89 107	5 949 841.00
山　西				
内蒙古	62	35 560	30 509	14 284.20
辽　宁	1 670	1 057 383	384 217	302 900.80
吉　林	43	7 219	7 219	786.58
黑龙江	1 115	466 568	325 249	338 288.70
上　海	11	2 858 370	1 118 184	163 526.00
江　苏	709	13	11	190 551.00
浙　江				215.57
安　徽	124	564 298	138 794	72 530.79
福　建	105	113 696	86 732	25 424.00
江　西	4 161	1 710 712	1 408 414	200 296.00
山　东	102	9 595	4 866	4 890.40
河　南	270	20 000	16 000	5 001.00
湖　北	20 507	12 590	3 593	11 139 561.00
湖　南	10 432	990 056	736 986	165 150.60
广　东	1 018	641 131	504 136	225 304.60
广　西	3 201	2 641 954	1 144 145	674 769.00
海　南	819	1 432 866	732 554	637 738.00
重　庆				
四　川				
贵　州				
云　南	140	128 331	118 106	22 089.00
陕　西	27	7 560	7 560	5 226.00
甘　肃	5	104 677	102 679	14 171.00
青　海				
宁　夏	441	29		12 853.40
新疆（兵团）	16 369	28 331 010	9 579 615	9 303 113.10
新疆（农业）	22	5 225	5 225	406 118.60
新疆（畜牧）	362	134 087	112 347	12 909.83
热科院				
广　州				
南　京				

4-2 国有及国有控股建筑业基本情况

地区	年末单位个数（个）	年末从业人员（人）	全年从业人员报酬（万元）	年末固定资产原值（万元）
全国农垦	**223**	**155 696**	**2 005 179.54**	**913 056.61**
北京	2	46	570.00	544.00
天津	1	62	1 084.10	446.90
河北	2	32	34.40	490.00
山西				
内蒙古	5	134	367.00	1 079.00
辽宁	7	371	730.10	235.00
吉林				
黑龙江	4	5 621	31 632.70	27 564.00
上海	8	567	7 101.00	7 197.00
江苏	4	86	1 262.00	494.00
浙江				
安徽	5	2 776	11 388.14	750.56
福建	1	50	202.00	
江西	11	261	961.00	833.20
山东	1	3	14.00	
河南	1	50	146.00	872.00
湖北	18	60 042	589 112.00	20 613.00
湖南	2	720	58.50	555.55
广东	11	317	8 620.00	9 264.00
广西	20	1 228	5 280.00	30 295.00
海南	17	1 549	22 237.00	5 346.00
重庆				
四川				
贵州				
云南	4	102	473.00	385.00
陕西	1	5 230	3 320.00	33.40
甘肃	2	66	380.00	3 824.00
青海				
宁夏	2	533	2 695.00	446.00
新疆(兵团)	92	75 443	1 317 272.60	801 314.00
新疆(农业)	2	407	239.00	475.00
新疆(畜牧)				
热科院				
广州				
南京				

4－2续表

地　　区	年末拥有机械设备总台数（台）	全年施工房屋建筑面积（米²）	房屋建筑竣工面积（米²）	建筑业总产值（万元）
全国农垦	**12 599**	**24 079 983**	**7 927 993**	**13 861 262.24**
北　　京	3	20 000	6 000	3 639.00
天　　津	12	80 052	79 696	25 132.30
河　　北	5			50.00
山　　西				
内 蒙 古	27	6 760	6 709	5 083.00
辽　　宁	20	5	1	1 934.80
吉　　林				
黑 龙 江	1 115	466 568	325 249	338 288.70
上　　海	11	2 858 370	1 118 184	163 526.00
江　　苏	3	1		8 583.00
浙　　江				
安　　徽	3	534 367	121 706	57 509.79
福　　建				215.00
江　　西	73	23 500	22 520	1 864.00
山　　东		60	60	240.00
河　　南	210	18 000	14 000	3 511.00
湖　　北	885	9 624	2 114	6 307 012.00
湖　　南	10	402	277	5 778.60
广　　东	51	27 108	26 098	41 783.25
广　　西	190	331 276	117 078	41 604.00
海　　南	2	499 351	383 956	194 842.00
重　　庆				
四　　川				
贵　　州				
云　　南	15	41 125	40 048	8 188.00
陕　　西	27	7 560	7 560	5 226.00
甘　　肃	5	10 978	8 980	5 741.00
青　　海				
宁　　夏	269	16		10 515.90
新疆（兵团）	9 651	19 144 861	5 647 757	6 630 454.90
新疆（农业）	12			540.00
新疆（畜牧）				
热 科 院				
广　　州				
南　　京				

4-3 交通运输业基本情况

地　区	年末单位个数（个）	年末从业人员（人）	全年从业人员报酬（万元）	年末固定资产原值（万元）	年末拥有主要运输工具（台）
全国农垦	**36 731**	**135 651**	**4 592 559.01**	**9 386 720.83**	**482 719**
北　京	5	2 180	10 625.20	22 651.03	1 750
天　津					
河　北	7 772	20 236	111 627.87	2 926 220.00	12 343
山　西	43	110	298.00	644.00	43
内蒙古	504	2 028	6 728.60	92 418.00	1 472
辽　宁	3 948	8 765	177 764.85	64 861.40	7 619
吉　林	127	268	774.70	2 883.00	136
黑龙江	136	3 584	13 612.00	194 637.00	575
上　海	35	11 822	783 217.00	398 339.00	705
江　苏	30	2 445	24 204.00	26 269.00	764
浙　江	2	6	11.00		2
安　徽	574	980	4 771.05	7 799.00	650
福　建	742	1 482	7 857.90	5 275.00	895
江　西	273	1 803	5 661.00	12 192.00	1 045
山　东					
河　南	1	35	64.00	132.00	7
湖　北	13 122	45 069	286 506.00	1 741 031.00	39 668
湖　南	108	3 337	11 080.00	22 254.00	22 540
广　东	876	3 911	23 683.98	34 360.50	2 784
广　西	3 307	4 874	24 027.00	50 834.00	4 371
海　南	1 939	6 755	24 489.00	30 778.00	11 781
重　庆	2	429	3 479.00	1 121.00	297
四　川	1	13	84.00		
贵　州					
云　南	1 317	2 166	9 157.00	79 200.00	7 337
陕　西					
甘　肃	19	36	156.92	415.27	18
青　海					
宁　夏	712	1 226	4 277.00	6 846.00	835
新疆(兵团)	97	5 641	20 000.00	131 475.80	363 780
新疆(农业)	391	4 963	19 042.09	5 199.00	424
新疆(畜牧)	647	1 472	3 019 314.85	3 528 757.83	863
热科院					
广　州					
南　京	1	15	45.00	128.00	15

4－3续表

地　　区	全年客货运输量		营业总收入（万元）	
	货运量（万吨）	客运量（万人）		货运及装卸收入（万元）
全国农垦	**764 895 424**	**294 674 534**	**17 047 831.44**	**10 944 693.77**
北　京	141 850	6 305 000	52 612.22	22 962.43
天　津				
河　北	333 331 240	4 852 730	248 450.60	67 193.20
山　西	15	53 000	684.00	375.00
内蒙古	5 643 610	895 115	37 538.90	29 454.32
辽　宁	10 382 608	5 335 876	115 771.35	69 026.41
吉　林	106 370	750 435	2 527.26	552.49
黑龙江	107 800	290	15 339.00	234.75
上　海	662 935	7 674	653 463.00	651 019.00
江　苏	221	109	82 733.00	56 358.00
浙　江			23.00	23.00
安　徽	1 411 171	947 113	11 172.65	6 732.25
福　建	2 691 498	5 943 074	16 325.00	14 305.00
江　西	561 336	502 244	20 889.00	16 124.00
山　东				
河　南		7 849	105.00	30.00
湖　北	98 600 000	18 020 000	903 062.00	852 066.00
湖　南	1 478 818	667 110	64 941.28	33 316.00
广　东	5 961 958	7 823 854	76 526.02	50 993.12
广　西	41 702 370	10 376 625	107 234.00	80 270.00
海　南	10 952 017	5 668 891	76 621.00	58 681.00
重　庆	46		20 171.00	20 171.00
四　川			0.10	0.10
贵　州				
云　南	248 376 700	225 011 000	40 180.00	26 148.00
陕　西				
甘　肃	47 245	16 900	841.50	794.50
青　海				
宁　夏	3 877	4 359	10 173.00	6 032.00
新疆（兵团）	78 799	23 743	3 394 533.45	2 731 649.29
新疆（农业）	444 934	116 025	14 632.00	1 264.00
新疆（畜牧）	2 058 007	1 305 519	11 081 142.11	6 148 844.91
热科院				
广　州				
南　京	150 000	40 000	140.00	74.00

4－4　国有及国有控股交通运输业基本情况

地　区	年末单位个数（个）	年末从业人员（人）	全年从业人员报酬（万元）	年末固定资产原值（万元）	年末拥有主要运输工具（台）
全国农垦	**640**	**24 296**	**841 114.48**	**649 112.60**	**4 993**
北　京	5	2 180	10 625.20	22 651.03	1 750
天　津					
河　北	2	16	41.00	91.00	
山　西					
内蒙古	3	256	929.00	4 580.00	10
辽　宁					
吉　林					
黑龙江	136	3 584	13 612.00	194 637.00	575
上　海	35	11 822	783 217.00	398 339.00	705
江　苏					
浙　江					
安　徽					
福　建	9	9			
江　西	2	226	548.00	816.00	83
山　东					
河　南		20			
湖　北	5	293	1 185.00	3 563.00	243
湖　南	1	7	22.00	158.00	31
广　东	6	739	6 761.92	7 933.30	664
广　西	73	144	799.00	2 521.00	131
海　南	323	116	1 483.00	3 734.00	26
重　庆	2	429	3 479.00	1 121.00	297
四　川	1	13	84.00		
贵　州					
云　南	32	109	557.00	8 409.00	451
陕　西					
甘　肃	1	6	27.92	2.27	
青　海					
宁　夏	1	8	64.00	279.00	8
新疆（兵团）					
新疆（农业）	1	4 302	17 507.09		
新疆（畜牧）	2	17	172.35	278.00	19
热科院					
广　州					
南　京					

4-4续表

地区	全年客货运输量		营业总收入（万元）	
	货运量（万吨）	客运量（万人）		货运及装卸收入（万元）
全国农垦	**23 713 438**	**18 516 077**	**796 358.90**	**714 040.10**
北京	141 850	6 305 000	52 612.22	22 962.43
天津				
河北	20 000	10 000	178.00	160.00
山西				
内蒙古	20 001		4 709.00	209.00
辽宁				
吉林				
黑龙江	107 800	290	15 339.00	234.75
上海	662 935	7 674	653 463.00	651 019.00
江苏				
浙江				
安徽				
福建			46.00	
江西	5 000	426 000	1 252.00	230.00
山东				
河南				
湖北	21 410 000	4 040 000	8 346.00	
湖南	5		47.00	47.00
广东		4 500 000	6 516.19	
广西	295 000	1 920 000	2 630.00	445.00
海南	864 907	76 113	18 157.00	17 607.00
重庆	46		20 171.00	20 171.00
四川			0.10	0.10
贵州				
云南		1 231 000	281.82	56.32
陕西				
甘肃	5		558.50	555.50
青海				
宁夏	69		337.00	337.00
新疆（兵团）				
新疆（农业）			11 458.00	
新疆（畜牧）	185 820		257.07	6.00
热科院				
广州				
南京				

4－5　批发零售业基本情况

地　　区	年末单位个数（个）	年末从业人员（人）	全年从业人员报酬（万元）	营业网点个数（个）
全国农垦	**117 862**	**843 151**	**1 251 089.30**	**91 641**
北　　京	109	4 857	70 301.15	212
天　　津	23	2 432	24 574.60	740
河　　北	6 087	22 006	73 912.00	7 992
山　　西	1 042	3 459	7 254.04	1 135
内 蒙 古	2 043	5 045	16 940.99	1 176
辽　　宁	7 511	28 450	84 687.00	6 129
吉　　林	819	1 828	3 796.06	662
黑 龙 江	467	6 596	58 035.00	457
上　　海	165	10 751	99 918.00	3 420
江　　苏	3 940	13 174	86 885.00	2 720
浙　　江	49	97	299.50	50
安　　徽	1 926	6 589	15 473.98	2 544
福　　建	1 897	5 549	13 564.10	1 498
江　　西	2 954	12 890	36 529.00	6 643
山　　东	42	97	371.80	42
河　　南	262	1 029	2 978.43	395
湖　　北	65 510	131 472	351 114.00	24 249
湖　　南	2 600	8 306	22 459.00	2 241
广　　东	3 543	10 144	58 127.29	2 879
广　　西	5 686	18 061	77 656.00	5 798
海　　南	2 619	533 351	91 432.00	11 262
重　　庆	2	37	476.00	
四　　川	2	54	139.00	4
贵　　州	1	71	849.00	
云　　南	4 926	10 037	31 523.00	5 939
陕　　西	29	79	313.80	24
甘　　肃	165	376	1 999.37	116
青　　海				
宁　　夏	1 202	2 626	6 949.00	1 262
新疆（兵团）				
新疆（农业）	1 093	1 873	3 651.00	1 239
新疆（畜牧）	1 105	1 646	7 389.77	764
热 科 院		12	118.45	2
广　　州	4	65	1 106.00	4
南　　京	39	92	265.97	43

4－5 续表

地　区	年末固定资产原值（万元）	年末营业用房面积（米²）	销售总额或营业收入（万元）
全国农垦	**3 946 846.99**	**8 838 242**	**44 085 216.28**
北　京	365 155.80	606 200	8 228 978.76
天　津	197 701.20	84 733	1 881 586.30
河　北	135 752.00	205 967	2 318 909.00
山　西	2 951.26	31 630	406 325.00
内蒙古	59 745.47	224 112	206 041.10
辽　宁	165 983.50	744 907	513 309.50
吉　林	8 971.67	67 398	8 350.29
黑龙江	545 842.00	637 166	3 914 881.00
上　海	922 335.00	841 460	6 004 928.00
江　苏	70 510.00	144 234	821 545.00
浙　江	304.00	2 283	1 824.72
安　徽	42 586.37	175 004	167 202.65
福　建	46 076.50	124 086	164 669.50
江　西	39 502.00	331 434	361 178.00
山　东	796.00	3 796	2 274.58
河　南	9 660.01	38 959	24 166.46
湖　北	598 328.00	2 697 924	11 717 131.00
湖　南	30 250.00	142 994	370 341.00
广　东	161 558.24	218 675	1 677 876.07
广　西	273 275.00	487 909	1 512 856.00
海　南	127 059.00	415 079	1 017 952.00
重　庆	5 450.00	6 700	20 875.00
四　川	5.00	189	150.00
贵　州	209.00		14 921.00
云　南	82 411.00	372 969	2 320 349.00
陕　西	4 172.30	3 302	550.40
甘　肃	5 988.24	11 503	113 190.65
青　海			
宁　夏	11 118.00	46 714	30 241.00
新疆（兵团）			
新疆（农业）	27 351.00	69 366	109 549.68
新疆（畜牧）	5 193.31	94 767	13 790.69
热科院	35.71	1 598	357.05
广　州	232.00	899	136 490.00
南　京	338.41	4 285	2 425.88

4－6 国有及国有控股批发零售业基本情况

地 区	年末单位个数（个）	年末从业人员（人）	全年从业人员报酬（万元）	营业网点个数（个）
全国农垦	**651**	**56 220**	**291 631.85**	**5 599**
北 京	109	4 857	70 301.15	212
天 津	23	2 432	24 574.60	740
河 北	11	196	167.00	15
山 西	4	55	216.00	4
内 蒙 古	18	523	3 763.00	51
辽 宁	67	882	4 026.90	180
吉 林				
黑 龙 江	55	1 030	2 927.00	454
上 海	165	10 751	99 918.00	3 420
江 苏	3	548	2 850.00	3
浙 江				
安 徽	5	319	2 655.00	16
福 建	5	53	380.00	1
江 西	11	36	127.00	6
山 东	2	4	24.00	
河 南	11	159	950.73	166
湖 北	14	2 301	35 393.00	27
湖 南				
广 东	26	1 297	10 612.23	155
广 西	36	845	4 681.00	43
海 南	49	28 864	15 693.00	3
重 庆	2	37	476.00	
四 川				
贵 州				
云 南	18	528	8 072.00	25
陕 西	1	25	115.00	
甘 肃	7	190	1 575.27	5
青 海				
宁 夏	4	219	988.00	64
新疆（兵团）				
新疆（农业）				
新疆（畜牧）				
热 科 院				
广 州	4	65	1 106.00	4
南 京	1	4	39.97	5

4－6续表

地　区	年末固定资产原值（万元）	年末营业用房面积（米²）	销售总额或营业收入（万元）
全国农垦	**2 552 646.54**	**2 591 401**	**26 944 479.84**
北　京	365 155.80	606 200	8 228 978.76
天　津	197 701.20	84 733	1 881 586.30
河　北	54 187.00	25 154	120 037.00
山　西	277.26	1 679	3 156.62
内蒙古	37 461.00	37 292	120 391.00
辽　宁	3 675.50	6 805	27 078.70
吉　林			
黑龙江	545 119.00	635 008	3 914 328.00
上　海	922 335.00	841 460	6 004 928.00
江　苏	15 320.00	6 908	44 280.00
浙　江			
安　徽	21 609.00	3 950	33 440.33
福　建	670.00	1 000	32 225.00
江　西	1 142.00	8 167	1 612.00
山　东	52.00	375	221.00
河　南	8 796.01	30 109	6 961.36
湖　北	134 669.00	32 420	1 738 360.00
湖　南			
广　东	121 225.02	13 751	1 152 863.64
广　西	21 541.00	135 801	435 883.00
海　南	64 710.00	1 710	746 220.00
重　庆	5 450.00	6 700	20 875.00
四　川			
贵　州			
云　南	18 975.00	104 591	2 171 291.00
陕　西	3 783.00		3.00
甘　肃	5 385.34	1 950	110 830.25
青　海			
宁　夏	3 169.00	3 754	12 194.00
新疆（兵团）			
新疆（农业）			
新疆（畜牧）			
热科院			
广　州	232.00	899	136 490.00
南　京	6.41	985	245.88

4－7　餐饮业基本情况

地　　区	年末单位个数（个）	年末从业人员（人）	全年从业人员报酬（万元）	营业网点个数（个）
全国农垦	**24 282**	**118 474**	**1 899 191.35**	**21 686**
北　　京	6	196	3 882.63	5
天　　津	3	221	1 436.30	3
河　　北	1 329	9 855	36 724.00	1 352
山　　西	37	420	1 706.50	45
内 蒙 古	627	1 780	8 558.16	373
辽　　宁	1 548	17 160	33 211.00	1 665
吉　　林	132	411	1 238.01	104
黑 龙 江	45	1 366	4 703.00	59
上　　海	21	1 928	144 504.00	13
江　　苏	581	3 003	14 973.00	280
浙　　江	17	58	173.20	17
安　　徽	559	2 323	6 808.22	788
福　　建	510	1 862	5 403.10	518
江　　西	850	6 572	16 257.00	1 072
山　　东	11	24	79.00	11
河　　南	45	288	791.40	43
湖　　北	11 564	38 178	107 114.00	5 185
湖　　南	965	3 292	3 182.00	2 528
广　　东	663	4 390	25 816.39	563
广　　西	908	5 060	21 902.00	972
海　　南	455	8 718	28 708.00	2 425
重　　庆	2	365	2 781.00	3
四　　川	1	100	200.00	
贵　　州				
云　　南	1 879	6 413	18 279.00	2 268
陕　　西	19	132	383.00	18
甘　　肃	43	100	522.56	39
青　　海	1	25	115.00	1
宁　　夏	393	1 924	3 453.00	391
新疆（兵团）				
新疆（农业）	474	1 012	1 402 514.00	470
新疆（畜牧）	568	1 252	3 655.22	449
热 科 院				
广　　州				
南　　京	26	46	117.66	26

4－7续表

地　区	年末固定资产原值（万元）	年末营业用房面积（米²）	销售总额或营业收入（万元）
全国农垦	**1 485 907.56**	**3 532 720**	**1 869 492.99**
北　京	21 308.38	36 801	10 821.12
天　津	1 279.10	5 760	3 227.90
河　北	34 310.00	106 742	217 890.00
山　西	392.00	4 559	3 966.10
内蒙古	11 046.30	93 202	19 052.40
辽　宁	153 631.00	227 421	109 675.70
吉　林	2 268.83	21 474	2 879.07
黑龙江	392 215.00	212 522	15 166.00
上　海	73 224.00	207 859	21 653.00
江　苏	16 267.00	41 500	63 585.00
浙　江	612.00	1 680	948.50
安　徽	45 031.50	98 674	26 425.20
福　建	23 385.80	99 395	16 537.30
江　西	32 320.00	150 547	184 951.00
山　东	472.00	833	116.00
河　南	1 039.00	10 570	5 888.00
湖　北	112 834.00	557 065	687 072.00
湖　南	29 117.00	91 608	24 729.00
广　东	27 695.66	229 472	107 896.03
广　西	70 645.00	124 920	171 987.00
海　南	131 904.00	287 399	71 338.00
重　庆	8 127.00	31 200	7 001.00
四　川		100	500.00
贵　州			
云　南	257 015.00	384 907	65 320.00
陕　西	3 265.70	39 987	1 053.20
甘　肃	2 742.98	126 486	1 102.20
青　海	3 500.00	17 000	265.00
宁　夏	18 746.00	50 698	10 905.00
新疆（兵团）			
新疆（农业）	6 387.00	87 688	9 946.76
新疆（畜牧）	3 338.08	177 451	6 496.39
热科院			
广　州			
南　京	1 788.23	7 200	1 099.12

4－8 国有及国有控股餐饮业基本情况

地　区	年末单位个数（个）	年末从业人员（人）	全年从业人员报酬（万元）	营业网点个数（个）
全国农垦	**254**	**7 630**	**171 546.13**	**398**
北　京	6	196	3 882.63	5
天　津	3	221	1 436.30	3
河　北	2	39	90.00	2
山　西				
内蒙古	2	88	237.00	2
辽　宁	112	1 269	4 168.00	228
吉　林				
黑龙江	36	980	2 503.00	58
上　海	21	1 928	144 504.00	13
江　苏	2	10	640.00	1
浙　江				
安　徽	3	345	1 140.06	5
福　建	3	10	42.00	
江　西	4	43	138.00	4
山　东				
河　南				
湖　北	4	52	167.00	4
湖　南				
广　东	9	279	3 154.12	9
广　西	7	68	245.00	7
海　南	5	539	2 449.00	12
重　庆	2	365	2 781.00	3
四　川				
贵　州				
云　南	25	613	2 527.00	33
陕　西	1	47	168.00	1
甘　肃	2	11	138.36	2
青　海				
宁　夏	4	440	693.00	5
新疆（兵团）				
新疆（农业）		86	430.00	
新疆（畜牧）				
热科院				
广　州				
南　京	1	1	12.66	1

4－8续表

地　区	年末固定资产原值（万元）	年末营业用房面积（$米^2$）	销售总额或营业收入（万元）
全国农垦	**679 450.45**	**887 196**	**127 395.82**
北　京	21 308.38	36 801	10 821.12
天　津	1 279.10	5 760	3 227.90
河　北	1 518.00	1 439	810.00
山　西			
内蒙古	412.00	4 230	522.00
辽　宁	18 095.00	14 900	28 118.00
吉　林			
黑龙江	392 080.00	212 522	14 931.00
上　海	73 224.00	207 859	21 653.00
江　苏	1 930.00	3 728	4 830.00
浙　江			
安　徽	34 759.00	46 847	7 296.00
福　建			48.00
江　西	587.00	9 687	370.00
山　东			
河　南			
湖　北	1 445.00	8 904	702.00
湖　南			
广　东	2 535.56	15 743	4 056.48
广　西	8 692.00	3 876	960.00
海　南	71 926.00	83 434	8 092.00
重　庆	8 127.00	31 200	7 001.00
四　川			
贵　州			
云　南	19 644.00	42 665	7 344.00
陕　西	2 917.00	16 000	268.00
甘　肃	2 529.18	121 412	269.20
青　海			
宁　夏	14 860.00	15 189	2 117.00
新疆（兵团）			
新疆（农业）			3 820.00
新疆（畜牧）			
热科院			
广　州			
南　京	1 582.23	5 000	139.12

4－9 服务业基本情况

地　　区	年末单位个数（个）	年末从业人员（人）	全年从业人员报酬（万元）	营业网点个数（个）
全国农垦	**27 425**	**133 412**	**674 114.83**	**32 266**
北　京	164	9 142	113 486.71	89
天　津	44	1 305	21 647.20	20
河　北	7 029	21 015	91 350.00	7 578
山　西	63	425	1 448.10	115
内蒙古	622	1 497	4 075.32	391
辽　宁	2 835	13 221	51 171.30	2 948
吉　林	111	267	533.40	117
黑龙江	101	6 312	33 855.00	
上　海	56	2 223	42 355.00	184
江　苏	2 163	11 149	87 004.00	1 016
浙　江	24	107	688.39	28
安　徽	856	2 597	7 044.64	1 093
福　建	603	1 783	5 073.10	691
江　西	228	2 863	10 727.00	1 855
山　东	16	33	111.00	14
河　南	28	132	315.80	29
湖　北	5 067	14 294	53 392.00	5 356
湖　南	1 162	11 934	21 960.00	268
广　东	1 518	8 214	47 566.61	1 580
广　西	1 176	3 868	19 290.00	1 180
海　南	765	10 484	24 343.00	3 226
重　庆	2	209	2 297.00	2
四　川	1	10	81.35	1
贵　州	1	6	19.48	
云　南	1 409	4 519	11 436.00	3 033
陕　西	23	219	1 382.00	46
甘　肃	67	304	1 904.95	59
青　海				
宁　夏	611	2 841	11 300.00	607
新疆（兵团）				
新疆（农业）	242	487	2 470.00	335
新疆（畜牧）	345	1 650	2 253.73	306
热科院				
广　州	10	65	2 334.00	
南　京	83	237	1 198.75	99

4－9 续表

地　　区	年末固定资产原值（万元）	年末营业用房面积（米²）	销售总额或营业收入（万元）
全国农垦	**1 857 195.65**	**4 559 146**	**4 694 768.22**
北　　京	624 297.92	1 003 356	568 692.51
天　　津	86 584.00	82 454	443 909.00
河　　北	182 006.00	292 458	783 373.00
山　　西	2 263.41	4 453	27 940.00
内 蒙 古	9 073.60	50 237	65 905.00
辽　　宁	30 869.00	133 748	173 873.00
吉　　林	1 083.00	8 841	1 344.68
黑 龙 江	214 332.00	225 270	53 761.00
上　　海	11.00	326 355	656 981.00
江　　苏	155 546.00	265 753	313 292.00
浙　　江	11 319.60	173 499	3 196.00
安　　徽	12 398.90	34 189	37 216.10
福　　建	49 347.60	44 232	9 947.20
江　　西	5 795.00	52 426	614 870.00
山　　东	505.00	603	183.00
河　　南	2 094.31	11 501	1 032.70
湖　　北	47 185.00	228 803	107 305.00
湖　　南	38 610.00	58 564	348 318.00
广　　东	115 758.47	726 361	184 826.36
广　　西	73 218.00	168 475	98 607.00
海　　南	43 686.00	155 865	52 229.00
重　　庆	12 348.00	65 900	6 633.00
四　　川	304.24	497	237.55
贵　　州	31.30		57.14
云　　南	18 487.00	176 164	55 740.00
陕　　西	4 014.00	10 136	13 651.30
甘　　肃	15 084.79	41 804	6 639.19
青　　海			
宁　　夏	78 806.00	42 015	24 002.00
新疆（兵团）			
新疆（农业）	6 375.00	7 043	2 462.00
新疆（畜牧）	791.83	38 369	2 715.51
热 科 院			
广　　州	8 560.00	114 606	13 204.00
南　　京	6 409.68	15 169	22 624.98

4－10　国有及国有控股服务业基本情况

地　区	年末单位个数（个）	年末从业人员（人）	全年从业人员报酬（万元）	营业网点个数（个）
全国农垦	**681**	**29 575**	**266 658.07**	**993**
北　京	164	8 927	113 486.71	89
天　津	44	1 305	21 647.20	20
河　北	1	74	247.00	
山　西	2	123	341.00	2
内蒙古	14	99	562.00	13
辽　宁	39	130	85.00	36
吉　林				
黑龙江	100	6 284	33 772.00	
上　海	56	2 223	42 355.00	184
江　苏	6	3 120	4 100.00	3
浙　江	4	60	523.59	8
安　徽	23	399	1 927.54	114
福　建	4	98	437.00	7
江　西	2	14	54.00	1
山　东				
河　南	2	17	189.00	2
湖　北	2	20	109.00	3
湖　南				
广　东	43	2 553	18 166.70	50
广　西	28	543	3 872.00	28
海　南	27	1 518	7 868.00	29
重　庆	2	209	2 297.00	2
四　川	1	10	81.35	1
贵　州	1	6	19.48	
云　南	74	268	1 173.00	74
陕　西	3	119	674.00	13
甘　肃	15	247	1 777.75	9
青　海	2	86	640.00	279
宁　夏	9	937	6 990.00	7
新疆（兵团）				
新疆（农业）				
新疆（畜牧）				
热科院				
广　州	10	65	2 334.00	
南　京	3	121	928.75	19

4-10续表

地　　区	年末固定资产原值（万元）	年末营业用房面积（$米^2$）	销售总额或营业收入（万元）
全国农垦	**1 259 924.97**	**2 891 530**	**2 009 836.84**
北　　京	624 297.12	1 003 356	568 508.51
天　　津	86 584.00	82 454	443 909.00
河　　北	180.00	160	252.00
山　　西	1 786.41	816	1 036.54
内 蒙 古	2 345.00	7 485	19 278.00
辽　　宁		680	917.00
吉　　林			
黑 龙 江	207 693.00	222 151	53 652.00
上　　海	11.00	326 355	656 981.00
江　　苏	23 480.00	101 220	39 090.00
浙　　江	11 176.00	172 642	2 577.00
安　　徽	4 254.00	3 258	21 879.00
福　　建	6 994.00	1 660	743.00
江　　西	368.00	2 390	329.00
山　　东			
河　　南	70.31	500	686.70
湖　　北	616.00	2 032	549.00
湖　　南			
广　　东	88 363.12	488 412	72 980.73
广　　西	41 574.00	29 368	21 180.00
海　　南	26 519.00	47 772	22 416.00
重　　庆	12 348.00	65 900	6 633.00
四　　川	304.24	497	237.55
贵　　州	31.30		57.14
云　　南	4 723.00	56 021	5 245.00
陕　　西	3 221.00	5 830	10 838.00
甘　　肃	14 964.79	39 349	6 103.69
青　　海	10 276.00	83 926	3 987.00
宁　　夏	73 104.00	19 802	16 222.00
新疆（兵团）			
新疆（农业）			
新疆（畜牧）			
热 科 院			
广　　州	8 560.00	114 606	13 204.00
南　　京	6 081.68	12 889	20 344.98

固定资产投资

5－1 固定资产投资完成情况

计量单位：万元

地　区	本年完成投资总额（按工程用途分）				资金来源合计
		第一产业	第二产业	第三产业	
全国农垦	**25 788 420.67**	**2 256 854.78**	**14 493 453.96**	**9 038 111.93**	**27 400 796.74**
北　京	228 567.71	103 102.12	59 696.74	65 768.85	229 648.46
天　津	167 963.00	51 231.00	22 219.00	94 513.00	167 963.00
河　北	4 294 231.20	178 495.20	3 056 846.00	1 058 890.00	5 459 429.20
山　西	1 081.77	1 022.45	31.30	28.02	1 081.77
内蒙古	286 633.29	176 163.62	66 547.95	43 921.72	193 657.29
辽　宁	826 315.95	234 466.66	257 972.65	333 876.64	826 315.95
吉　林	7 671.90	6 543.90	1 110.00	18.00	6 561.90
黑龙江	657 198.78	323 117.14	37 996.55	296 085.09	734 158.33
上　海	512 045.00	35 832.00	285 264.00	190 949.00	512 045.00
江　苏	555 552.00	41 823.00	120 554.00	393 175.00	555 552.00
浙　江	1 198.62	1 041.62		157.00	1 126.88
安　徽	27 783.35	13 725.71	3 501.93	10 555.71	27 783.35
福　建	45 556.11	1 358.83	27 041.28	17 156.00	45 611.71
江　西	2 473 364.00	66 325.00	1 710 671.00	696 368.00	2 473 364.00
山　东	46 629.34	24 517.77	2 156.00	19 955.57	34 818.34
河　南	21 449.71	2 505.02	18 832.92	111.77	21 419.71
湖　北	12 832 429.00	486 081.00	7 869 664.00	4 476 684.00	12 832 429.00
湖　南	474 048.90	60 232.90	243 739.00	170 077.00	1 002 546.90
广　东	314 941.63	91 647.65	75 110.06	148 183.92	314 941.63
广　西	916 811.00	79 567.00	422 842.00	414 402.00	927 203.00
海　南	538 066.00	65 481.00	36 891.00	435 694.00	537 866.00
重　庆	67 767.00	8 217.00	39 774.00	19 776.00	65 400.00
四　川	2 883.30	2 215.49	139.00	528.81	2 833.30
贵　州	7 042.26	969.00	6 059.00	14.26	7 051.26
云　南	148 849.00	29 063.00	55 819.00	63 967.00	148 849.00
陕　西	9 307.00	5 334.13	3 873.00	99.87	9 276.13
甘　肃	61 122.91	28 176.55	8 372.67	24 573.69	48 541.60
青　海	9 163.62	6 751.62		2 412.00	9 143.22
宁　夏	82 642.00	48 679.00	22 720.00	11 243.00	82 642.00
新疆（兵团）					
新疆（农业）	39 639.35	30 085.35	6 265.00	3 289.00	12 242.02
新疆（畜牧）	96 289.18	52 257.03	29 202.91	14 829.24	75 341.74
热科院	30 380.77			30 380.77	30 157.03
广　州	3 274.00	569.00	2 542.00	163.00	3 274.00
南　京	522.02	257.02		265.00	522.02

5-1续表

地 区	国家预算内资金	国内贷款	利用外资	自筹资金	其他资金	当年新增固定资产
全国农垦	**4 263 024.43**	**406 926.00**	**426 443.50**	**18 153 836.13**	**4 150 566.68**	**11 368 273.59**
北　京	3 280.67	6 905.00		191 287.99	28 174.80	156 125.37
天　津	2 140.50	3 957.00	8 835.00	151 664.50	1 366.00	167 963.00
河　北	1 265 582.00			4 055 531.20	138 316.00	1 825 463.20
山　西	450.00			154.77	477.00	781.77
内蒙古	42 143.19	1 328.00	900.00	97 783.82	51 502.28	185 764.98
辽　宁	61 023.13	86 722.00		583 011.82	95 559.00	355 180.18
吉　林	742.01			5 597.19	222.70	1 405.90
黑龙江	337 343.58	31 692.00		271 411.23	93 711.52	466 276.64
上　海	70 536.00	27 323.00	4 306.00	376 542.00	33 338.00	399 354.00
江　苏	26 430.00			517 997.00	11 125.00	439 386.00
浙　江	334.00			411.84	381.04	716.78
安　徽	16 665.01			9 007.32	2 111.02	19 609.29
福　建	4 946.00		700.00	38 231.71	1 734.00	29 673.11
江　西	289 295.00	4 538.00	140 345.00	1 716 085.00	323 101.00	442 265.00
山　东	6 328.62		1 450.00	27 039.72		1 664.63
河　南	590.66			20 709.05	120.00	2 767.62
湖　北	1 391 499.00	83 885.00	250 404.00	8 786 515.00	2 320 126.00	5 319 933.00
湖　南	469 243.00	43 795.00	15 000.00	91 010.90	383 498.00	411 349.90
广　东	71 028.08	2 000.00		126 074.04	115 839.51	160 536.46
广　西	29 129.00	46 974.00		735 852.00	115 248.00	351 716.00
海　南	34 535.00			107 081.00	396 250.00	385 493.00
重　庆	7 400.00	23 000.00		35 000.00		21 600.00
四　川	616.92			1 569.19	647.19	684.09
贵　州	686.00			5 933.26	432.00	1 005.46
云　南	21 061.00	21 144.00		93 796.00	12 848.00	58 713.00
陕　西	1 850.00			7 015.13	411.00	9 212.00
甘　肃	9 675.43	1 330.00	4 384.50	15 615.69	17 535.98	43 744.99
青　海	5 972.60			170.80	2 999.82	5 438.62
宁　夏	21 029.00	22 333.00	119.00	38 683.00	478.00	22 660.00
新疆(兵团)						
新疆(农业)	5 392.30			6 849.72		11 754.23
新疆(畜牧)	38 746.52			36 392.22	203.00	52 155.05
热科院	27 330.21			116.00	2 710.82	15 454.30
广　州				3 274.00		1 904.00
南　京				422.02	100.00	522.02

5－2 国有单位固定资产完成情况

计量单位：万元

地区	本年完成投资总额（按工程用途分）	第一产业	第二产业	第三产业	资金来源合计
全国农垦	**6 910 177.31**	**1 194 633.05**	**1 519 327.90**	**4 196 216.36**	**7 224 834.75**
北京	227 108.10	103 102.12	58 378.50	65 627.48	228 075.85
天津	167 963.00	51 231.00	22 219.00	94 513.00	167 963.00
河北	285 206.20	22 602.20	141 642.00	120 962.00	305 074.20
山西	1 081.77	1 022.45	31.30	28.02	1 081.77
内蒙古	158 726.19	68 702.00	60 890.47	29 133.72	80 373.19
辽宁	134 713.94	80 487.54	4 968.66	49 257.74	124 213.94
吉林	2 063.84	1 045.84	1 000.00	18.00	971.44
黑龙江	657 198.78	323 117.14	37 996.55	296 085.09	734 158.33
上海	512 045.00	35 832.00	285 264.00	190 949.00	512 045.00
江苏	509 785.00	40 069.00	91 771.00	377 945.00	528 385.00
浙江	1 070.38	913.38		157.00	998.64
安徽	24 171.40	12 632.41	1 104.82	10 434.17	24 171.40
福建	16 273.11	1 096.83	8 871.28	6 305.00	17 721.71
江西	382 906.00	19 240.00	65 183.00	298 483.00	374 517.00
山东	13 577.34	1 811.77	6.00	11 759.57	11 180.34
河南	18 001.71	2 149.02	15 740.92	111.77	18 001.71
湖北	2 665 246.00	73 768.00	470 377.00	2 121 101.00	2 665 246.00
湖南	144 000.90	8 025.90	24 059.00	111 916.00	488 658.90
广东	146 823.06	70 011.86	24 954.52	51 856.68	146 823.06
广西	283 107.00	62 818.00	36 625.00	183 664.00	293 499.00
海南	135 097.00	50 035.00	24 214.00	60 848.00	134 897.00
重庆	58 675.00	1 357.00	37 542.00	19 776.00	54 200.00
四川	2 781.12	2 113.31	139.00	528.81	2 731.12
贵州	6 772.26	699.00	6 059.00	14.26	6 781.26
云南	81 621.00	19 131.00	44 349.00	18 141.00	81 621.00
陕西	9 212.00	5 334.13	3 778.00	99.87	9 181.13
甘肃	58 679.97	25 900.71	8 317.57	24 461.69	45 654.66
青海	9 142.62	6 730.62		2 412.00	9 142.62
宁夏	79 029.00	47 879.00	20 469.00	10 681.00	79 029.00
新疆（兵团）					
新疆（农业）	27 116.35	21 627.35	2 200.00	3 289.00	8 112.02
新疆（畜牧）	56 805.48	33 321.45	18 635.31	4 848.72	36 372.41
热科院	30 380.77			30 380.77	30 157.03
广州	3 274.00	569.00	2 542.00	163.00	3 274.00
南京	522.02	257.02		265.00	522.02

5－2续表

地　　区	国家预算内资金	国内贷款	利用外资	自筹资金	其他资金	当年新增固定资产
全国农垦	**2 646 965.88**	**205 419.00**	**18 344.50**	**3 432 980.47**	**921 124.90**	**4 073 425.09**
北　　京	3 280.67	6 905.00		189 715.38	28 174.80	155 874.58
天　　津	2 140.50	3 957.00	8 835.00	151 664.50	1 366.00	167 963.00
河　　北	34 736.00			245 060.20	25 278.00	142 819.20
山　　西	450.00			154.77	477.00	781.77
内 蒙 古	32 765.19	30.00		47 450.00	128.00	78 254.19
辽　　宁	7 235.54	23 156.00		4 113.40	89 709.00	75 339.07
吉　　林	662.01			86.73	222.70	971.44
黑 龙 江	337 343.58	31 692.00		271 411.23	93 711.52	466 276.64
上　　海	70 536.00	27 323.00	4 306.00	376 542.00	33 338.00	399 354.00
江　　苏	26 430.00			490 830.00	11 125.00	403 282.00
浙　　江	334.00			283.60	381.04	588.54
安　　徽	16 325.01			6 392.32	1 454.07	17 460.41
福　　建	4 907.00		700.00	11 020.71	1 094.00	13 341.11
江　　西	249 878.00	396.00		83 213.00	41 030.00	84 624.00
山　　东	6 328.62			4 851.72		1 664.63
河　　南	590.66			17 291.05	120.00	2 411.62
湖　　北	1 198 764.00	28 210.00		993 865.00	444 407.00	1 492 133.00
湖　　南	399 389.00			4 526.90	84 743.00	80 879.90
广　　东	68 565.72	2 000.00		69 129.38	7 127.96	95 472.53
广　　西	29 119.00	21 059.00		234 190.00	9 131.00	165 200.00
海　　南	32 205.00			91 774.00	10 918.00	53 998.00
重　　庆	6 200.00	20 000.00		28 000.00		16 420.00
四　　川	616.92			1 467.01	647.19	581.91
贵　　州	416.00			5 933.26	432.00	735.46
云　　南	19 867.00	19 691.00		30 364.00	11 699.00	27 995.00
陕　　西	1 850.00			6 920.13	411.00	9 212.00
甘　　肃	9 675.43		4 384.50	14 058.75	17 535.98	42 966.86
青　　海	5 972.00			170.80	2 999.82	5 417.62
宁　　夏	21 029.00	21 000.00	119.00	36 431.00	450.00	22 000.00
新疆(兵团)						
新疆(农业)	5 157.30			2 954.72		2 681.23
新疆(畜牧)	26 866.52			9 302.89	203.00	28 845.06
热 科 院	27 330.21			116.00	2 710.82	15 454.30
广　　州				3 274.00		1 904.00
南　　京				422.02	100.00	522.02

5－3 外贸出口供货商品金额

计量单位：万元

地　　区	外贸出口供货商品金额	农产品	林产品	畜产品	水产品
全国农垦	**4 734 081.32**	**414 552.06**	**4 700.56**	**70 666.76**	**129 709.30**
北　　京	34 263.69			23 284.19	
天　　津	16 103.60				
河　　北	251 040.00				3 199.00
山　　西					
内 蒙 古					
辽　　宁	65 709.60	10 318.00			17 959.30
吉　　林					
黑 龙 江	58 522.50	18 365.01	4 700.56	31 925.65	
上　　海	76 874.50	29 326.00			
江　　苏	20 986.00	1 630.00			
浙　　江	67 662.00	137.00			
安　　徽					
福　　建	3 261.00	322.00			
江　　西	54 593.00				
山　　东					
河　　南					
湖　　北	421 915.00	26 932.00		5 125.00	62 546.00
湖　　南	5 252.68	5 252.68			
广　　东	666 383.75	520.00		3 290.55	46 005.00
广　　西	97 850.00	8 651.00		589.00	
海　　南	14 040.00	14 040.00			
重　　庆	5 480.00				
四　　川					
贵　　州					
云　　南	11 836.00	11 836.00			
陕　　西					
甘　　肃	5 206.53	4 606.53			
青　　海					
宁　　夏	7 952.00	7 952.00			
新疆(兵团)	2 844 989.47	274 663.84		2 292.37	
新疆(农业)					
新疆(畜牧)	4 160.00			4 160.00	
热 科 院					
广　　州					
南　　京					

5-3 续表

地　区	工业品	#医药	食品	纺织品
全国农垦	**4 114 452.64**	**2 673.14**	**206 292.74**	**1 987 203.66**
北　京	10 979.50		10 979.50	
天　津	16 103.60		13 465.60	1 541.80
河　北	247 841.00		8 123.00	9 331.00
山　西				
内蒙古				
辽　宁	37 432.30	400.00	2 400.00	3 721.30
吉　林				
黑龙江	3 531.28		3 531.28	
上　海	47 548.50			
江　苏	19 356.00	138.00	1 528.00	580.00
浙　江	67 525.00			67 525.00
安　徽				
福　建	2 939.00			40.00
江　西	54 593.00			5 465.00
山　东				
河　南				
湖　北	327 312.00	299.00	6 371.00	36 493.00
湖　南				
广　东	616 568.20		192.00	2 706.00
广　西	88 610.00			670.00
海　南				
重　庆	5 480.00		5 480.00	
四　川				
贵　州				
云　南				
陕　西				
甘　肃	600.00		600.00	
青　海				
宁　夏				
新疆(兵团)	2 568 033.26	1 836.14	153 622.36	1 859 130.56
新疆(农业)				
新疆(畜牧)				
热科院				
广　州				
南　京				

5－4 外贸出口供货商品量情况

种类和地区	计量单位	出口供货商品数量
大豆	**吨**	
全国		**3 072**
黑龙江		3 072
玉米	**吨**	
全国		**11 332**
黑龙江		62
甘肃		470
新疆（畜牧）		10 800
蔬菜	**吨**	
全国		**101 370**
辽宁		1 685
黑龙江		913
上海		96
江苏		3 980
湖北		4 100
甘肃		4 600
宁夏		17 673
新疆（兵团）		16 324
新疆（畜牧）		52 000
水果	**吨**	
全国		**107 870**
湖南		22 371
广西		16 842
新疆（兵团）		63 457
新疆（畜牧）		5 200
牛	**头**	
全国		**3 300**
新疆（畜牧）		3 300
猪	**头**	
全国		**67 239**
湖北		39 155
湖南		5 250
广东		20 936
广西		1 836
新疆（畜牧）		62
羊	**只**	
全国		**45 160**
新疆（畜牧）		45 160
家禽	**只**	
全国		**12 300**
新疆（畜牧）		12 300
猪肉	**吨**	
全国		**4 046**
北京		60
广东		2 634
新疆（畜牧）		1 353
牛肉	**吨**	
全国		**86 580**
新疆（畜牧）		86 580
羊肉	**吨**	
全国		**55 650**
新疆（畜牧）		55 650
家禽肉	**吨**	
全国		**9 230**
北京		7 909
黑龙江		96
新疆（畜牧）		1 225
牛奶	**吨**	
全国		**10 400**
新疆（畜牧）		10 400
鱼类	**吨**	
全国		**32 158**
河北		1 000
辽宁		2 157
上海		26 881
广东		2 120
虾类	**吨**	
全国		**10 600**
广东		10 600
对虾	**吨**	
全国		**10 558**
辽宁		488
广东		10 070
原料药	**吨**	

8-3续表1

种类和地区	计量单位	出口供货商品数量	种类和地区	计量单位	出口供货商品数量
全国		**7 661**	**葡萄酒**	**吨**	
湖北		7 661	**全国**		**6**
大米	**吨**		天津		6
全国		**21 600**	**茶叶**	**吨**	
辽宁		6 000	**全国**		**484**
新疆（畜牧）		15 600	浙江		25
食用油类	**吨**		福建		459
全国		**179**	**饲料**	**吨**	
江西		179	**全国**		**6 360**
乳制品	**吨**		新疆（畜牧）		6 360
全国		**14 793**	**服装**	**件**	
河北		14 793	**全国**		**61 254 496**
罐头	**吨**		河北		151 046
全国		**25 019**	江苏		250 000
黑龙江		14 509	浙江		1 760 000
上海		4 379	江西		55 730 000
湖南		996	湖北		200 000
广东		829	广东		3 162 000
重庆		4 306	新疆（畜牧）		1 450
酒类	**吨**		**棉纱**	**件**	
全国		**1 552**	**全国**		**3 590 000**
上海		1 292	广东		3 590 000
新疆（畜牧）		260			

5－5　主要物资消费情况

地　　区	钢材（吨）	木材（包括原木和锯材）（米^3）	水泥（吨）	纯碱（吨）
全国农垦	**2 998 438**	**4 522 260**	**11 855 193**	**17 341**
北　　京	4 287	27	14 187	2
天　　津	5			
河　　北	34 783	9 917	42 292	7 505
山　　西	1 630	131	1 710	
内 蒙 古	12 395	9 082	99 151	
辽　　宁	57 559	81 558	395 693	1 595
吉　　林	839	702	31 419	380
黑 龙 江				
上　　海	20 182			
江　　苏	31 582	6 105	382 106	9
浙　　江	61	44	495	1
安　　徽	23 353	11 294	33 189	
福　　建	15 230	22 284	63 713	60
江　　西	206 938	69 051	288 144	1 781
山　　东	3 318	222	7 962	
河　　南	1 469	408	7 475	160
湖　　北	479 980	878 104	946 157	883
湖　　南	156 855	34 322	486 688	
广　　东	53 594	41 758	250 294	
广　　西	169 786	2 793 161	659 417	506
海　　南	65 897		535 104	
重　　庆	35 670		38 689	
四　　川	10	5	80	
贵　　州	80	40	155	
云　　南	16 804	51 178	25 182	1
陕　　西	7		4 326	
甘　　肃	11		460	
青　　海	3		55	
宁　　夏	12 884	38 713	24 233	
新疆(兵团)	1 556 349	455 128	7 409 373	3 947
新疆(农业)	7 260	849	45 973	
新疆(畜牧)	25 854	18 164	52 493	512
热 科 院	2 213	15	8 978	
广　　州				
南　　京	1 550			

5-5续表

地　区	烧碱（吨）	化肥（实物量）（吨）	聚乙烯、聚丙烯（吨）
全国农垦	**50 952**	**6 399 554**	**249 703**
北　京		952	38
天　津		1 749	
河　北	742	65 296	2 492
山　西	3	7 293	
内蒙古	9	266 872	1 045
辽　宁	755	157 745	1 420
吉　林		70 085	255
黑龙江		1 206 811	
上　海	25 442	33 553	136
江　苏	90	176 703	1 298
浙　江		3 860	637
安　徽		59 793	91
福　建	5	33 155	13
江　西	129	83 293	2 825
山　东		38 196	14
河　南	22	40 767	244
湖　北	916	508 356	91 691
湖　南	2 530	462 044	7 249
广　东	108	218 979	104
广　西	5 895	156 505	1 432
海　南	37	187 295	
重　庆		40	
四　川		1 940	
贵　州		1 002	
云　南	7	56 221	2
陕　西		17 062	10
甘　肃	10	97 190	3 826
青　海		14 566	
宁　夏	66	73 886	35
新疆（兵团）	14 146	1 573 373	132 210
新疆（农业）	31	637 455	1 875
新疆（畜牧）	8	146 064	761
热科院		1 439	1
广　州			
南　京		12	

5－6　主要能源消费情况

地　　区	原煤 （吨）	原煤 （吨标准煤）	焦炭 （吨）	焦炭 （吨标准煤）	汽油 （吨）
全国农垦	**61 309 657**	**43 775 095**	**2 030 987**	**1 972 900**	**1 305 824**
北　　京	415 574	296 720			8 755
天　　津	54	39			673
河　　北	114 920	82 053	5 385	5 231	46 016
山　　西	14 760	10 539	80	78	8 512
内 蒙 古	557 962	398 385			34 037
辽　　宁	772 478	551 550	6 629	6 439	249 149
吉　　林	13 268	9 473	552	536	4 803
黑 龙 江	1 520 576	1 085 691	309	300	131 547
上　　海			1 000	971	84 764
江　　苏	10 996	7 851			13 862
浙　　江	510	364			1 026
安　　徽	14 882	10 626	13	13	1 875
福　　建	2 948	2 105	17	17	3 949
江　　西	114 454	81 720	1 649	1 602	34 978
山　　东					1 160
河　　南	91 966	65 664	4	4	3 151
湖　　北	238 260	170 118	11 518	11 189	143 089
湖　　南	149 271	106 580	23 061	22 401	45 471
广　　东	4 905	3 502	91	89	35 275
广　　西	141 470	101 010	4 660	4 527	20 289
海　　南	12	9			13 079
重　　庆	1 579	1 127			409
四　　川	122	87	20	19	6 275
贵　　州	848	605			38
云　　南	40 918	29 215			15 737
陕　　西	11 776	8 408			1 146
甘　　肃	70 966	50 670			758
青　　海	16 156	11 535			477
宁　　夏	42 156	30 099			2 823
新疆（兵团）	56 685 011	40 473 098	1 975 625	1 919 122	359 587
新疆（农业）	89 642	64 004			10 873
新疆（畜牧）	171 189	122 229	374	363	21 735
热 科 院	6	4			365
广　　州					129
南　　京	22	16			12

5－6续表1

地　　区	汽油（吨标准煤）	柴油（吨）	柴油（吨标准煤）	#农用柴油（吨）	电力（千瓦时）	电力（吨标准煤）
全国农垦	**1 921 389**	**3 183 567**	**4 638 776**	**843 082**	**122 250 291 984**	**49 389 118**
北　　京	12 882	20 865	30 402	1 484	742 402 982	299 931
天　　津	990	1 108	1 614	1 004	314 460 000	127 042
河　　北	67 708	26 386	38 447	3 765	2 177 665 415	879 777
山　　西	12 525	1 814	2 643	1 100	170 154 000	68 742
内 蒙 古	50 082	71 820	104 649	40 384	492 055 197	198 790
辽　　宁	366 597	38 684	56 366	4 816	1 523 504 527	615 496
吉　　林	7 067	18 045	26 293	11 765	242 884 253	98 125
黑 龙 江	193 558	383 255	558 441	297 326	1 725 700 000	697 183
上　　海	124 722	981 324	1 429 887	75 198	1 695 561 612	685 007
江　　苏	20 397	40 914	59 616	30 285	764 150 000	308 717
浙　　江	1 509	2 897	4 222	34	206 634 408	83 480
安　　徽	2 759	7 002	10 203	3 719	114 388 309	46 213
福　　建	5 810	4 078	5 943	343	162 859 066	65 795
江　　西	51 467	35 031	51 044	10 425	1 364 530 000	551 270
山　　东	1 707	922	1 343	245	174 396 200	70 456
河　　南	4 636	4 756	6 930	2 760	160 412 193	64 807
湖　　北	210 541	94 159	137 199	35 579	578 149	234
湖　　南	66 906	50 937	74 220	20 342	1 670 291 596	674 798
广　　东	51 904	66 049	96 241	9 282	921 475 245	372 276
广　　西	29 853	28 493	41 517	9 503	841 672 103	340 036
海　　南	19 244	10 829	15 779		491 460 000	198 550
重　　庆	602	4 635	6 754		159 624 670	64 488
四　　川	9 232	3 597	5 241	15	2 560 496	1 034
贵　　州	57	61	88	5	38 862 884	15 701
云　　南	23 155	5 234	7 626	2 728	32 383 500	13 083
陕　　西	1 687	1 037	1 510	507	30 192 553	12 198
甘　　肃	1 115	7 857	11 449	4 083	256 295 883	103 544
青　　海	702	1 012	1 475	94	6 612 525	2 671
宁　　夏	4 154	52 955	77 161		144 280 000	58 289
新疆（兵团）	529 097	1 183 080	1 723 866	257 405	84 168 029 500	34 003 884
新疆（农业）	15 999	16 678	24 302	12 293	542 642 084	219 227
新疆（畜牧）	31 981	17 189	25 047	6 539	20 843 123 912	8 420 622
热 科 院	537	130	190	55	43 888 361	17 731
广　　州	190	732	1 067		22 460 359	9 074
南　　京	18	2	3		2 100 000	848

5－6续表2

地　　区	燃气消费（米³）	工业用气（米³）	天然气（米³）	农业用气（米³）	天然气（米³）	其他能源（吨标准煤）
全国农垦	**1 367 205 694**	**827 710 794**	**678 319 753**	**24 637 465**	**24 936 971**	**738 721**
北　京	33 027 447	35 345 259	33 613 032	15 962 726	15 962 726	18 315
天　津	7 553 487	7 222 117		46 377		1 321
河　北	283 368 683	278 894 361	140 306 526	2 301 890	2 352 126	46 011
山　西						149
内蒙古	5 336	1 000			1 050	
辽　宁	7 355 822	4 039 923	1 020 523	234 449	230 127	4 125
吉　林	17 029		20		9	
黑龙江	11 240 000	7 880 000	7 880 000	350 000	350 000	425 184
上　海	70 643 642	59 925 735	36 545 775	2 908 301	2 908 301	38 271
江　苏						
浙　江	57					
安　徽	3			3	3	
福　建	27 932	1 681	750	7 800	7 250	10
江　西	6 584 095	603 967	6 637			2 384
山　东	1 010 026					
河　南	5 332 067	5 330 063	5 330 063		2 000	
湖　北	227 816 163	77 866 226	101 511 914	2 022	19 820	31
湖　南	4 718 583	2 739 825	4 517 559	4	142 625	60
广　东	1 137 275	1 119 125	1 114 155	18 150	1 062	59 279
广　西	5 627				83	98 100
海　南	1 280 951	1 280 951	1 184 091			
重　庆	21 623 522	20 573 007	20 573 007	975 582	975 582	
四　川	25 155				5 250	
贵　州	3 000	3 000	3 000			42 495
云　南	527 875	527 875				
陕　西	363 446		94 469		307 576	
甘　肃	996 589	10 000	811 589			
青　海	156 000				60 000	
宁　夏	5 188 400	5 188 400	5 188 400			130
新疆（兵团）	674 750 008	315 624 900	315 624 900	1 324 140	1 324 140	100
新疆（农业）	1 788 660		38 000		212 000	10
新疆（畜牧）	231 623	800 000	221 964	506 021	73 721	2 745
热科院	427 191				1 520	
广　州		2 733 379	2 733 379			
南　京						

5－7 热力消费情况

地　　区	集中供热耗热量（千焦耳）	集中供热耗热量（吨标准煤）	集中供冷耗冷量（千焦耳）	集中供冷耗冷量（吨标准煤）
全国农垦	**2 322 613 743 903**	**792 011 287**	**2 540 400 000**	**866 276**
北　　京	185 169 848 134	63 142 918		
天　　津				
河　　北	18 995 691 100	6 477 531	6 000 000	2 046
山　　西	3 624 175	1 236		
内 蒙 古	1 275 609 154 600	434 982 722		
辽　　宁	512 693 592 666	174 828 515		
吉　　林				
黑 龙 江	277 176 770 000	94 517 279		
上　　海	104 370 800	35 590		
江　　苏				
浙　　江				
安　　徽				
福　　建				
江　　西				
山　　东	7 308 230 000	2 492 106		
河　　南				
湖　　北				
湖　　南				
广　　东	948 800 000	323 541	2 534 400 000	864 230
广　　西				
海　　南				
重　　庆				
四　　川				
贵　　州	950			
云　　南				
陕　　西	448 200	153		
甘　　肃	1 574 244 000	536 817		
青　　海				
宁　　夏	9 500 000	3 240		
新疆（兵团）				
新疆（农业）	94 960 000	32 381		
新疆（畜牧）	42 924 509 278	14 637 258		
热 科 院				
广　　州				
南　　京				

5－8　水消费情况

计量单位：米³

地　　区	工业用水总量	地表水源用水量	地下水源用水量	其他水源用水量
全国农垦	**15 561 222 290**	**15 195 164 305**	**73 949 508**	**292 108 477**
北　　京	8 653 816	2 711 364	4 771 566	1 170 886
天　　津	240 570 000	300 000	500 000	239 770 000
河　　北	10 257 729	1 977 412	5 524 144	2 756 173
山　　西	442 510	300 000	122 510	20 000
内 蒙 古	861 239	215 036	646 203	
辽　　宁	100 468 761	93 200 590	3 724 566	3 543 605
吉　　林	2 590	1 700	521	369
黑 龙 江	11 151 912	11 151 912		
上　　海	24 485 173	13 097 318	1 179 201	10 208 654
江　　苏	12 640 693	11 023 467	983 205	634 021
浙　　江	100 676	15 840		84 836
安　　徽	109 806	100 006	9 800	
福　　建	9 053 584	5 784 117	61 137	3 208 330
江　　西	291 397 196	290 732 664	155 866	508 666
山　　东				
河　　南	44 293 856	800 000	43 193 856	300 000
湖　　北	2 932 586	1 611 751	1 113 150	207 685
湖　　南	12 517 640	10 257 548	1 475 756	784 336
广　　东	32 014 691	30 049 121	1 249 303	716 266
广　　西	35 339 801	12 601 497	2 067 807	20 670 497
海　　南	7 875 777	828 852	3 060 268	3 986 657
重　　庆	57 335 030	57 335 030		
四　　川	9 870	5 520		4 350
贵　　州	1 019 202		78 632	940 570
云　　南	16 823 547	16 611 066	163 718	48 763
陕　　西	204 000	120 000	84 000	
甘　　肃	14 598 470 271	14 596 901 029	1 485 449	83 793
青　　海	9 300	8 900	400	
宁　　夏	3 212 570		2 095 852	1 116 718
新疆(兵团)	108 924	15 435	93 400	89
新疆(农业)	1 380 767	524 475	2 090	854 202
新疆(畜牧)	36 985 362	36 876 654	107 108	1 600
热 科 院				
广　　州	487 411			487 411
南　　京	6 000	6 000		

5－8 续表

地　　区	工业废水排放量	农业用水总量	＃地表水源用水量	地下水源用水量	其他水源用水量
全国农垦	**64 667 130**	**13 862 260 360**	**10 750 895 166**	**2 165 773 393**	**945 591 801**
北　　京	5 518 199	1 818 733	51 200	1 718 634	48 899
天　　津	360 000	23 890 000	2 000 000	1 890 000	20 000 000
河　　北	2 944 391	820 632 159	45 069 439	775 394 420	168 300
山　　西	150 852	5 330 608	785 740	1 994 300	2 550 568
内 蒙 古	99 643	614 847 805	376 644 416	238 081 189	122 200
辽　　宁	813 876	679 283 118	619 860 302	52 710 716	6 712 100
吉　　林	200	330 469 007	172 756 402	157 198 005	514 600
黑 龙 江		6 467 493 595	6 467 493 595		
上　　海	14 836 402	126 217 733	120 385 030	2 343 528	3 489 175
江　　苏	10 236 549	109 437 476	109 234 260	203 216	
浙　　江	6	5 852 788	629 226	63 201	5 160 361
安　　徽	44 205	46 662 745	40 947 846	5 104 899	610 000
福　　建	55 227	68 733 487	68 086 556	403 046	243 885
江　　西	5 252 780	8 691 930	8 007 310	448 020	236 600
山　　东		90 067 006	75 342 000	9 505 600	5 219 406
河　　南	810 767	116 114 519	2 359 404	113 618 519	136 596
湖　　北	402 495	122 943 411	119 787 932	1 600 503	1 554 976
湖　　南	840 576	221 688 509	220 912 597	424 984	350 928
广　　东	3 204 254	18 341 645	13 164 500	5 071 071	106 075
广　　西	13 569 851	9 202 617	3 433 557	5 628 910	140 150
海　　南		583 840 995	32 656 722	10 185 356	540 998 917
重　　庆	2 004 871	3 589 651	1 534 220	2 055 431	
四　　川		1 327 796	847 714	209 230	270 852
贵　　州	779 452	211 122	53 510	101 712	55 900
云　　南	1 003 087	19 565 429	18 882 010	678 765	4 654
陕　　西	14 400	26 324 571	7 030 377	6 690 420	12 603 774
甘　　肃	216 839	612 758 784	249 744 247	315 774 516	47 240 021
青　　海		226 519 549	212 293 474	14 225 515	560
宁　　夏	1 096 703	932 932 250	599 859 334	55 419 716	277 653 200
新疆（兵团）					
新疆（农业）	80	982 410 537	689 108 967	293 301 570	
新疆（畜牧）		580 891 595	470 198 343	92 195 861	18 497 391
热 科 院		4 102 982	1 733 936	1 532 541	836 505
广　　州	411 425	65 208			65 208
南　　京		1 000	1 000		

科技部分

6－1 科研单位情况

地 区	个数（个）	职工合计（人）	#科技人员（人）	其中：本科及以上（人）	其他人员（人）
全国农垦	**306**	**19 675**	**9 492**	**7 460**	**8 844**
北 京	18	1 901	937	585	309
天 津	2	109	49	45	55
河 北	4	90	64	54	24
山 西	1	8	3		
内 蒙 古	5	65	17	12	44
辽 宁	9	132	132	15	1
吉 林	1	175	54	21	
黑 龙 江	19	2 491	954	657	1 537
上 海	17	1 240	1 072	965	168
江 苏	24	1 715	1 418	1 415	297
浙 江					
安 徽	10	301	56	33	25
福 建					
江 西	8	210	139	45	71
山 东	12	144	107	100	50
河 南	4	199	66	40	133
湖 北	15	1 066	559	434	426
湖 南	4	72	63	32	14
广 东	49	2 115	447	266	1 657
广 西					
海 南	33	190	190		
重 庆	3	83	74	68	9
四 川	6	215	127	75	63
贵 州		7	7	6	
云 南	7	607	432	419	175
陕 西					
甘 肃	17	639	168	139	255
青 海	1	27	8	6	20
宁 夏	1	9	6		3
新疆（兵团）	18	996	805	682	123
新疆（农业）					
新疆（畜牧）		14	2		12
热 科 院	14	3 263	1 375	1 299	1 942
广 州	4	1 592	161	47	1 431
南 京					

6-1续表

地　　区	科研经费合计（万元）	#国家拨款（万元）	省地局自筹（万元）	企业自筹（万元）	实验地面积（公顷）
全国农垦	**509 401.82**	**74 101.98**	**37 913.61**	**392 476.23**	**14 760**
北　京	40 993.83	2 951.59	1 119.00	36 922.24	2
天　津	319.50	310.00	9.50		
河　北	1 021.22		1 010.22	11.00	116
山　西	69.00			69.00	12
内蒙古	255.00		100.00	155.00	175
辽　宁	112.00	66.00	17.00	29.00	
吉　林	546.00			546.00	1 186
黑龙江	25 369.36	11 015.58		14 353.78	920
上　海	17 085.00	1 647.00		15 438.00	
江　苏	292 878.00			292 878.00	846
浙　江					
安　徽	495.74	5.02		490.72	97
福　建					
江　西	4 836.00			4 836.00	21
山　东	7 936.26	2 934.00	80.00	4 922.26	566
河　南	821.00	742.00		79.00	1 025
湖　北	4 737.00	1 573.00	2 372.00	792.00	346
湖　南	625.00	5.00		620.00	134
广　东	5 720.33	1 235.00	4.00	4 481.33	775
广　西					
海　南	8 288.00	2 166.00		6 122.00	166
重　庆	3 600.00	750.00	2 250.00	600.00	15
四　川	463.23	210.00	119.00	134.23	47
贵　州	174.00	16.00		158.00	
云　南	8 158.00	3 249.00			4 909
陕　西					
甘　肃	1 996.07	77.60	25.00	1 893.47	266
青　海	144.29			144.29	1 180
宁　夏					
新疆(兵团)	27 000.20	2 868.80	20 397.30	3 734.10	
新疆(农业)					
新疆(畜牧)					
热科院	53 042.79	42 100.39	10 410.59	531.81	1 957
广　州	2 715.00	180.00		2 535.00	
南　京					

6－2 部、省、地属科研单位情况

地　　区	个数（个）	职工合计（人）	#科技人员（人）	其中：本科及以上（人）	其他人员（人）
全国农垦	**114**	**12 233**	**5 989**	**5 041**	**6 101**
北　　京	8	326	159	154	167
天　　津	2	109	49	45	55
河　　北	1	56	44	43	12
山　　西					
内 蒙 古					
辽　　宁		15	15		
吉　　林	1	175	54	21	
黑 龙 江	19	2 491	954	657	1 537
上　　海	17	1 240	1 072	965	168
江　　苏					
浙　　江					
安　　徽					
福　　建					
江　　西					
山　　东	11	134	97	97	50
河　　南	2	188	58	34	130
湖　　北	2	459	370	302	89
湖　　南					
广　　东	7	1 967	368	232	1 592
广　　西					
海　　南					
重　　庆	1	20	18	18	2
四　　川	4	173	117	73	47
贵　　州					
云　　南	7	607	432	419	175
陕　　西					
甘　　肃					
青　　海					
宁　　夏					
新疆（兵团）	18	996	805	682	123
新疆（农业）					
新疆（畜牧）		14	2		12
热 科 院	14	3 263	1 375	1 299	1 942
广　　州					
南　　京					

6-2续表

地区	科研经费合计（万元）	#国家拨款（万元）	省地局自筹（万元）	企业自筹（万元）	实验地面积（公顷）
全国农垦	**155 653.19**	**69 490.77**	**36 052.41**	**45 201.01**	**9 928**
北京	3 533.00	1 000.00		2 533.00	
天津	319.50	310.00	9.50		
河北	1 010.22		1 010.22		93
山西					
内蒙古					
辽宁	17.00		17.00		
吉林	546.00			546.00	1 186
黑龙江	25 369.36	11 015.58		14 353.78	920
上海	17 085.00	1 647.00		15 438.00	
江苏					
浙江					
安徽					
福建					
江西					
山东	7 905.46	2 934.00	80.00	4 891.46	560
河南	776.00	742.00		34.00	15
湖北	3 710.00	1 503.00	2 207.00		124
湖南					
广东	5 541.83	1 161.00	4.00	4 376.83	104
广西					
海南					
重庆	3 000.00	750.00	2 250.00		15
四川	463.23	210.00	119.00	134.23	45
贵州					
云南	8 158.00	3 249.00			4 909
陕西					
甘肃					
青海					
宁夏					
新疆（兵团）	25 175.80	2 868.80	19 945.10	2 361.90	
新疆（农业）					
新疆（畜牧）					
热科院	53 042.79	42 100.39	10 410.59	531.81	1 957
广州					
南京					

6－3　场直属科研单位情况

地　　区	个数（个）	职工合计（人）	#科技人员（人）	其中：本科及以上（人）	其他人员（人）
全国农垦	**192**	**7 442**	**3 503**	**2 419**	**2 743**
北　　京	10	1 575	778	431	142
天　　津					
河　　北	3	34	20	11	12
山　　西	1	8	3		
内 蒙 古	5	65	17	12	44
辽　　宁	9	117	117	15	1
吉　　林					
黑 龙 江					
上　　海					
江　　苏	24	1 715	1 418	1 415	297
浙　　江					
安　　徽	10	301	56	33	25
福　　建					
江　　西	8	210	139	45	71
山　　东	1	10	10	3	
河　　南	2	11	8	6	3
湖　　北	13	607	189	132	337
湖　　南	4	72	63	32	14
广　　东	42	148	79	34	65
广　　西					
海　　南	33	190	190		
重　　庆	2	63	56	50	7
四　　川	2	42	10	2	16
贵　　州		7	7	6	
云　　南					
陕　　西					
甘　　肃	17	639	168	139	255
青　　海	1	27	8	6	20
宁　　夏	1	9	6		3
新疆（兵团）					
新疆（农业）					
新疆（畜牧）					
热 科 院					
广　　州	4	1 592	161	47	1 431
南　　京					

6－3续表

地区	科研经费合计（万元）	#国家拨款（万元）	省地局自筹（万元）	企业自筹（万元）	实验地面积（公顷）
全国农垦	**353 748.63**	**4 611.21**	**1 861.20**	**347 275.22**	**4 833**
北京	37 460.83	1 951.59	1 119.00	34 389.24	2
天津					
河北	11.00			11.00	23
山西	69.00			69.00	12
内蒙古	255.00		100.00	155.00	175
辽宁	95.00	66.00		29.00	
吉林					
黑龙江					
上海					
江苏	292 878.00			292 878.00	846
浙江					
安徽	495.74	5.02		490.72	97
福建					
江西	4 836.00			4 836.00	21
山东	30.80			30.80	7
河南	45.00			45.00	1 010
湖北	1 027.00	70.00	165.00	792.00	222
湖南	625.00	5.00		620.00	134
广东	178.50	74.00		104.50	671
广西					
海南	8 288.00	2 166.00		6 122.00	166
重庆	600.00			600.00	
四川					2
贵州	174.00	16.00		158.00	
云南					
陕西					
甘肃	1 996.07	77.60	25.00	1 893.47	266
青海	144.29			144.29	1 180
宁夏					
新疆（兵团）	1 824.40		452.20	1 372.20	
新疆（农业）					
新疆（畜牧）					
热科院					
广州	2 715.00	180.00		2 535.00	
南京					

从业人员及工资总额

7－1 从业人员及工资总额情况

地　　区	从业人员年末数（人）	第一产业（人）	第二产业（人）	第三产业（人）
全国农垦	**5 796 629**	**3 007 818**	**1 352 811**	**1 436 000**
北　　京	53 337	12 334	21 340	19 663
天　　津	10 411	2 201	3 228	4 982
河　　北	253 190	83 317	76 712	93 161
山　　西	14 900	6 098	3 687	5 115
内 蒙 古	190 015	161 731	6 479	21 805
辽　　宁	463 106	280 294	69 879	112 933
吉　　林	66 067	61 129	1 367	3 571
黑 龙 江	531 981	425 477	19 282	87 222
上　　海	105 727	10 402	38 090	57 235
江　　苏	77 336	15 127	30 987	31 222
浙　　江	8 661	2 461	5 436	764
安　　徽	53 736	31 319	9 775	12 642
福　　建	75 312	43 600	16 408	15 304
江　　西	389 063	205 028	130 969	53 066
山　　东	3 496	2 988	158	350
河　　南	38 062	29 794	4 716	3 552
湖　　北	936 248	335 338	350 863	250 047
湖　　南	269 135	128 139	69 386	71 610
广　　东	123 995	53 127	32 732	38 136
广　　西	159 128	53 664	66 447	39 017
海　　南	324 768	205 340	14 246	105 182
重　　庆	12 719	1 375	9 606	1 738
四　　川	7 023	6 340	301	382
贵　　州	6 426	4 754	1 092	580
云　　南	164 112	124 044	6 129	33 939
陕　　西	6 412	5 641	373	398
甘　　肃	23 525	18 197	4 161	1 167
青　　海	20 167	15 573	88	4 506
宁　　夏	58 048	45 594	3 853	8 601
新疆（兵团）	1 095 586	417 498	344 141	333 947
新疆（农业）	83 098	74 202	3 378	5 518
新疆（畜牧）	165 822	145 418	5 831	14 573
热 科 院	3 552			3 552
广　　州	1 826	175	1 521	130
南　　京	639	99	150	390

7－1续表1

地　　区	国有单位从业人员年末数（人）			国有单位年平均从业人员（人）	国有单位离开本单位仍保留劳动关系的职工（人）	
		#在岗职工年末数（人）	其他从业人员年末数（人）			内部退养职工（人）
全国农垦	**3 121 416**	**2 042 425**	**1 078 991**	**3 110 947**	**104 725**	**42 524**
北　　京	49 525	44 278	5 247	51 018	566	616
天　　津	10 411	9 324	1 087	10 503	368	487
河　　北	63 542	59 259	4 283	62 161	990	44
山　　西	3 445	2 631	814	3 480	620	21
内 蒙 古	147 232	51 996	95 236	153 672	2 011	962
辽　　宁	211 230	145 589	65 641	275 999	900	10 290
吉　　林	45 249	26 665	18 584	50 641	481	237
黑 龙 江	434 486	259 166	175 320	454 102		
上　　海	95 843	79 195	16 648	106 522	2 087	
江　　苏	43 412	43 338	74	78 671	3 496	1 562
浙　　江	2 328	1 477	851	2 547	281	327
安　　徽	32 633	17 160	15 473	33 059	478	1 126
福　　建	33 407	19 226	14 181	32 026	2 156	563
江　　西	251 397	237 967	13 430	230 436	41 823	4 876
山　　东	3 392	2 230	1 162	3 488	17	62
河　　南	30 530	20 726	9 804	29 700	713	561
湖　　北	382 923	327 680	55 243	362 174	30 576	2 918
湖　　南	94 201	78 980	15 221	124 035	1 208	3 972
广　　东	61 232	34 941	26 291	60 627	279	150
广　　西	51 385	21 549	29 836	49 578	1 760	491
海　　南	324 768	40 819	283 949	325 825	7 323	7 323
重　　庆	6 745	6 745		6 682	14	
四　　川	6 549	2 581	3 968	4 715	3	225
贵　　州	4 607	2 335	2 272	3 600	157	521
云　　南	120 622	46 164	74 458	123 445	1 661	1 661
陕　　西	3 600	3 268	332	5 192	717	92
甘　　肃	21 443	11 553	9 890	21 651	42	150
青　　海	6 789	6 004	785	7 153	206	535
宁　　夏	11 074	10 894	180	10 894	97	80
新疆(兵团)	400 377	352 304	48 073	475 575		
新疆(农业)	35 945	21 019	14 926	37 064	1 193	621
新疆(畜牧)	125 481	50 486	74 995	109 411	2 346	1 935
热 科 院	3 561	2 984	577	3 218	4	1
广　　州	1 826	1 701	125	1 855	14	14
南　　京	226	191	35	228	138	101

7－1续表2

地　　区	国有单位从业人员工资总额（万元）			国有单位离开本单位仍保留劳动关系的职工补贴（万元）
		在岗职工工资总额（万元）	其他从业人员工资总额（万元）	
全国农垦	**12 843 111.92**	**9 875 201.13**	**2 929 035.23**	**38 875.56**
北　　京	483 753.96	453 532.10	28 593.60	1 628.26
天　　津	103 279.90	97 058.40	5 813.50	408.00
河　　北	266 706.56	252 695.56	13 658.00	353.00
山　　西	8 996.74	6 412.74	1 579.50	1 004.50
内 蒙 古	483 671.55	213 203.55	269 814.54	653.46
辽　　宁	470 778.20	312 168.62	146 476.22	12 133.36
吉　　林	80 475.59	50 384.84	30 090.75	
黑 龙 江	1 476 451.00	938 380.00	538 071.00	
上　　海	1 082 971.00	997 244.00	81 353.00	4 374.00
江　　苏	284 271.00	282 372.00	531.00	1 368.00
浙　　江	15 932.54	12 944.03	2 575.00	413.51
安　　徽	131 396.88	78 870.68	52 471.97	54.23
福　　建	99 863.94	45 596.14	54 108.16	159.64
江　　西	508 229.00	460 939.00	44 769.00	2 521.00
山　　东	10 724.13	7 483.41	3 240.72	
河　　南	65 872.53	45 349.24	20 317.29	206.00
湖　　北	1 226 092.00	1 065 757.00	153 924.00	6 411.00
湖　　南	215 966.23	192 782.97	22 920.35	262.91
广　　东	353 119.45	246 718.64	106 021.37	379.44
广　　西	193 696.00	117 332.00	75 212.00	1 152.00
海　　南	888 092.00	208 974.00	677 101.00	2 017.00
重　　庆	62 351.00	62 323.00		28.00
四　　川	20 457.65	16 134.88	4 294.11	28.66
贵　　州	18 244.01	12 518.28	5 431.24	294.49
云　　南	232 633.00	139 107.00	91 013.00	2 513.00
陕　　西	13 240.35	11 738.35	1 502.00	
甘　　肃	81 634.45	55 777.46	25 844.32	12.67
青　　海	18 487.24	16 834.69	1 652.55	
宁　　夏	51 820.00	51 336.00	390.00	94.00
新疆(兵团)	3 525 359.00	3 220 976.00	304 383.00	
新疆(农业)	58 337.75	28 986.91	29 350.84	
新疆(畜牧)	244 364.30	111 792.93	132 356.21	215.16
热 科 院	47 729.48	45 115.74	2 613.74	
广　　州	15 649.00	14 782.00	867.00	
南　　京	2 464.49	1 578.97	695.25	190.27

7－2 农场从业人员及工资总额情况

地　区	从业人员年末数（人）	第一产业（人）	第二产业（人）	第三产业（人）
全国农垦	**4 502 118**	**2 574 380**	**905 374**	**1 022 364**
北　京	13 824	1 266	9 185	3 373
天　津	10 411	2 201	3 228	4 982
河　北	224 367	63 534	70 411	90 422
山　西	5 411	4 487	27	897
内蒙古	161 397	145 433	3 949	12 015
辽　宁	170 899	135 036	12 347	23 516
吉　林	59 317	54 682	1 337	3 298
黑龙江	486 221	424 869	2 107	59 245
上　海	9 155	5 337	1 599	2 219
江　苏	54 066	6 216	19 318	28 532
浙　江	1 851	1 399	38	414
安　徽	28 900	27 279	543	1 078
福　建	30 800	20 031	6 423	4 346
江　西	389 041	205 028	130 969	53 044
山　东	3 496	2 988	158	350
河　南	33 096	25 429	4 348	3 319
湖　北	936 248	335 338	350 863	250 047
湖　南	185 313	100 739	41 562	43 012
广　东	64 757	43 124	8 608	13 025
广　西	44 863	34 973	7 509	2 381
海　南	283 793	169 737	12 475	101 581
重　庆	1 078	455	623	
四　川	4 721	4 198	161	362
贵　州	2 584	2 295	181	108
云　南	157 764	122 947	3 574	31 243
陕　西	6 031	5 623	84	324
甘　肃	19 233	17 769	1 087	377
青　海	5 783	5 624	38	121
宁　夏	50 166	41 764	2 412	5 990
新疆(兵团)	884 991	412 327	203 184	269 480
新疆(农业)	43 483	40 026	1 812	1 645
新疆(畜牧)	127 460	112 127	5 064	10 269
热科院	985			985
广　州				
南　京	613	99	150	364

7－2续表1

地　　区	国有单位从业人员年末数（人）			国有单位年平均从业人员（人）	国有单位离开本单位仍保留劳动关系的职工（人）	
		#在岗职工年末数（人）	其他从业人员年末数（人）			内部退养职工（人）
全国农垦	**2 575 561**	**1 627 573**	**947 988**	**2 624 220**	**96 255**	**37 104**
北　　京	13 718	10 799	2 919	13 923	415	358
天　　津	10 411	9 324	1 087	10 503	368	487
河　　北	63 309	59 116	4 193	61 796	990	44
山　　西	3 436	2 622	814	3 471	620	21
内 蒙 古	134 496	42 070	92 426	139 652	1 986	360
辽　　宁	162 978	107 607	55 371	157 163	890	10 238
吉　　林	39 589	22 648	16 941	42 927	481	237
黑 龙 江	390 603	222 954	167 649	403 581		
上　　海	7 955	6 165	1 790	9 009	778	
江　　苏	20 143	20 134	9	55 313	3 440	1 396
浙　　江	1 740	1 157	583	1 654	281	327
安　　徽	27 734	15 880	11 854	28 493	478	1 126
福　　建	23 937	14 490	9 447	24 181	1 604	398
江　　西	251 249	237 819	13 430	230 288	41 821	4 876
山　　东	3 392	2 230	1 162	3 488	17	62
河　　南	24 999	17 708	7 291	24 882	693	547
湖　　北	375 322	320 770	54 552	352 014	30 552	2 901
湖　　南	83 266	70 816	12 450	81 516	946	3 929
广　　东	36 006	18 434	17 572	35 268	168	110
广　　西	37 495	11 560	25 935	36 970	1 408	430
海　　南	256 715	6 227	250 488	267 919	4 559	4 559
重　　庆	1 073	1 073		1 077		
四　　川	4 573	2 079	2 494	2 668	3	155
贵　　州	1 759	1 179	580	1 841	143	417
云　　南	114 823	42 397	72 426	116 681	1 163	1 163
陕　　西	3 237	2 905	332	4 834	699	92
甘　　肃	17 416	8 537	8 879	17 569	38	79
青　　海	5 020	4 354	666	5 234	184	187
宁　　夏	6 753	6 721	32	6 721	72	62
新疆（兵团）	323 416	284 584	38 832	384 159		
新疆（农业）	17 484	13 296	4 188	17 871	1 192	621
新疆（畜牧）	110 339	38 768	71 571	80 336	138	1 823
热 科 院	985	985		1 016		
广　　州						
南　　京	190	165	25	202	128	99

7－2续表2

地　　区	国有单位从业人员工资总额（万元）			国有单位离开本单位仍保留劳动关系的职工补贴（万元）
		在岗职工工资总额（万元）	其他从业人员工资总额（万元）	
全国农垦	**9 047 854.24**	**6 556 749.06**	**2 460 822.91**	**30 282.27**
北　　京	132 264.38	115 651.93	15 652.49	959.96
天　　津	103 279.90	97 058.40	5 813.50	408.00
河　　北	265 708.56	251 697.56	13 658.00	353.00
山　　西	7 686.74	6 407.74	274.50	1 004.50
内 蒙 古	438 574.51	172 139.76	266 159.29	275.46
辽　　宁	310 343.30	199 452.42	100 092.52	10 798.36
吉　　林	68 895.06	41 960.44	26 934.62	
黑 龙 江	1 138 717.00	644 492.00	494 225.00	
上　　海	82 897.00	72 891.00	8 559.00	1 447.00
江　　苏	76 801.00	76 572.00	30.00	199.00
浙　　江	12 229.94	10 423.33	1 393.10	413.51
安　　徽	103 871.42	67 651.47	36 189.72	30.23
福　　建	61 484.93	40 162.78	21 199.76	122.39
江　　西	507 959.00	460 671.00	44 769.00	2 519.00
山　　东	10 724.13	7 483.41	3 240.72	
河　　南	57 964.33	40 420.34	17 340.99	203.00
湖　　北	1 173 356.00	1 019 200.00	147 779.00	6 377.00
湖　　南	187 694.99	170 346.17	17 238.35	110.47
广　　东	159 985.23	81 343.35	78 397.82	244.06
广　　西	115 176.00	49 813.00	64 280.00	1 083.00
海　　南	633 587.00	23 448.00	608 975.00	1 164.00
重　　庆	7 870.00	7 870.00		
四　　川	15 508.63	12 957.75	2 522.22	28.66
贵　　州	4 910.44	4 193.77	497.18	219.49
云　　南	180 208.00	92 667.00	85 559.00	1 982.00
陕　　西	12 395.35	10 893.35	1 502.00	
甘　　肃	63 876.96	40 154.55	23 718.61	3.80
青　　海	12 983.01	11 632.25	1 350.76	
宁　　夏	2 317.00	2 208.00	95.00	14.00
新疆(兵团)	2 847 710.00	2 601 836.00	245 874.00	
新疆(农业)	28 554.13	22 751.33	5 802.80	
新疆(畜牧)	212 430.21	90 707.35	121 553.78	169.08
热 科 院	8 563.28	8 563.28		
广　　州				
南　　京	1 326.81	1 028.33	145.18	153.30

附　录

附录一　中华人民共和国2019年国民经济和社会发展统计公报

中华人民共和国2019年
国民经济和社会发展统计公报[1]

国家统计局

2020年2月28日

2019年，面对国内外风险挑战明显上升的复杂局面，在以习近平同志为核心的党中央坚强领导下，各地区各部门以习近平新时代中国特色社会主义思想为指导，全面贯彻党的十九大和十九届二中、三中、四中全会精神，按照党中央、国务院决策部署，坚持稳中求进工作总基调，坚持新发展理念和推动高质量发展，坚持以供给侧结构性改革为主线，着力深化改革扩大开放，持续打好三大攻坚战，统筹稳增长、促改革、调结构、惠民生、防风险、保稳定，扎实做好稳就业、稳金融、稳外贸、稳外资、稳投资、稳预期工作，经济运行总体平稳，发展水平迈上新台阶，发展质量稳步提升，人民生活福祉持续增进，各项社会事业繁荣发展，生态环境质量总体改善，"十三五"规划主要指标进度符合预期，全面建成小康社会取得新的重大进展。

一、综合

初步核算，全年国内生产总值[2]990 865亿元，比上年增长6.1%。其中，第一产业增加值70 467亿元，增长3.1%；第二产业增加值386 165亿元，增长5.7%；第三产业增加值534 233亿元，增长6.9%。第一产业增加值占国内生产总值比重为7.1%，第二产业增加值比重为39.0%，第三产业增加值比重为53.9%。全年最终消费支出对国内生产总值增长的贡献率为57.8%，资本形成总额的贡献率为31.2%，货物和服务净出口的贡献率为11.0%。人均国内生产总值70 892元，比上年增长5.7%。国民总收入[3]988 458亿元，比上年增长6.2%。全国万元国内生产总值能耗[4]比上年下降2.6%。全员劳动生产率[5]为115 009元/人，比上年提高6.2%。

图1　2015—2019年国内生产总值及其增长速度

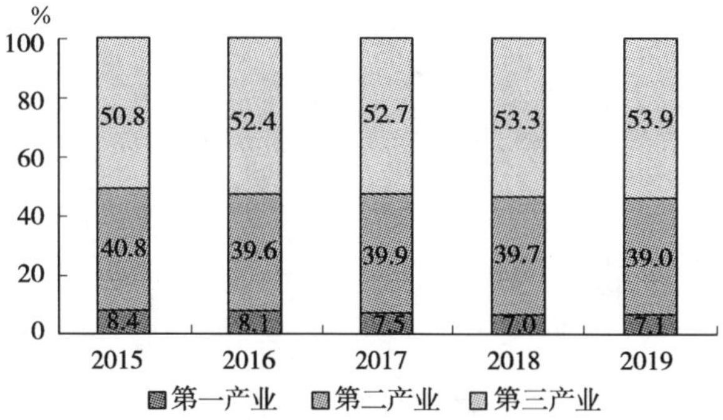

图2　2015—2019年三次产业增加值占国内生产总值比重[6]

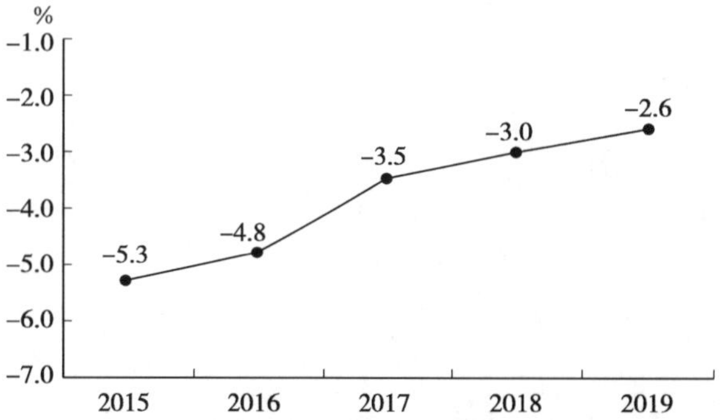

图3　2015—2019年万元国内生产总值能耗降低率[7]

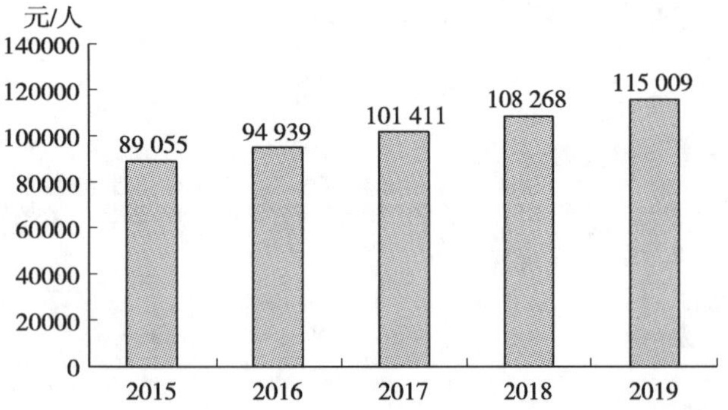

图 4　2015—2019 年全员劳动生产率[8]

年末全国大陆总人口 140 005 万人，比上年末增加 467 万人，其中城镇常住人口 84 843 万人，占总人口比重（常住人口城镇化率）为 60.60%，比上年末提高 1.02 个百分点。户籍人口城镇化率为 44.38%，比上年末提高 1.01 个百分点。全年出生人口 1 465 万人，出生率为 10.48‰；死亡人口 998 万人，死亡率为 7.14‰；自然增长率为 3.34‰。全国人户分离的人口[9] 2.80 亿人，其中流动人口[10] 2.36 亿人。

表 1　2019 年年末人口数及其构成

指　　标	年末数（万人）	比重（%）
全国总人口	140 005	100.0
其中：城镇	84 843	60.60
乡村	55 162	39.40
其中：男性	71 527	51.1
女性	68 478	48.9
其中：0～15 岁（含不满 16 周岁）[11]	24 977	17.8
16～59 岁（含不满 60 周岁）	89 640	64.0
60 周岁及以上	25 388	18.1
其中：65 周岁及以上	17 603	12.6

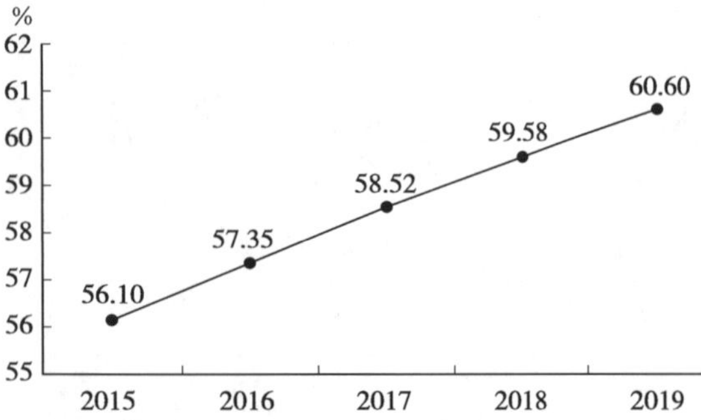

图 5　2015 年—2019 年常住人口城镇化率

年末全国就业人员 77 471 万人，其中城镇就业人员 44 247 万人，占全国就业人员比重为 57.1%，比上年末上升 1.1 个百分点。全年城镇新增就业 1 352万人，比上年少增 9 万人。年末全国城镇调查失业率为 5.2%，城镇登记失业率为 3.6%。全国农民工[12]总量 29 077 万人，比上年增长 0.8%。其中，外出农民工 17 425 万人，增长 0.9%；本地农民工 11 652 万人，增长 0.7%。

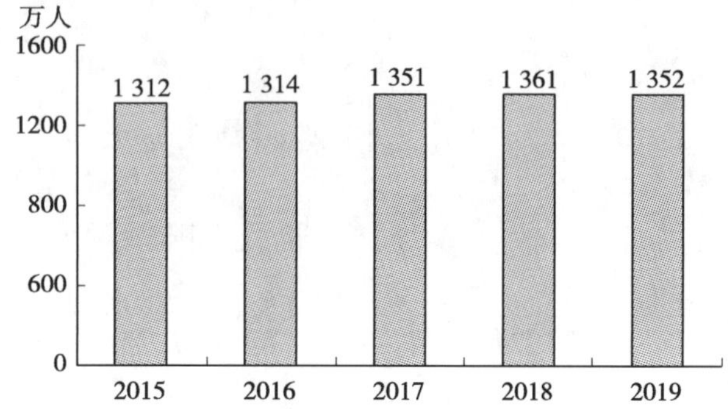

图 6　2015—2019 年城镇新增就业人数

全年居民消费价格比上年上涨 2.9%。工业生产者出厂价格下降 0.3%。工业生产者购进价格下降 0.7%。固定资产投资价格上涨 2.6%。农产品生产者价格[13]上涨 14.5%。12 月，70 个大中城市新建商品住宅销售价格同比上涨的城市个数为 68 个，下降的为 2 个。

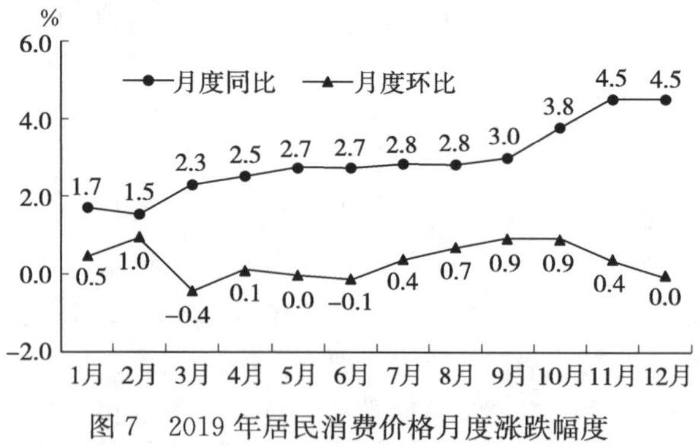

图 7　2019 年居民消费价格月度涨跌幅度

表 2　2019 年居民消费价格比上年涨跌幅度

单位：%

指　　标	全　国	城市	农村
居民消费价格	2.9	2.8	3.2
其中：食品烟酒	7.0	6.7	7.9
衣着	1.6	1.7	1.2
居住[14]	1.4	1.3	1.5

（续）

指　标	全　国	城市	农村
生活用品及服务	0.9	0.9	0.8
交通和通信	−1.7	−1.8	−1.4
教育文化和娱乐	2.2	2.3	1.9
医疗保健	2.4	2.5	2.1
其他用品和服务	3.4	3.5	3.1

年末国家外汇储备 31 079 亿美元，比上年末增加 352 亿美元。全年人民币平均汇率为 1 美元兑 6.898 5 元人民币，比上年贬值 4.1%。

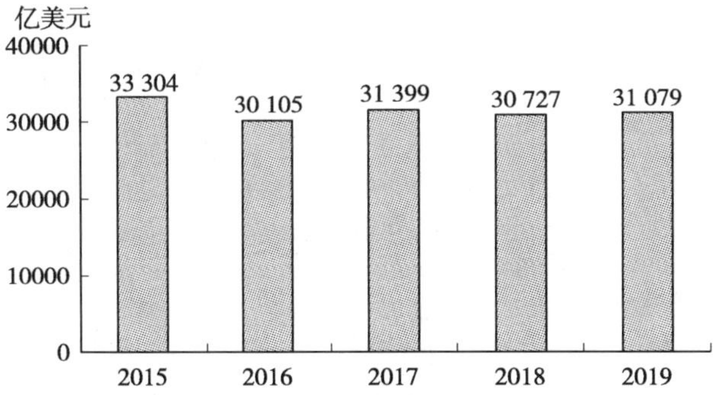

图 8　2015—2019 年年末国家外汇储备

供给侧结构性改革继续深化。全年全国工业产能利用率[15]为 76.6%，比上年提高 0.1 个百分点。其中，黑色金属冶炼和压延加工业产能利用率为 80.0%，提高 2.0 个百分点；煤炭开采和洗选业产能利用率为 70.6%，与上年持平。年末商品房待售面积 49 821 万米^2，比上年末减少 2 593 万米^2。其中，商品住宅待售面积 22 473 万米^2，减少2 618 万米^2。年末规模以上工业企业资产负债率为 56.6%，比上年末下降 0.2 个百分点[16]。全年教育、生态保护和环境治理业固定资产投资（不含农户）分别比上年增长 17.7%和 37.2%。“放管服”改革持续深化，微观主体活力不断增强。全年新登记市场主体 2 377 万户，日均新登记企业 2 万户，年末市场主体总数达 1.2 亿户。全年减税降费超过 2.3 万亿元。

新动能保持较快发展。全年规模以上工业中，战略性新兴产业[17]增加值比上年增长 8.4%。高技术制造业[18]增加值增长 8.8%，占规模以上工业增加值的比重为 14.4%。装备制造业[19]增加值增长 6.7%，占规模以上工业增加值的比重为 32.5%。全年规模以上服务业[20]中，战略性新兴服务业[21]企业营业收入比上年增长 12.7%。全年高技术产业投资[22]比上年增长 17.3%，工业技术改造投资[23]增长 9.8%。全年服务机器人产量 346 万套，比上年增长 38.9%。全年网上零售额[24]106 324 亿元，按可比口径计算，比上年增长 16.5%。

区域协调发展扎实推进。分区域看[25]，全年东部地区生产总值 511 161 亿元，比上年增长 6.2%；中部地区生产总值 218 738 亿元，增长 7.3%；西部地区生产总值 205 185 亿元，增长 6.7%；东北地区生产总值 50 249 亿元，增长 4.5%。全年京津冀地区生产总值 84 580 亿元，比上年增长 6.1%；长江经济带地区生产总值 457 805亿元，增长 6.9%；长江三角洲地区生产总值 237 253 亿元，增长 6.4%。

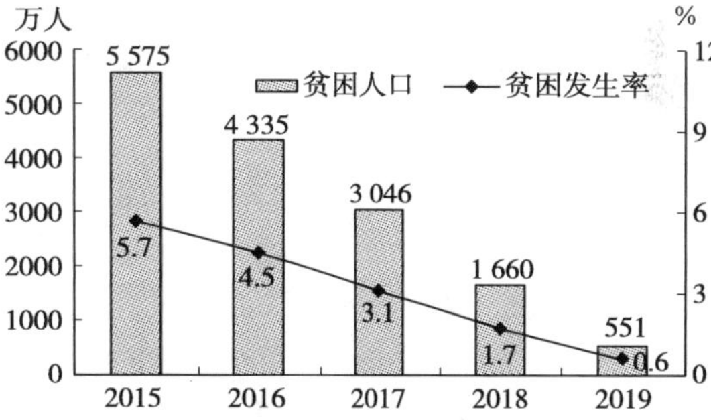

图 9　2015—2019 年年末全国农村贫困人口和贫困发生率

脱贫攻坚成效明显。按照每人每年 2 300 元（2010 年不变价）的农村贫困标准计算，年末农村贫困人口 551 万人，比上年末减少 1 109 万人[26]；贫困发生率[27]0.6%，比上年下降 1.1 个百分点。全年贫困地区[28]农村居民人均可支配收入 11 567 元，比上年增长 11.5%，扣除价格因素，实际增长 8.0%。

二、农业

全年粮食种植面积 11 606 万公顷，比上年减少 97 万公顷。其中，小麦种植面积 2 373 万公顷，减少 54 万公顷；稻谷种植面积 2 969 万公顷，减少 50 万公顷；玉米种植面积 4 128 万公顷，减少 85 万公顷。棉花种植面积 334 万公顷，减少 2 万公顷。油料种植面积 1 293 万公顷，增加 6 万公顷。糖料种植面积 162 万公顷，减少 1 万公顷。

全年粮食产量 66 384 万吨，比上年增加 594 万吨，增产 0.9%。其中，夏粮产量 14 160 万吨，增产 2.0%；早稻产量 2 627 万吨，减产 8.1%；秋粮产量 49 597 万吨，增产 1.1%。全年谷物产量 61 368 万吨，比上年增产 0.6%。其中，稻谷产量 20 961 万吨，减产 1.2%；小麦产量 13 359 万吨，增产 1.6%；玉米产量 26 077 万吨，增产 1.4%。

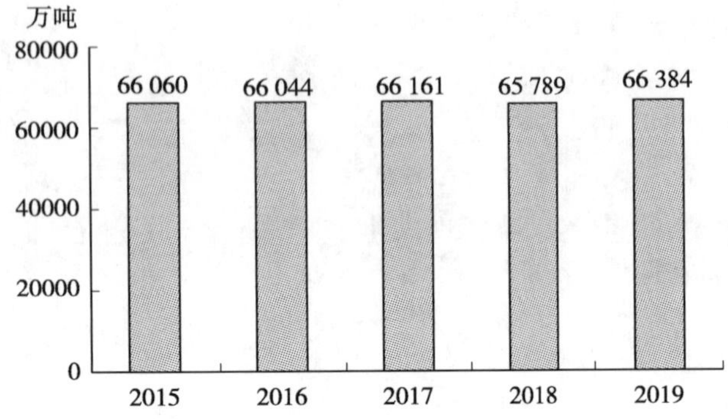

图 10 2015—2019 年粮食产量

全年棉花产量 589 万吨，比上年减产 3.5%。油料产量 3 495 万吨，增产 1.8%。糖料产量 12 204万吨，增产 2.2%。茶叶产量 280 万吨，增产 7.2%。

全年猪牛羊禽肉产量 7 649 万吨，比上年下降 10.2%。其中，猪肉产量 4 255 万吨，下降 21.3%；牛肉产量 667 万吨，增长 3.6%；羊肉产量 488 万吨，增长 2.6%；禽肉产量 2 239 万吨，增长 12.3%。禽蛋产量 3 309 万吨，增长 5.8%。牛奶产量 3 201 万吨，增长 4.1%。年末生猪存栏 31 041 万头，下降 27.5%；生猪出栏 54 419 万头，下降 21.6%。

全年水产品产量 6 450 万吨，比上年下降 0.1%。其中，养殖水产品产量 5 050 万吨，增长 1.0%；捕捞水产品产量 1 400 万吨，下降 5.0%。全年木材产量 9 028 万米^3，比上年增长 2.5%。

全年新增耕地灌溉面积 27 万公顷，新增高效节水灌溉面积 146 万公顷。

三、工业和建筑业

全年全部工业增加值 317 109 亿元，比上年增长 5.7%。规模以上工业增加值增长 5.7%。在规模以上工业中，分经济类型看，国有控股企业增加值增长 4.8%；股份制企业增长 6.8%，外商及港澳台商投资企业增长 2.0%；私营企业增长 7.7%。分门类看，采矿业增长 5.0%，制造业增长 6.0%，电力、热力、燃气及水生产和供应业增长 7.0%。

图11 2015—2019 年全部工业增加值及其增长速度[29]

全年规模以上工业中，农副食品加工业增加值比上年增长 1.9%，纺织业增长 1.3%，化学原料和化学制品制造业增长 4.7%，非金属矿物制品业增长 8.9%，黑色金属冶炼和压延加工业增长 9.9%，通用设备制造业增长 4.3%，专用设备制造业增长 6.9%，汽车制造业增长 1.8%，电气机械和器材制造业增长 10.7%，计算机、通信和其他电子设备制造业增长 9.3%，电力、热力生产和供应业增长 6.5%。

表 3 2019 年主要工业产品产量及其增长速度[30]

产品名称	计量单位	产量	比上年增长（%）
纱	万吨	2 892.1	−6.1
布	亿米	575.6	−17.6
化学纤维	万吨	5 952.8	9.9
成品糖	万吨	1 389.4	15.9
卷烟	亿支	23 642.5	1.1
彩色电视机	万台	18 999.1	−3.5
其中：液晶电视机	万台	18 689.7	−1.5
家用电冰箱	万台	7 904.3	6.3
房间空气调节器	万台	21 866.2	4.3

（续）

产品名称	计量单位	产量	比上年增长（%）
一次能源生产总量	亿吨标准煤	39.7	5.1
原煤	亿吨	38.5	4.0
原油	万吨	19 101.4	0.9
天然气	亿米^3	1 761.7	10.0
发电量	亿千瓦小时	75 034.3	4.7
其中：火电[31]	亿千瓦小时	52 201.5	2.4
水电	亿千瓦小时	13 044.4	5.9
核电	亿千瓦小时	3 483.5	18.3
粗钢	万吨	99 634.2	7.2
钢材[32]	万吨	120 477.4	6.3
十种有色金属	万吨	5 866.0	2.2
其中：精炼铜（电解铜）	万吨	978.4	5.5
原铝（电解铝）	万吨	3 504.4	−2.2
水泥	亿吨	23.5	4.9
硫酸（折 100%）	万吨	8 935.7	−1.3
烧碱（折 100%）	万吨	3 464.4	−0.3
乙烯	万吨	2 052.3	10.2
化肥（折 100%）	万吨	5 731.2	6.1
发电机组（发电设备）	万千瓦	9274.1	−14.9
汽车	万辆	2 552.8	−8.3
其中：基本型乘用车（轿车）	万辆	1 018.2	−16.4
运动型多用途乘用车（SUV）	万辆	876.0	−3.6
大中型拖拉机	万台	27.8	5.9
集成电路	亿块	2 018.2	8.9
程控交换机	万线	790.5	−23.7
移动通信手持机	万台	170 100.6	−5.5
微型计算机设备	万台	34 163.2	8.2
工业机器人	万台（套）	17.7	−3.1

年末全国发电装机容量 201 066 万千瓦，比上年末增长 5.8%。其中[33]，火电装机容量 119 055 万千瓦，增长 4.1%；水电装机容量 35 640 万千瓦，增长 1.1%；核电装机容量 4 874 万千瓦，增长 9.1%；并网风电装机容量 21 005 万千瓦，增长 14.0%；并网太阳能发电装机容量 20 468 万千瓦，增长 17.4%。

全年规模以上工业企业利润 61 996 亿元，比上年下降 3.3%[34]。分经济类型看，国有控股企业利润 16 356 亿元，比上年下降 12.0%；股份制企业 45 284 亿元，下降 2.9%，外商及港澳台商投资企业 15 580 亿元，下降 3.6%；私营企业 18 182 亿元，增长 2.2%。分门类看，采矿业利润 5 275 亿元，比上年增长 1.7%；制造业 51 904 亿元，下降 5.2%；电力、热力、燃气及水生产和供应业 4 816亿元，增长 15.4%。全年规模以上工业企业每百元营业收入中的成本为84.08元，比上年增加0.18元；营业收入利润率为5.86%，下降0.43个百分点。

全年全社会建筑业增加值70 904亿元，比上年增长5.6%。全国具有资质等级的总承包和专业承包建筑业企业利润8 381亿元，比上年增长5.1%，其中国有控股企业2 585亿元，增长14.5%。

图12　2015—2019年建筑业增加值及其增长速度[35]

四、服务业

全年批发和零售业增加值95 846亿元，比上年增长5.7%；交通运输、仓储和邮政业增加值42 802亿元，增长7.1%；住宿和餐饮业增加值18 040亿元，增长6.3%；金融业增加值77 077亿元，增长7.2%；房地产业增加值69 631亿元，增长3.0%；信息传输、软件和信息技术服务业增加值32 690亿元，增长18.7%；租赁和商务服务业增加值32 933亿元，增长8.7%。全年规模以上服务业企业营业收入比上年增长9.4%，营业利润增长5.4%。

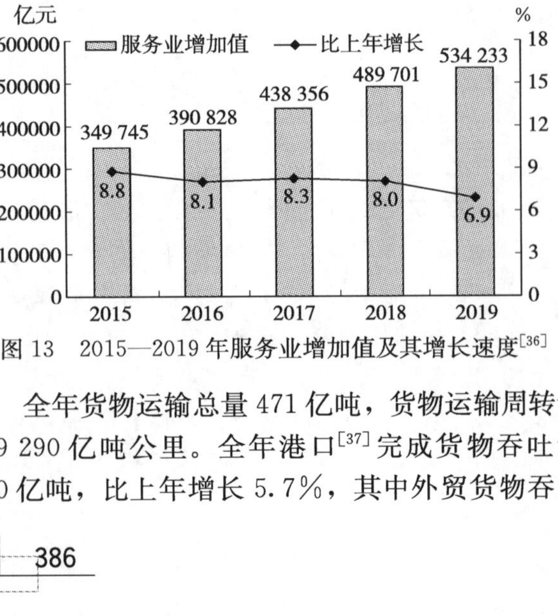

图13　2015—2019年服务业增加值及其增长速度[36]

全年货物运输总量471亿吨，货物运输周转量199 290亿吨公里。全年港口[37]完成货物吞吐量140亿吨，比上年增长5.7%，其中外贸货物吞吐量43亿吨，增长4.7%。港口集装箱吞吐量26 107万标准箱，增长4.4%。

表4　2019年各种运输方式完成货物运输量及其增长速度[38]

指　标	计量单位	绝对数	比上年增长（%）
货物运输总量	亿吨	470.6	—
铁路	亿吨	43.2	7.2
公路	亿吨	343.5	—
水运	亿吨	74.7	6.3
民航	万吨	753.2	2.0
管道	亿吨	9.1	1.8
货物运输周转量	亿吨公里	199 289.5	—
铁路	亿吨公里	30 074.7	4.4
公路	亿吨公里	59 636.4	—
水运	亿吨公里	103 963.0	5.0
民航	亿吨公里	263.2	0.3
管道	亿吨公里	5 352.2	1.0

全年旅客运输总量176亿人次，比上年下降1.9%[39]。旅客运输周转量35 349亿人公里，增长3.3%。

表5　2019年各种运输方式完成旅客运输量及其增长速度

指　标	计量单位	绝对数	比上年增长（%）
旅客运输总量	亿人次	176.0	−1.9
铁路	亿人次	36.6	8.4
公路	亿人次	130.1	−4.8
水运	亿人次	2.7	−2.6
民航	亿人次	6.6	7.9
旅客运输周转量	亿人公里	35 349.1	3.3
铁路	亿人公里	14 706.6	4.0
公路	亿人公里	8 857.1	−4.6
水运	亿人公里	80.2	0.8
民航	亿人公里	11 705.1	9.3

年末全国民用汽车保有量26 150万辆（包括三轮汽车和低速货车762万辆），比上年末增加2 122万辆，其中私人汽车保有量22 635万辆，增加1 905万辆。民用轿车保有量14 644万辆，增加1 193万辆，其中私人轿车保有量13 701万辆，增

加 1 112 万辆。

全年完成邮政行业业务总量[40] 16 230 亿元，比上年增长 31.5%。邮政业全年完成邮政函件业务 21.7 亿件，包裹业务 0.2 亿件，快递业务量 635.2 亿件，快递业务收入 7498 亿元。全年完成电信业务总量[41] 106 789 亿元，比上年增长 62.9%。年末全国电话用户总数 179 238 万户，其中移动电话用户 160 134 万户。移动电话普及率上升至 114.4 部/百人。固定互联网宽带接入用户[42] 44 928 万户，比上年末增加 4 190 万户，其中固定互联网光纤宽带接入用户[43] 41 740 万户，增加 4 907万户。全年移动互联网用户接入流量 1 220 亿 GB，比上年增长 71.6%。全年软件和信息技术服务业[44]完成软件业务收入 71 768 亿元，按可比口径计算，比上年增长 15.4%。

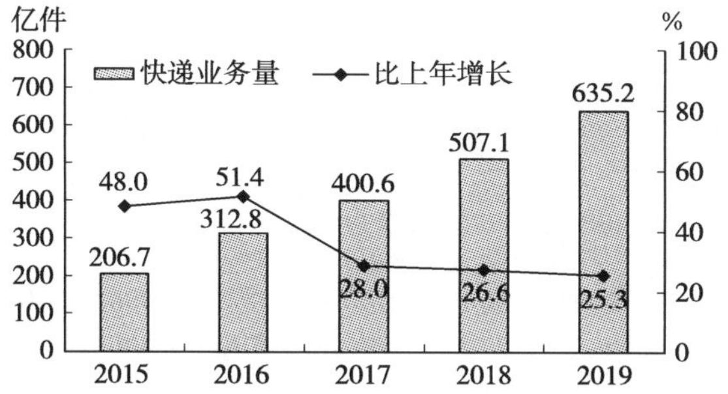

图 14　2015—2019 年快递业务量及其增长速度

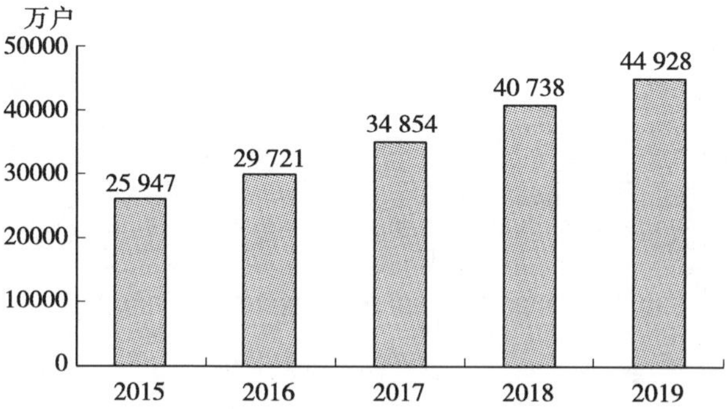

图 15　2015—2019 年年末固定互联网宽带接入用户数

五、国内贸易

全年社会消费品零售总额 411 649 亿元，比上年增长 8.0%。按经营地统计，城镇消费品零售额 351 317 亿元，增长 7.9%；乡村消费品零售额 60 332亿元，增长 9.0%。按消费类型统计，商品零售额 364 928 亿元，增长 7.9%；餐饮收入额 46 721亿元，增长 9.4%。

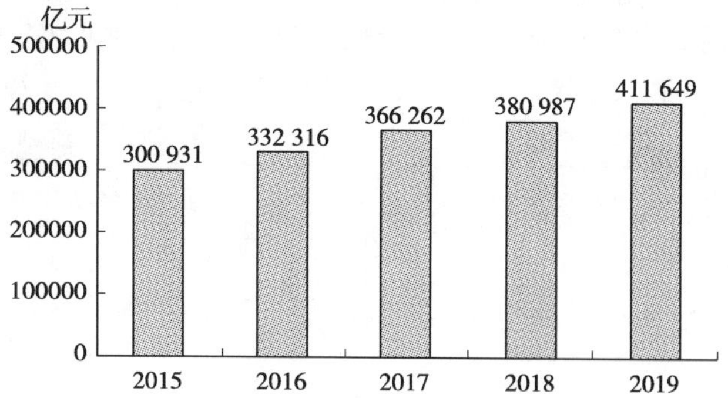

图 16　2015—2019 年社会消费品零售总额

在限额以上单位商品零售额中，粮油、食品类零售额比上年增长 10.2%，饮料类增长 10.4%，烟酒类增长 7.4%，服装、鞋帽、针纺织品类增长 2.9%，化妆品类增长 12.6%，金银珠宝类增长 0.4%，日用品类增长 13.9%，家用电器和音像器材类增长 5.6%，中西药品类增长 9.0%，文化办公用品类增长 3.3%，家具类增长 5.1%，通讯器材类增长 8.5%，建筑及装潢材料类增长 2.8%，石油及制品类增长 1.2%，汽车类下降 0.8%。

全年实物商品网上零售额 85 239 亿元，按可比口径计算，比上年增长 19.5%，占社会消费品零售总额的比重为 20.7%，比上年提高 2.3 个百分点。

六、固定资产投资

全年全社会固定资产投资[45] 560 874 亿元，比上年增长 5.1%。其中，固定资产投资（不含农户）551 478亿元，增长 5.4%。分区域看[46]，东部地区投资比上年增长 4.1%，中部地区投资增长 9.5%，西部地区投资增长 5.6%，东北地区投资下降 3.0%。

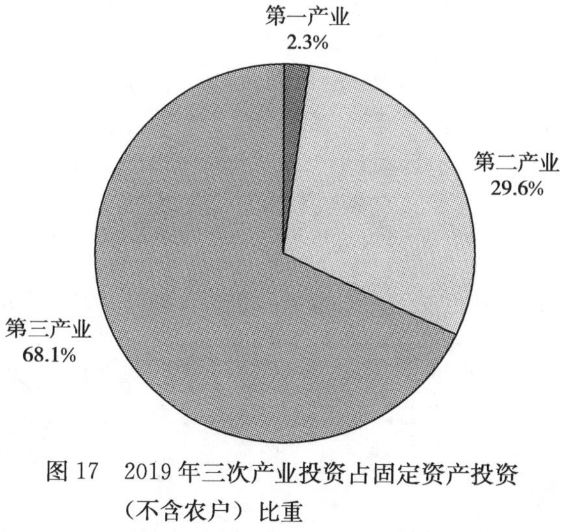

图 17　2019 年三次产业投资占固定资产投资（不含农户）比重

在固定资产投资（不含农户）中，第一产业投资12 633亿元，比上年增长0.6%；第二产业投资163 070亿元，增长3.2%；第三产业投资375 775亿元，增长6.5%。民间固定资产投资[47]311 159亿元，增长4.7%。基础设施投资[48]增长3.8%。六大高耗能行业投资增长4.7%。

表6　2019年分行业固定资产投资（不含农户）增长速度

行　业	比上年增长（%）	行　业	比上年增长（%）
总计	5.4	金融业	10.4
农、林、牧、渔业	0.7	房地产业[49]	9.1
采矿业	24.1	租赁和商务服务业	15.8
制造业	3.1	科学研究和技术服务业	17.9
电力、热力、燃气及水生产和供应业	4.5	水利、环境和公共设施管理业	2.9
建筑业	−19.8	居民服务、修理和其他服务业	−9.1
批发和零售业	−15.9	教育	17.7
交通运输、仓储和邮政业	3.4	卫生和社会工作	5.3
住宿和餐饮业	−1.2	文化、体育和娱乐业	13.9
信息传输、软件和信息技术服务业	8.6	公共管理、社会保障和社会组织	−15.6

表7　2019年固定资产投资新增主要生产与运营能力

指　标	计量单位	绝对数
新增220千伏及以上变电设备	万千伏安	23 042
新建铁路投产里程	公里	8 489
其中：高速铁路[50]	公里	5 474
增、新建铁路复线投产里程	公里	6 448
电气化铁路投产里程	公里	7 919
新改建公路里程	公里	327 626
其中：高速公路	公里	8 313
港口万吨级码头泊位新增通过能力	万吨/年	12 022
新增民用运输机场	个	3
新增光缆线路长度	万公里	434

全年房地产开发投资132 194亿元，比上年增长9.9%。其中住宅投资97 071亿元，增长13.9%；办公楼投资6 163亿元，增长2.8%；商业营业用房投资13 226亿元，下降6.7%。

全年全国各类棚户区改造开工316万套，基本建成254万套。全国农村地区建档立卡贫困户危房改造63.8万户[51]。

表8　2019年房地产开发和销售主要指标及其增长速度

指　标	计量单位	绝对数	比上年增长（%）
投资额	亿元	132 194	9.9
其中：住宅	亿元	97 071	13.9
房屋施工面积	万米^2	893 821	8.7

（续）

指　标	计量单位	绝对数	比上年增长（%）
其中：住宅	万米^2	627 673	10.1
房屋新开工面积	万米^2	227 154	8.5
其中：住宅	万米^2	167 463	9.2
房屋竣工面积	万米^2	95 942	2.6
其中：住宅	万米^2	68 011	3.0
商品房销售面积	万米^2	171 558	−0.1
其中：住宅	万米^2	150 144	1.5
本年到位资金	亿元	178 609	7.6
其中：国内贷款	亿元	25 229	5.1
个人按揭贷款	亿元	27 281	15.1

七、对外经济

全年货物进出口总额 315 505 亿元，比上年增长 3.4%。其中，出口 172 342 亿元，增长 5.0%；进口 143 162 亿元，增长 1.6%。货物进出口顺差 29 180 亿元，比上年增加 5 932 亿元。对"一带一路"[52]沿线国家进出口总额 92 690 亿元，比上年增长 10.8%。其中，出口 52 585 亿元，增长 13.2%；进口 40 105 亿元，增长 7.9%。

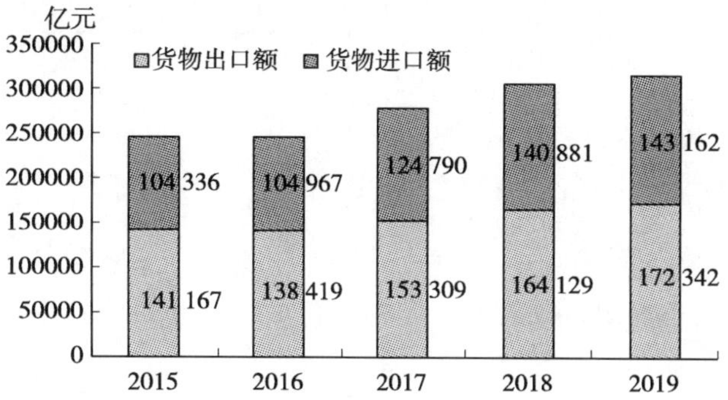

图 18　2015—2019 年货物进出口总额

表 9　2019 年货物进出口总额及其增长速度

指　　标	金额（亿元）	比上年增长（%）
货物进出口总额	315 505	3.4
货物出口额	172 342	5.0
其中：一般贸易	99 546	7.8
加工贸易	50 729	−3.7
其中：机电产品	100 631	4.4
高新技术产品	50 427	2.1
货物进口额	143 162	1.6
其中：一般贸易	86 599	3.1
加工贸易	28 778	−7.4
其中：机电产品	62 596	−1.8
高新技术产品	43 978	−0.8
货物进出口顺差	29 180	—

表 10　2019 年主要商品出口数量、金额及其增长速度

商品名称	计量单位	数量	比上年增长（%）	金额（亿元）	比上年增长（%）
钢材	万吨	6 429	−7.3	3 699	−7.1
纺织纱线、织物及制品	—	—	—	8 283	5.5
服装及衣着附件	—	—	—	10 447	0.3
鞋类	万吨	451	0.6	3 290	6.3
家具及其零件	—	—	—	3 730	5.3
箱包及类似容器	万吨	307	−2.9	1 878	5.1
玩具	—	—	—	2 152	29.6
塑料制品	万吨	1 424	8.5	3 333	16.2
集成电路	亿个	2 187	0.7	7 008	25.3
自动数据处理设备及其部件	万台	148 430	0.8	11 415	0.5
手持或车载无线电话机	万台	99 433	−11.1	8 611	−7.8
集装箱	万个	242	−29.0	459	−33.0
液晶显示板	万个	150 780	−14.2	1475	−3.4
汽车	万辆	122	6.1	1 049	8.0

表 11　2019 年主要商品进口数量、金额及其增长速度

商品名称	计量单位	数量	比上年增长（%）	金额（亿元）	比上年增长（%）
谷物及谷物粉	万吨	1 785	−12.8	358	−7.0
大豆	万吨	8 851	0.5	2 437	−2.6
食用植物油	万吨	953	51.5	438	39.9
铁矿砂及其精矿	万吨	106 895	0.5	6 995	39.6
煤及褐煤	万吨	29 967	6.3	1 605	−1.1
原油	万吨	50 572	9.5	16 627	4.6
成品油	万吨	3 056	−8.7	1 175	−11.7
天然气	万吨	9 656	6.9	2 875	12.8
初级形状的塑料	万吨	3 691	12.4	3 670	−1.3
纸浆	万吨	2 720	9.7	1 178	−9.3
钢材	万吨	1 230	−6.5	973	−10.2
未锻轧铜及铜材	万吨	498	−6.0	2 240	−9.2
集成电路	亿个	4 451	6.6	21 079	2.4
汽车	万辆	105	−7.6	3 332	0.0

表 12　2019 年对主要国家和地区货物进出口金额、增长速度及其比重

国家和地区	出口额（亿元）	比上年增长（%）	占全部出口比重（%）	进口额（亿元）	比上年增长（%）	占全部进口比重（%）
欧盟	29 564	9.6	17.2	19 063	5.5	13.3
东盟	24 797	17.8	14.4	19 456	9.8	13.6
美国	28 865	−8.7	16.7	8 454	−17.1	5.9
日本	9 875	1.7	5.7	11 837	−0.6	8.3
中国香港	19 243	−3.6	11.2	626	10.9	0.4
韩国	7 648	6.6	4.4	11 960	−11.4	8.4
中国台湾	3 799	18.3	2.2	11 934	1.9	8.3
巴西	2 453	10.8	1.4	5 501	7.4	3.8
俄罗斯	3 434	8.5	2.0	4 208	7.5	2.9
印度	5 156	2.1	3.0	1 239	−0.2	0.9
南非	1 141	6.4	0.7	1 784	−0.8	1.2

全年服务进出口[53]总额 54 153 亿元，比上年增长 2.8%。其中，服务出口 19 564 亿元，增长 8.9%；服务进口 34 589 亿元，下降 0.4%。服务进出口逆差 15 025 亿元。

全年外商直接投资（不含银行、证券、保险领域）新设立企业 40 888 家，比上年下降 32.5%。实际使用外商直接投资金额 9 415 亿元，增长 5.8%，折 1 381 亿美元，增长 2.4%。其中“一带一路”沿线国家对华直接投资新设立企业 5 591 家，增长 24.8%；对华直接投资金额（含通过部分自由港对华投资）576 亿元，增长 36.0%，折 84 亿美元，增长 30.6%。全年高技术产业实际使用外资 2 660 亿元，增长 25.6%，折 391 亿美元，增长 21.7%。

表 13　2019 年外商直接投资（不含银行、证券、保险领域）及其增长速度

行　业	企业数（家）	比上年增长（%）	实际使用金额（亿元）	比上年增长（%）
总计	40 888	−32.5	9 415	5.8
其中：农、林、牧、渔业	495	−33.2	38	−27.9
制造业	5 396	−12.3	2 416	−11.0
电力、热力、燃气及水生产和供应业	295	3.9	239	−17.6
交通运输、仓储和邮政业	591	−21.6	309	−1.6
信息传输、软件和信息技术服务业	4 295	−40.5	999	29.4
批发和零售业	13 837	−39.5	614	−4.5
房地产业	1 050	−0.3	1 608	8.0
租赁和商务服务业	5 777	−36.5	1 499	20.6
居民服务、修理和其他服务业	361	−25.6	37	−0.4

全年对外非金融类直接投资额 7 630 亿元，比上年下降 4.3%，折 1 106 亿美元，下降 8.2%。其中，对“一带一路”沿线国家非金融类直接投资额 150 亿美元，下降 3.8%。

表 14　2019 年对外非金融类直接投资额及其增长速度

行　业	金额（亿美元）	比上年增长（%）
总计	1106.0	−8.2
其中：农、林、牧、渔业	15.4	−13.0
采矿业	75.2	−18.5
制造业	200.8	6.7
电力、热力、燃气及水生产和供应业	25.2	−20.5
建筑业	85.1	15.6
批发和零售业	125.7	18.6
交通运输、仓储和邮政业	55.5	−4.3
信息传输、软件和信息技术服务业	61.2	−10.5
房地产业	48.2	22.0
租赁和商务服务业	355.6	−20.3

全年对外承包工程完成营业额 11 928 亿元，比上年增长 6.6%，折 1 729 亿美元，增长 2.3%。其中，对“一带一路”沿线国家完成营业额 980 亿美元，增长 9.7%，占对外承包工程完成营业额比重为 56.7%。对外劳务合作派出各类劳务人员 49 万人。

八、财政金融

全年全国一般公共预算收入 190 382 亿元，比上年增长 3.8%。其中税收收入 157 992 亿元，比上年增加 1 589 亿元，增长 1.0%。全国一般公共预算支出 238 874 亿元，比上年增长 8.1%。

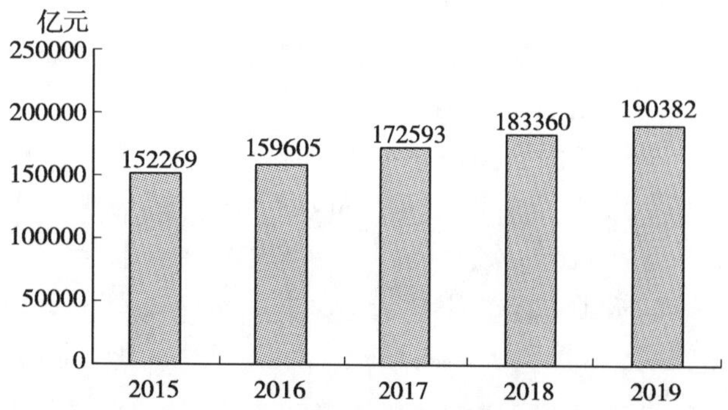

图 19　2015—2019 年全国一般公共预算收入

注：图中 2015 年至 2018 年数据为全国一般公共预算收入决算数，2019 年为执行数。

年末广义货币供应量（M_2）余额198.6万亿元，比上年末增长8.7%；狭义货币供应量（M_1）余额57.6万亿元，增长4.4%；流通中货币（M_0）余额7.7万亿元，增长5.4%。

全年社会融资规模增量[54]25.6万亿元，按可比口径计算，比上年多3.1万亿元；年末社会融资规模存量[55]251.3万亿元，按可比口径计算，比上年末增长10.7%，其中对实体经济发放的人民币贷款余额151.6万亿元，增长12.5%。年末全部金融机构本外币各项存款余额198.2万亿元，比年初增加15.7万亿元，其中人民币各项存款余额192.9万亿元，增加15.4万亿元。全部金融机构本外币各项贷款余额158.6万亿元，增加16.8万亿元，其中人民币各项贷款余额153.1万亿元，增加16.8万亿元。

表15　2019年年末全部金融机构本外币存贷款余额及其增长速度

指　　标	年末数（亿元）	比上年末增长（%）
各项存款	1 981 643	8.6
其中：境内住户存款	821 296	13.4
其中：人民币	813 017	13.5
境内非金融企业存款	621 147	5.4
各项贷款	1 586 021	11.9
其中：境内短期贷款	472 380	6.6
境内中长期贷款	971 805	13.7

年末主要农村金融机构（农村信用社、农村合作银行、农村商业银行）人民币贷款余额190 688亿元，比年初增加20 866亿元。全部金融机构人民币消费贷款余额439 669亿元，增加61 667亿元。其中，个人短期消费贷款余额99 226亿元，增加14 519亿元；个人中长期消费贷款余额340 443亿元，增加47 148亿元。

全年沪深交易所A股累计筹资[56]13 534亿元，比上年增加2 076亿元。首次公开发行A股201只，筹资2 490亿元，比上年增加1 112亿元，其中科创板股票70只，筹资824亿元；A股再融资（包括公开增发、定向增发、配股、优先股、可转债转股）11 044亿元，增加964亿元。全年各类主体通过沪深交易所发行债券（包括公司债、可转债、可交换债、政策性金融债、地方政府债和企业资产支持证券）筹资71 987亿元，比上年增加15 109亿元。全国中小企业股份转让系统[57]挂牌公司8 953家，全年挂牌公司累计股票筹资265亿元。

全年发行公司信用类债券[58]10.71万亿元，比上年增加2.92万亿元。

全年保险公司原保险保费收入[59]42 645亿元，比上年增长12.2%。其中，寿险业务原保险保费收入22 754亿元，健康险和意外伤害险业务原保险保费收入8 241亿元，财产险业务原保险保费收入11 649亿元。支付各类赔款及给付12 894亿元。其中，寿险业务给付3 743亿元，健康险和意外伤害险业务赔款及给付2 649亿元，财产险业务赔款6 502亿元。

九、居民收入消费和社会保障

全年全国居民人均可支配收入30 733元，比上年增长8.9%，扣除价格因素，实际增长5.8%。全国居民人均可支配收入中位数[60]26 523元，增长9.0%。按常住地分，城镇居民人均可支配收入42 359元，比上年增长7.9%，扣除价格因素，实际增长5.0%。城镇居民人均可支配收入中位数39 244元，增长7.8%。农村居民人均可支配收入16 021元，比上年增长9.6%，扣除价格因素，实际增长6.2%。农村居民人均可支配收入中位数14 389元，增长10.1%。按全国居民五等份收入分组[61]，低收入组人均可支配收入7 380元，中间偏下收入组人均可支配收入15 777元，中间收入组人均可支配收入25 035元，中间偏上收入组人均可支配收入39 230元，高收入组人均可支配收入76 401元。全国农民工人均月收入3 962元，比上年增长6.5%。

全年全国居民人均消费支出21 559元，比上年增长8.6%，扣除价格因素，实际增长5.5%。其中，人均服务性消费支出[62]9 886元，比上年增长12.6%，占居民人均消费支出的比重为45.9%。按常住地分，城镇居民人均消费支出28 063元，增长7.5%，扣除价格因素，实际增长4.6%；农村居民人均消费支出13 328元，增长9.9%，扣除价格因素，实际增长6.5%。全国居民恩格尔系数为28.2%，比上年下降0.2个百分点，其中城镇为27.6%，农村为30.0%。

年末全国参加城镇职工基本养老保险人数43 482万人，比上年末增加1 581万人。参加城乡

图 20 2015—2019 年全国居民人均可支配收入及其增长速度

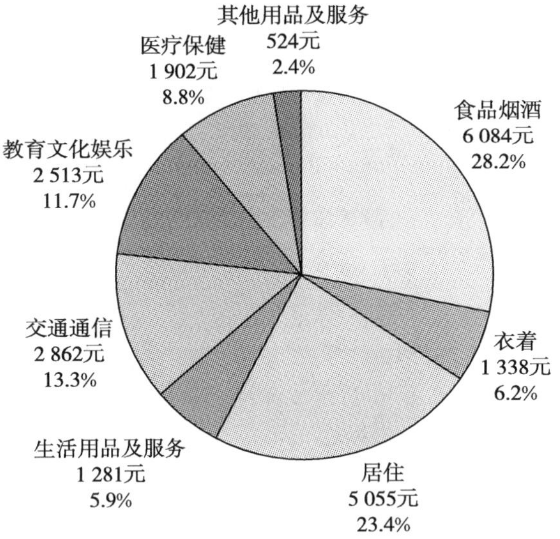

图 21 2019 年全国居民人均消费支出及其构成

居民基本养老保险人数 53 266 万人，增加 874 万人。参加基本医疗保险人数 135 436 万人，增加 978 万人。其中，参加职工基本医疗保险人数 32 926万人，增加 1 245 万人；参加城乡居民基本医疗保险人数 102 510 万人。参加失业保险人数 20 543万人，增加 899 万人。年末全国领取失业保险金人数 228 万人。参加工伤保险人数 25 474 万人，增加 1 600 万人，其中参加工伤保险的农民工 8 616 万人，增加 530 万人。参加生育保险人数 21 432万人，增加 997 万人。年末全国共有 861 万人享受城市最低生活保障，3 456 万人享受农村最低生活保障，439 万人享受农村特困人员[63]救助供养，全年临时救助[64] 918 万人次。全年资助 7 782万人参加基本医疗保险，实施门诊和住院救助 6 180 万人次。全年国家抚恤、补助退役军人和其他优抚对象 861 万人。

年末全国共有各类提供住宿的社会服务机构 3.7 万个，其中养老机构 3.4 万个，儿童服务机构 663 个。社会服务床位[65] 790.1 万张，其中养老服务床位 761.4 万张，儿童服务床位 9.7 万张。年末共有社区服务中心 2.6 万个，社区服务站 16.7 万个。

十、科学技术和教育

全年研究与试验发展（R&D）经费支出 21 737亿元，比上年增长 10.5%，与国内生产总值之比为 2.19%，其中基础研究经费 1 209 亿元。国家科技重大专项共安排 234 个课题，国家自然科学基金共资助 45 192 个项目。截至年底，正在运行的国家重点实验室 515 个，累计建设国家工程研究中心 133 个，国家工程实验室 217 个，国家企业技术中心 1 540 家。国家科技成果转化引导基金累计设立 21 支子基金，资金总规模 313 亿元。国家级科技企业孵化器[66] 1 177 家，国家备案众创空间[67] 1 888家。全年境内外专利申请 438.0 万件，比上年增长 1.3%；授予专利权 259.2 万件，增长 5.9%；PCT 专利申请受理量[68]为 6.1 万件。截至年底，有效专利 972.2 万件，其中境内有效发明专利 186.2 万件，每万人口发明专利拥有量 13.3 件。全年商标申请 783.7 万件，比上年增长 6.3%；商标注册 640.6 万件，增长 27.9%。全年共签订技术合同 48.4 万项，技术合同成交金额 22 398 亿元，比上年增长 26.6%。

图 22 2015—2019 年研究与试验发展（R&D 经费支出及其增长速度）

表 16 2019 年专利申请、授权和有效专利情况

指　标	专利数（万件）	比上年增长（%）
专利申请数	438.0	1.3
其中：境内专利申请	417.2	1.2

（续）

指　　标	专利数（万件）	比上年增长（%）
其中：发明专利申请	140.1	−9.2
其中：境内发明专利	123.1	−10.8
专利授权数	259.2	5.9
其中：境内专利授权	245.8	6.0
其中：发明专利授权	45.3	4.8
其中：境内发明专利	35.4	4.3
年末有效专利数	972.2	16.0
其中：境内有效专利	869.2	17.5
其中：有效发明专利	267.1	12.9
其中：境内有效发明专利	186.2	16.3

全年成功完成32次宇航发射。长征五号遥三运载火箭和高分七号卫星成功发射，长征系列运载火箭发射突破300次大关。嫦娥四号探测器世界上首次实现月球背面软着陆和巡视探测。固体运载火箭海上发射圆满完成。北斗三号全球系统核心星座完成部署，雪龙2号首航南极，首艘国产航母正式列装。

年末全国共有国家质检中心835家。全国现有产品质量、体系和服务认证机构596个，累计完成对72万家企业的认证。全年制定、修订国家标准2 021项，其中新制定1 448项。全年制造业产品质量合格率[69]为93.86%。

全年研究生教育招生91.7万人，在学研究生286.4万人，毕业生64.0万人。普通本专科招生914.9万人，在校生3 031.5万人，毕业生758.5万人。中等职业教育[70]招生600.4万人，在校生1 576.5万人，毕业生493.4万人。普通高中招生839.5万人，在校生2 414.3万人，毕业生789.2万人。初中招生1 638.8万人，在校生4 827.1万人，毕业生1 454.1万人。普通小学招生1 869.0万人，在校生10 561.2万人，毕业生1 647.9万人。特殊教育招生14.4万人，在校生79.5万人，毕业生9.8万人。学前教育在园幼儿4 713.9万人。九年义务教育巩固率为94.8%，高中阶段毛入学率为89.5%。

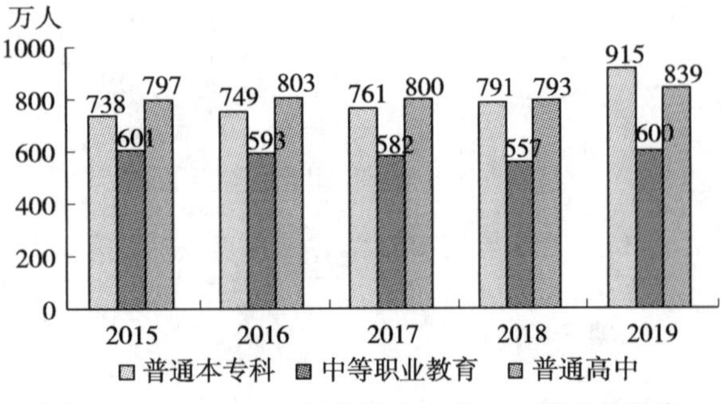

图23　2015—2019年普通本专科、中等职业教育及普通高中招生人数

十一、文化旅游、卫生健康和体育

年末全国文化和旅游系统共有艺术表演团体2 072个，博物馆3 410个。全国共有公共图书馆3 189个，总流通[71]87 774万人次；文化馆3 325个。有线电视实际用户2.12亿户，其中有线数字电视实际用户1.98亿户。年末广播节目综合人口覆盖率为99.1%，电视节目综合人口覆盖率为99.4%。全年生产电视剧254部10 646集，电视动画片94 659分钟。全年生产故事影片850部，科教、纪录、动画和特种影片[72]187部。出版各类报纸315亿份，各类期刊22亿册，图书102亿册（张），人均图书拥有量[73]7.29册（张）。年末全国共有档案馆4 136个，已开放各类档案14 341万卷（件）。全年全国规模以上文化及相关产业企业营业收入86 624亿元，按可比口径计算，比上年增长7.0%。

全年国内游客60.1亿人次，比上年增长8.4%；国内旅游收入57 251亿元，增长11.7%。入境游客14 531万人次，增长2.9%。其中，外国人3 188万人次，增长4.4%；香港、澳门和台湾同胞11 342万人次，增长2.5%。在入境游客中，过夜游客6 573万人次，增长4.5%。国际旅游收入1 313亿美元，增长3.3%。国内居民出境16 921万人次，增长4.5%。其中因私出境16 211万人次，增长4.6%；赴港澳台出境10 237万人次，增长3.2%。

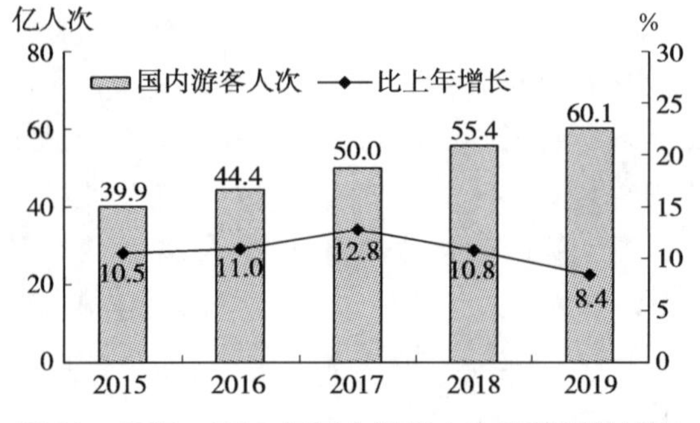

图24　2015—2019年国内游客人次及其增长速度

年末全国共有医疗卫生机构 101.4 万个，其中医院 3.4 万个，在医院中有公立医院 1.2 万个，民营医院 2.2 万个；基层医疗卫生机构 96.0 万个，其中乡镇卫生院 3.6 万个，社区卫生服务中心（站）3.5 万个，门诊部（所）26.7 万个，村卫生室 62.1 万个；专业公共卫生机构 1.7 万个，其中疾病预防控制中心 3 456 个，卫生监督所（中心）3 106 个。年末卫生技术人员 1 010 万人，其中执业医师和执业助理医师 382 万人，注册护士 443 万人。医疗卫生机构床位 892 万张，其中医院 697 万张，乡镇卫生院 138 万张。全年总诊疗人次[74] 85.2 亿人次，出院人数[75] 2.7 亿人。

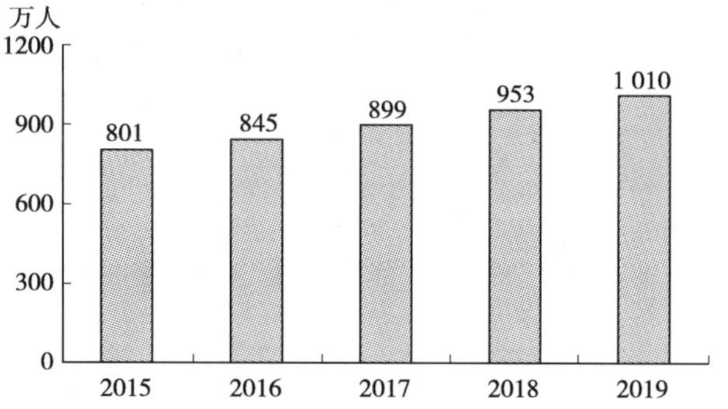

图 25　2015—2019 年年末卫生技术人员人数

全国共有体育场地[76] 316.2 万个，体育场地面积[77] 25.9 亿米^2，人均体育场地面积 1.86 米^2。全年我国运动员在 33 个运动大项中获得 128 个世界冠军，共创 16 项世界纪录。全年我国残疾人运动员在 53 项国际赛事中获得 350 个世界冠军。

十二、资源、环境和应急管理

全年全国国有建设用地供应总量[78] 62.4 万公顷，比上年下降 3.6%。其中，工矿仓储用地 14.7 万公顷，增长 10.3%；房地产用地[79] 14.2 万公顷，下降 1.4%；基础设施用地 33.5 万公顷，下降 9.5%。

全年水资源总量 28 670 亿米^3。全年总用水量 5 991 亿米^3，比上年下降 0.4%。其中，生活用水增长 1.9%，工业用水下降 2.1%，农业用水下降 0.5%，生态补水增长 0.5%。万元国内生产总值用水量[80] 67 米^3，比上年下降 6.1%。万元工业增加值用水量 42 米^3，下降 7.2%。人均用水量 429 米^3，比上年下降 0.8%。

全年完成造林面积 707 万公顷，其中人工造林面积 365 万公顷，占全部造林面积的 51.6%。森林抚育面积 773 万公顷。截至年底，国家级自然保护区 474 个。新增水土流失治理面积 5.4 万公里^2。

初步核算，全年能源消费总量[81] 48.6 亿吨标准煤，比上年增长 3.3%。煤炭消费量增长 1.0%，原油消费量增长 6.8%，天然气消费量增长 8.6%，电力消费量增长 4.5%。煤炭消费量占能源消费总量的 57.7%，比上年下降 1.5 个百分点；天然气、水电、核电、风电等清洁能源消费量占能源消费总量的 23.4%，上升 1.3 个百分点。重点耗能工业企业单位电石综合能耗下降 2.1%，单位合成氨综合能耗下降 2.4%，吨钢综合能耗下降 1.3%，单位电解铝综合能耗下降 2.2%，每千瓦时火力发电标准煤耗下降 0.3%。全国万元国内生产总值二氧化碳排放下降 4.1%。

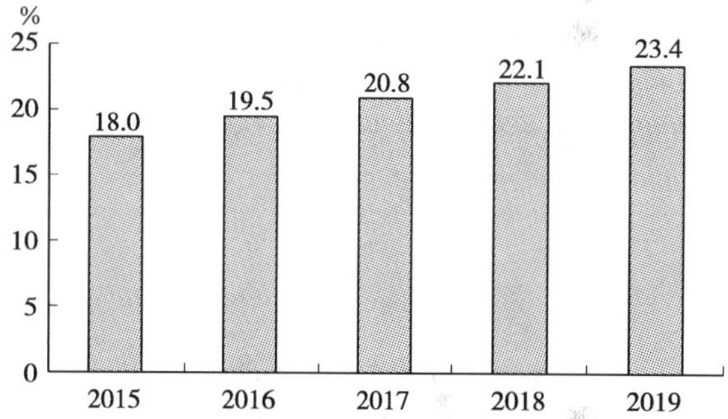

图 26　2015—2019 年清洁能源消费量占能源消费总量的比重

近岸海域 1 257 个海水水质监测点中，达到国家一、二类海水水质标准的监测点占 76.6%，三类海水占 7.0%，四类、劣四类海水占 16.4%。

在监测的 337 个地级及以上城市中，空气质量达标的城市占 46.6%，未达标的城市占 53.4%。细颗粒物（$PM_{2.5}$）未达标城市（基于 2015 年 $PM_{2.5}$ 年平均浓度未达标的城市）年平均浓度 40 微克/米^3，比上年下降 2.4%。

在开展城市区域声环境监测的 322 个城市中，声环境质量好的城市占 2.5%，较好的占 66.8%，一般的占 28.9%，较差的占 1.9%。

全年平均气温为 10.34℃，比上年上升 0.25℃。共有 5 个台风登陆。

全年农作物受灾面积 1 926 万公顷，其中绝收 280 万公顷。全年因洪涝和地质灾害造成直接经济损失 1 923 亿元，因旱灾造成直接经济损失 457 亿元，因低温冷冻和雪灾造成直接经济损失 28 亿元，因海洋灾害造成直接经济损失117亿元。全年大陆地区共发生5.0级以上地震20次，成灾13次，造成直接经济损失约59亿元。全年共发生森林火灾2 345起，受灾森林面积1.4万公顷。

全年各类生产安全事故共死亡29 519人。工矿商贸企业就业人员10万人生产安全事故死亡人数1.474人，比上年下降4.7%；煤矿百万吨死亡人数0.083人，下降10.8%。道路交通事故万车死亡人数1.80人，下降6.7%。

注释：

[1] 本公报中数据均为初步统计数。各项统计数据均未包括香港特别行政区、澳门特别行政区和台湾省。部分数据因四舍五入的原因，存在总计与分项合计不等的情况。

[2] 国内生产总值、三次产业及相关行业增加值、地区生产总值、人均国内生产总值和国民总收入绝对数按现价计算，增长速度按不变价格计算。根据第四次全国经济普查结果，对国内生产总值、三次产业及相关行业增加值等相关指标的历史数据进行了修订。

[3] 国民总收入，原称国民生产总值，是指一个国家或地区所有常住单位在一定时期内所获得的初次分配收入总额，等于国内生产总值加上来自国外的初次分配收入净额。

[4] 万元国内生产总值能耗按2015年价格计算，根据第四次全国经济普查结果对历史数据进行了修订。

[5] 全员劳动生产率为国内生产总值（按2015年价格计算）与全部就业人员的比率，根据第四次全国经济普查结果对历史数据进行了修订。

[6] 见注释[2]。

[7] 见注释[4]。

[8] 见注释[5]。

[9] 人户分离的人口是指居住地与户口登记地所在的乡镇街道不一致且离开户口登记地半年及以上的人口。

[10] 流动人口是指人户分离人口中扣除市辖区内人户分离的人口。市辖区内人户分离的人口是指一个直辖市或地级市所辖区内和区与区之间，居住地和户口登记地不在同一乡镇街道的人口。

[11] 2019年年末，0～14岁（含不满15周岁）人口为23 492万人，15～59岁（含不满60周岁）人口为91 125万人。

[12] 年度农民工数量包括年内在本乡镇以外从业6个月及以上的外出农民工和在本乡镇内从事非农产业6个月及以上的本地农民工。

[13] 农产品生产者价格是指农产品生产者直接出售其产品时的价格。

[14] 居住类价格包括租赁房房租、住房保养维修及管理、水电燃料等价格。

[15] 产能利用率是指实际产出与生产能力（均以价值量计量）的比率。企业的实际产出是指企业报告期内的工业总产值；企业的生产能力是指报告期内，在劳动力、原材料、燃料、运输等保证供给的情况下，生产设备（机械）保持正常运行，企业可实现并能长期维持的产品产出。

[16] 由于统计调查制度规定的口径调整、统计执法、剔除重复数据、企业改革剥离、第四次全国经济普查核实调整等因素，2019年规模以上工业企业财务指标增速及变化按可比口径计算。

[17] 工业战略性新兴产业包括新一代信息技术产业，高端装备制造产业，新材料产业，生物产业，新能源汽车产业，新能源产业，节能环保产业和数字创意产业等八大产业中的工业相关行业。2019年工业战略性新兴产业增加值增速按可比口径计算。

[18] 高技术制造业包括医药制造业，航空、航天器及设备制造业，电子及通信设备制造业，计算机及办公设备制造业，医疗仪器设备及仪器仪表制造业，信息化学品制造业。

[19] 装备制造业包括金属制品业，通用设备制造业，专用设备制造业，汽车制造业，铁路、船舶、航空航天和其他运输设备制造业，电气机械和器材制造业，计算机、通信和其他电子设备制造业，仪器仪表制造业。

[20] 规模以上服务业统计范围包括年营业收入1 000万元及以上，或年末从业人员50人及以上的交通运输、仓储和邮政业，信息传输、软件和信息技术服务业，房地产业（不含房地产开发经营），租赁和商务服务业，科学研究和技术服务业，水利、环境和公共设施管理业，教育，卫生和社会工作；年营业收入500万元及以上，或年末从

业人员 50 人及以上的居民服务、修理和其他服务业，文化、体育和娱乐业法人单位。

[21] 战略性新兴服务业包括新一代信息技术产业，高端装备制造产业，新材料产业，生物产业，新能源汽车产业，新能源产业，节能环保产业和数字创意产业等八大产业中的服务业相关行业，以及新技术与创新创业等相关服务业。2019 年战略性新兴服务业企业营业收入增速按可比口径计算。

[22] 高技术产业投资包括医药制造、航空航天器及设备制造等六大类高技术制造业投资和信息服务、电子商务服务等九大类高技术服务业投资。

[23] 工业技术改造投资是指工业企业利用新技术、新工艺、新设备、新材料对现有设施、工艺条件及生产服务等进行改造提升，实现内涵式发展的投资活动。

[24] 网上零售额是指通过公共网络交易平台（主要从事实物商品交易的网上平台，包括自建网站和第三方平台）实现的商品和服务零售额。

[25] 东部地区是指北京、天津、河北、上海、江苏、浙江、福建、山东、广东和海南 10 省（市）；中部地区是指山西、安徽、江西、河南、湖北和湖南 6 省；西部地区是指内蒙古、广西、重庆、四川、贵州、云南、西藏、陕西、甘肃、青海、宁夏和新疆 12 省（区、市）；东北地区是指辽宁、吉林和黑龙江 3 省。

[26] 减贫人口等于当年贫困人口减去上年贫困人口，也相当于当年脱贫人口减去当年返贫人口。

[27] 贫困发生率是指贫困人口占目标调查人口的比重。

[28] 贫困地区包括集中连片特困地区和片区外的国家扶贫开发工作重点县，原共有 832 个县。2017 年开始将新疆阿克苏地区纳入贫困监测范围。

[29] 见注释 [2]。

[30] 2018 年部分产品产量数据根据第四次全国经济普查结果进行了修订，2019 年产量增速按可比口径计算。

[31] 火电包括燃煤发电量，燃油发电量，燃气发电量，余热、余压、余气发电量，垃圾焚烧发电量，生物质发电量。

[32] 钢材产量数据中含企业之间重复加工钢材约 25 200 万吨。

[33] 少量发电装机容量（如地热等）公报中未列出。

[34] 见注释 [16]。

[35] 见注释 [2]。

[36] 见注释 [2]。

[37] 2019 年港口统计范围由规模以上港口调整为全国所有港口，相关指标增速按可比口径计算。

[38] 交通运输部根据专项调查，调整 2019 年公路货物运输量、公路货物运输周转量统计口径，数据与上年不可比。

[39] 旅客运输总量包括铁路、公路、水运、民航营业性旅客运输量，其中公路旅客运输量占 70%以上。近年来，随着人们出行方式的变化，居民自驾出行、网络约车及拼车人数增长较快，分流了公路客运量，导致旅客运输总量下降。

[40] 邮政行业业务总量按 2010 年价格计算。

[41] 电信业务总量按 2015 年价格计算。

[42] 固定互联网宽带接入用户是指报告期末在电信企业登记注册，通过 xDSL、FTTx+LAN、FTTH/O 以及其他宽带接入方式和普通专线接入公众互联网的用户。

[43] 固定互联网光纤宽带接入用户是指报告期末在电信企业登记注册，通过 FTTH 或 FTTO 方式接入公众互联网的用户。

[44] 软件和信息技术服务业包括软件开发，集成电路设计，信息系统集成和物联网技术服务，运行维护服务，信息处理和存储支持服务，信息技术咨询服务，数字内容服务和其他信息技术服务等行业。

[45] 根据第四次全国经济普查、统计执法检查和统计调查制度规定，对 2018 年固定资产投资数据进行修订，2019 年增速按可比口径计算。

[46] 见注释 [25]。

[47] 民间固定资产投资是指具有集体、私营、个人性质的内资企事业单位以及由其控股（包括绝对控股和相对控股）的企业单位建造或购置固定资产的投资。

[48] 基础设施投资包括交通运输、邮政业，电信、广播电视和卫星传输服务业，互联网和相关服务业，水利、环境和公共设施管理业投资。

[49] 房地产业投资除房地产开发投资外，还包括建设单位自建房屋以及物业管理、中介服务和其他房地产投资。

[50] 高速铁路是指线路最大速度 200 公里/小时及以上的铁路和 200 公里/小时以下仅运行动车组列车的铁路。

[51] 数据为截至2019年年底全国建档立卡贫困户农村危房改造中央任务开工数。

[52] “一带一路”是指“丝绸之路经济带”和“21世纪海上丝绸之路”。

[53] 服务进出口按照《国际收支手册（第六版）》标准统计，增速按可比口径计算。

[54] 社会融资规模增量是指一定时期内实体经济从金融体系获得的资金额。2019年，社会融资规模统计口径有所调整。

[55] 社会融资规模存量是指一定时期末（月末、季末或年末）实体经济从金融体系获得的资金余额。

[56] 沪深交易所股票筹资额按上市日统计，筹资额包括了可转债实际转股金额，2018年、2019年可转债实际转股金额分别为80亿元和995亿元。

[57] 全国中小企业股份转让系统又称“新三板”，是2012年经国务院批准的全国性证券交易场所。全年全国中小企业股份转让系统挂牌公司累计筹资不含优先股，股票筹资按发行报告书的披露日统计。

[58] 公司信用类债券包括非金融企业债务融资工具、企业债券以及公司债、可转债等。

[59] 原保险保费收入是指保险企业确认的原保险合同保费收入。

[60] 人均收入中位数是指将所有调查户按人均收入水平从低到高（或从高到低）顺序排列，处于最中间位置调查户的人均收入。

[61] 全国居民五等份收入分组是指将所有调查户按人均收入水平从高到低顺序排列，平均分为五个等份，处于最高20%的收入群体为高收入组，依此类推依次为中间偏上收入组、中间收入组、中间偏下收入组、低收入组。

[62] 服务性消费支出是指调查户用于本家庭生活方面的各种非商品性服务费用。

[63] 农村特困人员是指无劳动能力，无生活来源，无法定赡养、抚养、扶养义务人或者其法定义务人无履行义务能力的农村老年人、残疾人以及未满16周岁的未成年人。

[64] 临时救助是国家对遭遇突发事件、意外伤害、重大疾病或其他特殊原因导致基本生活陷入困境，其他社会救助制度暂时无法覆盖或救助之后基本生活暂时仍有严重困难的家庭或个人给予的应急性、过渡性的救助。

[65] 社会服务床位数除收养性机构外，还包括救助类机构、社区类机构的床位。

[66] 国家级科技企业孵化器是指符合《科技企业孵化器管理办法》规定的，以促进科技成果转化、培育科技企业和企业家精神为宗旨，提供物理空间、共享设施和专业化服务的科技创业服务机构，且经过科技部批准认定的科技企业孵化器。

[67] 国家备案众创空间是指符合《发展众创空间工作指引》规定的新型创新创业服务平台，且按照《国家众创空间备案暂行规定》经科技部火炬中心审核备案的众创空间。

[68] PCT专利申请受理量是指国家知识产权局作为PCT专利申请受理局受理的PCT专利申请数量。PCT（Patent Cooperation Treaty）即专利合作条约，是专利领域的一项国际合作条约。

[69] 制造业产品质量合格率是指以产品质量检验为手段，按照规定的方法、程序和标准实施质量抽样检测，判定为质量合格的样品数占全部抽样样品数的百分比，统计调查样本覆盖制造业的29个行业。

[70] 中等职业教育包括普通中专、成人中专、职业高中和技工学校。

[71] 总流通人次是指本年度内到图书馆场馆接受图书馆服务的总人次，包括借阅书刊、咨询问题以及参加各类读者活动等。

[72] 特种影片是指采用与常规影院放映在技术、设备、节目方面不同的电影展示方式，如巨幕电影、立体电影、立体特效（4D）电影、动感电影、球幕电影等。

[73] 人均图书拥有量是指在一年内全国平均每人能拥有的当年出版图书册数。

[74] 总诊疗人次指所有诊疗工作的总人次数，包括门诊、急诊、出诊、预约诊疗、单项健康检查、健康咨询指导（不含健康讲座）人次。

[75] 出院人数指报告期内所有住院后出院的人数，包括医嘱离院、医嘱转其他医疗机构、非医嘱离院、死亡及其他人数，不含家庭病床撤床人数。

[76] 体育场地相关数据来源于第七次全国体育场地普查结果，体育场地普查调查对象不包括军队、铁路系统所属体育场地，数据为截至2018年年底。

[77] 体育场地面积指体育训练、比赛、健身场地的有效面积。

[78] 国有建设用地供应总量是指报告期内市、县人民政府根据年度土地供应计划依法以出让、划拨、租赁等方式与用地单位或个人签订出让合同或签发划拨决定书、完成交易的国有建设用地总量。

[79] 房地产用地是指商服用地和住宅用地的总和。

［80］万元国内生产总值用水量、万元工业增加值用水量按2015年价格计算。

［81］根据第四次全国经济普查结果，对能源消费总量等相关指标历史数据进行了修订。

资料来源：

本公报中户籍人口城镇化率、民用汽车、道路交通事故数据来自公安部；城镇新增就业、登记失业率、社会保障、技工学校数据来自人力资源和社会保障部；外汇储备、汇率数据来自国家外汇管理局；市场主体、质量检验、国家标准制定修订、制造业产品质量合格率数据来自国家市场监督管理总局；减税降费数据来自国家税务总局；水产品产量、新增高效节水灌溉面积数据来自农业农村部；木材产量、造林面积、森林抚育面积、国家级自然保护区数据来自国家林业和草原局；新增耕地灌溉面积、水资源、新增水土流失治理面积数据来自水利部；发电装机容量、新增220千伏及以上变电设备、电力消费量数据来自中国电力企业联合会；港口货物吞吐量、港口集装箱吞吐量、公路运输、水运、新改建公路里程、港口万吨级码头泊位新增通过能力数据来自交通运输部；铁路运输、新建铁路投产里程、增新建铁路复线投产里程、电气化铁路投产里程数据来自中国国家铁路集团有限公司；民航、新增民用运输机场数据来自中国民用航空局；管道数据来自中国石油天然气集团有限公司、中国石油化工集团有限公司、中国海洋石油集团有限公司；邮政业务数据来自国家邮政局；通信业、软件业务收入、新增光缆线路长度等数据来自工业和信息化部；棚户区改造、农村地区建档立卡贫困户危房改造数据来自住房和城乡建设部；货物进出口数据来自海关总署；服务进出口、外商直接投资、对外直接投资、对外承包工程、对外劳务合作等数据来自商务部；财政数据来自财政部；货币金融、公司信用类债券数据来自中国人民银行；境内交易场所筹资数据来自中国证券监督管理委员会；保险业数据来自中国银行保险监督管理委员会；医疗保险、生育保险、资助参加基本医疗保险、实施门诊和住院救助数据来自国家医疗保障局；城乡低保、农村特困人员救助供养、临时救助、社会服务数据来自民政部；优抚对象数据来自退役军人事务部；国家科技重大专项、国家重点实验室、国家科技成果转化引导基金、国家级科技企业孵化器、国家备案众创空间、技术合同等数据来自科学技术部；国家自然科学基金项目数据来自国家自然科学基金委员会；国家工程研究中心、国家工程实验室、国家企业技术中心等数据来自国家发展和改革委员会；专利、商标数据来自国家知识产权局；宇航发射数据来自国家国防科技工业局；教育数据来自教育部；艺术表演团体、博物馆、公共图书馆、文化馆、图书、旅游数据来自文化和旅游部；电视、广播数据来自国家广播电视总局；电影数据来自国家电影局；报纸、期刊数据来自国家新闻出版署；档案数据来自国家档案局；居民出境数据来自国家移民管理局；医疗卫生数据来自国家卫生健康委员会；体育数据来自国家体育总局；残疾人运动员数据来自中国残疾人联合会；国有建设用地供应、海洋灾害造成直接经济损失数据来自自然资源部；万元国内生产总值二氧化碳排放、环境监测等数据来自生态环境部；平均气温、登陆台风数据来自中国气象局；农作物受灾面积、洪涝和地质灾害造成直接经济损失、旱灾造成直接经济损失、低温冷冻和雪灾造成直接经济损失、森林火灾、受灾森林面积、安全生产数据来自应急管理部；地震次数、地震灾害造成直接经济损失数据来自中国地震局；其他数据均来自国家统计局。

附录二 西藏国有农场基本情况

西藏国有农场基本情况统计表（一）

（2019年）

序号	项目名称	计量单位	西藏	八一农场	米林农场	易贡茶场	察隅农场
1	一、人口情况		—	—	—	—	—
2	农场总户数	户	848	53	175	529	91
3	农场总人口数	人	2 839	367	605	1 517	350
4	其中：在职职工人数	人	504	97	71	289	47
5	离、退休职工人数	人	1 026	186	250	460	130
6	年末从业人员数	人	580	103	132	298	47
7	二、土地总面积	亩	50 668	12 905	6 341	27 173	4 249
8	其中：耕地面积	亩	11 234	2 310	2 354	6 270	300
9	牧草面积	亩	2 200	2 200			
10	林地面积	亩	17 846	3 473		13 230	1 143
11	果园面积	亩	4 863	100	3 523	740	500
12	茶园面积	亩	8 138			6 090	2 048
13	橡胶园面积	亩					
14	水面面积	亩	420	420			
15	其他土地面积	亩	5 967	4 402	464	843	258
16	三、生产总值	万元	18 498.60	2 386.00	8 564.00	2 300.00	5 248.60
17	其中：第一产业增加值	万元	6 815.00	125.00	3 240.00	1 700.00	1 750.00
18	所占比重	%	36.84	5.24	37.83	73.91	33.34
19	第二产业增加值	万元	4 681.00		2 482.00	450.00	1 749.00
20	所占比重	%	25.30		28.98	19.57	33.32
21	第三产业增加值	万元	7 002.60	2 261.00	2 842.00	150.00	1 749.60
22	所占比重	%	37.85	94.76	33.19	6.52	33.33
23	四、收入情况		—	—	—	—	—
24	职均年收入	元	48 855	77 974	42 496	38 668	61 000
25	年人均纯收入	元	18 727	8 200	10 000	20 677	36 400
26	从业人员年均收入	元	44 806	72 187	42 000	38 668	31 600
27	五、主要财务指标情况		—	—	—	—	—
28	年末资产总额	万元	65 906.21	34 561.00	14 264.40	11 380.81	5 700.00
29	年末负债总额	万元	24 863.52	7 638.00	6 758.90	10 066.62	400.00
30	年末所有者权益	万元	41 042.69	26 923.00	7 505.50	1 314.19	5 300.00
31	营业总收入	万元	5 399.96	3 687.00	652.36	1 000.60	60.00
32	营业总支出	万元	4 017.61	2 235.00	493.66	1 288.95	
33	利润总额（+、-）	万元	918.83	1 452.00	158.70	-751.87	60.00
34	农场办社会职能支出总额	万元	366.00	192.00			174.00
35	其中：财政补助	万元	96.00	96.00			
36	企业自筹	万元	270.00	96.00			174.00
37	六、生产、生活情况		—	—	—	—	—
38	农机总动力	千瓦	13 367	67	300	12 000	1 000
39	高标准农田面积	亩	3 494	844		2 650	
40	有效灌溉面积	亩	6 936	3 300		3 610	26
41	场内道路里程	公里	121	50	18	50	3
42	其中：硬化里程	公里	76	6	18	50	2
43	符合生活饮用水卫生标准人数	人	2 839	367	605	1 517	350
44	年末实有住房面积	米^2	81 540	22 000	12 540	47 000	
45	人均住房占有面积	米^2	28.72	59.95	20.73	30.98	

西藏国有农场主要农产品生产情况表（二）

（2019年）

序号	项目名称	计量单位	西藏	西藏林芝市易贡茶场	西藏林芝市察隅农场	西藏拉萨市八一农场	西藏林芝市米林农场
1	一、种植业						
2	（一）农作物播种面积	亩	8 404	120	2 134	5 000	930
3	1. 粮豆作物播种面积	亩	5 534		2 134	3 000	400
4	总产量	吨	2 044		712	1 020	320
5	亩产量	千克	369		334	340	800
6	2. 棉花播种面积	亩					
7	总产量	吨					
8	亩产量	千克					
9	3. 油料作物播种面积	亩	1 620			1 400	
10	总产量	吨	249			210	
11	亩产量	千克	154			150	
12	4. 糖料作物播种面积	亩					
13	总产量	吨					
14	亩产量	千克					
15	5. 蔬菜种植面积	亩	750	120		600	30
16	总产量	吨	383	90		240	53
17	亩产量	千克	511	750		400	1 767
18	6. 其他农作物播种面积	亩	500				500
19	其他农作物总产量	吨	21				21
20	（二）干胶总产量	吨					
21	（三）水果总产量	吨	1 745		1 426		200
22	（四）茶叶总产量	吨	57			63	
23	二、养殖业		—	—	—	—	—
24	当年出栏畜禽数	头（只）	46 229		36 420	1 455	5 300
25	年末存栏畜禽数	头（只）	50 936		41 330	2 788	5 300
26	肉类总产量	吨	1 423		900	52	7 420
27	禽蛋总产量	吨	595		562		
28	水产品总产量	吨					
29	牛奶总产量	吨	96		2	95	

附录三　2019 年农垦大事记

2019 年农垦大事记

一月

3 日　江西省人民政府发布《江西省人民政府办公厅关于进一步推进农垦垦区集团化农场企业化股权多元化改革的实施意见》。

7 日　浙江省深化机构改革协调小组办公室批复，原浙江省农业厅农场管理局更名为浙江省国有农场管理总站。

7 日　广垦橡胶集团有限公司举行庆祝改革开放 40 周年暨广垦橡胶“走出去”15 周年纪念活动。

9 日　广西壮族自治区副主席方春明一行到广西农垦调研。

9 日　天津市副市长金湘军到天津食品集团实地调研集团深化改革情况。

10 日　农业农村部党组成员、副部长屈冬玉在《2019 年农业农村部农垦局工作要点》上批示：2018 年全局同志辛勤工作有担当，靠前推进改革落实落细，值得表扬和发扬，2019 年要再接再厉，突出重点，谋好改革发展这篇文章！

10 日　胡兆民任呼伦贝尔农垦集团有限公司总经理、呼伦贝尔农垦集团有限公司副董事长、呼伦贝尔农垦集团有限公司党委副书记。

19 日　完达山乳业公司获“2018 绿色农业十佳示范企业”称号。

20 日　共青团中央书记处常务书记汪鸿雁一行到黑龙江省绿色食品交易中心暨首家北大荒云上农场线下体验馆调研。

21 日　广东农垦湛江剑麻中国特色农产品优势区被认定为中国特色农产品优势区（第二批）。

22 日　海南农垦神泉集团获授全国乡村振兴示范基地称号。

23 日　广东农垦工作会议在广州召开，广东省委常委叶贞琴出席并讲话。

23 日　陕西省副省长魏增军一行到陕西农垦大荔农场进行春节慰问活动。

26 日　农业农村部向中共中央、国务院报送《关于推进农垦改革发展工作情况的报告》。

27 日　中央政治局委员、上海市委书记李强在上海两会期间视察光明食品展区。对老字号新产品的创新成果表示肯定，并鼓励光明要再接再厉，全力打响“四大品牌”。

27 日　广西壮族自治区主席陈武对广西农垦改革成效给予高度肯定并作出批示，要求深入持续推动改革。

二月

13 日　海南省省长沈晓明在《关于推进“菜篮子”“肉篮子”“果篮子”工作情况的报告》上批示，应积极支持农垦集团为菜篮子（含肉类、水果）做更大贡献。

14 日　海南省发布中国（海南）自由贸易试验区第一批共 8 项制度创新案例，“天然橡胶价格（收入）保险”“国际热带农产品交易中心”两项入选。

28 日　陈少平任广东省农垦集团公司（省农垦总局）党委委员、书记。

28 日　吉林省推进农垦改革发展联席会议办公室印发《关于印发 2019 年农垦改革发展工作要点的通知》，统筹安排部署全省年度农垦改革发展重点目标任务。

三月

10 日　广东省副省长欧阳卫民一行赴广垦橡

胶集团海外泰国公司总部调研考察，听取广东农垦“走出去”发展工作汇报。

14日 首农集团与北汽集团签署战略合作框架协议，共同构建长效的产品与消费对接机制。

19日 北大荒农垦集团总公司（农垦总局）党委副书记、副董事长、总经理徐学阳会见丹麦王国驻华公使罗蔓蕊和丹麦哈滴公司中国区总裁 Ian Lind Seddon 一行，双方就中丹两国绿色植保合作项目开展以及丹麦先进植保技术在垦区的实施路径进行对接洽谈。

21日 新疆维吾尔自治区副主席艾尔肯·吐尼亚孜到和田津垦牧业考察调研，对天津食品集团对口帮扶工作给予充分肯定。

25日 黑龙江省委常委、副省长王永康到黑龙江农垦总局建三江管理局七星农场、创业农场调研。

26日 农业农村部党组副书记、副部长余欣荣一行赴黑龙江农垦总局建三江管理局青龙山灌区渠首站和七星农场第一管理区实地调研。

28日 中国人民银行南昌中心支行、中国银行保险监督管理委员会江西监管局、江西省农业农村厅联合下发《关于开展农垦国有农用地使用权抵押贷款试点工作的实施意见》。

29日 河南省人民政府下发《关于黄泛区农场改革发展实施方案的批复》。

四月

6日 海南省省长沈晓明在《关于海南天然橡胶生产与保险的调研报告》上批示：橡胶既是国家战略物资，又是海南广大农民的生计，算好“橡胶账”对海南农民的脱贫致富、乡村振兴至关重要。此事要在省级层面研究，要在算好账的基础上设计好政策，做好顶层设计。

10日 海南省副省长范华平一行赴临高海垦畜牧集团红华 10 万头现代高效仔猪场项目实地调研。

12日 共青团中央书记处第一书记贺军科到黑龙江省共青农场调研团的基层建设等工作。

14日 新疆维吾尔自治区党委常委、自治区人民政府常务副主席张春林在《关于报送全区国有农牧场“两个3年”改革任务完成情况的报告》上批示：“哈德尔别克副主席、区自然资源厅：关于涉及土地权属、确权争议事宜，请你们商区农业农村厅、兵团自然资源局提出拟办意见，要在 2019 年度有所突破。”

16日 斯洛伐克商务代表团到河北省沧州市中捷友谊农场进行商务考察。

19—21日 中国菌物协会和陕西农垦主办的 2019 年第四届全国羊肚菌大会在陕西榆林召开。

20日 海南农垦南金农场公司“国家菠萝蜜生产标准化示范区”项目建设成果获第五批国家农业标准化考核组考核通过，被评为“优秀”。

22日 辽宁省农垦改革发展领导小组办公室印发《辽宁省开展农垦改革“两个三年”任务完成情况“回头看”工作方案》。

23日 汤加王国议长法卡法努阿率团考察燕塘乳业公司广州开发区工厂。

23日 海南省委副书记、省深化农垦管理体制改革领导小组组长李军主持召开领导小组第 18 次会议，贯彻省委七届六次全会精神，听取农垦改革量化考核整改、农垦转企改制、土地资源资本化等工作情况汇报，并部署安排农垦改革发展重点工作。

25—26日 农业农村部农垦局在陕西西安举办全国农垦贫困农场脱贫攻坚工作推进会。会议指出要精心组织、尽锐出战、全力推进贫困农场产业扶贫开发、脱贫认定等工作，确保 2020 年底前如期完成全国 304 个重点贫困农场的脱贫攻坚工作。

29日 农业农村部农垦局一级巡视员彭剑良参加全国人大宪法和法律委员会、全国人大环境和资源保护委员会、全国人大常委会法制工作委员会联合召开的座谈会，就在《土地管理法》中增加“国有农用地使用权”规定一事进行专题汇报。

29日 广东省农垦集团公司副总经理吕林汉会见泰王国驻广州总领事馆总领事孔雀丽。

30日 天津食品集团以 12 000 万元的注册资本，全资设立天津海河乳品有限公司。

五月

8日 甘肃省副省长张世珍赴甘肃农垦集团普安制药公司调研。

16日 北京首农股份有限公司与英国 GENUS PLC 集团签订一揽子合作协议，共同致力于抗蓝耳病种猪的商业化推广，为中国消费者提供安全优质的动物蛋白。

20日 全国农垦智能财务和风控系统现场观摩会在江苏南京召开。

21—22日 农业农村部农垦局在北京举办全国农垦土地确权成果建库上图培训班。

22日 北京市副市长王红一行到首农集团通州永乐店粮库就北京市政策性粮食库存数量和质量大清查工作进行调研。

22日 海垦控股集团与中国美国商会考察团洽谈合作，在加强贸易投资、经济合作、深化交流等方面达成积极共识。

23日 全国农垦夏粮生产和小麦绿色优质高效技术模式提升观摩交流培训班和2019年全国农垦种业联盟第一次主席联席会议在江苏盐城召开。

24日 《农民日报》头版刊发《改革，为了再出发》一文，就习近平总书记2016年5月视察黑龙江时对农垦改革发展做出的重要指示精神贯彻落实情况进行报道。

30日 国家市场监督管理总局局长肖亚庆到三元食品调研食品安全管理工作。

31日 农业农村部总畜牧师马有祥带队赴全国人大参加《土地管理法（修正案草案）》审议。

六月

1日 广东省委常委叶贞琴一行到广东省广垦橡胶集团有限公司调研。

9日 中共中央政治局委员、广东省委书记李希视察广东农垦广垦橡胶集团海外泰国总部泰华树胶公司。

15日 中德作物生产与农业技术示范园第五届“田间日”活动在江苏农垦黄海农场公司开幕。

18日 天津市政协副主席赵仲华一行到天津食品集团调研农业产业发展和农产品加工、出口、贸易情况。

25日 江苏农垦集团党委印发《关于推进江苏省农垦集团有限公司纪检监察体制改革的实施方案》《江苏省农垦集团有限公司纪检监察机构设置方案》，启动集团纪检监察体制改革。

30日 广东省委常委叶贞琴在《关于学习贯彻李希书记视察广东农垦驻泰国企业海外总部讲话精神的报告》上批示：李希书记视察广东农垦驻泰国企业海外总部，是对全体农垦人的极大鼓舞和鞭策，农垦系统一定要加倍努力，不辜负李希书记的期望。同时，要把李希书记讲话的要求，对照农垦的实际，找差距、补短板，进一步提升农垦建设水平，为广东四个走在前列、为国家战略物质安全做出应有贡献。

七月

1日 北大荒集团绥化分公司挂牌成立。至此，北大荒集团8个分公司全部揭牌。

9日 农业农村部组织召开深化农垦改革部门协调推进会，学习贯彻中央领导同志关于农垦改革发展批示精神和中央改革办对农垦改革发展提出的新要求，部署今明两年各部门协同推进农垦改革发展重点工作。中央组织部、中央改革办等29个部门领导同志或有关司局负责同志参加了会议。

11—12日 中央政治局委员、上海市委书记李强前往上海农场调研并看望慰问一线干部职工。

12日 陕西省副省长赵刚一行赴陕西省农垦集团调研。并召开座谈会，鼓励农垦要在保障国家粮食安全和食品安全方面担当国有企业社会责任。

13日 中央政治局委员、天津市委书记李鸿忠率团访问保加利亚期间，专程视察天津食品集团保加利亚农业项目，要求加强与保方协作，拓宽农业合作领域。

15日 内蒙古自治区政协副主席梁铁城一行到呼伦贝尔农垦集团谢尔塔拉分公司第一牧场调研。

15日 韩正明任甘肃省农垦集团有限责任公司党委副书记、总经理、董事。

16日 海南省委副书记、省深化农垦管理体制改革领导小组组长李军为农垦系统党员干部讲授“不忘初心、牢记使命”主题教育专题党课。

19日 农业农村部向中央改革办呈报了《关于报送落实中央改革办督察报告要求推进农垦改革发展有关情况的函》。

19日 新疆维吾尔自治区党委副书记、兵团党委书记、政委孙金龙来到新疆兵团农业农村局，调研指导“不忘初心、牢记使命”主题教育，听取意见建议。

26日 农业农村部农垦局局长邓庆海带队赴全国人大，参加全国人大宪法和法律委员会第57次会议，审议《土地管理法》（修正案草案）二次审议稿。

29 日　农业农村部农垦局在内蒙古通辽举办全国农垦扶贫产业（畜牧养殖与营销）示范交流活动。

八月

2 日　广西壮族自治区副主席黄俊华到新兴畜牧公司督导非洲猪瘟防控工作。

2 日　内蒙古自治区党委副书记、政府主席布小林，结合“不忘初心、牢记使命”主题教育活动，到乌拉盖管理区调研牧业经济、草原生态保护利用等工作。

8 日　首农集团与齐齐哈尔市在圆山大酒店签订《战略合作框架协议》。

9 日　陕西省副省长魏增军主持会议，专题研究陕西省农垦集团发展工作。

12 日　海南省副省长刘平治赴海垦南金农场公司调研产业发展、企业化改革、土地资产化资本化证券化等工作情况。

13 日　江苏省委副书记任振鹤到江苏农垦弶港农场公司调研现代农业发展情况。

14 日　农业农村部党组书记、部长韩长赋一行赴黑龙江农垦建三江管理局调研。

21 日　广东省农垦总局印发《广东农垦职业教育院校整合方案》（粤垦函〔2019〕355 号），明确从 2019 年 9 月 1 日起，广东省农工商职业技术学校、广东省农垦湛江技工学校、广东农垦茂名技工学校人、财、物、事日常管理权从湛江、茂名农垦局移交至广东农工商职业技术学院。

22 日　江苏省副省长王江一行到江苏农垦集团东辛农场公司调研国有农场改革发展情况、推动剥离国有企业办社会职能等工作。

23 日　海南省委副书记李军在《关于深化农垦改革领导小组第 18 次全体会议有关任务事项落实情况的报告》上批示：可梳理一下农垦改革发展中的问题，提出解决的可行思路，交领导小组研究。

27 日　中国气象局党组成员、副局长于新文到黑龙江垦区调研气象观测、台站建设等工作。

27 日　广垦畜牧有限公司养殖基地、湛江澳新牧业有限公司、广东收获罐头食品有限公司成功入选第一批粤港澳大湾区“菜篮子”生产基地。

31 日　广东省委常委叶贞琴在广东农垦报送的垦区菠萝产业发展情况报告上批示：菠萝是我省名副其实的优势产品，要把优势产品变成优势产业，农垦在这方面有优势、有基础，可以在产业园建设、产业区（带）中谋划予以支持。农垦也要主动对接、积极作为、争当先锋。

31 日　国际狼马超限赛在乌拉盖管理区哈拉盖图农牧场开跑。

九月

2 日　河北省沧州市中捷友谊农场领导就举办第二届中国—中东欧中小企业合作论坛及加强交流合作事宜赴京拜会克罗地亚驻华大使达里欧 o 米海林。

3 日　延安南泥湾农场（集团）有限公司组建成立，保留南泥湾农场牌子。

9 日　内蒙古自治区副主席李秉荣一行赴呼伦贝尔农垦集团谢尔塔拉分公司考察马铃薯种薯生产情况。

10 日　2019 年全国龙眼荔枝产业大会在重庆涪陵召开。

19 日　农业农村部办公厅印发《关于印送〈深化农垦改革发展 2019—2020 年部门重点任务责任清单〉的函》。

20 日　广西农垦优质产品展示展销中心、广西农垦电子商务运营中心揭牌仪式在南宁举行。

21 日　广东省委常委叶贞琴在《中国银保监会关于筹建广东省农垦集团财务有限公司的批复》上批示：感谢中国银保监会和广东银保监局对广东省农垦集团组建财务公司的有力指导和大力支持，希望省农垦集团珍惜机遇，按时合规地办好下步工作，在广东农业高质量发展中，发挥国农骨干龙头作用。

24 日　广西壮族自治区副主席方春明一行到广西农垦集团新光农场公司调研。

25 日　陕西省委书记胡和平一行赴中垦华山牧乳业有限公司调研。

25 日　“中国粮食　中国饭碗”——北大荒集团贯彻落实习近平重要指示精神推动农垦改革发展主题成就展在集团总部一楼大厅举办。

27 日　广东农垦集团旗下燕塘牛奶正式登陆澳门，成为粤港澳大湾区建设和民族乳业振兴背景下首批进军港澳的乳品企业之一。

27 日 江西金坪华侨农场荣获“全国民族团结进步模范集体”荣誉称号。

29 日 西藏自治区常务副主席罗布顿珠到易贡茶场调研。

十月

9 日 湖北省副省长万勇主持召开研究组建湖北农垦集团工作会议，研究集团组建的实施路径、管理体制、资产构成、工商登记及推进措施。

11 日 农业农村部办公厅、财政部办公厅、教育部办公厅、国家卫生健康委办公厅、民政部办公厅、中国人民银行办公厅印发《关于组织开展农垦国有农场办社会职能改革“回头看”工作的通知》，组织各地对农垦国有农场办社会职能改革重点举措落实情况进行自查。

15—17 日 农业农村部农垦局在上海举办全国农垦垦区集团化、农场企业化改革培训班。

16 日 广西壮族自治区副主席方春明一行就农垦改革发展工作进展情况到广西农垦集团进行实地调研。

17 日 海南农垦成功发行“工银瑞投——海垦控股集团土地承包金资产支持专项计划”，成为全国首单以土地租金收益权为基础资产的资产支持证券产品。

17 日 江苏省农垦农业发展股份有限公司与上海乌卡投资管理有限公司、根纳季签署投资战略合作框架协议，标志着江苏农垦农业“走出去”战略取得新突破。

18—20 日 农业农村部党组书记、部长韩长赋视察广垦橡胶集团泰国企业，强调要结合国家战略需求，进一步扩大市场占有率和话语权，不断提升企业品牌知名度和国际影响力，努力打造农业领域橡胶航母。

19 日 新疆维吾尔自治区党委常委、自治区常务副主席、自治区国有企业改革领导小组组长张春林主持召开自治区国有企业改革领导小组 2019 年第五次会议，原则同意启动呼图壁种牛场改制。

21 日 甘肃省副省长常正国在甘肃省农垦集团有限责任公司呈送的《2020—2025 年规划建设项目情况的报告》上批示：请农业农村厅给与协调，产业发展可纳入全省布局的大盘子。

20—22 日 2019 年京津沪穗渝五垦区合作发展研讨会在天津举办。

29 日 湖北农垦联丰现代农业集团有限公司被评为“湖北省农业产业化重点龙头企业”。

十一月

5—6 日 农业农村部农垦局在江西南昌召开“农垦对外合作与贸易促进工作会”。

7 日 新疆维吾尔自治区党委副书记李鹏新在《关于印发新疆维吾尔自治区地方国有贫困农牧场脱贫认定工作指南的请示》上批示：按照‘谁戴的帽子谁负责摘掉’的要求，要真抓实干，在抓攻坚推进上下功夫，厅党组要派工作组赴 30 个农牧场帮助工作。

15 日 农业农村部农垦局组织农垦系统参加第十七届中国国际农产品交易会，现场发布中国农垦品牌发展报告，并公布中国农垦品牌目录（第一批）名单。

17 日 甘肃省委书记、省人大常委会主任林铎一行赴甘肃莫高阳光环保科技有限公司、甘肃莫高聚和环保新材料科技有限公司调研生物降解新材料生产车间及聚酯新材料项目施工现场。

18 日 首农集团与比利时瓦隆大区农业与食品产业集群在北京签订合作备忘录。

19 日 广东省委常委叶贞琴考察广垦橡胶集团泰国泰华公司，强调要践行国家责任和使命，做大做强做优，当好农业走出去排头兵和国家队。

20 日 上海市委常委、常务副市长陈寅率团考察光明食品集团旗下以色列 TNUVA 公司。

26—28 日 农业农村部农垦局在广东湛江举办全国农垦土地管理利用政策培训班。农业农村部副部长张桃林作出批示：通过加强培训有力促进了农垦改革发展，及时总结推广各地农垦改革好经验好做法很有必要，望继续抓好做实。

十二月

7 日 安徽省政协副主席肖超英一行到安徽农垦皖津公司考察。

9 日 安徽省副省长张曙光一行赴皖垦种业南繁基地崖城集中区考察。

9 日 海垦南繁产业集团获得国家南繁工作领

导小组颁发的“全国南繁工作先进单位”称号。

13日　柬埔寨王国农林渔业部国际合作司司长普鲁姆·苏玛尼、柬埔寨实居省副省长索克·菲亚到海垦控股集团参观考察。

16日　广东广垦畜牧集团股份有限公司荣获2019年中国农牧业风云榜之年度猪业保供给杰出贡献奖。

17日　广西壮族自治区副主席方春明在《广西农垦集团关于报送2019年农垦改革重点任务完成情况的报告》上作出批示：农垦改革已经初见成效，应当充分肯定。下一步要在依法合规的基础上，积极探索，大胆创新，力争取得新进展、新成效。

19日　中国安徽名优农产品暨农业产业化交易会上海专场开幕前夕，安徽省委副书记信长星、副省长张曙光、上海市副市长彭沉雷等到安徽农垦农产品展馆巡馆。

20日　海南橡胶与马来西亚橡胶局在马来西亚吉隆坡签订合作备忘录。

23日　海南省委副书记李军在《关于海南垦区农场改革发展有关情况的报告》上批示：请海垦控股集团班子成员认真研究这个报告，重视其中所点问题所提建议。

23日　海南农垦集团自主研发的“海垦控股集团农业物联网平台”项目在国家互联网数据中心产业技术创新战略联盟举办的技术创新项目奖项评选中荣获技术创新项目二等奖。

30日　江苏省副省长赵世勇在江苏省农垦集团《关于2019年工作总结及2020年工作打算的报告》上批示：省农垦集团2019年各项工作有创新、有亮点、有成就。

图书在版编目（CIP）数据

2019 中国农垦统计年鉴/中华人民共和国农业农村部农垦局，中国农垦经济发展中心编．—北京：中国农业出版社，2020.10
ISBN 978-7-109-27270-5

Ⅰ．①2… Ⅱ．①中… ②中… Ⅲ．①农垦地区—统计资料—中国—2019—年鉴 Ⅳ．①C832-54

中国版本图书馆 CIP 数据核字（2020）第 166963 号

2019 中国农垦统计年鉴
2019 ZHONGGUO NONGKEN TONGJI NIANJIAN

中国农业出版社出版
地址：北京市朝阳区麦子店街 18 号楼
邮编：100125
责任编辑：李昕昱
版式设计：王　怡　　责任校对：吴丽婷
印刷：化学工业出版社印刷厂
版次：2020 年 10 月第 1 版
印次：2020 年 10 月北京第 1 次印刷
发行：新华书店北京发行所
开本：889mm×1194mm　1/16
印张：26　　插页：10
字数：940 千字
定价：398.00 元